ÉCOLES DE COMMERCE
2e ET 3e CYCLE UNIVERSITAIRE

100 FICHES POUR COMPRENDRE LA STRATÉGIE DE L'ENTREPRISE

par

Jean-Louis Magakian

Chargé de cours à l'École de management de Lyon et au CNAM-Lyon
Consultant en diagnostique stratégique

Bréal éditions

1, rue de Rome – 93561 Rosny-sous-Bois Cedex

Dans la même collection

- 100 fiches pour comprendre les **sciences économiques**
- 50 fiches pour comprendre les **débats économiques actuels**
- 100 fiches pour comprendre la **bourse** et les **marchés financiers**
- 50 fiches pour comprendre le **marketing**
- 100 fiches pour comprendre la **sociologie**
- 100 fiches **de lecture** (**économie, sociologie**, histoire et géographie économiques - XXe siècle)
- 50 fiches de **lecture** (**économie, sociologie**, histoire économique - de l'Antiquité au XIXe siècle)
- 100 fiches pour connaître la **psychologie**
- 100 fiches pour connaître la **linguistique**
- 100 fiches pour aborder la **philosophie**
- 50 fiches de **lecture** en **philosophie** (tome 1 : de Platon à Kant)
- 50 fiches de **lecture** en **philosophie** (tome 2 : de Hegel à la philosophie d'aujourd'hui)
- 100 fiches de **culture générale**
- 100 textes de **culture générale**
- 100 fiches de **grammaire anglaise**
- 100 fiches de **grammaire espagnole**

ISBN 2 84291 981 5

Avant-propos

L'hypercompétition entre des entreprises concurrentes, l'influence de la mondialisation, le développement des marchés financiers puis éthiques et, bien sûr, l'avènement des nouvelles technologies redéfinissent le rôle, l'influence et la finalité de la stratégie : **celle-ci aujourd'hui est destinée à orienter et conduire l'entreprise dans une complexité croissante**.

Je me suis donné pour objectif de **synthétiser les points clés de la stratégie concurrentielle**. Cela signifie que les 100 fiches de cet ouvrage traitent essentiellement du « comment une entreprise s'adapte-t-elle à son environnement concurrentiel et comment se construit-elle une démarche réactive face aux contraintes ou proactive en cas d'opportunités ? »
Le raisonnement stratégique permet à chacun de structurer sa propre perception et, par conséquent, ses actions en milieu complexe et dynamique.

Je fais là une **distinction** notoire **entre la stratégie d'entreprise et le management stratégique**.

Dans le premier cas, et c'est l'objet de cet ouvrage, les acteurs doivent comprendre et être capables d'expliciter ce qu'ils veulent réaliser, en cohérence avec ce que leur entreprise peut réaliser, selon son contexte externe (l'environnement concurrentiel).

Dans le cadre du management stratégique, il est surtout question d'agir avec et à partir du contexte interne de la firme (les hommes, les structures, les processus) et donc de répondre aux questions du « **comment réaliser les objectifs stratégiques**, selon quelles étapes et surtout, qui les réaliseront, avec quelles ressources et selon quels changements ? ».

De plus, le mot de « stratégie » est ambigu, car sa connotation militaire laisse parfois penser que seul l'affrontement apporte les résultats économiques espérés. C'est pourquoi, je propose un rapide historique de ses origines afin de nous attarder plus longuement sur des auteurs qui ont récemment influencés et renouvelés les fondements de cette discipline de gestion. Les grands principes sont alors synthétisés : les premiers, fondés sur les **conséquences** des règles du jeu imposées par le secteur industriel et, les seconds, sur l'**incidence** des ressources et compétences détenues par l'entreprise et ses acteurs sur l'environnement concurrentiel. Ces deux approches de la stratégie, fondamentalement dissemblables mais non antagonistes dans la réalité quotidienne des entreprises, éclaireront différemment les outils de formulation et de décision stratégique.

Le plus souvent possible, **les concepts de la stratégie sont illustrés à partir d'exemples réels** afin de rendre mes propos plus proches des observations quotidiennes du lecteur. Le principe de fiches permettra aux étudiants, comme aux professionnels, d'utiliser plus aisément ces notions approfondies dans les ouvrages fondamentaux.

Ce concept de fiches apporte également une aide à la lecture des journaux économiques (*Les Echos*, *La Tribune*, *Le Journal des Finances*, *L'Expansion*, *Le Nouvel Économiste*, *Challenge*...), mais aussi à la compréhension de l'entreprise.

Je tiens à remercier Pierre-Yves Gomez, professeur à l'EM-Lyon pour son soutien. Ma pensée s'adresse plus particulièrement au professeur Roland Calori ✝.

Merci à Jean-Michel Raffin pour son aide précieuse.

L'auteur

Sommaire

Partie 4 - Le système concurrentiel

Partie 5 - L'avantage concurrentiel

Partie 6 - La gestion des activites

Partie 7 - Processus et contrôle de la réalisation de la stratégie

Partie 8 -Stratégie de globalisation

Partie 9 - Création de valeur et développement interne

Partie 1

Le développement historique de la stratégie

FICHE 1

LES STRATÉGIES D'USAGE DU LIVRE

Discipline récente, la stratégie évolue en fonction des pratiques des entreprises. Cet ouvrage s'adresse non seulement aux étudiants qui abordent cette discipline, mais également aux managers qui découvriront ici les nouvelles approches théoriques qu'ils pourront ensuite approfondir. Nous adressons également notre travail à une troisième catégorie de lecteurs : les actionnaires individuels. Ceux-ci sont de plus en plus nombreux et interagissent fortement avec le quotidien des firmes, et il leur faut souvent mieux comprendre les intentions stratégiques des dirigeants afin d'accompagner leurs projets dans le temps avant d'en observer les conséquences.

1 MODE D'USAGE À DESTINATION DES ÉTUDIANTS

A ~ Les origines économiques : Parties 1 → 2 → 3

- En première lecture, la démarche stratégique consiste à planifier les actions collectives, à donner une consistance de la performance future sous forme d'**une intention prédictive**. En seconde lecture, la démarche stratégique ne peut être envisagée que dans un contexte réel, donc ouvert aux interactions politiques ou aux évènements émergents. Je propose tout d'abord au lecteur de clarifier les deux grands modèles économiques (le modèle de l'analyse sectorielle et le modèle des ressources et des compétences) de façon à formaliser les façons de voir la performance. En effet, le cadre prospectif n'étant pas le même, les décisions d'action diffèreront selon l'ancrage théorique à partir duquel on raisonne la stratégie.

B ~ Identifier les règles du jeu concurrentiel : Parties 4 → 5 → 6

- Formaliser et exprimer l'intention d'action signifie combiner l'interprétation de la situation de l'entreprise avec son contexte (approche sectorielle) ou avec son devenir (approche dynamique par les ressources). La fonction imageante des outils et des concepts de la stratégie permet de réifier (« donner une réalité à ») l'expression stratégique désirée. La formalisation des schémas et des expressions selon les choses observées de l'environnement externe ou interne de la firme ne permet pas seulement une simple désignation des contraintes ou des circonstances opportunes, mais elle contient une **fonction judicative**. Cette fonction judicative, c'est-à-dire qui comporte l'expression d'un jugement, d'une opinion ou d'une assertion, permet de dépasser la complexité due à la densité des informations qu'il est indispensable d'interpréter. Les outils, matrices, concepts et figures ainsi combinés constituent une **description de la stratégie** qu'un dirigeant proposerait de mettre en œuvre.

C ~ Les développements de la stratégie : Parties 7 → 8 → 9 → 10

- Après avoir exprimé son intention prédictive puis évalué les conditions ou les situations dans lesquelles se trouve l'entreprise, la démarche se prolonge par **l'expression d'une intention d'action stratégique** : c'est-à-dire énoncer les développements et les conséquences de la stratégie identifiée.

2 MODE D'USAGE À DESTINATION DES MANAGERS

A ~ Identifier les règles du jeu concurrentiel : Parties 4 → 5 → 6 → 7

- Plongés dans des situations complexes qu'il n'est possible d'appréhender que de façon partielle, les managers préfèreront débuter le raisonnement à partir du contexte dans lequel ils se trouvent. En identifiant les règles du jeu concurrentiel de leur entreprise, ils détecteront de nouvelles interprétations et explications des décisions prises dans l'entreprise à laquelle ils collaborent. Ils peuvent ainsi s'outiller pour interpréter la stratégie poursuivie par leur firme et accorder de la sorte les actions qui sont de leurs ressorts avec l'intention des dirigeants. La fonction judicative contenue dans les concepts stratégiques est prioritaire : il s'agit bien de se construire un jugement de la situation concurrentielle et des enjeux de la compétition afin d'engager des actions collectives dont ils ont la charge et non pas d'attendre une quelconque préconisation.

B ~ Les origines économiques : Parties 1 → 2 → 3

- Saisir les différences de fondements économiques permettra aux managers de mieux comprendre le cadre de raisonnement à partir duquel une direction générale prend ses décisions. Il leur est donc possible de saisir les nuances entre une stratégie d'adaptation de la firme aux conditions de l'environnement et d'autre part de comprendre l'impact des compétences et capacités collectives auxquelles ils participent dans le cadre d'une approche par les ressources.

C ~ Les développements de la stratégie : Parties 8 → 9 → 10

- Relier les conséquences avec la stratégie poursuivie signifie imaginer les développements de la firme : cette lecture du futur permettra aux managers de saisir et interpréter les options qui se présentent à leurs dirigeants et d'en anticiper les conséquences.

3 MODE D'USAGE À DESTINATION DES ACTIONNAIRES INDIVIDUELS

A ~ Les développements de la stratégie : Parties 8 → 9 → 10

- La stratégie comporte une valeur si elle permet d'identifier des sources de développement. Les étapes de développement interne, externe et la dimension internationale comportent donc un caractère prioritaire pour les actionnaires individuels. La lecture de ces parties apporte un éclairage sur les décisions ou les préparatifs stratégiques des entreprises ciblées dans un portefeuille de valeurs afin de saisir l'expression d'intention des dirigeants.

B ~ Les origines économiques : Parties 1 → 2 → 3

- Comprendre les origines économiques à partir desquelles les dirigeants fondent leurs décisions permettra de plus aux actionnaires de se construire une représentation plus juste des actions qui sont en œuvre dans l'entreprise et de leurs conséquences pour la valeur de marché.

C ~ Identifier les règles du jeu concurrentiel : Parties 4 → 5 → 6 → 7

- Enfin, les outils de formalisation de la stratégie apporteront des clés d'interprétation pour l'utilisation des journaux économiques, qui utilisent fréquemment dans leurs colonnes les concepts stratégiques.

FICHE 2

LE CONCEPT DE STRATÉGIE

La discipline stratégique se distingue selon deux niveaux : la formulation stratégique et le management stratégique. La formulation stratégique se donne pour objectif de structurer la démarche de réflexion des dirigeants en vue d'identifier et de formaliser les sources de performances. Le second consiste en la mise en œuvre et l'organisation des actions collectives en vue d'obtenir la performance espérée.

1 QUELQUES DÉFINITIONS

A ~ Sur la stratégie : de la formulation…

- « La stratégie est la formulation des missions premières, intentions et objectifs ; des politiques et programmes destinés à les réaliser ; et des méthodes permettant de garantir que ces programmes seront implémentés pour atteindre les fins de l'organisation. » (Steiner & Miner)
- « Le cadre ou le plan intègre les principaux buts de l'organisation, les politiques et les séquences d'action collectives en un ensemble cohérent. Une bonne formulation stratégique aide à rassembler et répartir les ressources de l'organisation selon une seule démarche : suffisamment viable, construite à partir des compétences et des carences internes, anticipative des changements de l'environnement, et mobile selon les mouvements contingents dus à des adversaires intelligents. » (Quinn)
- « La stratégie est un modèle d'allocation de ressources qui permet aux firmes de maintenir ou améliorer leurs performances. Une *bonne* stratégie est une stratégie qui neutralise les menaces et exploite les opportunités tout en capitalisant les forces et évitant de cristalliser les faiblesses. Le management stratégique est le processus au travers duquel les stratégies sont identifiées puis implémentées. » (Barney)
- « La stratégie est une sorte de lien entre la firme (ses buts et ses valeurs, ses ressources et capacités, sa structure et son système d'action) et son environnement (les concurrents, les clients, les fournisseurs). » (Grant)
- « La réflexion stratégique anticipe et oriente l'action. En réalité, la stratégie se forme aussi pendant et après l'action quand nous donnons un sens à nos actes. […] Plus précisément en parlant de stratégie d'entreprise, on entend des décisions ou des orientations concernant les objectifs (croissance, rentabilité, plus-value sociale), les activités ou les régions géographiques envisagées pour le développement, les investissements majeurs à entreprendre (en recherche et développement, en marketing, en capacité de production…), les positions vis-à-vis des autres acteurs dans le système concurrentiel (conflits, neutralité, alliances, acquisitions, cessions, etc.) ; en bref, un ensemble de choix importants pour le succès de l'entreprise, pour son adaptation à l'évolution de l'environnement et son influence sur lui. » (Atamer et Calori)

B ~ Sur le management stratégique : …à la mise en œuvre

- « Le processus d'analyse de l'environnement présent et futur, de formulation des objectifs organisationnels, est engager, implémenter, et contrôler des décisions centrées sur la réalisation de ces objectifs dans les environnements présents et à venir. » (Smith, Arnorld et Bizell)

- « Le processus au travers duquel une organisation formule ses objectifs et gère leurs réalisations. » (Hatten et Hatten)
- « Moins soucieux de la forme que du fond, préoccupé de l'équilibre indispensable entre le court et le long terme, le management stratégique vise moins à maîtriser la formulation des choix qu'à faciliter la construction de situations favorables. » (Koenig)

2 Combiner formulation et mise en œuvre

A ~ L'approche séquentielle

- Pour combiner ces deux interprétations de la stratégie des entreprises, les premiers auteurs ayant formalisé une démarche de réflexion pour l'action ont tenté de construire une trame séquentielle qui débute avec l'intention des dirigeants, et s'achève par la mise en œuvre, c'est-à-dire par le concept de management stratégique consistant à se doter des chemins d'actions collectives permettant de réaliser effectivement l'idée de départ. Cette perspective hiérarchise quatre étapes, plaçant en priorité la mission de l'entreprise de laquelle découle un processus logique permettant de cadrer et réaliser les actions collectives adaptées à l'intention de départ.
- a) **La mission de la firme**: le point de vue du top management sur ce que l'entreprise fera et deviendra à long terme ; b) **les objectifs**: recouper la mission avec des cibles et performances spécifiques pour chaque niveau de la firme ; c) **les stratégies**: la sélection des moyens à partir desquels la firme réalise sa mission et ses objectifs ; d) **les tactiques et politiques**: les actions collectives consistant en la prise en charge et la réalisation de la stratégie sélectionnée.
- Cette approche séquentielle subira de nombreuses critiques. Entre autres, notons qu'elle laisse sous-entendre un lien de cause à effet entre la mission formulée par le dirigeant et la performance finale, un peu comme s'il existait une bonne stratégie et de mauvaises stratégies. De plus, l'approche séquentielle offre assurément un cadre d'action clair et précis, mais ne laisse aucune place aux différentes parties prenantes de la performance (les filiales, les collaborateurs, les clients...).

B ~ L'approche synthétique

- Une des tentatives les plus connues de conjonction entre la stratégie et le management est assurément le modèle proposé par les enseignants de l'école de Harvard (plus connue par les initiales anglaises SWOT) : a) **opportunités-menaces**: l'évaluation des stratégies possibles dans l'environnement présent et futur de la firme ; b) **forces-faiblesses**: les moyens de la mise en œuvre des stratégies potentielles.
- Connue et reconnue, cette approche synthétique remplit son rôle de synthèse, mais se voit reprocher sa trop forte connotation déterministe, laissant supposer que le dirigeant serait capable de détecter rationnellement des opportunités, indépendamment de ses propres représentations de la performance. Ensuite, le modèle ne définit pas les termes de **forces** ou de **faiblesses**, ni ce que peut représenter une **opportunité** ou une **menace**.

Tantôt prescriptive, tantôt cadre d'analyse, mais aussi modèle de transition entre le futur et le présent, modèle d'adaptation entre l'environnement et les firmes, modèle de coordination entre la firme et les collaborateurs : la stratégie des entreprises possède la particularité d'être la seule matière en gestion qui se donne comme impératif de combiner les différents domaines de connaissances dans le but de réaliser une performance économique.

FICHE 3 UNE DISCIPLINE EN DEVENIR : L'ORGANISATION

L'économie classique considère la firme comme un lieu d'assemblage et de coordination de ressources indivisibles. D'ailleurs l'entreprise industrielle, qui a marqué le début du XXe siècle, se constitue autour de l'inséparabilité des facteurs technologiques et des facteurs de production. Les premières pratiques de la stratégie se concentrent sur l'adaptation de l'organisation aux contraintes techniques à partir de la division et de la spécialisation des tâches.

1 L'ÉMERGENCE D'UNE DISCIPLINE DE GESTION

A ~ Les origines économiques

- L'histoire de la stratégie d'entreprise débute seulement au milieu du XXe siècle, ceci en raison de la domination du modèle économique walrassien. Dans ce cadre, la notion de concurrence parfaite prédomine et plus particulièrement l'influence de deux hypothèses fortes laissant de côté les intentions des dirigeants et des entrepreneurs : a) les prix sont indépendants des actions intentionnelles des firmes ; b) seul le signal prix guide les choix indépendamment de toute subjectivité d'arbitrage.
- De plus, le modèle de raisonnement néoclassique ne considère que deux catégories d'acteurs dont les choix restent rationnels, autonomes et informés grâce au mécanisme des prix : a) d'un côté les ménages, qui fournissent du travail, sont capables de faire des choix entre un ensemble de possibilités selon leurs préférences (la fonction d'utilité) et les ressources à leur disposition ; b) de l'autre, les producteurs (ou les entreprises), ensemble de possibilités techniques, économiquement représentées au moyen de la fonction de production.
- Les entreprises cherchent les moyens de maximiser la fonction objectif de profit qui guide leur choix : en situation de concurrence parfaite, les ressources ne sont pas limitées. Le niveau de production optimal dépend alors de la productivité marginale et des rendements d'échelle, de telle sorte que la limite des quantités de production dépend du coût de la dernière unité au moment où celle-ci atteint le niveau de prix de vente de l'*output*.

B ~ L'émergence de l'organisation

- Les premières pratiques fondatrices seront destinées à relier les conditions externes avec l'organisation interne des entreprises dans le but d'améliorer les performances et se concentreront sur la fonction de direction (Taylor, Fayol et C. Barnard).
- Puis la conception centralisée de l'entreprise, considérant celle-ci comme un tout, sera remplacée par la division des objectifs selon des logiques de partition : chaque partie de l'organisation ayant à répondre directement ou indirectement aux impératifs de l'environnement. O. Sheldon (*The Philosophy of Management*, 1923), distingue trois secteurs d'activité : a) l'administration, laquelle élabore des règles d'actions ; b) le management, mettant en application les décisions ; c) l'organisation du travail, des individus et des moyens de production. Ces secteurs étant soumis à des contraintes et facteurs d'évolution internes (les forces ouvrières et l'évolution des techniques et des sciences) et à des facteurs externes (les décisions des gouvernements, les attitudes des clients, le niveau culturel, le marché international et la conjoncture financière).

- À partir des années 1960, les travaux portant sur l'organisation intègreront une étape de planification : niveau préliminaire destiné à sélectionner les buts et à déterminer les objectifs selon les valeurs et les perceptions des dirigeants, pour inciter les interactions collectives et les moyens à disposition en fonction des buts initiaux.
- Alfred Chandler (*Strategy and Structure*, 1962) formalise l'histoire de plusieurs grandes firmes et démontre ainsi la relation entre les buts et objectifs des managers, les décisions d'allocation de ressources et la conception de structures spécifiques destinées à supporter les objectifs à long terme.

2 L'ÉVOLUTION DE LA DISCIPLINE ORGANISATIONNELLE

A ~ Les premiers principes de management de la performance

- L'école néoclassique a construit les fondations d'une organisation des performances en concordance directe avec le cadre économique. Elle définit les règles et les normes à l'origine de la discipline organisationnelle à partir : a) de pratiques implicites de grande entreprise comme le démontrera A. Chandler au travers des études empiriques visant à démontrer les façons de faire évoluer les structures ; b) de pratiques scientifiques formalisées au cours de l'histoire puis adaptées au contexte des années 1960 avec l'apparition de la direction par objectifs développée par Peter Drucker. Cette dernière ouvrira la voie au management de la compétitivité par la motivation.
- La théorie des systèmes ouvre l'hypothèse d'une interaction entre les parties d'une organisation et son environnement. H. Simon estime que les dirigeants doivent penser l'entreprise en termes de système dynamique « englobant plusieurs sortes d'interactions hommes-machine et machine-hommes » (cité par B. Lussato).

B ~ Le lien structure-stratégie

- Igor Ansoff propose de définir la démarche stratégique en liant trois éléments principaux, constitutifs de la performance : a) définir la stratégie ; b) définir la structure adaptée ; c) définir les critères de fonctionnement de la structure. Pour évaluer la pertinence du type de structure, il rajoute trois critères de jugement de l'organisation : a) les critères d'efficacité : stabilité, souplesse opérationnelle et stratégique, capacité de transformation interne ; b) de faisabilité : le stock de ressources et l'adaptation entre ressources humaines et structure ; c) de diffusion de l'information et des décisions : stratégiques et administratives.
- Le courant de la contingence structurelle prendra à contre-pied les origines internes du choix de la structure : celle-ci est déterminée par des paramètres indépendants de la volonté des dirigeants. L'organisation structurelle comporte un ensemble de variables dont la cohérence avec l'environnement (d'où l'utilisation du terme anglais *fit* signifiant convenir) détermine la performance au même titre que sa taille, la stratégie et la technologie. Lawrence et Lorsch en seront les principaux instigateurs dans le champ stratégique.

La démarche centrée sur l'organisation s'est constituée à partir d'une logique de réaction entre la firme et les conditions d'exploitation de la performance. La démarche stratégique tentera de sortir de ce comportement réactif afin d'instaurer des pratiques de management et de conception proactive de la performance : c'est-à-dire choisir, au travers de la formulation stratégique, les scénarios pour guider le développement futur.

Pour aller plus loin

Lussato, B. (2e éd. 1992), *Introduction critique aux théories d'organisation*, Paris : Dunod (ch. 3).

Desreumaux, A. (1998), *Théorie des organisations*, Paris : Éditions Management (ch. 1 et 4).

FICHE 4 UNE DISCIPLINE EN DEVENIR : LA STRATÉGIE

Le champ de la stratégie s'est constitué au cours de ces quarante dernières années. Héritière de l'économie industrielle, elle fut d'abord enseignée sous forme d'études de cas permettant de tester les situations de décision. La discipline se constituera progressivement, abandonnant les modèles mathématiques au profit de concepts de raisonnement et d'appréciation de l'environnement et des ressources.

1 De la planification à la modélisation de la stratégie

A ~ Sécuriser la croissance selon les environnements

- Les décisions de croissance et de diversification sont au centre de la conception de la stratégie. Igor Ansoff, ancien dirigeant de la firme Lockheed, caractérise les décisions stratégiques comme « portant essentiellement sur les problèmes, non plus internes, mais externes de l'entreprise et plus spécialement sur le choix des produits qu'elle fabriquera et des marchés au travers desquels elle les vendra ». La pratique de la planification permet de préparer un avenir non extrapolé du passé de façon globale et systématique. La stratégie cherche donc à réaliser un « accord d'impédance » entre l'actualité de la firme et le futur d'un milieu environnant.
- Parallèlement, les professeurs de politique générale de l'université d'Harvard proposent un cadre méthodologique (le modèle SWOT) destiné à modéliser le plus grand nombre de cas de décisions stratégiques, et acquérir ainsi un capital d'exemples le plus exhaustif possible. L'approche originelle se donne comme objectif de capitaliser des schémas de décisions *a priori* selon la reconnaissance de situations plus ou moins similaires (les opportunités et menaces) en tenant compte du niveau d'action potentiel de la firme (les forces et faiblesses).

B ~ Concevoir la croissance selon les différences d'environnement

- Les chocs pétroliers des années 1970 à 1980 feront apparaître de nouvelles contraintes. Les changements de plus en plus rapides de l'environnement et la réduction drastique des sources de profit en raison d'une concurrence exacerbée feront le succès des grands cabinets de consultants. Ceux-ci proposent une approche descriptive de la stratégie : au lieu de planifier le futur, ils proposent des méthodes d'analyse des environnements permettant de concevoir pour chaque firme une approche spécifique de sa position relative comparée aux concurrents les plus proches. La stratégie adopte ainsi sa dimension concurrentielle, c'est-à-dire tenant compte des différences d'environnement et des différences entre firmes dans leurs capacités à exploiter plus ou moins favorablement cet environnement : le BCG démontre l'impact de la courbe d'expérience sur la performance, le programme PIMS centralise des données statistiques afin d'évaluer et identifier les grandes tendances selon les industries…
- Parallèlement à l'émergence des grands cabinets de conseil, l'université d'Harvard continuera à se hisser comme la plus grande école de management stratégique. Michael Porter en sera le principal acteur, notamment grâce à ses travaux sur les caractéristiques d'environnement, l'élaboration des stratégies génériques et le concept d'avantage concurrentiel.

C ~ Concevoir la croissance selon les différences d'entreprises

- À partir du milieu des années 1980, le recentrage de la démarche stratégique sur les caractéristiques de la firme redonnera un nouvel élan à l'économie évolutionniste. La quête de sources d'avantages concurrentiels ne peut se diriger exclusivement sur les caractéristiques de l'environnement, mais en recherchera les origines dans la firme elle-même : le rôle de l'innovation, des compétences et des connaissances devient majeur dans la formulation d'une intention stratégique qui permettra à la firme de se différencier ou de se doter d'une structure de coûts plus compétitive.

2 LES GRANDES ÉTAPES CONSTITUTIVES DE LA STRATÉGIE

A ~ Les approches critiques

- Plusieurs approches critiques se donneront comme objectif d'« incarner » les modèles de raisonnement, c'est-à-dire se séparer de la logique adaptative organisation-environnement. Henry Mintzberg sera un des premiers à construire une théorie managériale de la stratégie, dans laquelle l'incertitude et les pratiques itératives occupent un rôle central, critiquant ainsi une vision trop idéalisée de l'adaptation. Un deuxième courant se formalise à partir des fondements de l'économie évolutionniste au travers des travaux de Nelson et Winter : la stratégie se réalise à partir des routines et recettes internes à la firme. Ce même courant légitimera l'influence de l'approche fondée sur les ressources, dont les principaux concepts consistent à formuler une stratégie basée sur des savoir-faire uniques. Enfin, une troisième grande tendance, initiée par Karl Weick, propose une approche issue de la psychologie cognitive. Celle-ci développe la notion de *sense-making*, c'est-à-dire place au centre des débats le rôle occupé par l'interprétation subjective de l'environnement et non plus l'environnement comme une donnée externe indépendante des perceptions cognitives des dirigeants.

B ~ L'évolution des concepts théoriques

Période	1950	1960	Début 1970	Fin 1970 à début 1980	Fin 1980 à début 1990	Fin 1990 à début 2000
Thème dominant	Plans budgétaires et contrôle de l'action collective	Planification de la firme	Stratégie corporate	Analyse de l'industrie et de la compétitivité	Recherche de l'avantage concurrentiel	Nouvelle économie
Contributions	Contrôle des opérations, suivis budgétaires	Planification de la croissance	Diversification et portefeuille d'activités	Positionnement de la firme et des segments	Sources de compétitivité à partir de la firme	Avantage de l'innovation, des connaissances

D'après R. Grant.

La stratégie se donne comme objectif de formaliser et conceptualiser les conditions d'acquisition et de maintien d'un avantage concurrentiel, lequel est à l'origine des rentes de profit. Les recherches peuvent s'orienter sur les processus de formation de la stratégie, comme sur les décisions stratégiques. La stratégie est une discipline en devenir où coexistent différents modèles de pensée : elle se propose d'accompagner les dirigeants dans leurs décisions au moyen d'outils prescriptifs ou explicatifs.

Pour aller plus loin

Martinet, A. C. (1996), *L'Évolution de la pensée stratégique*, La Documentation française : Cahiers français (pp. 3-7).

FICHE 5

L'ART DE LA GUERRE

Deux auteurs ont influencé la stratégie militaire : Sun Tse qui, 500 ans avant J.-C., serait l'auteur d'un traité, L'Art de la guerre, *dans lequel il dispense des principes fondés sur la connaissance des contextes avant le combat ; le deuxième fut le général prussien Carl von Clausewitz, qui deviendra le principal initiateur de la pensée moderne dans l'étude des conflits avec la parution en 1889 d'un ouvrage faisant toujours référence :* De la guerre *sera le premier traité dont l'originalité consiste à considérer la guerre non plus exclusivement dans un but destructeur, mais comme un acte politique consistant à soumettre un adversaire aux conditions que l'on veut lui imposer afin d'en exploiter les conséquences positives.*

1 SUN TSE, L'ART DE NE PAS S'AFFRONTER

A ~ S'adapter aux contextes

- Le texte de Sun Tse fut le premier qui tenta de réunir une base de réflexion, tirée de l'expérience, destinée à évaluer rationnellement la puissance et les ressources des différents protagonistes lors d'un conflit. Ce traité en 13 chapitres *L'Art de la guerre*, tentera de dresser les premières règles permettant d'atteindre « l'art suprême de la guerre, c'est[-à-dire] soumettre l'ennemi sans combat ». Il accorde une place importante au facteur moral des troupes, aux facultés intellectuelles des généraux, aux forces physiques comme levier d'intimidation et non exclusivement comme potentiel d'affrontement et de destruction. Mais surtout, il s'attache à mettre en évidence le rôle essentiel occupé par les circonstances préalables au combat : les contextes géographiques et psychologiques.
- Sun Tse traite avec précision des conditions d'adaptabilité des armées aux différents contextes et situations existantes. De plus, le rôle d'un général est d'apprécier les réactions de ses ennemis, d'agir de façon à éviter leurs propres mouvements, car quelque soit la latitude dont ils pourraient bénéficier, les réactions ne peuvent être prévisibles : « Ce qui dépend de moi, je peux le faire, ce qui dépend de l'ennemi n'est jamais assuré. »

B ~ L'art d'analyser les contextes

- L'information et le positionnement des troupes occupent une importance qui n'est pas sans rappeler les premiers raisonnements du modèle SCP (*cf.* fiche 12) : l'environnement détermine les conditions de réussite. Le chapitre X traite même de l'identification des différentes caractéristiques du terrain : « Le terrain peut se classer, suivant sa nature, en accessible, insidieux, sans influence, resserré, accidenté et distant. » Les concurrents occupent des positions plus ou moins privilégiées d'accès aux ressources, aussi le stratège s'attachera-t-il à collecter les informations nécessaires pour tirer l'avantage d'un positionnement militaire supérieur à celui de ses rivaux. Il faut connaître sa propre situation, comme celle de l'ennemi : « une armée évite la force et frappe la faiblesse » et « pour parvenir à la victoire, adapte son action à la situation de l'ennemi ».

- Il faut surtout se familiariser avec les coins et recoins du voisinage des champs de bataille afin d'engager ses forces dans des déplacements plus favorables à un combat : « Le général doit savoir l'art des changements » et doit « savoir discerner, parmi les avantages ceux qui ont du prix et ceux qui n'en ont pas, [...] et tirer parti de tout ». S'adapter aux changements constitue la règle fondamentale de l'art de la guerre, car « de même que l'eau n'a pas de forme stable, il n'existe pas dans la guerre de conditions permanentes ».

2 Clausewitz, l'art d'imposer ses conditions

A ~ Contraindre son adversaire

- L'originalité du traité de Clausewitz consiste non plus dans l'identification et l'édification d'un ensemble de règles à respecter (comme *L'Art de la guerre* de Sun Tse), mais dans la clarification des buts de la guerre. Or, ces buts ne peuvent se justifier dans la destruction méthodique d'un ennemi, encore moins dans la disparition d'un État adversaire, mais faire reconnaître sa volonté, son influence sur l'autre : « La guerre est donc un acte de force par lequel nous cherchons à contraindre l'adversaire à se soumettre à notre volonté. »
- La deuxième caractéristique de Clausewitz est d'introduire la notion de « représentation » dans le contexte de guerre. En effet, l'adversaire s'engagera dans un conflit en fonction de la représentation qu'il se fait de son protagoniste : il choisira alors la forme d'action en fonction de ce qui lui *paraît* le moins mauvais pour lui. La guerre comprend donc un aspect psychologique, car c'est un « affrontement entre deux forces vivantes », dont chacune des parties peut choisir entre activité et passivité.

B ~ Les premiers préceptes d'une « psychologie de la stratégie »

- C'est sur ce dernier point que l'auteur continue de bouleverser la perception classique de la guerre. En effet, en prenant en compte l'activité ou la passivité des adversaires, il rajoute une dimension intentionnelle et met en évidence l'importance de la volonté dans un affrontement : « Pour renverser l'adversaire, il nous faut proportionner nos efforts à sa force de résistance. Or celle-ci s'exprime par le produit de deux facteurs inséparables : l'importance des moyens disponibles et l'intensité de la force de volonté. »
- En introduisant cette dimension psychologique, l'auteur conçoit une sorte de pont de réalité psychique entre le présent et le futur : même si l'action n'a pas lieu, la rendre probable enclenche des effets. La finalité de la stratégie est de faire plier ces conséquences en sa faveur, sans pour autant utiliser l'action : « Or, lorsque le combat n'a pas lieu, le fait seul de l'avoir rendu possible constitue déjà une réalité, un fait acquis qui aura immanquablement des conséquences. »
- L'ensemble du travail de Carl von Clausewitz conserve une portée particulièrement d'actualité. Il ne définit pas la stratégie comme un ensemble de lois que les généraux se doivent de connaître et d'appliquer aveuglément. Mais au contraire, la stratégie est l'art de se constituer un ensemble de préceptes qui permettent de comprendre le possible et le réel : une situation conflictuelle (comme le cas d'une situation d'affrontement pour s'approprier un marché) ne porte pas de vérité en soi dans la mesure où toute situation est spécifique.

La stratégie gagnante est celle qui entraîne l'autre dans des décisions qui dépassent sa volonté, dans une acceptation des conditions que l'on veut lui imposer. Toute stratégie est une intention relative aux conditions du terrain (Sun Tse) et relative à l'intersubjectivité des volontés en présence dans le but d'imposer la sienne (Clausewitz).

FICHE 6

L'ENTREPRENEUR ET L'INNOVATION

Les théories classiques ou marginalistes ont toujours négligé les problèmes de l'innovation et de l'entrepreneur dans l'analyse économique ; tout au plus seront-ils considérés comme des éléments connexes de la dynamique économique. Joseph Schumpeter fait paraître La Théorie de l'évolution économique *en 1912. Il marquera le courant de la stratégie fondée sur les ressources : il met en avant la fonction d'entrepreneur et ses relations avec l'innovation comme source et dynamique des changements à l'origine du profit.*

1 L'INNOVATION

A ~ L'innovation à l'origine des déséquilibres des prix

- Le schéma classique postule un état d'équilibre de l'économie à long terme. Cet équilibre permet de déterminer les prix et les quantités de biens en fonction des facteurs existants. Cependant, si l'économique tend vers un état stationnaire, qu'il n'atteint cependant jamais, c'est parce que les données constitutives de l'économie évoluent : des modifications se produisent dans l'environnement (les conditions naturelles), dans les milieux sociaux (les guerres, les goûts des consommateurs...). Aussi la notion de *quasi-rente* explique parfaitement le profit différentiel entre les coûts d'exploitation des facteurs et les prix. Cependant, Schumpeter mettra en évidence d'autres facteurs internes à l'économique même : **les innovations engendrées dans la sphère économique entraînent des déplacements du centre d'équilibre des prix**.
- Schumpeter inverse le raisonnement économique classique : le besoin est bien la cause d'une activité productive, cependant « les innovations en économie ne sont pas, en règle générale, le résultat du fait qu'apparaissent d'abord chez les consommateurs de nouveaux besoins, dont la pression modifie l'orientation de l'appareil de production, mais du fait que la production procède en quelque sorte à l'éducation des consommateurs, et suscite de nouveaux besoins, si bien que l'initiative est de son côté. » (Schumpeter)
- Innover signifie combiner autrement les choses et les forces présentes dans le domaine économique. Ce sont ces nouvelles combinaisons qui se juxtaposent les unes aux autres dans un phénomène d'évolution selon cinq catégories : a) la fabrication d'un bien nouveau, non familier pour les consommateurs ou d'une qualité nouvelle ; b) l'introduction d'une méthode de production nouvelle qu'il faut distinguer de l'invention ou de la découverte scientifique ; c) l'ouverture d'un débouché nouveau ; d) la conquête d'une nouvelle source de matière première ; e) la réalisation d'une nouvelle organisation, y compris les situations de monopole à l'origine des trusts.

B ~ Le processus de création destructive

- Schumpeter fut l'un des premiers à reconnaître la relation entre les caractéristiques d'une industrie et l'évolution dynamique de celle-ci. L'innovation est considérée comme une perpétuelle reconfiguration des ressources, à partir d'un processus de destruction créatrice de produits, qui se remplacent les uns les autres. C'est bien l'innovation qui comporte une espérance de gain liée au déséquilibre d'utilisation des facteurs produisant un profit non durable.

- L'introduction d'une innovation est un « cas particulier de toutes les modifications du processus productif qui ont pour but de fabriquer l'unité de produit avec une dépense moindre, et de créer ainsi une différence entre leur prix actuel et leur prix nouveau » (Schumpeter). L'auteur postule donc qu'il existe bien une multitude d'innovations potentielles dans l'organisation de la production, et chaque innovation impactera l'organisation des moyens productifs en de nouvelles combinaisons permettant de créer une différence entre le prix actuel et le prix futur créant ainsi une sorte de déséquilibre provisoire.
- Outre le cas de l'amélioration des processus productifs, Schumpeter discute du cas du remplacement d'un produit par un autre. La substitution « entre-détruit » les produits de la même façon que les idées d'organisation de la production s'entre-détruisent les unes les autres. Le gain existe dans les nouvelles combinaisons entre de nouveaux facteurs et le produit.

2 L'ENTREPRENEUR

A ~ La fonction d'entrepreneur

- « Nous appelons *entreprise* l'exécution de nouvelles combinaisons et également ses réalisations dans des exploitations, etc. et entrepreneurs, les agents économiques dont la fonction est d'exécuter de nouvelles combinaisons et qui en sont les éléments actifs. » (Schumpeter) Outre les facteurs d'innovation et l'octroi du crédit, le facteur d'entrepreneur constitue le troisième élément d'une économie évolutionniste.
- Ces entrepreneurs peuvent prendre toutes les formes existantes dans la mesure où ils remplissent la condition de combinaison des facteurs de production. Schumpeter distingue clairement la fonction d'entrepreneur de l'image sociale qu'il peut avoir dans une société historiquement située. Cela signifie que le caractériser par l'initiative, l'autorité, la prévision ou la prise de risque ne traduit pas la fonction qu'il désire mettre en avant. Il cite Jean-Baptiste Say afin d'identifier le service apporté par l'entrepreneur qui consiste à combiner, à rassembler les facteurs de production.

B ~ Le risque

- Presque une décennie plus tard, un autre économiste poursuivra le travail de Schumpeter sur la fonction d'entrepreneur. Franck H. Knight publie *Risk, Uncertainty and Profit* en 1921, ouvrage clé de l'économie moderne dans lequel il fera une distinction entre le « risque » et « l'incertitude » : si l'incertitude peut se probabiliser à l'aide de prémisses de raisonnements historiques, le risque se caractérise par des situations sans aucun précédents.
- Le profit provient donc du fait qu'il existe des situations de risque qui seraient en soi une incertitude particulière ne pouvant faire l'objet « ni d'une assurance, ni d'une capitalisation, ni d'un contrat salarial ». L'entrepreneur anticipe cette valeur et les profits sont alors les résultats de la différence entre les recettes prévues et les recettes effectives de l'entreprise.

Le modèle des ressources et des compétences sera directement attaché aux apports de Schumpeter, notamment au travers des notions de quasi-rentes dues aux déséquilibres de ressources à disposition des firmes. Plus récemment la notion « d'hypercompétition » développée par Richard d'Aveni s'articule à partir du concept de processus de destruction : les firmes se dotent d'avantages concurrentiels qu'il leur faudra constamment renouveler afin d'entretenir le déséquilibre à court terme à l'origine du profit.

FICHE 7

LA NATURE DE LA FIRME

« Le système des prix est une merveille » (Hayek) : mais alors, pourquoi avoir recours à la firme et non exclusivement aux échanges de marchés ? L'économie ne s'est jamais vraiment penchée sur les critères de gestion, et l'entreprise est censée fonctionner sans « friction ». L'économie des coûts de transaction se concentre sur la coordination des facteurs qui peut amener l'entreprise à contracter soit en interne (faire), soit sur le marché (faire faire).

1 L'EXISTENCE DE LA FIRME

A ~ Les origines économiques

- L'économie classique élude purement et simplement le problème de l'existence de la firme en considérant celle-ci comme une « boîte noire » dans laquelle entrent des ressources et d'où sortent des biens. Cependant, la firme se distingue dans la mesure où elle est un lieu spécifique qui supprime la coordination des échanges par le système de prix pour instaurer un système de coordination par l'entrepreneur. C'est Ronald Coase qui proposera la première hypothèse traitant de l'existence de l'entreprise en publiant *The Nature of the Firm* en 1937.
- Pour Coase, les marchés comportent bien un mécanisme des prix à partir duquel les entreprises évaluent la répartition des ressources disponibles (cadre de l'économie classique et de l'équilibre). Mais alors que quelques années auparavant, l'hypothèse de la fonction d'entrepreneur de Schumpeter fut unanimement évincée par les économistes car trop éloignée du courant central, l'hypothèse de Coase s'opposera directement à l'adhésion à la thèse de F. Knight pour lequel le rôle de l'entrepreneur est d'assumer le risque, justifiant ainsi l'entreprise. Mais il réfute également le courant technologique de la firme : la division du travail justifie l'existence des firmes dans le but d'organiser la production en fonction de l'inséparabilité des facteurs.

B ~ L'émergence de l'organisation

- Le mécanisme des prix n'est pas neutre : « La principale raison qui rend plus avantageuse la création d'une firme paraît être qu'il existe un coût à l'utilisation du mécanisme des prix. » (Coase)
- Il propose une démonstration en quatre points : a) **l'origine de la firme** est due à l'existence du coût de fonctionnement du marché, et la création d'une organisation de coordination interne (la firme) permet à une autorité (l'entrepreneur) de répartir les ressources à moindre coût ; b) **la croissance de la firme** se justifie selon le nombre de transactions intégrées par l'entrepreneur en lieu et place du mécanisme des prix, et diminue proportionnellement dans le cas inverse, c'est-à-dire lorsque l'entrepreneur abandonne ses transactions internes en se reportant sur les marchés ; c) **la limite de la firme** est atteinte au moment où les coûts de l'organisation des transactions supplémentaires seront égaux aux coûts du marché ou aux coûts obtenus par un autre entrepreneur (concurrence des coûts) ; d) **l'entrepreneur remplit une fonction** de répartition des ressources à moindre coût tant qu'il se substitue aux prix de recours aux transactions de marché.

A ~ La fréquence des contrats

- Pour Coase, ce sont les fréquences d'utilisation des contrats qui déterminent l'existence de la firme : d'un côté, il faut considérer les coûts de transaction pour établir des contrats sur le marché, et de l'autre, il faut prendre en compte les modes d'organisation des différents entrepreneurs. Mais il faut également apprécier le temps d'utilisation des ressources : les coûts de passation d'un seul contrat pour une période longue peuvent être inférieurs à l'addition des coûts de passation de plusieurs contrats successifs afin de remplir le même terme.
- L'auteur met donc en évidence l'apparition du salariat comme une caractéristique de l'entreprise expliquée au travers des coûts de transaction : l'entrepreneur contracte à long terme afin de répartir le risque d'allocation des ressources, et notamment des ressources de travail. En effet, en concevant un contrat à long terme, il devient possible et « en fait souhaitable » (Coase) de ne pas spécifier les devoirs de l'autre partie contractante, c'est-à-dire les offreurs de travail. Il est alors possible pour l'entrepreneur d'établir des contrats en termes généraux, contenant des limites auxquelles se soumettent les vendeurs, dont les détails de contraintes seront ensuite dépendants des décisions de l'acheteur. En d'autres termes, l'entrepreneur contracte avec les vendeurs de travail afin de s'assurer une disponibilité de ressources dont les exigences seront ensuite décidées en dehors de tout mécanisme de coûts. Le raisonnement s'oppose à la vision marxiste, dans laquelle la firme est vue comme un lieu de contrôle et de coordination du travail au travers du pouvoir de contrainte.

B ~ S'approcher de la réalité

- « Il reste à présent à déterminer si le concept d'entreprise [tel qu'il a été développé] correspond bien à la réalité. » (Coase) L'auteur reprend les concepts juridiques de la relation d'employeur à employé : a) l'employé rend des services pour le compte de l'employeur ; s'il en est autrement, le contrat est un contrat de vente de marchandises ou s'en approche ; b) l'employeur doit avoir le droit de contrôler le travail et la façon de le faire. Dans ce cadre, la théorie développée par Coase est bien compatible avec les fondements juridiques, et c'est en cela qu'elle est proche de la réalité.
- Il introduit la fonction du management des transactions pour justifier la présence réelle de l'entrepreneur : a) faut-il opérer une transaction supplémentaire ? b) les coûts d'organisation sont-ils égaux à ceux des autres firmes ou au recours au mécanisme des prix ? c) les hommes d'affaires expérimentent et contrôlent ainsi l'équilibre concurrentiel.

« La marque distinctive de la firme est la suppression du système de prix. » Ronald Coase part d'un constat : la firme existe bien réellement et la théorie classique ne peut expliquer sa présence. Cette première tentative de faire le lien entre la théorie microéconomique et la réalité sera à l'origine du courant de la théorie des coûts de transaction initiée par Oliver Williamson en 1972.

Pour aller plus loin

Coriat, B. & Weinstein, O. (1995), *Les Nouvelles Théories de l'entreprise*, Paris : Le Livre de Poche (ch. 2).

Coase, R. (1997), *La Firme, le marché et le droit*, Paris : Diderot Éditeur (ch. 2).

FICHE 8 L'ÉCONOMIE DES COÛTS DE TRANSACTION

Olivier Williamson débute son raisonnement à partir des conditions d'intégration de certaines fonctions dans les entreprises au lieu de recourir au marché : comment justifier les intégrations verticales si les coûts de marché sont neutres ? En d'autres termes, le courant économique qu'il initiera tentera de se rapprocher encore plus des conditions de réalité des firmes en prenant comme questions de départ les facteurs explicatifs des phénomènes d'intégration verticale pour, par la suite, justifier l'existence des firmes.

1 L'ÉMERGENCE DES THÉORIES DE LA FIRME

A ~ Un ensemble de théories

- Les théories économiques incitent et expliquent les décisions des dirigeants. Elles sont aussi à l'origine des raisonnements stratégiques. La microéconomie postule plusieurs hypothèses fortes, c'est-à-dire dont les conséquences sont marquantes pour l'observation de la réalité. Mais ces hypothèses ont pendant longtemps été considérées comme des conjectures, qu'il fallait bien accepter, et dont les économistes chercheront à vérifier les conséquences observables afin d'assurer le corpus de base : les individus sont autonomes, rationnels et informés par les prix, ils ont recours aux marchés afin d'assurer l'allocation optimale des ressources rares afin de produire les biens et services nécessaires à leurs besoins.
- La firme est considérée comme un arrangement institutionnel alternatif au recours aux marchés : les sociétés anonymes sont des structures fondamentales d'organisation sociale du travail, régulées par des lois juridiques et économiques. L'économie walrassienne construit les conditions de formation d'un équilibre par les prix, sur lesquelles viennent se greffer : a) **la théorie de l'agence**, explicative de l'apparition des managers à la place des entrepreneurs-propriétaires ; b) **les coûts de transaction**, approche considérant que le mécanisme des prix comporte une contrainte de temps et de coûts ; c) **l'économie évolutionniste**, qui donnera naissance aux théories des ressources et de l'écologie des populations, lesquelles expliquent la croissance et les limites de l'entreprise.

B ~ L'émergence d'un marché de transactions

- La notion de marché est vaste : en économie, le marché se formalise par la rencontre des offreurs de produits et des demandeurs de ces mêmes produits grâce au système des prix, lequel intègre les informations nécessaires à l'allocation des ressources dont ont besoin les agents économiques (individus ou firmes).
- Les entreprises se font concurrence pour solliciter les faveurs des clients ou pour s'approprier les ressources nécessaires à la production à moindre coût. L'apport de Williamson est de considérer qu'en effet ce marché des transactions (entre offreurs et demandeurs) est bien suffisant pour expliquer des options de croissance par intégration verticale, au cours desquelles les grandes firmes ont assimilé des ressources et compétences pourtant suffisamment disponibles sur les marchés.

A ~ Se rapprocher des réalités de la nature humaine

- À la suite de Ronald Coase, Williamson considère les transactions sur les marchés comme la source d'une économie dynamique à laquelle recourent les firmes et les entrepreneurs afin d'obtenir et allouer des ressources de production. Cependant, le second reprend un ensemble d'hypothèses jusqu'alors déconnectées entre elles dont le fil conducteur sera **l'opportunisme** : a) à la suite de Kenneth Arrow, l'information devient une variable nécessaire à l'origine des transactions de marché ou de l'intégration des ressources ; b) la théorie de la rationalité limitée de Herbert Simon expliquera l'incomplétude des contrats et les comportements opportunistes, la confiance ne pouvant être considérée comme une valeur universelle (donc accessible sur un marché de transactions), par contre une gestion interne entraîne un sentiment d'appartenance culturelle permettant les échanges d'informations dans les firmes ; c) Alfred Chandler avait démontré l'intérêt de la décentralisation des grosses structures en divisions afin de mieux exploiter les informations par les managers, idée qui sera reprise par Williamson mais cette fois-ci en relation avec l'opportunisme de ces mêmes managers, ceux-ci étant contrôlés à l'aide d'un système incitatif du partage des informations évitant toute attitude d'exploitation individualiste des informations au détriment de la firme.
- L'auteur identifie deux formes d'opportunisme : **l'opportunisme *ex ante***, cas dans lequel l'individu cache une information primordiale pour la transaction ; **l'opportunisme *ex post***, au cours duquel l'individu peut se comporter de façon négligente une fois la transaction faite. Ces deux formes d'opportunisme justifient le recours à la hiérarchie (la firme pour Williamson) afin d'éviter d'en subir les coûts.

B ~ Intégrer les facteurs de coûts

- La théorie de Williamson cherche également à décomposer plus en profondeur les facteurs constitutifs des coûts de transaction. Il distingue : a) **la spécificité des actifs** dont la firme peut avoir besoin ; b) **l'incertitude sur la transaction** en termes de disponibilité et de qualité des actifs ; c) **la fréquence d'utilisation** des actifs.
- Certains actifs sont particulièrement spécifiques et, les échanges n'étant pas instantanés ni réversibles, la firme sera dans l'obligation de contracter à long terme : un fournisseur ne peut supporter la propriété d'une machine qui ne servirait qu'occasionnellement à un de ses clients. L'entreprise cliente est donc condamnée soit à se spécialiser et intégrer définitivement cet actif, soit à changer d'activité pour une production plus commune utilisant des actifs pouvant être loués (c'est-à-dire pouvant être contractualisés sur le marché à court terme selon les besoins).
- Pour spécifier la firme, Williamson reprend le terme de *governance* afin de préciser comment seront gérer les relations contractuelles dans la firme, et la relation de celle-ci avec le marché. L'entreprise est une forme d'organisation ayant recours à un gouvernement plus ou moins efficace des contrats de production.

Contrairement à la gestion des coûts, pour laquelle seules les conditions internes à court terme sont prises en compte, la théorie des coûts de transaction offre l'avantage d'intégrer des conditions externes (disponibilité, fréquence d'utilisation, qualité des actifs) à long terme. Elle permet aussi d'opérer des choix d'individualisation, d'intégration ou d'externalisation des étapes, plus ou moins clés, de la chaîne de valeur de l'entreprise.

Pour aller plus loin

Coriat, B. & Weinstein, O. (1995), *Les Nouvelles Théories de l'entreprise*, Paris : Livre de Poche (ch. 2).

Arrègle, J.-L. (2000), *Les Nouvelles Approches de la gestion des organisations*, Paris : Économica (ch. 2).

FICHE 9

HENRY MINTZBERG : LES CINQ « P » DE LA STRATÉGIE

Henry Mintzberg est sûrement un des auteurs les plus prolifiques dans le domaine de la recherche sur les organisations. Il se place à part des autres auteurs, n'étant pas directement issu de l'économie industrielle ou des sciences de gestion. Ingénieur en génie mécanique, il entreprendra des travaux sur le management au MIT pour ensuite enseigner l'organisation et le management. L'originalité de son approche consiste à considérer la stratégie en termes de configuration (design) émergente de l'organisation suivant la dynamique de son environnement.

1 LA STRATÉGIE : UN CONCEPT POLYMORPHE

A ~ Une approche entre le processus et la synthèse

- Le concept de stratégie est une notion récente, dont les premières formalisations oscillent entre le processus logique séquentiel hérité du déterminisme de l'économie industrielle des années 1960 et les premières tentatives d'une démarche de synthèse entre les conditions externes et les caractéristiques internes de la firme (le modèle SWOT, apanage de l'école d'Harvard).
- Henry Mintzberg fut un des premiers chercheurs à tenter de réunir les multiples facettes de la stratégie en combinant plusieurs idées au travers de mots clés. Au sein d'un article paru en 1987, il propose un moyen mnémotechnique (les cinq « P » de la stratégie) permettant de réunir les multiples points de vue de ce domaine. La stratégie étant « un cadre dans un flot d'actions et de décisions » (Mintzberg), elle ne peut se formaliser ou s'enseigner comme une science. Mais surtout, elle ne peut se concevoir concrètement indépendamment des hommes qui prennent partie dans les actions collectives.

B ~ Une approche éclectique

- L'auteur définit la stratégie comme :

  a) **un plan** : c'est-à-dire une intention consciente adaptée à l'environnement ; elle se présente alors comme une science comportant des caractéristiques déterministes permettant de concevoir à l'avance les actions en relation avec l'environnement ;

  b) **un stratagème (*a Ploy*)** : les manœuvres d'évitement de certains concurrents. En considérant la stratégie comme un stratagème, l'auteur accepte l'idée d'une relation intersubjective entre les protagonistes d'un marché, à l'image des conceptions militaires de la stratégie héritées de Clausewitz ;

  c) **un modèle (*a Pattern*)** : un guide d'actions. La stratégie constatée l'est *a posteriori* et prend toujours un sens qui s'autojustifie, aussi Mintzberg considère-t-il que les actions collectives performantes ont autant de chance de se produire au cours de l'action, indépendamment des intentions originelles. C'est la *convergence* entre les actions effectives et le cadre global qui formalise l'interprétation et, donc, un cadre d'action est une *condition nécessaire* pour faire émerger des logiques d'action mieux adaptées aux spécificités temporelles et concurrentielles. Mais ce cadre d'action n'est nullement une *condition suffisante* pour réaliser la performance désirée ;

d) **une position** : la distance qui relie la firme à ses concurrents. L'entreprise ne peut être dissociée de son environnement et de ses concurrents, dont elle dépend ;

e) **une perspective** : la façon dont les managers se voient et voient le monde. La stratégie est relative aux stratégies des concurrents et à la perception que s'en font les dirigeants, elle est également relative à la conception que se font les managers de leurs propres actions et de leurs entreprises.

2 UNE TENTATIVE INTÉGRATRICE DE TOUTES LES APPROCHES DE LA STRATÉGIE

A ~ La stratégie peut-elle être enseignée ?

- Aucune définition de la stratégie ne peut englober les multiples facettes qu'elle peut contenir. La stratégie ne peut être considérée *a priori* ni de façon analytique (une procédure), ni de façon intellectuelle (une théorie). La démarche de M. Mintzberg se traduit au travers de cette question un peu comme une pierre jetée dans la mare : la stratégie comme le management peuvent-ils être enseignés à des étudiants indépendamment de la connaissance des réalités des entreprises ? L'auteur privilégie une approche descriptive et qualitative, et reconnaît, au travers de la célèbre notion de *stratégie émergente*, le rôle de l'intuition et du jugement, ces derniers n'étant pas des facultés exclusives aux seuls dirigeants mais une propriété de tous les acteurs de la firme. La stratégie comporte alors trois volets indissociables les uns des autres dans la construction de l'action collective :

  a) **la stratégie intentionnelle (*intented strategy*)** conçue par les dirigeants, qui est le résultat des processus de négociation internes, des marchandages et compromis selon les pouvoirs de chacun ;

  b) **la stratégie réalisée**, qui ne peut correspondre qu'à une partie de la stratégie désirée ;

  c) **la stratégie émergente**, qui permet de faire le lien entre la stratégie intentionnelle et les circonstances de l'environnement.

- Les actions collectives se confrontent avec les contextes, mais également entre elles et subissent les effets des processus d'apprentissage ou des tentatives de contrôle politique qui transforment les intentions initiales. Ainsi la stratégie est également tactique, dont les conséquences sont peut-être minimes à ce jour, mais deviendront particulièrement stratégiques demain.

- L'auteur propose une typologie des stratégies selon un ordre croissant, allant d'une intention particulièrement délibérée à l'émergence totale : **la stratégie planifiée**, au cours de laquelle les intentions sont précises et articulées par un comité de pilotage centralisé ; **la stratégie entrepreneuriale**, dont les intentions dépendent d'un leader capable de s'adapter aux nouvelles opportunités ; **la stratégie idéologique**, qui normative les comportements selon des valeurs partagées ; **la stratégie ombrelle**, qui permet un contrôle des actions au travers d'objectifs et de limites clairs mais à l'intérieur desquels il est possible d'agir par soi-même ; **la stratégie par processus**, au cours de laquelle les processus sont contrôlés mais qui laisse une large part à l'émergence de résultats qui seront ensuite exploités ; **la stratégie déconnectée**, qui permet à une filiale de se désolidariser des actions de la firme mère afin de tester de nouvelles pratiques ; **la stratégie du consensus** entre les membres de la firme selon une intention commune ; et enfin la stratégie imposée par l'environnement, qui laisse découvrir des façons d'agir plus ou moins gagnantes.

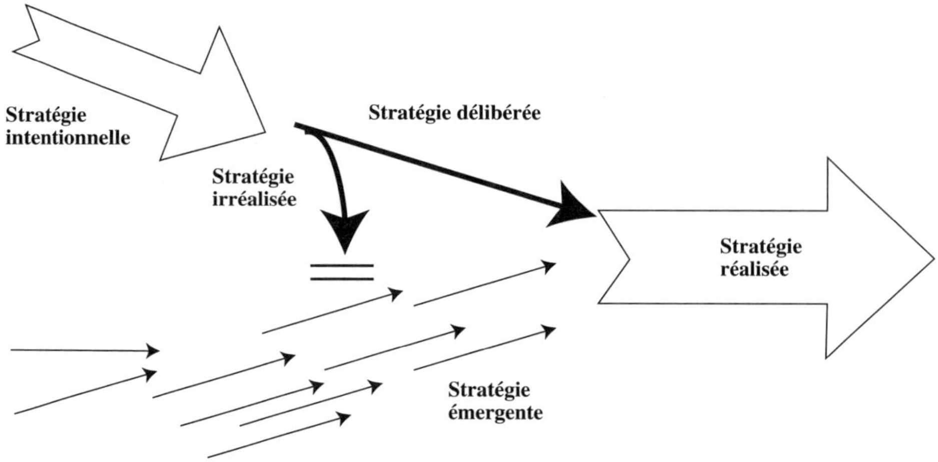

D'après Henry Mintzberg.

- Aussi, H. Mintzberg se verra reprocher la faiblesse prédictive de sa méthode et de son approche en mettant en priorité les actions collectives et la trop grande part accordée à l'émergence de la stratégie issue de l'organisation : le propre d'une théorie en gestion n'est-elle pas de contenir suffisamment de facteurs explicatifs de façon à obtenir un corpus de connaissances préalables à la décision et à l'action ?
- Au cours d'un « duel » l'opposant à Igor Ansoff, Mintzberg marquera les travaux de recherches et instaurera le courant de la configuration comme l'antithèse de la planification. Il reproche à cette dernière : a) l'absence des managers dans les actions qui réalisent la stratégie planifiée, dans la mesure où ceux-ci considèrent l'édification de leur plan comme suffisant au cadrage des actions ; b) le propre de la stratégie étant d'installer de nouvelles façons d'agir pour la performance, la planification tend à favoriser des changements génériques plutôt que créateurs, et ne peut donc pas produire une performance supérieure ; c) la planification repose sur un parti pris d'objectivité conduisant à préférer les processus analytiques aux processus intuitifs ; d) l'illusion de la prédétermination d'un résultat aboutit à décomposer la stratégie en trois étapes successives héritées du taylorisme : la réflexion, la formulation et l'action.

B ~ Les principes de la configuration de la stratégie

- Se configurer signifie donner une forme extérieure, ou une figure générale, relative aux observations que l'on peut se faire d'une situation ou d'un fait, sans pour autant réunir toutes les variables observées au sein d'une seule et même théorie explicative. Dans ce sens, Mintzberg part du principe que seule une vision synthétique (les archétypes d'organisations) qui tente de réunir l'environnement et la structure de la firme peut être particulièrement pertinente, car non exclusive de l'un ou de l'autre.
- Le travail de Mintzberg dans le domaine de la stratégie est incontestablement lié à ses premiers travaux de recherche sur les organisations : il définit celles-ci à partir de leurs facultés d'adaptation avec l'environnement, elles sont capables de se reconfigurer selon les variables clés de la coordination interne que sont le **pouvoir** et la **forme structurelle**. Il faut donc travailler « autour de la formation de la stratégie » : la structure organisationnelle et le management autorisent ou non certaines actions émergentes. Ceci signifie qu'il n'est pas possible de dissocier les actions et la réflexion, la parole et les écrits. Mais ne signifie pas qu'il est inutile de découvrir les stratégies : le rôle des dirigeants consiste à configurer les cadres d'action de telle sorte qu'une réalité collective de la performance prenne forme.

- Mintzberg établit ainsi des formes organisationnelles oscillant entre stabilisation et transformation selon les contraintes externes. Il identifie sept configurations de firmes:

  a) **l'entreprise entrepreneuriale**, simple, généralement jeune, informelle et flexible, qui est adaptée à un environnement dynamique ;

  b) **l'entreprise machine**, programmée, stabilisée dans un contexte industriel standardisé et de production de masse ;

  c) **l'entreprise professionnelle**, dans laquelle le travail est standardisé mais ne justifiant pas d'un système de contrôle sophistiqué compte tenu des facultés de coordination élevées entre les membres de la firme, assurant ainsi des réalisations complexes reposant sur les performances spécifiques de chacun ;

  d) **l'entreprise diversifiée**, sorte de conglomérat de petites structures permettant de répondre à divers besoins ;

  e) **l'entreprise *ad hoc***, innovante et experte dans son domaine ;

  f) **l'entreprise missionnaire**, dont la culture forte entraîne chacun dans une perception unique de la performance ;

  g) **l'entreprise politique**, provisoirement ou irrémédiablement soumise à des luttes intestines.

Il est difficile de « classer » Henry Mintzberg. Ses travaux sont utilisés en management, en sociologie des organisations, en stratégie, en technique d'organisation. Mais c'est justement à partir de ce constat que ses travaux furent reconnus dans le monde économique et académique : l'entreprise concentre tous ces aspects sous une seule et même réalité qu'il est difficile de décomposer.

Pour aller plus loin

Mintzberg, H. (1999), *Safari en pays de la stratégie*, Paris : Village Mondial (ch. 1 et 11).

FICHE 10 KARL WEICK : L'APPROCHE COGNITIVE DE LA STRATÉGIE

La stratégie est souvent présentée comme étant une vision du futur de l'entreprise. Le rôle des dirigeants consisterait alors à traiter les informations à leur disposition. Ils seraient donc capables de prendre des décisions indépendamment des biais d'interprétation qui, pourtant, sont inévitables. Karl Weick, chercheur en psychologie sociale, a bouleversé la nature même du processus de conception de la stratégie : les dirigeants et les collaborateurs de la firme se construisent ***une*** *réalité de* ***leur*** *environnement.*

1 L'ÉMERGENCE DU CONSTRUCTIVISME EN STRATÉGIE

A ~ La construction de l'environnement

- Les approches positivistes et contingentes de la stratégie considèrent qu'il est possible d'appréhender objectivement l'environnement concurrentiel ou d'en subir l'influence directe. C'est en réponse à ces courants dominants que Weick propose, dès 1969, sa conception constructiviste de la firme, consistant à considérer les pensées collectives comme étant construites au travers des interactions entre individus.
- L'environnement de la firme peut être envisagé selon trois conceptions : a) **l'environnement objectif**, concret, indépendant de la perception des individus, donné à l'observation (posture positiviste de la stratégie donnant naissance à des courants de recherche sur la récurrence de certaines lois concurrentielles) ; b) **l'environnement perçu** : toujours réel et donné, mais limité à la capacité de traitement des informations par les individus (attitude reposant sur la notion de rationalité limitée due à Herbert Simon, peu éloignée cependant des fondements positivistes) ; c) **l'environnement créé** : c'est-à-dire interprété de toutes pièces par les individus au travers de leurs expériences qu'ils transforment en réalités (attitude constructiviste d'interprétation du monde).

B ~ Les cartes cognitives

- Le travail réalisé sur les processus de décision auprès des dirigeants fera apparaître la notion de « cartes cognitives ». Celles-ci peuvent être définies comme la représentation des croyances d'un individu envers une situation particulière, lui permettant de raisonner sans avoir à repartir de la question initiale. Dans une certaine mesure, en l'absence d'une forme de capitalisation des expériences et de leurs conséquences, chaque situation amènerait les dirigeants à redécouvrir leurs contextes et leurs conséquences, à partir desquels ils prendraient leurs décisions. Pire, cela signifie presque que chaque situation serait toujours nouvelle : aucune connaissance ne viendrait éclairer les décisions.
- Ces cartes cognitives sont des miroirs de la réalité, stockées par les individus, servant de règles pour la décision et l'action. Ce sont les mécanismes opératoires et les processus de pensée ainsi encodés afin de servir de base pour toute nouvelle situation de décision. Elles engramment les informations fondamentales et les relations entre chacune d'entre elles du type : « c'est une sorte de », « à cause de », « c'est différent de »…

A ~ Le modèle ESR

- À partir des dispositifs de discussions habituelles dans l'organisation, Karl Weick propose un modèle dynamique du processus d'élaboration collective des schémas de raisonnement collectifs au travers d'un modèle en trois phases : « *enactement, sélection, rétention* » (ESR).
- Par ***enactement***, Weick propose une perspective résolument constructiviste, où « les organisations sont plus actives à construire leur environnement que ce dernier ne les affecte directement comme cela est communément admis » (*Enactment Process in Organizations*, K. Weick, 1977). L'organisation est perçue ici comme un flux d'expériences dans lequel chaque membre se base sur ses propres expériences, en tant qu'inférences. Ces dernières seront ensuite « arrangées cognitivement en cartes causales lesquelles prédisposent à des comportements futurs » (Weick).
- La seconde étape du processus consiste en la ***sélection*** des matériaux collectés lors des interactions des individus avec leur environnement. L'auteur met en évidence les diversités d'interprétation des réalités : chaque expérience comporte une quantité d'interprétations possibles. Les individus sont donc amenés à réduire l'équivocité d'interprétation d'une action collective. Chaque interaction étant équivoque, l'étape de sélection consiste à choisir les schémas explicatifs acceptables pour tous qui seront ensuite contenus dans la mémoire collective.
- L'étape de ***rétention*** consiste à « stocker » dans les mémoires les images et conséquences des expériences retenues, afin de les activer comme méthodes de résolution de problème le moment venu où une situation se rapprochera de celle qui fut à l'origine du processus initial.

B ~ La construction subjective de la réalité concurrentielle

- Le langage construit donc le sens dans l'organisation. En effet, pour Weick, les discours définissent la connaissance commune à partir de laquelle les dirigeants, comme les autres collaborateurs, concevront les actions à venir. Il cite G. Bateson : « un explorateur ne sait jamais ce qu'il explore jusqu'à ce qu'il l'ait exploré », et extrapole ensuite cette proposition à l'univers organisationnel en proposant une assertion similaire ramenée à l'univers des entreprises : « les organisations ne peuvent jamais savoir ce qu'elles pensent ou veulent tant qu'elles ne voient pas ce qu'elles font ». Les situations de discours entre les individus (managers ou non) sont des moments cruciaux dans la création du sens collectif : « Parler ou certaines sortes d'actions [...] fournissent les occasions pour une éventuelle articulation des schémas cognitifs et des désirs. »
- Comme le synthétise G. Koenig, « alors que la représentation traditionnelle fait de l'environnement un espace à découvrir pour l'entreprise, la notion d'*enactment* conduit à considérer celui-ci [l'environnement concurrentiel] comme une production sociale des membres de l'organisation [...]. »

*K. Weick est à l'origine de la conception constructiviste de la firme, et surtout du rôle de la perception dans l'élaboration des actions collectives. De nouveaux champs de recherche s'orienteront à partir du rôle de catalyseur que prend le sens collectif (*sense-making*) pour la coordination.*

Pour aller plus loin

Koenig, G. (1996). « Les Grands constructeurs, Karl Weick » in *Revue française de gestion*, mars.

Laroche, H. & Nioche, J.-P. (1994). « L'approche cognitive de la stratégie d'entreprise », in *R.F.G.*

Weick, K. (2001). *Making Sense of the Organization*, États-Unis : Blackwell.

Partie 2

Le modèle de l'analyse sectorielle

FICHE 11

LES FONDEMENTS DE L'ANALYSE SECTORIELLE

Les origines de la pensée stratégique se situent dans la seconde moitié du XXe siècle, au moment de l'émergence de l'économie industrielle. Cette discipline, issue de l'économie classique, sera développée par l'université de Harvard. La croissance de la production industrielle incite les chercheurs en économie à définir les fondations du fonctionnement d'un marché et son influence sur la croissance des firmes. L'économie industrielle se présente comme une discipline formelle (à l'instar de l'économie pure), au même titre que l'économie politique. Elle s'attache à comprendre les principes de co-existence des firmes sur un secteur industriel.

1 UNE NOUVELLE DISCIPLINE ÉCONOMIQUE

A ~ Protéger les conditions de concurrence pure et parfaite

- L'économie classique fonde son raisonnement sur l'hypothèse d'un équilibre entre les firmes. Chacune est considérée comme un élément contributif de la stabilité potentielle du secteur. Elles se confondent avec leurs dirigeants et sont donc dotées de rationalité, d'autonomie et sont parfaitement informées. Le mécanisme des prix est un facteur d'ajustement à leur disposition pour prendre les décisions. Les conditions de concurrence sont « pures et parfaites » et aboutissent à l'idée d'un équilibre optimal entre les firmes. Cet équilibre est favorable à la progression du bien-être des individus dans la société, notamment par ce jeu de la concurrence entre les entreprises évitant tout risque de monopole.
- Dans ce contexte, l'allocation optimale des ressources entre les firmes doit être assurée : en 1890, le *Sherman Act* édicte des règles contre la formation de grands trusts monopolistiques. À ce titre, en 1911, la firme Standart Oil détenue par Rockfeller sera démantelée. Le principe libéral à l'origine d'une telle disposition est censé préserver les conditions de concurrence (*workable competition*) en évitant les risques de collusion et la détention d'un pouvoir de monopole issu des opérations de concentration excessives entre les firmes. Le marché de référence est clairement identifié : *the relevant market*, dont la définition donnera les bases de formulation du concept d'industrie.

B ~ Le modèle atomistique du marché

- C'est à A. Marshall que l'on doit les premières tentatives descriptives sur un secteur. Il tentera de présenter les principes de développement des industries au travers de trois ouvrages majeurs : *The Economics of Industry* (1879), où l'auteur décrit l'évolution de l'organisation industrielle et l'influence du machinisme ; *Principles of Economics* (1890), abordant des notions descriptives comme notamment les économies internes et externes qui donneront par la suite naissance à la notion d'économies d'échelle ; *Industry and Trade* (1919) où, à partir de plusieurs monographies, Marshall illustre l'évolution des firmes au travers de l'utilisation des techniques industrielles modernes. Il conçoit ainsi les premières hypothèses d'évolution et d'échec des firmes en relation avec les caractéristiques du secteur.

A. Marshall tente donc de concevoir un cadre réaliste et explicatif du développement des industries qui soit également compatible avec les fondements classiques et néo-classiques de l'économie formelle. L'économie industrielle lui doit notamment un approfondissement du terme de « marché » en élaborant les premiers fondements structurels d'une « industrie » caractérisés par des quasi-rentes (qui correspondent aux profits à court terme de la firme, issus de conditions spécifiques et induisant des coûts inférieurs à ceux de la firme marginale), des économies internes (résultantes de l'augmentation du niveau de production de la firme) et externes aux firmes (le développement d'une industrie favorise les firmes par l'effet d'amélioration des conditions internes : augmentation du bassin d'emplois en quantité et qualité réduisant les coûts d'embauche, amélioration des conditions de transport, de communication...).

- L'industrie est caractérisée par une structure productive homogène (une seule activité qui peut être de production mais aussi de service) où s'organise la concurrence selon des logiques propres à chaque firme. La technique est une contrainte externe à la firme, c'est une donnée qui dépend du développement économique mais ne dépend pas des actions et intentions des entreprises. La notion d'industrie se distingue de la notion abstraite de marché où sont censées se rencontrer l'offre et la demande.

2 L'INFLUENCE DE L'UNIVERSITÉ D'HARVARD

A ~ L'économie industrielle : une nouvelle discipline

- À partir des années 1930, l'université d'Harvard, située près de Boston, influencera toute l'économie industrielle américaine. Elle se donne comme premier objectif d'étudier les conditions à l'origine de la grande dépression américaine de 1929. Puis elle tente de concevoir l'autonomie de cette discipline de l'économie formelle. Sa démarche ne sera reconnue qu'en 1941 par l'American Economic Association. Elle abritera de nombreux chercheurs, dont A. Berle et G. Means, lesquels publieront notamment *The Modern Corporation and Private Property*. Cet ouvrage apportera les premières formalisations statistiques, juridiques et financières relatives à la démonstration des principes explicatifs de la concentration croissante du pouvoir économique sur une industrie.
- D'autre part, les auteurs mettent en évidence la séparation de la propriété et de la gestion dans les firmes : l'émergence des managers et des théories managériales. Enfin, leurs recherches permettent d'identifier la prédominance d'une concurrence de plus en plus monopolistique pourtant contraire aux implications de l'économie classique : les prix ne seraient donc pas si flexibles et générateurs d'équilibre au travers des signaux qu'ils seraient censés apporter, mais au contraire ils sont contrôlés par les firmes entre elles. Cette théorie de la concurrence monopolistique et imparfaite permet de nouvelles formalisations microéconomiques qui ne seront cependant exploitées qu'en 1957 avec les travaux de Mason.
- E. Mason adopte une *démarche inductive* pour identifier d'éventuelles relations entre les firmes et leurs environnements. Il remet en cause le concept de marché (et de son équilibre) et renforce l'idée marshallienne d'industrie, notamment en vérifiant la diversité des pratiques de production entre les firmes et, à partir de ce constat, corrobore l'hypothèse de l'influence de l'offre de l'industrie sur la demande. L'auteur finalise un raisonnement positiviste, dans la mesure où ses travaux tentent de démontrer l'existence de règles normatives pour la performance globale sur une industrie dans le but de démontrer par là que l'application de ces règles est supérieure aux comportements des grands trusts industriels. L'observation empirique permettrait de formaliser les comportements des firmes. Les stratégies des entreprises sont déterminées par les caractéristiques dominantes des structures de l'industrie considérée. Mason pose les premières pierres du principe SCP (structure-comportement-performance) repris ensuite par J. Bain, et donnera ainsi naissance au courant de l'économie industrielle : « [Avec

d'autres chercheurs de l'université de Harvard, dont J. Bain et Donald Wallace], nous avions l'espérance de développer une classification opérationnelle des structures de marché, laquelle se voulait non seulement suffisamment explicative des comportements des firmes, mais de plus fournirait un contenu normatif et suffisamment standard de la performance pour être utilisé dans le cadre d'une politique antitrust. Bien que ce but ne fut jamais atteint, une contribution substantielle fut, je crois, de formuler le champ de l'organisation industrielle. » (Edward S. Mason, *The Harvard department of Economics from the beginning to World War II*, cité par J. Mac Gee, *Industrial organization*, Prentice Hall éd., 1988)

- Ce principe SCP sera donc à la fois descriptif et prescriptif : les **structures** des industries influencent les **comportements** des firmes et, par le lien de causalité supposé tout au long de la relation, déterminent les **performances**.

B ~ Les principes de l'économie industrielle

- L'économie industrielle (discipline que les Anglo-Saxons nomment organisation industrielle, *industrial organization*) se donne comme objectif l'étude des origines de la performance d'une industrie et la relation entre cette performance et la structure d'organisation de l'ensemble des firmes présentes sur un marché concurrentiel. Les recherches empiriques menées par Mason puis par Bain instituent un cadre de raisonnement : le paradigme SCP.
- Ce paradigme pose comme hypothèse une relation causale entre les trois étapes constitutives de la performance sur une industrie : la structure du marché (c'est-à-dire le nombre d'entreprises en présence et le niveau de concentration de celles-ci, s'adressant à des consommateurs ou des producteurs, comportant des caractéristiques de durée ou de longévité, leurs niveaux d'investissement ou d'intensité capitalistique, le degré d'intégration vertical et la structure des coûts qui en résulte) détermine les comportements idoines des entreprises (c'est-à-dire les niveaux de prix qu'il est possible de pratiquer, les comportements de prédation, d'exclusion ou de collusion entre les firmes, le degré de différenciation entre les produits proposés, l'effort en recherche et développement qu'il est indispensable de fournir, les investissements en actifs de production nécessaires, les dépenses de notoriété et de publicité qu'il faut engager…), ce comportement permettant aux firmes de perdurer car il est essentiel et déterminant pour les performances sur les marchés (le rapport prix/coût marginal, l'efficacité des actifs, la variété de produits nécessaires à la demande, le niveau d'innovation satisfaisant le renouvellement des produits et l'accroissement de la valeur d'usage, la présence en distribution et le profit).
- Les concepts de base de l'économie industrielle proviennent directement des fondements de l'économie classique (à partir de W. Shepherd, *The Economics of Industrial Organization*, Prentice Hall éd., 1990). Ils postulent notamment que :

  a) les firmes recherchent les plus grandes parts de marché dans le but de faire progresser leurs profits ;

  b) lorsque les firmes essayent d'exercer des contrôles mutuels les unes sur les autres, alors il existe des conditions de compétition efficaces. Cette compétition a pour conséquences de réduire les prix, d'augmenter l'efficience des firmes et de stimuler l'innovation ;

  c) par contre, si une ou plusieurs d'entre elles arrivent à s'octroyer une part de marché élevée, elles peuvent quand même réaliser un profit malgré que leurs prix soient élevés car elles obtiennent le pouvoir de restreindre l'offre sur la demande. Ce pouvoir de monopole impose un coût social : une inefficience des ressources engagées, un ralentissement de l'innovation, une distribution des richesses injustes et finalement moins de liberté de choix.

  d) les coûts engendrés par un pouvoir de monopole peuvent être compensés et justifiés si l'influence des économies d'échelle est essentielle sur l'industrie ou si la firme dominante exerce une supériorité de performances non égalée.

C ~ La distinction économie industrielle et stratégie

- Les premières démarches d'enseignement stratégique de l'université d'Harvard se fonderont sur l'adoption de cette démarche structure-comportement-performance. Les études de cas s'attachent à formaliser la description du marché de référence sur lequel les compétiteurs s'affrontent : l'industrie et sa structure de concentration. Le deuxième aspect de l'enseignement est destiné à identifier les conditions de l'environnement : l'appropriation des économies d'échelle et la structure de coûts de l'industrie, les produits proposés, le rôle de l'État, les techniques à disposition des firmes, l'élasticité de la demande par rapport aux prix (une élasticité forte signifie que les critères d'achat des clients se fondent sur le prix et non la différence : une industrie possédant cette caractéristique avantage les firmes maîtrisant les prix les plus bas et notamment celles qui accèderont le plus rapidement aux économies d'échelle). Le troisième aspect recherche l'identification des facteurs adaptatifs de la firme aux conditions de l'environnement (le *fit*) : *l'adaptation de la firme à ses conditions d'existence environnementales*. L'étude des performances obtenues se finalise par une analyse microéconomique normative du secteur permettant de comparer les résultats obtenus par les firmes compétitrices : le taux de la profitabilité, le niveau de prix, les quantités produites.
- La théorie des jeux apportera une étape intermédiaire entre une stratégie essentiellement prescrite par l'environnement et une approche concurrentielle fondée sur la constitution d'un avantage compétitif (l'étape « portérienne »). Elle introduit la recherche d'accords de stabilité entre les entreprises d'un secteur, notamment au travers de l'utilité de la diffusion de menaces à destination des concurrents, la crédibilité de ces menaces, la désinformation, les situations asymétriques entre les joueurs. Dans ce modèle à informations parfaites, les options d'action sont prévisibles entre compétiteurs. Le niveau optimum d'équilibre entre les joueurs (les firmes) est identifiable à partir d'arbres de probabilités et d'identification des options que possède chaque firme pour mettre à exécution ou non sa menace. Dans le cas des jeux dynamiques à informations imparfaites, les menaces et signaux émis par les firmes peuvent être considérés comme des options de négociation destinées à modifier un équilibre sur une industrie.
- L'approche concurrentielle de Michael Porter tentera de conjuguer les critères descriptifs d'une structure d'industrie et le système de répartition du pouvoir entre les firmes. Le pouvoir d'action d'une entreprise sur une industrie est déterminé par ses options d'action et sa capacité à se positionner selon un ordre préférable suivant les variables d'état du jeu concurrentiel (la structure), restreignant ainsi les choix de ses rivales.

Plusieurs reproches seront formulés à ces premiers fondements de l'analyse industrielle : l'absence caractéristique de l'entrepreneur et de l'innovation, puis l'école de Chicago (1970) critiquera le penchant trop structuraliste de l'université de Harvard, et surtout cette hypothèse de causalité entre structure et performance, pour finalement renverser le raisonnement SCP en estimant que ce sont les performances des firmes qui influencent les structures.

Pour aller plus loin

Chevalier, J.-M. (2000), *L'Économie industrielle des stratégies d'entreprises*, Paris : Montchrestien (ch.1).

Durand, R. (2000), *Entreprise et évolution économique*, Paris : Belin (ch. 3).

Morvan, Y. (1991), *Fondements d'économie industrielle*, Paris : Économica (pp. 1-47).

FICHE 12

LE MODÈLE SCP

L'approche structuraliste des performances des firmes considère que celles-ci sont déterminées par les caractéristiques de leur environnement. Le modèle structure-comportement-performance constituera pendant plus d'un demi-siècle le cadre de raisonnement des praticiens et des chercheurs en économie. En tant que paradigme, il conformera les décisions des dirigeants de firmes.

1 FORMALISER LES RÉALITÉS ÉCONOMIQUES INDUSTRIELLES

A ~ La définition des structures de marché : le paradigme Bain/Mason

- E. Mason propose les premières formalisations du paradigme SCP. Il tente de construire un cadre conceptuel suffisamment unificateur pour que l'économie industrielle puisse adopter des raisonnements et se construire des programmes de recherche autonomes. Il introduit deux notions radicales pour l'interprétation des performances : il pose le principe de structure de marché, c'est-à-dire l'hypothèse de caractéristiques morphologiques selon les marchés ; et d'autre part il reprend l'idée marschallienne d'industrie, c'est-à-dire définie à partir des caractéristiques techniques de l'offre et non plus à partir des réactions de la demande sur les produits. Avec son ouvrage *Economic Concentration and the Monopoly Problems* (1957), il jette les bases du principe :
  – Les concepts issus de la microéconomie sont trop abstraits et ne reflètent pas la dynamique d'ensemble d'une industrie productive.
  – Il faut que l'économie industrielle soit une discipline empirique, adoptant une démarche inductive reposant sur les observations de variables déterminantes de l'industrie.
  – La notion d'industrie est plus réaliste que celle de marché, dans le sens où cette définition autorise des observations empiriques, alors que la notion de marché ne permet pas d'observer les caractéristiques de rencontre de l'offre et de la demande autrement qu'en faisant appel à des hypothèses fortement formalisées.
  – Les structures dominantes sur une industrie déterminent les comportements des firmes.
- J. Bain reprendra les travaux de Mason en allant plus loin dans le raisonnement de causalité entre les trois séquences. À partir de ce cadre, J. Bain constituera les premiers critères d'une « théorie » consistant à observer, déduire et prédire les comportements des sociétés capitalistes à partir des différentes structures de marché. Il travaille à partir de données statistiques sectorielles et constate que le ratio taille optimale de production des firmes sur taille totale du marché comporte des variations. Selon la structure naturelle d'un marché, ce ratio sera plus ou moins élevé selon le degré de concentration des firmes, ce mouvement s'expliquant par la quête d'économies d'échelle, l'accroissement de l'utilisation des progrès techniques influençant ainsi les tailles optimales des entreprises observées empiriquement. Pour dégager les « schémas types » de comportements et de performances, il s'agit alors de spécifier les relations entre la firme et la structure : a) caractériser les conditions d'entrée dans la branche et sa concurrence potentielle ; b) analyser les conditions de formation des prix ; c) vérifier l'existence et les contraintes

de barrières à l'entrée ; d) identifier et traiter d'éventuelles économies d'échelle ; e) évaluer l'impact de la concentration économique sur la rentabilité.

- Le paradigme Bain/Mason influencera l'économie industrielle des années 1960. Il néglige ou privilégie une posture inductive, mais qui souffre cependant d'un aspect relativement déterministe et mécaniste. Il n'aborde pas les processus concurrentiels : il s'agit plutôt d'une vision normative de la concurrence, dans l'esprit de l'économie classique où la *firme représentative* serait remplacée par la notion de *taille optimale*.

B ~ Les formes de structures industrielles

- L'économie industrielle donne une première approche de méthode qui puisse caractériser les conditions d'activité à partir de trois axes :

  a) le niveau de technologie et l'intensité capitalistique : les niveaux technologiques varient d'une industrie à l'autre, et nécessitent des investissements plus ou moins élevés. Dans le cas d'utilisation élevé de capitaux, le degré de risque s'accroît et, conjointement, les investissements sont figés et difficilement mobiles vers une autre activité. Ce type d'industrie peut souffrir des effets des cycles économiques. La taille des firmes est élevée ;

  b) l'âge des firmes est également important dans la dynamique structurelle : Marshall a mis en évidence la notion de cycle de vie de l'entreprise. Celle-ci comporte différente étapes avant d'atteindre un niveau de maturité ;

  c) l'étendue internationale : certaines industries sont locales, d'autres internationales selon le principe de location des ressources (disponibilité d'exploitation).

- Le modèle de la performance peut être définit à l'aide de l'équation suivante :

Taux de profit	=	Parts de marché détenues	x	Niveau de concentration	x	Barrières à l'entrée	x	Taux de croissance de l'industrie

C ~ Le raisonnement stratégique

- Le modèle SCP sera à l'origine de la logique stratégique de la plupart des firmes américaines : « À partir [du modèle SCP], les analystes du système industriel américain possédaient là les [...] maillons centraux d'une chaîne de raisonnement qui allaient être repris avec une constance parfaite [...] » (Y. Morvan). Ce cadre de raisonnement permet aux gestionnaires de caractériser les structures industrielles et, à partir de là, ils induisent les stratégies à adopter pour atteindre certaines performances : l'approche postule un effet de causalité selon lequel chaque structure de marché tend à influencer les formes d'entreprises et les pratiques compétitives.

	Marché fortement concurrentiel	**Marché oligopolistique**
Caractéristiques structurelles	Beaucoup de vendeurs et d'acheteurs ; produits homogènes ; pas de barrières à l'entrée.	Peu de firmes avec une concentration possible des acheteurs ; produits plutôt différenciés ; existence de barrières à l'entrée.
Conduites des firmes	Pas d'action autonome des acteurs ; pas de superprofit.	Conduite variable et autonome des acteurs ; existence de superprofist.
Performances attendues	Allocation optimale des facteurs ; pas d'innovation.	Allocation non optimale des facteurs ; innovation probable.

- Les principes fondamentaux de la compétition sur une industrie se résument en trois points : a) la compétition accélère et développe les performances ; b) une situation de monopole freine ce développement ; c) mais un pouvoir de monopole peut être bénéfique car les firmes possèdent alors un pouvoir de marché (elles peuvent influencer la formation des prix en fonction de la quantité de biens qu'elles mettent sur le marché).

2 La structure du marché : un contexte économique et stratégique global

A ~ Les boucles rétroactives du modèle SCP

- Plusieurs chercheurs utiliseront le cadre Bain/Mason pour réaliser des études de cas et des travaux de vérification statistiques. Dans les années 1960, ce modèle inspire la notion de *laisser-faire* au niveau des conditions de base des marchés et les lois antitrust afin de protéger la formation de structures équilibrées, c'est-à-dire ne souffrant pas des effets d'une firme en situation de monopole. Cependant, il apparaît certaines critiques sur l'ordre de causalité S → C → P. Notamment sur l'existence d'effets rétroactifs du constat des performances sur les comportements, agissant à leur tour sur la structure.
- Le modèle SCP se présente sous forme d'un schéma en quatre étapes à partir des conditions de base d'une industrie (approche structuraliste S → C → P), mais pouvant comporter des boucles rétroactives de causalité (approche comportementaliste P → C → S ou P → C).

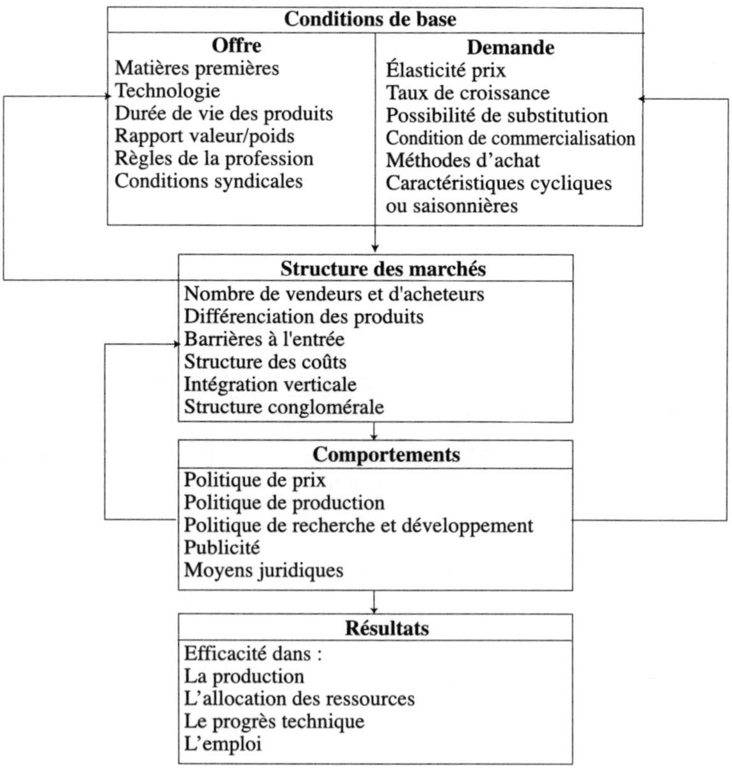

B ~ Les marchés contestables

- Toujours à partir du paradigme Bain/Mason mais en remaniant l'hypothèse d'une situation équilibrée de la structure, Baumol, Panzar et Willig posent en 1982 les règles de la notion de contestabilité d'une industrie. Cette notion introduit l'hypothèse d'une concurrence potentielle dans l'industrie, prémisse de la formulation d'un pouvoir concurrentiel des acteurs sur un marché. Cela donnera naissance aux politiques de déréglementation des marchés destinées à amplifier la perméabilité aux nouveaux entrants : un marché est parfaitement contestable si ses conditions d'entrée sont libres et la sortie non coûteuse. La configuration de ce marché sera optimale dans la mesure où la condition de soutenabilité permettra d'atteindre une stabilité et un équilibre quelle que soit sa structure (monopole, oligopole, polypole) : un marché est dit soutenable lorsque l'entrée d'un nouvel acteur n'entraîne aucune perte pour celui-ci ni pour les firmes déjà présentes comparativement à d'autres marchés.
- Baumol, Panzar et Willig caractérisent un marché contestable de la façon suivante :

  a) l'entrée et la sortie du marché sont totalement libres : les barrières à l'entrée et les coûts de sortie (les coûts irréversibles) sont inexistants. Ainsi, une firme extérieure peut tenter un raid sur un marché sans en subir de contraintes (les auteurs qualifient ce type de pression *hit and run* : frapper et s'enfuir).

  b) le marché peut être un monopole naturel (c'est-à-dire qu'une seule firme couvre la totalité des besoins de la demande exprimée), un oligopole naturel (plusieurs firmes couvrent les besoins), ou finalement parfaitement atomistique. Toutes les firmes disposent de la même technologie.

  c) un marché est à l'équilibre lorsqu'une éventuelle entrée ne serait pas rationnelle : une entrée provoque alors une perte pour les firmes en place et les nouveaux entrants ne réaliseraient pas plus de profit comparativement à la rentabilité en vigueur sur d'autres marchés.
- La théorie des marchés contestables instaure une véritable politique de la concurrence : la menace des concurrents potentiels favorise les entrées-sorties entre les marchés, aboutissant à une redistribution continuelle des cartes du jeu concurrentiel et à un décloisonnement entre industries. Elle construit les bases d'une approche stratégique de la concurrence.

Le modèle SCP est rarement utilisé en tant que tel pour bâtir une stratégie industrielle mais lui est intimement lié : il permet d'évaluer l'intensité de la compétition et le niveau de rentabilité attendu sur une industrie, d'en saisir les caractéristiques économiques et technologiques. La stratégie industrielle initiée par Michael Porter s'attachera essentiellement aux rapports (les forces concurrentielles) qu'entretiennent les firmes entre elles, avec leurs environnements, et les déterminants du système productif, introduisant un attitude plus active des acteurs eux-mêmes.

Pour aller plus loin

Morvan, Y. (1991), *Fondements d'économie industrielle*, Paris : Économica (pp. 1-47).

Arena, R. (1991), *Traité d'économie industrielle*, Paris : Économica (ch. 1).

Durand, R. (2000), *Entreprise et évolution économique*, Paris : Belin (ch. 3).

FICHE 13

LES BARRIÈRES À L'ENTRÉE

L'économie industrielle a introduit le concept de barrières à l'entrée pour expliquer les profits à long terme. Une industrie dont les profits seraient supérieurs à la moyenne attire des firmes extérieures. Malgré l'idée de libre circulation entre les marchés, un secteur d'activité bénéficiant d'un profit supérieur à la moyenne fera l'objet de la protection des firmes en présence, qui tenteront d'ériger des conditions d'entrée pour toute nouvelle candidate. Cette notion de barrière comporte une signification intuitive permettant aux décideurs d'évaluer les avantages et contraintes d'un secteur. Cependant, ce concept comporte des caractéristiques fondamentales qu'il s'agit de saisir afin de bénéficier de toute sa portée.

1 LES CARACTÉRISTIQUES DE L'INDUSTRIE

A ~ Monopoles, oligopoles et concurrence parfaite

- L'économie industrielle considère deux points extrêmes pour qualifier une industrie : le cas du monopole dans lequel une firme s'approprie toute la valeur créée, et le cas d'une compétition parfaite entre les entreprises, situation entraînant la chute du niveau de profit jusqu'au point limite de couverture des coûts des capitaux engagés.
- J. Bain réalise les premières études sur la formation plus ou moins forte de barrières à l'entrée dans certaines industries : en 1946, il étudiera les formations de prix en milieux monopolistiques et oligopolistiques, puis, en 1966, il publiera *Barriers to New Competition*. Dans cet ouvrage, il démontre que des firmes en milieu oligopolistique (quelques entreprises présentes) tentent de concevoir des pratiques suffisamment dissuasives afin de maintenir les prix pratiqués au-delà du prix limite concurrentiel : ces barrières sont destinées à réduire l'intensité concurrentielle et à permettre ainsi aux firmes dominantes de s'assurer un surprofit à long terme. En effet, en l'absence de barrières, les firmes entrantes accélèrent la pression compétitive sur les prix jusqu'à l'équilibre, seuil critique entraînant la sortie des firmes excédentaires (l'hypothèse de l'équilibre par les prix est une des conditions de base de l'économie libérale).
- Les types de structures d'industries :

	Concurrence parfaite	Oligopole	Duopole	Monopole
Concentration	Firmes nombreuses	Peu de firmes présentes	Deux firmes présentes	Une firme présente
Barrières à l'entrée et sortie	Absence de barrières	Barrières significatives		Barrières levées
Niveau de différenciation	Production homogène	Possibilité de différencier les produits		
Information	Flux d'informations parfaits	Imperfection de diffusion des informations		

D'après R. Grant.

B ~ Les facteurs d'entrée sur une industrie

- L'ouverture de nouveaux segments favorise les entrées. En fait, chaque effort d'ouverture de nouveaux segments, de lancement d'une gamme différenciée, élargit l'offre. Il est possible de partir du principe que toutes les firmes qui investissent dans de nouvelles différenciations sur une activité « ouvrent » son marché à la convoitise de concurrents potentiels à la recherche de nouveaux investissements productifs : en phase de lancement, les barrières à la concurrence ne sont peut-être pas encore effectives ou suffisamment dissuasives.
- L'entrée d'une firme sur un secteur implique qu'il se présentera une nouvelle offre de produit : cela signifie que des opportunités ont été ignorées par les entreprises déjà présentes, celles-ci ne saturant pas le marché avec leurs productions. Une firme particulièrement dominante saturera l'étendue du marché au fur et à mesure que celui-ci s'accroît. La moindre défaillance d'un compétiteur incite à l'entrée de nouvelles entrantes.
- La vitesse d'entrée génère différents impacts : une arrivée brutale (effet de prédation : les firmes acquièrent une image de frappe suffisamment dissuasive pour engendrer une riposte de la part des entreprises en place) comporte un impact dissuasif pour les firmes en place et les autres candidates à l'entrée.

2 Les caractéristiques des barrières

A ~ Les barrières à l'entrée

- Il est possible d'identifier deux catégories de barrières. On peut distinguer celles qui relèvent des caractéristiques économiques de l'industrie (facteurs exogènes aux firmes) : l'accession et la maîtrise technologique nécessaire, la complexité des produits et les besoins en capitaux. Mais les barrières peuvent être provoquées à la suite des décisions des firmes dominantes qui imposent ainsi des pratiques irréversibles sur le marché (facteurs endogènes aux firmes dominantes) : celles-ci dépendent des actions de dissuasion des firmes à l'encontre d'un nouvel entrant et des possibilités d'exploitation de certaines imperfections comme l'asymétrie d'informations ou d'accessibilité à des ressources spécifiques.
- Ces deux types de barrières dépendent en grande partie des caractéristiques du secteur :

  – **le secteur concentré**, c'est-à-dire où peu de firmes sont présentes et couvrent suffisamment la demande de leur production, crée des barrières externes principalement dues aux effets des besoins en technologie et de la taille de marché nécessaire ;

  – **le secteur différencié**, c'est-à-dire où les entreprises concentrent l'offre mais sur lequel il reste possible de différencier les produits, crée des barrières internes dues justement au besoin de différenciation et aux différences de coûts que cela entraîne.
- **Les barrières exogènes** :

  – Les besoins en capitaux : les industries lourdes ou de niveau technologique élevé, mais aussi les activités novatrices nécessitant de lourds investissements commerciaux afin de lancer les produits ; les dispositions juridiques et monopoles légaux : certains pays n'adoptent pas les principes de marchés contestables et imposent des réglementations spécifiques destinées à ralentir les effets d'une concurrence internationale ;

  – les économies d'échelle accessibles aux firmes en présence leur permettant de menacer et éventuellement mettre à exécution des réductions de prix : une firme plus ancienne sur le marché peut avoir accumulé une taille optimale, lui permettant de bénéficier d'économies d'échelle et donc d'une structure de coûts plus favorable lui permettant d'exercer une menace de baisse, et par voie de conséquence de sortie des concurrents ne bénéficiant pas de cet avantage ;

  – les possibilités de se différencier à l'aide de campagnes de publicité, marketing ou de créer des relations de proximité avec les clients : l'antériorité sur le marché accorde une prime de notoriété ou un accès privilégié aux clients, voire même d'avoir conclu des contrats d'exclusivité pour une période supérieure au temps de « survie » du nouveau candidat entrant ;

– les avantages absolus en coûts : comme l'accessibilité à une main-d'œuvre moins chère, à des compétences spécifiques ou tout simplement à une avance sur les coûts liée à une condition exceptionnelle comme l'existence d'une licence, mais aussi le bénéfice d'accéder à des capitaux à des coûts inférieurs à ceux des concurrents ;

– la possibilité offerte aux firmes diversifiées de déployer des ressources sur plusieurs activités, comme la R & D ou le marketing : le bénéfice des synergies ainsi obtenues se rapproche des effets d'un avantage absolu en coûts, mais selon des causes parfois plus difficiles à repérer ;

– l'obligation d'investir et de justifier d'une R & D forte avant l'entrée sur le marché : les dépenses de notoriété ou d'image sont de plus en plus rédhibitoires pour se donner des chances de réussite ;

– l'obligation de supporter des coûts irréversibles ou irrécupérables (*sunk costs*) : comme se doter d'une image de marque dans des réseaux afin de crédibiliser le produit ou même d'être parfois dans l'obligation de participer à des opérations de diffusion, ou bien d'être obligé d'engager des montants financiers tels qu'ils ont pour conséquence de réduire les choix concurrentiels des firmes qui sont présentes, comprimant ainsi l'éventail du possible stratégique de leurs activités au niveau corporate (notons que les *sunk costs* comportent deux niveaux de contraintes : l'indivisibilité du capital à employer et la diminution du niveau de flexibilité stratégique) ;

– si l'intégration verticale comporte des opportunités de réduction des coûts, un nouvel entrant sera dans l'obligation d'investir au même niveau pour concurrencer les coûts avec plus de risques.

- **Les barrières endogènes** :

– les firmes présentes peuvent mettre à exécution des menaces sur les prix, ou amplifier l'effort en publicité, intimidant ainsi les nouveaux entrants, proposer des innovations jusqu'alors non diffusées car n'étant pas nécessaires à la compétition, ou, en situant les prix de vente juste au-dessus du prix limite de marché, entraîner une baisse des prix à la concurrence et le désintérêt du nouvel entrant ;

– les firmes peuvent entraîner une saturation de la demande en favorisant les surstocks et surcapacités auprès de leurs clients : des opérations de promotion à l'occasion de commandes groupées, de contrat de livraison à long terme, de multiplication des packagings en volume ;

– les investissements en forces de vente et un soutien intensif en marketing entraînent des effets de loyauté avec les clients ;

– une politique de protection active des brevets : les actions en justice systématique entraînent des effets de lassitude, de contraintes, et jettent de plus un discrédit sur le nouvel entrant ;

– l'acquisition destinée au contrôle de ressources critiques : comme détenir les accès aux matières premières ;

– la prolifération des marques appartenant à la même firme imposant un effort d'insertion plus difficile au niveau de la distribution ;

– les lobbies et pressions qu'un groupe de firmes peut exercer afin de bénéficier de normes spécifiques.

B – Les barrières à la sortie

- Il faut distinguer une subtilité dans cette notion : les barrières à la sortie exercent le même effet qu'en entrée en exerçant un effet dissuasif lié à l'immobilisation des capitaux investis. Les barrières consistent par contre à installer des facteurs limitatifs à la sortie du secteur d'activité. Se sachant contraintes, les firmes en présence augmentent l'intensité concurrentielle afin de maintenir leurs parts de marché et des prix au-dessus du prix limite. Ces barrières résultent d'une forte intensité capitalistique spécifique et donc non transférable sur un autre marché (non cessible), ou de synergies avec d'autres activités bénéficiant ainsi d'économies suffisantes pour maintenir la rentabilité...

C ~ Les stratégies de contournement des barrières

- Si les firmes établies vont chercher à ériger des barrières suffisamment solides, les entreprises postulantes vont tenter de les franchir. Ces nouvelles entrantes potentielles vont tester leurs possibilités selon les ambitions qu'elles se donnent : ainsi, il est toujours possible de se confronter à une stratégie d'entrée ayant comme objectif de bousculer l'ordre établi, la déchéance des brevets détenus ou d'une innovation.
- La stratégie de coalition et d'alliance permet à une firme postulante de bénéficier d'une entrée d'autant plus forte que l'entreprise partenaire est en position de franc-tireur, et pour laquelle une stratégie de modification radicale des comportements compétitifs semble représenter une opportunité de croissance au détriment des firmes concurrentes déjà bien installées.
- Enfin, les tentatives de substitution des technologies ou de l'usage des produits créent une déstabilisation du marché.
- La portée des tentatives d'entrée dépend en grande partie de l'âge des produits et de la courbe de vie technologique : les industries jeunes comportent toujours des brèches dans lesquelles les nouveaux entrants peuvent exploiter leur dynamisme ; les industries plus anciennes, dont la demande est stabilisée, dépendent de l'intensité capitalistique et technologique qu'elles ont créée au fil du temps et du degré de concentration de la structure.

Les barrières à l'entrée et à la sortie restent quand même l'apanage des firmes les plus puissantes et diversifiées. Les similarités stratégiques aboutissent à l'identification de groupes stratégiques. Cette approche, issue de l'économie industrielle, est caractéristique de cette discipline portée à concevoir la stratégie (ou les performances) comme une conséquence de l'environnement (ou de la structure de l'industrie) et non du ressort des intentions des firmes elles-mêmes. Pourtant, certaines firmes possèdent des ressources ou des compétences spécifiques capables de contourner les barrières déployées par les entreprises dominatrices du secteur.

Pour aller plus loin

Morvan, Y. (1991), *Fondements d'économie industrielle*, Paris : Économica (pp. 83-108).

Yip, G. (1982), *Barriers to Entry: A Corporate Strategy Perspective*, New York : Lexington Books (ch. 1 & 2).

FICHE 14

L'APPORT DE LA THÉORIE DES JEUX

Pour s'approprier durablement une valeur, les firmes peuvent adopter trois types d'attitude : s'éviter, coopérer ou se confronter. La théorie des jeux et les choix d'options constituent un cadre de modélisation de la stratégie. Elle permet de spécifier les options envisageables, d'élaborer des arbres décisionnels et de sélectionner les chemins de décision.

1 LE CADRE DÉCISIONNEL DE LA THÉORIE DES JEUX

A ~ Les options stratégiques

- **Un comportement stratégique** consiste à influencer les choix des autres concurrents selon ses propres objectifs (T. Schelling, *The Strategy of Conflict*, 1960). L'influence et la crédibilité des menaces dépendent des options rationnelles effectivement en possession de la firme qui pourrait les mettre à exécution. Options rationnelles car toutes les décisions engagées restreignent les actions de chacune des entreprises concurrentes : l'évaluation de la rationalité dépend de l'utilité des actions pour les compétiteurs (la théorie élimine ainsi irrévocablement toutes les décisions irrationnelles, ne pouvant se justifier d'une utilité telle que la maximisation des gains, la possession de parts de marché...).
- **L'engagement stratégique** de la firme consiste à déterminer, évaluer et sélectionner des décisions difficilement réversibles comportant un impact à long terme et dont l'enjeu représente des espérances de gains. Les possibilités d'action dépendent des effets et conséquences dues aux décisions des autres entreprises du secteur. De plus, toutes les décisions prises par une entreprise impactent ses propres possibilités de choix : **favorablement** en ouvrant de nouvelles possibilités de gains, **défavorablement** en comprimant les actions de l'entreprise, aboutissant parfois à l'impossibilité même de sortir d'une activité : les barrières à la sortie condamnent le transfert des capitaux investis vers une nouvelle activité.

B ~ La théorie des jeux

- Le modèle de base de la théorie des jeux considère trois critères à identifier : a) des « joueurs » en situation de compétition et de concurrence **pour un même but** ; b) les choix disponibles qui s'offrent à chacun des concurrents. Ces choix correspondent à un **niveau d'engagement stratégique** (*entrer* ou *ne pas entrer*) et un **comportement stratégique** (*coopérer* : attitude concurrentielle passive et *ne pas coopérer* : attitude concurrentielle agressive) ; c) les **combinaisons de choix** disponibles selon la fonction d'utilité de chaque joueur. Cette fonction d'utilité est proche de la notion d'objectif : elle permet aux joueurs d'évaluer par anticipation les conséquences des choix de chacun des protagonistes sur l'aboutissement des actions.
- L'arrivée d'un nouvel acteur sur une industrie modifie l'équilibre concurrentiel. L'économie classique considère notamment qu'en matière de compétition, les joueurs ne peuvent s'entendre suite à un accord. Les ententes sont censées être contrôlées par des lois ou des conditions matérielles qui empêcheraient toute attitude collusoire. Si malgré tout une entente s'établit entre deux firmes, la firme qui subirait les préjudices d'un partenaire qui dérogerait aux règles de l'accord ne peut se retourner en justice pour récla-

mer une compensation. Finalement, la théorie des jeux ne considère qu'un ensemble d'accords tacites de coopération ou de compétitivité entre les firmes : c'est-à-dire employer une menace ou non.

2 Stratégie et théorie des jeux

A ~ La nouvelle économie industrielle

- Dans un ouvrage de 1982, l'économiste Schamalensee propose la terminologie de « nouvelle économie industrielle » (NEI) pour signifier l'évolution de cette matière. Il identifie trois ruptures majeures permettant de mettre en évidence des variables stratégiques auxquelles sont confrontées les firmes : a) les travaux de Mason qui privilégient l'étude inductive des secteurs ; b) bain qui poursuit en caractérisant les secteurs permettant d'identifier des performances ; c) la NEI qui considère l'analyse des marchés réels en dehors d'un ensemble stylisé de faits : cette « théorie pure de l'organisation industrielle » requiert l'utilisation de la théorie des jeux pour sortir de l'impasse de la formalisation d'un modèle général au profit de la conception d'un ensemble de modèles appropriés aux marchés étudiés.
- La théorie des jeux permet de spécifier les stratégies d'affrontement et de coopération sur un marché défini en dehors des modèles de comportement de l'économie industrielle, et donc d'analyser les facteurs spécifiques contribuant à l'équilibre.

B ~ L'utilisation stratégique de la théorie des jeux

- a) **Évaluer la dualité des comportements** : un joueur peut être complémentaire ou compétiteur à la stratégie menée par une autre firme selon la valeur totale perçue par les clients. b) **Définir les actions dissuasives entre firmes** : en agitant des **menaces crédibles**, une firme peut modifier l'analyse ou les finalités de ses concurrents. c) **Expliciter les engagements de la firme** : toutes les décisions irréversibles jouent dans le sens d'exercer une influence sur les options du jeu. Un engagement élevé modifie le marché et donc les options des concurrents. Par exemple, une nouvelle usine élimine volontairement les options de production des concurrents. Des engagements suffisamment connus à l'avance anticipent les choix d'options des autres joueurs. d) **Envisager les comportements de coopération** afin d'obtenir des options plus larges dans le jeu. Un éventail d'options augmente la valeur pour la firme. Ces alliances évincent les situations *win-loose* (les jeux à somme nulle) en faveur de jeux à somme positive (*win-win*), chaque firme cherchant à cumuler des options au lieu de les restreindre.
- Diffuser les signaux significatifs sur les marchés entraînent les réactions des autres joueurs. Certains leurres peuvent être utilisés pour inciter les autres firmes à s'engager dans une voie et prendre des décisions restreignant leurs propres options.

*La théorie des jeux est omniprésente car la stratégie des firmes s'identifie à un ensemble de choix optionnels : entrer ou non sur une industrie, ou imposer des produits de substitution... Le modèle des « cinq forces » de Porter (*cf. *fiche 34)** évite le recours à la modélisation des options. Jugée trop statique, l'approche par les jeux conserve cependant une visualisation plus explicite des possibles. Ces deux approches supposent cependant une hypothèse forte : l'univers concurrentiel est déterminé par la fonction d'utilité qui permet d'identifier les préférences des firmes.*

Pour aller plus loin

Grant, R. (1998), *Contemporary Strategy Analysis*, États-Unis : Blackwell (pp. 105-111).

Rainelli, M. (1998), *Économie industrielle*, Paris : Dalloz (ch. 4).

FICHE 15

L'INNOVATION

Pour Joseph Schumpeter, un des moteurs du développement réside dans l'innovation : nouvelle production de biens, nouvelles méthodes de production, nouveaux débouchés, nouveaux matériaux, nouvelle organisation. L'analyse industrielle tentera de distinguer les innovations qui résultent du système économique de celles des firmes.

1 INVENTION ET INNOVATION

A ~ L'ordre technique et économique

- Y. Morvan propose un distinction entre invention et innovation : a) l'invention se place dans l'ordre technique et dépend des connaissances scientifiques ; b) l'innovation se situe plus spécifiquement dans l'ordre économique dans la mesure où elle constitue la base de l'introduction des nouveaux produits et processus sur les marchés. La relation économique consiste à faire passer les résultats de la recherche fondamentale d'une échelle scientifique vers la sphère industrielle destinée à les exploiter.
- On peut distinguer trois niveaux de recherche technologique : a) **la recherche fondamentale**, généralement réalisée par des laboratoires de recherche, dont l'objectif consiste à formaliser de nouvelles connaissances ; b) **la recherche appliquée** : domaine d'approfondissement et d'application des nouvelles connaissances ; c) **la recherche-développement** : visant essentiellement à concevoir des applications de production issues des connaissances développées.

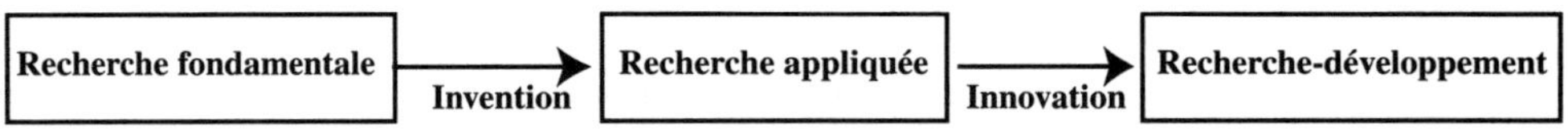

D'après Y. Morvan.

B ~ Le système technique

- Il faut faire la distinction entre technologie, l'étude des techniques à disposition, et technique, l'ensemble des savoirs et savoirs faire scientifiques et industriels. La technologie permet d'exploiter les connaissances sous forme de nouveaux assemblages théoriques, la seconde explore et collecte les connaissances.
- Un système technique est un ensemble de relations techniques et sociales fonctionnant en partie au travers de collectifs de recherche mettant en commun un ensemble de connaissances, à l'origine des innovations radicales. Le système technique induit un ensemble de sous-systèmes : la structure technique élémentaire, puis les ensembles techniques dont la combinaison aboutit à des actes de production définis. Une filière structure verticalement un ensemble de techniques.

A ~ Caractéristiques des innovations par secteur

- Les secteurs ne possèdent pas les mêmes structures d'innovation. Certains secteurs sont plus aptes à générer des progrès et innovations : a) **les industries dominées par les fournisseurs du secteur** : comme l'industrie du textile dont les innovations les plus caractéristiques sont dues aux grands fabricants de matières et tissus de la filière comme par exemple le Polartec (matière de recyclage des emballages plastiques), ou le Lycra de DuPont. Dans ce secteur, une partie de la valeur issue des innovations est détenue par les fournisseurs, les concurrents dans la filière vêtements apportant des innovations de production ou de mode ; b) **les industries de production de masse** : comme l'industrie du verre dont les innovations dépendent des concurrents du secteur et de la capacité à maîtriser des productions complexes à partir de la R & D ; c) **les industries de spécialisation**, comme le secteur de la mécanique automobile pour lequel les innovations sont le résultat des relations et transferts d'informations entre clients et fournisseurs, permettent de nouvelles innovations du produit ; d) **Les industries scientifiques** : comme la chimie, directement liée aux principes scientifiques en vigueur dans les laboratoires de recherche du secteur.

B ~ L'arbre technologique

- Cette modélisation considère l'exploitation des compétences technologiques comme éléments à l'origine des métiers. Ces technologies génériques sont symbolisées par les racines de l'arbre donnant naissance à l'ensemble des compétences technologiques (le tronc) maîtrisées par la firme, donnant elles-mêmes naissance aux secteurs industriels dans lesquels seront exploités les développements spécifiques (les branches). La présence intersectorielle d'une seule entreprise est expliquée par la recherche de synergies technologiques.
- Cette modélisation de l'arbre, issue des pratiques japonaises, donnera lieu à la notion de **grappe technologique**. Pour cette approche, les technologies génériques maîtrisées par une organisation composent le cœur des compétences et donneront naissance à un ensemble de produits. L'axe R & D renforce le potentiel technologique de la firme mais n'intervient plus exclusivement sur les produits ou les marchés, qui ne sont finalement que des conséquences constamment réadaptées par les processus de recherche. Ce cadre inverse donc l'approche de l'image de l'arbre technologique (dans lequel la firme exploite des savoirs exogènes à la firme) pour partir de ses savoirs fondamentaux et considérer les productions comme les résultats d'un capital technologique détenu dans et par l'organisation.

Les rivalités entre technologies ont longtemps été considérées comme une force motrice de l'activité concurrentielle participant à l'équilibre économique. Dans ce cadre, l'analyse d'un secteur s'attachera à identifier la crédibilité d'adaptation et de diffusion des innovations et technologies entre les industries et leurs portées économiques. Le modèle des ressources et des compétences n'adoptera pas cette conception exogène de l'innovation afin de considérer non plus les secteurs mais les entreprises comme les lieux d'apprentissage et de cumul des connaissances à l'origine des innovations.

Pour aller plus loin

Morvan, Y. (1991), *Fondements d'économie industrielle*, Paris : Économica (pp. 312-353).

Arena, R. (1991), *Traité d'économie industrielle*, Paris : Économica (ch. 8).

FICHE 16

LES RENTES DE PROFIT

L'attractivité d'un secteur dépend des types et du niveau de profits durables (les rentes) que peuvent s'approprier les firmes en compétition. L'hypothèse d'homogénéité des produits entre les firmes est primordiale dans le raisonnement classique. Dans ce cadre, le profit provient des marchés et des imperfections que certaines entreprises savent utiliser. L'économie industrielle classique identifie quatre grands types de rentes explicatives des écarts de performance : les rentes de monopole, les rentes de location (plus fréquemment appelées rentes de Ricardo ou ricardiennes), les quasi-rentes et les rentes de Pareto. En intégrant cette notion de rente, le comportement stratégique des firmes consiste en une recherche continuelle de rentes, lesquelles procurent plus de profit que leurs coûts d'acquisition.

1 LE PRINCIPE ÉCONOMIQUE DES RENTES

A ~ Le principe de compétitivité

- Initialement, la notion de rente est associée aux revenus de la terre : *a rent* signifie en anglais le revenu du fermage, le loyer, la redevance. C'est justement en raison des développements sur ce concept réalisés par l'économiste David Ricardo que cette notion prendra un part importante dans le raisonnement économique et plus précisément pour identifier en partie les comportements industriels des firmes : le positionnement stratégique consiste à maximiser les profits en visant une position privilégiée d'accessibilité aux rentes.
- Deux sources de compétitivité sont à l'origine de l'intensité concurrentielle sur un secteur : l'attractivité de l'industrie (les rentes en tant que sources de profits à disposition) et l'avantage concurrentiel (l'accès privilégié à ces sources de profits) constitué par la firme sur ses concurrents. Les performances résultent de la capacité de localisation des segments les plus profitables de l'industrie et de la combinaison des facteurs à disposition pour se positionner favorablement en compétitivité, notamment en accédant à des ressources économiques provenant des structures même du marché.
- La théorie des rentes est compatible avec la notion de *marché parfait* issue de la théorie classique. Cependant, elle suppose un certain nombre de conditions additives à la théorie générale telle qu'elle fut formulée par les économistes du XVIIIe siècle :
  – les produits sont homogènes et le principe d'atomicité des firmes subsiste ; cependant, la somme de tous les coûts de production entre les firmes diffère sur un même marché ;
  – les rentes de profits sont rares et limitées en quantité ;
  – le mécanisme des prix est efficient, mais la structure des coûts de la firme marginale est supposée constituer le prix de référence pour tous les producteurs de l'industrie ;
  – enfin, les économies d'échelle se confrontent par un point limite d'existence quels que soient les volumes de production (la limite de la fonction décroissante).
- Les entreprises dégagent une rente économique lorsqu'elles ont accès à des conditions préférables ou lorsqu'elles sont plus efficaces que les autres : c'est-à-dire que leurs coûts moyens sont plus faibles que les concurrentes. Cela signifie que, sur un marché où l'ensemble des entreprises ont la même structure de coûts (les économistes préfèrent uti-

liser une modélisation mathématique permettant de symboliser cette structure de coûts sous la forme d'une courbe), et où le prix du marché est équivalent au coût moyen minimum des entreprises, une entreprise bénéficiaire d'une condition préférable sur les facteurs de production obtient des coûts moyens bien inférieurs à ses concurrentes. Elle peut donc vendre à des conditions bien inférieures, et générer un profit. Ce surplus représente la rente, soit la rémunération des conditions ou des capacités supérieures de la firme.

B ~ Deux catégories de rentes

- Le champ économique comprend deux grandes catégories de rentes : les rentes monopolistiques et les rentes différentielles.

  – **Les rentes monopolistiques** : elles n'existent que dans le cas où la structure de compétitivité du marché serait enrayée. Soit parce que la libre concurrence ne peut s'exercer correctement, attribuant à une firme l'exclusivité d'exploitation d'un segment de l'industrie. Soit parce que la compétitivité est faible en raison du peu d'attractivité qu'elle suscite et des possibilités de cette activité (par exemple, une entreprise spécialisée dans la production de calendriers dans le secteur de l'imprimerie serait quasiment seule à satisfaire cette demande). Soit encore parce que la firme monopolistique s'est constituée des barrières à l'entrée suffisamment puissantes pour décourager tout nouvel entrant. Cette dernière hypothèse est également valable pour le cas de quelques firmes regroupées tacitement (les collusions tacites) qui se constitueraient des barrières à l'entrée puissantes destinées à s'approprier le pouvoir de marché. Ces « groupes stratégiques » vont donc fixer le prix qui assure leur profitabilité.

  Les firmes peuvent se constituer des rentes monopolistiques à partir : a) de sources de différenciation difficilement imitables et/ou en dotant les produits d'une image de marque de façon à faire supporter des coûts de transfert ou de substitution aux clients (*switching costs*) ; b) de barrières à l'entrée par la qualité, la variété ou la publicité.

  – **Les rentes différentielles** : initialement développées à partir des pratiques d'agriculture des XVIIe et XVIIIe siècles. Les terres les plus fertiles sont exploitées les premières, puis face à une demande croissante, d'autres terres sont défrichées pour être mise en culture. Cependant, le rendement à l'hectare baisse de plus en plus en fonction des différences de qualité des terres. Par contre, la demande croissante liée à l'essor économique (ou à la démographie) nécessite l'exploitation de toutes les terres disponibles, y compris les moins fertiles (donc qui supportent proportionnellement des coûts à l'hectare plus élevés). L'approche marginaliste considère alors que les prix se forment en fonction des espaces de culture les moins fertiles, accordant ainsi un surplus aux propriétaires des terres les mieux localisées. Les rentes différentielles sont dues à la différence de profitabilité grâce aux prix de marché reposant sur les performances des lieux d'exploitation les plus défavorables.

- Ces deux concepts de rentes ne sont pas exclusifs l'un de l'autre. Des firmes peuvent se constituer des barrières fortes à l'entrée (rentes de monopole) à partir de rentes différentielles leur accordant un pouvoir sur les prix en cas d'intrusion d'un nouvel entrant.

2 LES MÉCANISMES DE PROFITABILITÉ

A ~ Les rentes différentielles dans l'approche stratégique

- La performance d'une formulation stratégique dépend de la capacité des dirigeants à comprendre la structure de l'industrie sur laquelle ils évoluent, et notamment à en saisir les causes de profits. En dehors des rentes monopolistiques difficiles à mettre à profit, les rentes différentielles constituent la base des enjeux stratégiques. Ces rentes ne sont pas identiques en profitabilité suivant les industries, leurs structures et les comportements des concurrents en présence. De plus, ces rentes sont associées à la disponibilité des intrants (les ressources de production), qui sont indispensables pour la production des biens. Mais si certaines ressources sont permanentes (comme la localisation privilégiée de certaines zones d'exploitation par rapport à celles des concurrents), d'autres sont temporaires (comme dans le cas de rentes de capitaux investis), ou même intangibles (comme les savoir-faire).

B ~ Les différentes formes de rentes différentielles

- **Les rentes de location ou rentes ricardiennes** : l'équilibre des prix se fait en s'alignant sur les circonstances des coûts de production les plus défavorables du marché (coûts de la firme marginale). Les écarts de productivité et de qualité confèrent aux mieux dotés des profits différentiels.
- **Les quasi-rentes ou rentes de Marshall** : les appareils de production sont identiques sur une industrie, mais sont exploités différemment selon les firmes. Des capacités spécifiques à commercer et la qualité de main-d'œuvre de la firme confèrent également des sources de rentes. De façon plus globale, les quasi-rentes comprennent toutes les opportunités à courts termes de revenus supérieurs aux revenus de la firme marginale dans le secteur : coût de remplacement des capitaux investis (réduction du coût moyen des capitaux investis), accès à des formes d'exploitation spécifiques de machines (organisation des ateliers pour engager des flux tendus)... A. Marshall les dénomme « quasi » car ces rentes ne sont pas incorporées au lieu géographique, c'est-à-dire relatif à la différence de productivité entre des terres comme dans le cas des rentes de location, mais à la nature du revenu qui dépend alors des hommes et est donc temporaire.
- **Les rentes de Pareto** : les excédents ou les profits peuvent naître d'une allocation imparfaite des ressources due à des obstacles technologiques ou institutionnels. Les coûts de production diffèrent selon les opportunités d'exploitation des ressources. Chaque firme aura accès à une envergure de ressources plus ou moins complète : dans un cas, elle aura à rémunérer à autrui l'accès à une partie des ressources nécessaires (des brevets par exemple, ou les locaux de l'entreprise, mais aussi les capitaux nécessaires aux actionnaires extérieurs), dans l'autre elle s'appropriera des coûts de disponibilité : par exemple, si les propriétaires fonciers exploitent également la firme, ils bénéficient d'une rente de location pour soi-même des murs du site de production qu'ils peuvent répercuter ou non dans les coûts suivant l'intensité concurrentielle (dans de nombreuses PME, il est fréquent de constater que les capitaux engagés de longue date par les familles propriétaires ne sont pas rémunérés et intensifient le fonds de roulement global alors que dans le cas d'actionnaires externes, ceux-ci sont en droit de réclamer des dividendes).
- Finalement, l'approche industrielle contient trois grandes sources de profits auxquelles les firmes peuvent ou non avoir accès : les **profits ordinaires** issus du différentiel entre l'offre et la demande sur les biens, les **rentes monopolistiques** autorisant une firme à faire ses prix (*price maker*) au lieu de subir la loi du marché (*price taker*), et en troisième l'accessibilité à une forme de **rente différentielle**. Dans ce dernier cas, ajoutons que le modèle MRC inclut une dernière forme de rente peu développée par la théorie classique, la rente de Schumpeter : l'innovation technologique confère une structure des coûts favorable à la firme.

3 L'APPROCHE VOLONTARISTE DES RENTES

A ~ Les rentes d'innovation

- Joseph Schumpeter met en évidence le rôle de l'entrepreneur et de sa capacité d'innovation ou de combinaison des ressources dans la constitution des rentes de profit. Il fait également un lien entre l'impact des innovations pour les profits à court terme et les mutations de la structure du marché. Contrairement aux hypothèses classiques d'information parfaite et de disponibilité des ressources, Schumpeter démontre le double rôle de l'innovation : elle agit tantôt en rente différentielle, tantôt en rente de monopole.

- **L'innovation en tant que rente différentielle** : l'innovation, comme l'amélioration du processus productif, procure à la firme un profit supérieur. En effet, en imaginant de nouveaux procédés ou en concevant de nouvelles techniques de production, un entrepreneur bénéficie d'une capacité de production supérieure aux autres entreprises avec une structure de coûts moindre (l'auteur fait l'hypothèse que les coûts supplémentaires engendrés par la réalisation d'une nouvelle technologie sont compensés par les volumes de production, et il suppose aussi que la demande ne varie pas en fonction de la nouvelle quantité d'offre). Cependant, « le charme va être rompu » (Schumpeter), car sous l'impulsion du gain réalisé par l'innovateur, d'autres exploitations vont se doter des mêmes facteurs, ce qui entraîne « une réorganisation de la branche industrielle [...] qui entraîne une augmentation de la production, une lutte de concurrence, une élimination des exploitations anciennes, des licenciements parfois de travailleurs... Une seule chose nous intéresse ici : le résultat est finalement un nouvel état d'équilibre, où la loi du coût règne selon des données nouvelles » (J. Schumpeter). La rente finit par disparaître et le rendement de l'innovation est temporaire.
- **L'innovation en tant que rente de monopole** : l'innovation d'un nouveau produit diffère de l'innovation des pratiques de production du cas précédent. Dans le cas d'une innovation portant sur le produit, l'entrepreneur bénéficie d'une rente liée « au principe qu'un bien qui apparaît pour la première fois est estimé par l'acheteur de la même manière qu'un don naturel ou que le tableau d'un vieux maître ; son prix se forme sans prendre en considération le coût de production » (Schumpeter). Le prix excède le coût, mais la rente ainsi obtenue, initialement due à la détention monopolistique d'un procédé par l'entrepreneur, tend à se réduire avec le temps : l'introduction du nouveau produit se poursuit avec l'apparition d'un nouveau versant de la production dans l'économie, rétablissant à terme une situation d'équilibre.

B ~ La recherche de rente

- La rente différentielle peut être due aux actions menées par les entreprises dont le but consiste à raréfier les conditions d'exploitation du secteur. En agissant de la sorte, une firme peut conditionner l'existence d'une rente économique : par exemple, des groupes de pression, des lobbies, les ordres professionnels justifiant d'une activité sur un territoire au détriment d'autres praticiens étrangers, entraînent une rareté artificielle. Les bénéficiaires de cette rareté artificielle consacrent alors une grande partie de leurs ressources pour conserver leurs avantages, qui se traduisent sous forme de lois sur les activités et qui agissent à l'identique d'une barrière à l'entrée.
- La recherche de rente (*rent seeking*) vise à instituer de nouvelles législations permettant d'évincer ou de restreindre le jeu concurrentiel, d'obtenir ainsi une position plus favorable ou une position de monopole.

Dans la mesure où les économies d'échelle sont limitées dans le temps (à terme, d'autres firmes atteindraient ce point limite, réduisant ainsi à néant l'avantage concurrentiel), la théorie des rentes explique la durabilité et la cohabitation des faibles coûts de production. Mais ceci explique aussi pourquoi certaines firmes peuvent baisser les prix tout en générant des profits alors que d'autres tentent des réductions de coûts selon le principe des économies d'échelle ou d'apprentissage sans pouvoir égaler les premières.

Pour aller plus loin

Blaug, M. (4e ed. 1995), *La Pensée économique*, Paris : Économica.

Chevalier, J.-M. (2000), *L'Économie industrielle des stratégies d'entreprises*, Paris : Montchrestien (ch. 2).

FICHE 17

MICHAEL E. PORTER

Michael Porter est sûrement un des auteurs ayant le plus contribué à la formalisation de la stratégie. Issus de l'économie industrielle, ses travaux sont marqués par l'influence de la structure industrielle sur la stratégie de la firme, même si depuis les années 1990 ses publications tentent d'en relâcher les hypothèses déterministes.

1 Chercheur et professeur à la Harvard Business School

A ~ Comment les firmes, les villes et les nations rivalisent entre elles

- Diplômé d'un MBA et d'un doctorat (Ph. D.) de l'université de Harvard (HBS), respectivement en 1971 et 1973, Michael Porter orientera ses travaux à la conjonction de l'économie industrielle et des pratiques des firmes multiactivités. Il sera nommé professeur des universités, la plus haute distinction de la HBS, à la suite de la disparition de C. Christensen (à l'origine du modèle d'analyse SWOT).
- Il fut l'un des premiers à introduire les principes de l'économie industrielle dans un but adaptatif, et non seulement explicatif, des questions de compétitivité des firmes. Ses travaux porteront sur les stratégies des entreprises, les conditions de compétitivité des villes entre elles, et finalement entre les nations. Il influencera les pratiques des dirigeants et les recherches des autres universités. Ses travaux sont toujours enseignés dans les écoles de commerce et les universités du monde occidental et asiatique. M. Porter enseigne toujours à la HBS.

B ~ L'avantage concurrentiel de la firme détermine son efficacité opérationnelle

- En partant du constat que deux champs théoriques ne s'étaient encore jamais confrontés, M. Porter tente de réunir l'organisation industrielle avec les impératifs opérationnels de la firme. L'efficacité opérationnelle induit des décisions de plus en plus réactives. Cependant, les propos de l'auteur invitent le décideur à suivre son raisonnement stratégique en partant des décisions de compétitivité pour aller vers les décisions opérationnelles : si les firmes recherchent une position concurrentielle forte et tenable, alors elles améliorent leur efficacité opérationnelle (et non l'inverse !).
- **Une stratégie est donc toujours considérée en relation avec l'environnement et relativement avec les autres compétiteurs.** Elle ne peut être édifiée comme un comportement idéal car elle dépend des décisions et des interactions entre les produits, les prix, les ressources mobilisées et les intentions des concurrents directs ou potentiels. Penser la stratégie en termes uniques et indépendants d'un contexte aboutit à la disparition de l'entreprise. Porter détruit ainsi un certain nombre d'idées reçues en termes de compétitivité des activités : a) Il n'est pas possible de déployer une stratégie universelle décidée par la direction, mais au contraire chaque activité (et chaque firme) est à envisager spécifiquement ; b) Posséder les plus grandes parts de marché, ou une étendue géographique n'est pas forcément favorable : de petits marchés sont parfois plus profitables ;

c) La firme n'a pas intérêt à accélérer les cycles de production : sur certains marchés, ceci contribue à la compétitivité, mais peut engendrer des coûts supérieurs.

- La performance économique dépend aussi de la capacité de la firme à exploiter son avantage concurrentiel et d'en faire profiter ses autres activités. Un avantage concurrentiel profitable sera d'autant plus durable qu'il provient d'un système d'activités mettant en œuvre des complémentarités et synergies potentielles.

2 Analyser le secteur d'activité et la firme

A ~ Choix stratégiques et concurrence

- Publié en 1979, cet ouvrage formalise les premières propositions de Porter en conformité avec la discipline économique. Le contexte de l'époque est primordial. L'économie formelle est toujours la discipline reine en gestion. L'économie industrielle s'est fait une place à ses côtés en apportant une visée prescriptive aux firmes américaines. L'auteur tente clairement de concilier la stratégie et l'économie : « Le présent ouvrage propose un ensemble organisé de techniques analytiques, destinées à aider une firme à analyser l'ensemble de son secteur d'activité et à prévoir son évolution, à situer la place de ses concurrents et la sienne propre, et à traduire, face à la concurrence, cette analyse en une stratégie adaptée aux activités particulières que mène la firme. » (Porter)
- Trois étapes clés : **analyser** la structure d'une activité, **identifier** des stratégies adaptées aux grands types d'environnement et enfin **évaluer** les performances suivant les options stratégiques. L'entreprise adopte une stratégie en fonction des caractéristiques de répartition du pouvoir sur le secteur. Elle peut ensuite décider de poursuivre une stratégie de coûts (être la moins chère du secteur), de différenciation (être mieux perçue ou valorisée par le client), ou une stratégie qui tentera de combiner ces deux facettes.

B ~ L'Avantage concurrentiel

- Le second ouvrage phare de l'auteur fut édité en 1985 aux États-Unis et 1986 en France. M. Porter a réussi à imposer son approche des structures de marché à l'aide des modèles descriptifs présentés dans son ouvrage précédent. Il oriente ses propositions sur les déterminants internes de la performance des firmes : « Les concepts présentés dans ce livre ont pour but d'établir un pont entre l'élaboration et la mise en œuvre de la stratégie, au lieu de traiter les deux sujets séparément comme l'ont fait nombre d'écrits antérieurs. »
- Porter introduit le concept de chaîne de valeur : présentation analytique de la firme au travers de ses étapes de production, offrant l'avantage de saisir les interrelations entre toutes les étapes de fabrication du produit et les sources d'économie ou de différenciation s'y rapportant. Porter met en évidence que, si les décisions extérieures à la firme sont contraintes par la structure d'activité, les décisions internes dépendent directement des capacités des dirigeants à discerner, créer et exploiter les sources de compétitivité (coûts et/ou différenciations). C'est à partir de ses propres choix que le dirigeant influence la position concurrentielle afin d'exercer un pouvoir de domination sur ses concurrents.

Certains reprocheront à M. Porter son attitude trop structuraliste héritée des années 1980 et son imprécision opérationnelle, notamment sur la définition des ressources. C'est à partir de cette brèche que le courant des ressources et des compétences s'imposera comme une alternative en dirigeant le niveau d'analyse à partir du comportement opérationnel.

Pour aller plus loin

Porter, M. (1982), *Choix stratégiques et concurrence : techniques d'analyse des secteurs et de la concurrence dans l'industrie*, Paris : Économica.

Porter, M. (1986), *L'Avantage concurrentiel*, Paris : Dunod.

FICHE 18

LA STRATÉGIE CONCURRENTIELLE

L'économie industrielle a formalisé les fondements de l'analyse des secteurs de production. Elle apporte des modèles et outils mathématiques. L'intérêt de la démarche de Michael Porter consiste à introduire une méthode centrée sur le concept d'avantage concurrentiel détenu par la firme. L'auteur propose de formaliser des raisonnements sous forme conceptuelle et moins mathématique : la définition de l'industrie à l'aide de cinq forces concurrentielles, les contraintes propres aux caractéristiques des structures industrielles, les options et les prescriptions stratégiques.

1 LES STRATÉGIES GÉNÉRIQUES

A ~ Les catégories de stratégies

- **La domination par les coûts**. Le contexte de forte croissance des années 1970 et la mise en évidence du concept de courbe d'expérience privilégient ce choix stratégique. L'organisation est totalement centrée sur la réduction des coûts : la recherche d'effets d'échelle, l'exploitation de la courbe d'expérience, la mise en place de procédures de contrôle, l'élimination des transactions marginales avec les clients, la réduction des investissements incertains en R & D, la sélection des services associés aux produits…
- **La différenciation**. Différencier un produit consiste à créer quelque chose qui puisse être perçu comme unique au niveau de l'ensemble du secteur. L'objectif d'une telle démarche réside dans l'acquisition d'un profit supérieur à la moyenne : soit en épurant le produit de caractéristiques non valorisées par des clients dont le critère sera le prix, soit en sophistiquant le produit en intégrant des caractéristiques jugées supérieures ou nouvelles. La démarche consiste à se mettre à l'abri des agressions des concurrents, à condition que le caractère unique soit difficile à surmonter ou imiter.
- **La concentration**. La firme se focalise sur un groupe de clients particuliers, un segment de produit ou une aire géographique. L'idée d'une telle stratégie consiste à mettre en œuvre une production plus précisément adaptée à une catégorie de clients, mieux qu'un concurrent multiactivités. L'idée de niche est directement issue de cette approche.

B ~ Un schéma décisionnel

- L'apport principal de l'auteur est de substituer les modèles mathématiques de l'économie industrielle par des concepts. Les significations de ces concepts se renforceront à l'aide de schémas : un concept peut être formulé par le langage mais avantageusement imagé par un dessin. Finalement, l'intérêt de l'approche « portérienne » est de construire un ordre de raisonnement issu de l'économie industrielle destiné aux dirigeants des firmes, sachant que ceux-ci n'ont assurément pas la possibilité matérielle de formaliser mathématiquement toutes leurs décisions. À partir de concepts traduisant la structure de l'industrie, puis en associant des stratégies de base telles qu'elles seront identifiées par Porter, le dirigeant peut se construire des choix d'actions, l'idée fondamentale étant que l'indétermination stratégique aboutit à une faible rentabilité des investissements et à l'échec.

A ~ L'évolution des secteurs

- **Dispersion et concentration des secteurs**. Un des premiers raisonnements stratégiques consiste à identifier l'environnement structurel. L'auteur reste dans l'esprit SCP. Un secteur est qualifié de **dispersé** si aucune firme ne possède de parts importantes du marché et donc ne peut exercer une influence ou domination. Un secteur **concentré** correspond à un secteur où des firmes imposent des règles de production et détiennent des parts de marché significatives. Porter privilégie dans son argumentation des années 1980 les secteurs dispersés où la stratégie est entre les mains du dirigeant : ce type de secteur offre plus d'opportunités qu'un secteur concentré où la concurrence sera plus rude.
- **Degré de maturité du secteur**. Trois étapes clés sont retenues : la phase d'émergence, de maturité et de déclin. Dans le premier cas, Porter met en évidence deux opportunités liées à l'incertitude : dans un secteur émergent, les technologies sont encore malléables pour la firme et les attitudes stratégiques des concurrents n'imposent pas encore de règles du jeu à suivre. Il identifie aussi la forte pente négative des coûts. Un secteur à maturité implique par contre une concurrence plus forte entre les acteurs. L'auteur préconise alors la sélection des clients les plus favorables à la firme, mais également la sélection forte et claire des produits en les différenciant, la domination des coûts et éventuellement le recours à une concentration des activités. Le secteur en déclin nécessite une sélection des activités rentables, puis progressivement de se préparer des options de désinvestissement. En effet, l'indécision stratégique pousse à maintenir des activités en déclin provoquant à terme l'asphyxie financière de la firme.
- **Degré de mondialisation**. L'émergence de marchés uniformisés influence la compétition mondiale. Les firmes peuvent entrer dans une compétition sur une large gamme de produits ou sur une gamme plus restreinte.

B ~ Les prescriptions

- Les stratégies génériques impliquent des prescriptions. N'oublions pas que l'idée fondamentale de Porter est de substituer les procédures formelles et complexes de l'économie industrielle classique par des concepts. Il est donc possible d'atteindre un optimum stratégique au même titre qu'il est possible de modéliser l'équilibre en milieu industriel, chaque industrie comportant des caractéristiques fondamentales, technologiques et économiques. Lorsque le dirigeant aura identifié les forces structurelles qui affectent la compétition, il pourra alors évaluer les forces et faiblesses de sa firme et construire un plan stratégique afin de se positionner favorablement face à la concurrence.
- Porter approfondira ses prescriptions en cherchant à ouvrir la structure de la firme pour la conformer aux stratégies génériques. Il proposera alors des concepts internes à la stratégie des entreprises et notamment la notion de chaîne de valeur.

À partir des travaux de Michael Porter, la stratégie des entreprises s'écarte des principes et modélisations économiques. Elle bénéficie d'une conceptualisation qui fera le succès de l'auteur. Signalons toutefois encore que celui-ci s'est toujours rattaché au modèle SCP. Il est incontestable qu'une compréhension des structures du secteur soit nécessaire pour concevoir une stratégie. Par la suite, d'autres critères d'identification des variables caractéristiques d'une industrie seront développés afin d'en déduire les sources d'opportunité.

Pour aller plus loin

Porter, M. (1982), *Choix stratégiques et concurrence : techniques d'analyse des secteurs et de la concurrence dans l'industrie*, Paris : Économica.

FICHE 19

LES DIVERSIFICATIONS

L'entreprise ne se limite plus à une seule activité. Elle tentera même de se constituer un portefeuille de plusieurs activités suite à des créations internes ou à des acquisitions externes. Ces diversifications peuvent être motivées par une politique d'investissements le long de la filière verticale : dans ce cas, il s'agit d'une intégration ou diversification verticale. Les critères décisifs peuvent également être liés à une logique d'extension en dehors de l'activité historique : il s'agit dans ce cas d'une diversification horizontale.

1 La diversification horizontale

A ~ Les formes de diversification

- Les firmes non diversifiées restent rares, ou seraient de plus petite taille comme les PME. Il est possible de qualifier plusieurs formes de diversifications :

  – **La diversification *stricto sensu*** : association de productions sans aucun lien entre les activités. Assez rare, elle est répandue dans les groupes financiers ou dans certaines PME disposant de liquidités dont l'objectif serait de répartir les risques d'activités pour les propriétaires (cas d'une entreprise qui ne ferait pas appel aux capitaux extérieurs).

  – **La diversification liée ou mineure** : la firme garde un lien étroit avec une étape importante de sa chaîne de valeur et réalise une extension de ses modes de gestion déjà éprouvés. Cette diversification mineure peut être initiée à partir de l'activité de production ou de la technologie et/ou de l'activité commerciale.

  – **La diversification conglomérale** : la firme recherche dans ce cas des opportunités de cycle d'exploitation complémentaires avec l'activité historique, ou bien la possibilité de réaliser des synergies au niveau administratif, ou d'autres activités de soutien fortement génératrices d'avantage concurrentiel.

B ~ Les objectifs industriels des diversifications

- Trois objectifs industriels :

  – **La réduction des coûts d'exploitation et une pleine utilisation des actifs de production** : le ratio d'exploitation des actifs économiques est devenu un indicateur clé de la qualité de gestion pour les dirigeants. Dans cet objectif, il est fréquent de constater que, pour améliorer ce ratio, les outils de production sont coexploités avec de nouvelles activités complémentaires au lieu de faire appel à de la sous-traitance (situation qui financièrement revient au même, mais supprime l'autonomie de la firme et amplifie ses coûts de transaction).

  – **La répartition des risques sur plusieurs secteurs** : pour éviter les risques conjoncturels, les firmes étendent leurs activités sur des industries complémentaires en termes de caractéristiques structurelles.

  – **La relance du cycle de vie** : l'intégration d'une nouvelle activité redonne un nouvel élan créateur à une activité sur le déclin. Il subsiste cependant des barrières à la sortie de l'activité historique qui ne peuvent parfois être franchies (coûts de cession ou de liquidation des actifs de production trop élevés). Dans ce cas, la décision de diversification pourrait être engagée suffisamment à l'avance, parfois jusqu'à plusieurs années.

C ~ Les décisions stratégiques de diversification

- A. C. Martinet (d'après Ch. Rochet) distingue quatre grands ensembles de diversifications stratégiques :

  – **La diversification de renforcement** : de nature essentiellement marketing, elle consiste à lancer une nouvelle production issue d'une activité similaire mais sous une autre marque, destinée à « occuper le marché ».

  – **La diversification de proximité** : nouveaux produits que la firme peut lancer sur son marché actuel, ou nouvelles applications issues de la technologie historique.

  – **La diversification totale** : nouveaux produits sur de nouveaux marchés (démarche peu usitée dans le modèle industriel mais qui bénéficie d'un nouvel engouement lié à l'approche stratégique fondée sur les ressources car elle est permet d'investir dans de nouvelles compétences clés).

  – **La diversification internationale** : recherche de pays dans lesquels l'activité historique pourrait relancer son développement.

- Galbraith et Kazanjian raisonnent pour leur part en termes de « centre de gravité de l'activité » de la firme. Chaque entreprise est ancrée dans un secteur d'activité et a fait des choix de production qui lui sont propres. Certaines ont une activité plus en amont et d'autres plus en aval de la chaîne de production. La maîtrise des facteurs clés diffère selon le centrage de la firme le long de la filière : certaines travaillent des matières premières, d'autres possèdent un portefeuille de produits finis. Les auteurs raisonnent alors en grands types de profils organisationnels dont l'évaluation (les atouts) interfère sur les choix de diversification.

2 Les implications stratégiques des diversifications

A ~ L'attractivité du secteur de diversification

- La recherche de croissance *stricto sensu* par extension de taille de la firme peut être envisagée par les décideurs. Cet objectif peut cependant diverger des intentions des actionnaires, lesquels raisonnent sur d'autres critères de gestion (*cf.* fiche 70). La réflexion pour une diversification doit se soumettre aux critères d'attractivité du secteur de M. Porter. Ainsi, toute hypothèse débute par l'évaluation de la structure d'industrie sur laquelle la firme veut entrer, ses coûts d'entrée, la qualité des informations, les ripostes prévisibles des concurrents en place et les liens potentiels avec sa chaîne de valeur actuelle.

- Une autre démarche, plus complète, considère le niveau d'attractivité de l'activité de l'industrie de départ comme référentiel pour la diversification. Cette analyse comparative des possibilités d'actions sera ensuite confrontée avec la position concurrentielle de la firme sur les deux secteurs. J.-P. Détrie et B. Ramanantsoa distinguent de la sorte quatre types d'implications stratégiques à envisager lors d'une diversification :

  – **Les diversifications de placement** : l'attrait du segment de départ est élevé et la position concurrentielle de l'entreprise candidate à la diversification est également élevée. Elle recherche dans ce cas un lieu de placement pour les excédents financiers que lui confère sa position stratégique initiale ou se lance dans de nouveaux projets destinés à capitaliser de nouvelles compétences.

  – **Les diversifications de redéploiement** : attrait du segment de départ faible et position concurrentielle élevée. La firme exploite actuellement des actifs forts sur un secteur en phase de maturité ou de déclin et tente une diversification de substitut à la faible croissance de son secteur originel.

– **Les diversifications de survie** : attrait du segment de départ moyen et position concurrentielle moyenne. Une telle démarche implique des ruptures dans l'entreprise, parfois survenant trop tardivement.

– **Les diversifications de confortement** : attrait du segment de départ moyen et position concurrentielle moyenne. Mais, dans ce cas, la firme désire améliorer son avantage concurrentiel.

B ~ Les risques de la diversification

- Atamer et Calori mettent en évidence les risques et proposent une démarche de raisonnement logique pour évaluer la faisabilité d'une diversification comprenant plusieurs évaluations : les risques, la correspondance du système de management, les synergies envisageables et enfin la prise en compte de la correspondance identitaire et culturelle. Les auteurs insistent de plus sur la cohérence et la sélectivité des choix de diversification pour notamment en estimer les vraies raisons (liées aux hommes et à leurs ambitions) afin d'en apprécier toutes les conséquences stratégiques liées aux irrémédiables changements.
- De plus, les diversifications aboutissent sur une diversité des modes de décision et de gestion : elles impliquent l'accroissement de la complexité de gestion du portefeuille d'activités, mais également de l'organisation générale et surtout de la coordination des ressources humaines. Cette décision aboutit finalement à une refonte en profondeur des systèmes d'information, de gestion, et de l'identité de la firme.

C ~ Garantir la cohérence d'ensemble

- Les ruptures identitaires sont à l'origine des échecs de diversification. Aussi, Philippe Véry propose de distinguer les implications stratégiques d'une diversification centrée sur le principe de compétitivité de la firme, de celles du principe de cohérence d'ensemble. Il met en évidence la vision future de l'entreprise désirée par son dirigeant

a) soit l'entreprise conserve son identité présente et, dans ce cas, la diversification ne doit pas remettre en cause la culture de l'entreprise, son image externe et la vision stratégique partagée avec les collaborateurs ;

b) soit l'entreprise souhaite faire évoluer son identité à l'aide d'une diversification et, dans ce cas, la vision du futur devient un levier selon la logique qu'elle sous-tend.

Ph. Véry propose une typologie des logiques industrielles de diversification :

Cohérence par rapport à l'identité future (vision)	Faible	Forte
Forte	**Diversification = tournant stratégique de l'entreprise** (la mutation de Vivendi Universal à partir de la distribution et du traitement de l'eau)	**Diversification = se rapprocher de la vision LT** (l'entrée de Microsoft dans le domaine du matériel informatique en débutant par les consoles de jeux)
Faible	**Logique conglomérale de diversification** (l'entrée du groupe Bouygues dans la téléphonie mobile)	**Diversification = renforcer l'identité présente de l'entreprise** (Michelin avec le lancement de ViaMichelin, site Internet d'aide à la mobilité des usagers de la route)

Cohérence par rapport à l'identité présente

D'après Ph. Véry.

- Une diversification centrée sur le principe de compétitivité privilégie l'approche environnementale de la stratégie : l'axe de diversification correspond soit au renforcement de la position concurrentielle de la firme, soit à l'acquisition d'une nouvelle position concurrentielle présentant de fortes perspectives de rentabilité.
- Une diversification centrée sur le principe de cohérence d'ensemble préserve la logique industrielle initiale de l'entreprise selon trois voies : maintenir l'expertise managériale, maintenir la culture et l'image externe de l'entreprise, s'approcher de la vision à long terme de l'entreprise telle qu'elle a été formulée au travers des discours stratégiques des dirigeants.
- Ces deux critères doivent être suffisamment explicites dans l'esprit des décideurs. Il s'agit donc de faire des choix stratégiques concernant une diversification centrée sur les critères de compétitivité ou de cohérence. Cependant, ces deux cadres de raisonnement restent en partie liés entres eux. Ph. Véry propose de considérer des critères éliminatoires de cohérence. Cela signifie que la recherche de cohérence seule ne peut suffire, mais constitue un versant de la démarche, le second consistant à viser des critères de compétitivité.

Les politiques de diversification sont au centre des plans de développement stratégiques. Initiées à la suite du raisonnement économique industriel et fondées sur l'acquisition de parts de marché, elles ont été au cœur des grands mouvements d'entreprises des années 1975 à 1990. Le renouveau stratégique impulsé par le courant MRC relance ces grandes manœuvres, mais en s'appuyant cette fois-ci sur une logique de conquête ou de développement des compétences : certaines acquisitions de diversification stratégique se défont et les firmes se relancent dans de nouvelles configurations. La gestion du changement est donc indissociable des décisions de diversification.

Pour aller plus loin

Atamer, T & Calori, R. (2e éd. 2002), *Diagnostic et décisions stratégiques*, Paris : Dunod (ch. 10).

Desreumaux, A. (1996), *Les Stratégies intersectorielles*, Les Cahiers français (pp. 87-97).

Porter, M. (1982), *Choix stratégiques et concurrence : techniques d'analyse des secteurs et de la concurrence dans l'industrie*, Paris : Économica (ch. 16).

Stratégor (3e ed. 1997), *Politique générale de l'entreprise*, Paris : Dunod (ch.7).

Véry, P. (1991), *Stratégies de diversification*, Paris : ED. Liaisons (ch. 3).

FICHE 20

LE MODÈLE STRATÉGIQUE CLASSIQUE

Héritage de l'économie industrielle, les premières modélisations de la stratégie considèrent les opportunités de l'environnement comme étant à l'origine des sources de profits en évaluant les possibilités d'action des concurrents présents. L'attractivité d'un secteur consiste donc à juger des performances potentielles soumises aux forces concurrentielles en confrontation, pour se les approprier.

1 L'ÉVOLUTION DE L'ANALYSE STRATÉGIQUE

A ~ Des concepts descriptifs

- Les outils stratégiques servent à modéliser les caractéristiques sur secteur d'activité. Le modèle SWOT (*cf.* fiche 63) tente d'identifier les facteurs environnementaux qui favorisent la performance. À la suite de cette première approche, M. Porter propose une batterie d'outils conceptuels pour diriger le raisonnement. L'idée prédominante consiste à élaborer une méthodologie à l'attention des décideurs afin qu'ils puissent évaluer les conséquences des décisions, indépendamment des modèles mathématiques ou probabilistes, mais de façon compatible avec les fondements de l'économie industrielle.
- La valeur créée par la firme est mesurée à court terme. Les outils de formalisation de la stratégie sont donc plus statiques que dynamiques, plus d'évaluation que de projection, de quantification et d'allocation de ressources que de valorisation et acquisition de ressources. Cette approche se fonde selon l'hypothèse d'homogénéité des firmes : ce sont les imperfections de l'environnement qui justifient les écarts de performances.

B ~ Le concept d'avantage concurrentiel

- L'apparition des sociétés de conseil affinera la méthodologie d'analyse, en diffusant des matrices d'aide à la formalisation. « La stratégie consiste en la recherche délibérée d'un plan d'action qui mettrait en évidence l'avantage compétitif de l'activité et le combinera avec la firme. Pour beaucoup de firmes cette recherche débute par l'identification du secteur où se trouve la firme et ce qu'elle possède déjà. » (Bruce D. Henderson, créateur du BCG) Des années 1970 à 1985, la croissance économique ralentit et représente une véritable rupture pour les firmes planifiées. Il s'agit de réduire les coûts à partir des économies d'échelle ou de l'effet d'expérience. Le principe de base des matrices consiste à identifier et à raisonner selon la relation entre les parts de marché détenues et celles que la firme devrait s'approprier pour atteindre le niveau d'activité critique, « peu importe aux dépens de qui. » (B. Henderson)
- Au même moment, M. Porter introduit le concept d'avantage concurrentiel. La détention de parts de marché ne suffit plus : les industries deviennent complexes et la croissance ralentit brutalement. Dans ce contexte de rupture radicale avec les anciens modes de gestion stratégique, les travaux de Porter suscitent un engouement rapide : « Après plusieurs décennies de prospérité marquées par une extension vigoureuse, de nombreuses firmes ont perdu de vue l'avantage concurrentiel dans leur ruée vers la croissance et dans leur recherche de diversification. » (M. Porter)

Du modèle descriptif au modèle prescriptif

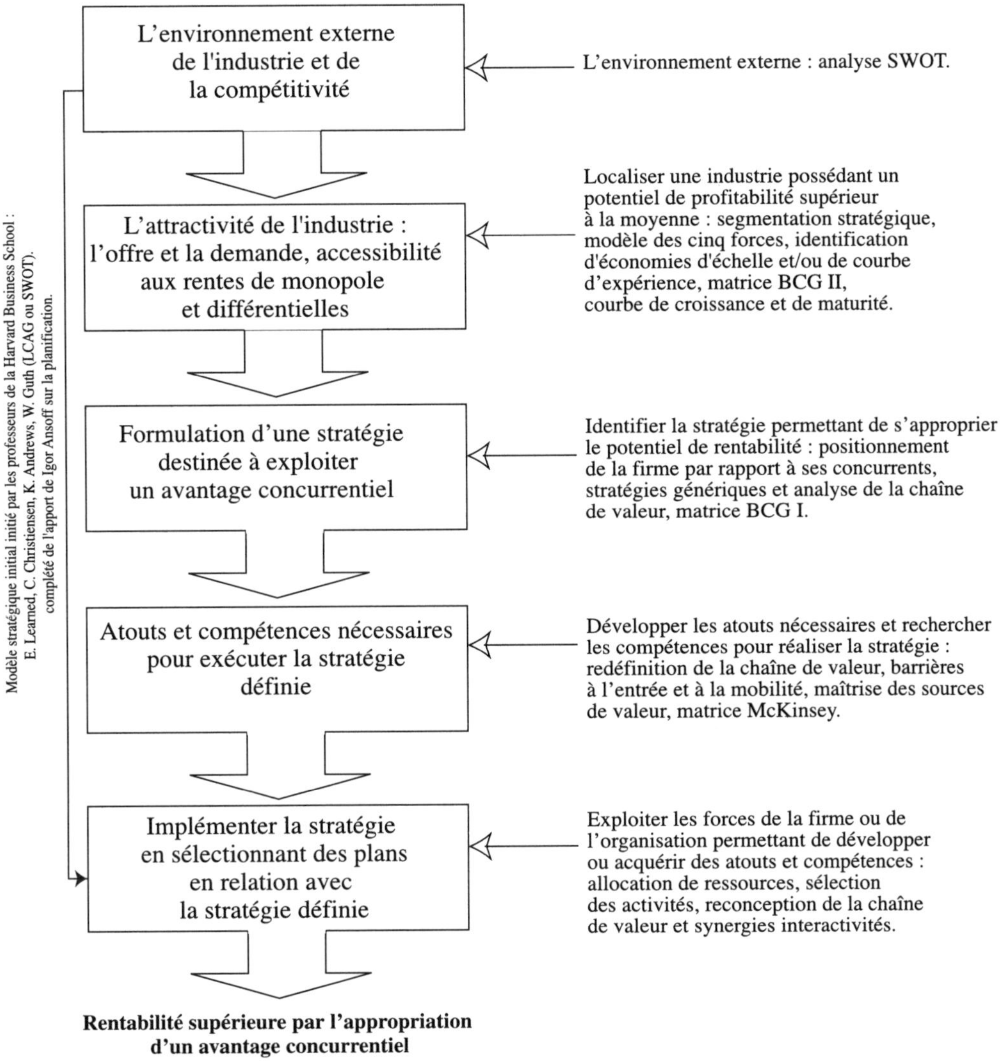

Des années 1980 jusqu'à cette dernière décennie, le raisonnement stratégique passera d'une vision prescriptive à une vision compréhensive. L'économie évolutionniste inversera les raisonnements et la recherche : la stratégie considérera les ressources internes et les capacités d'action comme des compléments au corpus classique.

Partie 3

Le modèle des ressources et des compétences

FICHE 21

LES FONDEMENTS ÉVOLUTIONNISTES DE LA FIRME

Une première étape de la recherche a tout d'abord tenté d'identifier les caractéristiques structurelles de l'industrie ; la démarche stratégique consiste alors à chercher la concordance entre l'entreprise et les caractéristiques de l'environnement. Pour expliquer les différences de performances, l'hypothèse évolutionniste se différencie de la démarche du positionnement en raisonnant à partir de la formation et de la modification des organisations.

1 LES FONDATIONS DE L'APPROCHE ÉVOLUTIONNISTE

A ~ Adam Smith et la division du travail

- Dès le premier chapitre de *La Richesse des nations*, Adam Smith pose les premières hypothèses sur la spécialisation du travail. Il met en avant l'habileté, la dextérité et les jugements en termes de compétences devant être dirigées en vue d'une progression de la performance. Il ne s'agit pas d'interpréter les propos de Smith exclusivement à partir de la division interne du travail (l'incontournable exemple de la manufacture d'épingles), mais sur les conséquences de la déconcentration horizontale et verticale du processus de production afin de « se concentrer à un travail particulier, et à cultiver et perfectionner le talent ou le génie [que l'homme] peut avoir pour ce genre particulier de travail. » (A. Smith)
- L'acuité à comprendre et mettre en œuvre des dispositifs de production selon l'activité sera un des développements les plus prometteurs de l'économie de Smith. Il identifie trois voies d'amélioration des performances de production : a) l'importance de la compréhension du travail à réaliser afin de découvrir une innovation ; b) la compétence à exploiter les principes mécaniques pour concevoir des machines de production ; c) la faculté à saisir de nouvelles combinaisons à partir des systèmes précédents.

B ~ Le concept d'évolutionnisme

- L'évolution biologique est à l'origine de cette approche économique au travers des conditions de sélection et d'évolution des firmes avec deux idées forces : a) le lamarckisme et l'idée du transformisme des espèces pour s'adapter aux contextes de vie ; b) le darwinisme selon lequel la filiation des espèces et de leurs transformations ne laisseront persister que les individus les mieux armés pour affronter un environnement sélectif.
- La théorie évolutionniste marquera la fin du XIXe et le début du XXe siècle : Herbert Spencer, philosophe anglais, pionnier de la sociologie, tentera de proposer une théorie des systèmes organisés, et notamment des sociétés humaines ; Henri Bergson bâtira une philosophie évolutionniste de la conscience et de l'intelligence ; Joseph Schumpeter présentera un contexte d'interactions entre l'économie et l'impact des innovations et de la volonté de l'entrepreneur. En 1959, Edith Penrose poursuit cette démarche évolutionniste en économie, en introduisant les notions de compétences et de routines organisationnelles dans les conditions de distinction concurrentielle entre les firmes.

A ~ Deux modèles de croissance de la firme

- Deux approches théoriques sont donc en balance : a) l'économie néoclassique défend l'équilibre concurrentiel entre les firmes, condition inéluctable de la croissance des firmes et, dans ce cadre, l'évolution de l'entreprise dépend essentiellement de la propension de celle-ci à s'ajuster et à se positionner de façon optimale face à ses contraintes environnementales ; b) la contribution de E. Penrose inclut les aspects dynamiques de la concurrence à l'origine de la croissance, en tenant compte de la nature des activités, de leurs évolutions internes, et non plus exclusivement une croissance adaptative.
- Penrose s'oppose à A. Alchian à la suite d'un article de 1950 où celui-ci présente un principe de sélection radicale lié aux comportements des firmes. En effet, Alchian bouscule le raisonnement de maximisation des individus en univers certain pour proposer un nouveau cadre d'analyse de sélection des firmes (dénuées d'intention) par les marchés : « Peu importe le processus de raisonnement ou la motivation aboutissant au succès. [...] Même dans un monde d'hommes stupides, il pourrait y avoir des profits. » Elle met en évidence que, si l'intensité concurrentielle peut se comporter de façon aléatoire en l'absence de toute raison intentionnelle, rien ne prouve alors qu'un marché atteindrait un niveau optimal. L'intentionnalité est une des règles du comportement adaptatif des firmes, et donc concurrentiel, se traduisant sous forme de plans : la production, en étant organisée, s'impose ses propres comportements concurrentiels internes au travers d'une distribution des fonctions, de la diffusion des informations, de la coordination du travail et suppose une projection à long terme des conditions de compétitivité.

B ~ Des facteurs aux ressources de production

- La théorie classique postule **l'efficience d'allocation des facteurs** et l'évolutionnisme remplace celle-ci par **l'efficience des comportements d'exploitation des ressources**. La démarche glisse de la notion de facteurs de production à celle de routines et ressources pour expliquer les différences de croissance entre les firmes et les conditions concurrentielles. Edith Penrose ancre délibérément son analyse de la croissance de la firme dans un monde réel, et critique les perspectives de l'économie classique qu'elle juge purement théorique et dénuée de la présence et de la subjectivité des hommes.
- Elle construit alors un raisonnement en termes de « **potentiels productifs** » et s'écarte délibérément des traditionnels **facteurs productifs**. Elle fait la distinction entre le **potentiel objectif** de la firme, ce qu'elle serait capable de réaliser notamment au travers des compétences à sa disposition, et l'idée **d'image de l'organisation** reposant sur le constat du rôle joué par les informations et plus précisément la capacité de l'entrepreneur à disposer de connaissances : « Les prévisions d'une firme, la manière dont elle interprète son environnement, sont autant de fonctions de ses ressources internes que des qualités personnelles de l'entrepreneur. » **Finalement, ce sont des prévisions subjectives et non des faits objectifs qui déterminent les orientations, et par conséquent, l'évolution des firmes**.

Avec l'apparition des hypothèses évolutionnistes, la firme n'est plus un système fermé dont la croissance est soumise aux pressions environnementales. E. Penrose en sera la principale promotrice, argumentant les premières conditions d'une théorie de la croissance. Les comportements des firmes ne tendent pas vers la stabilité mais au contraire vers l'extension des conditions d'acquisition et d'exploitation des ressources.

Pour aller plus loin

Penrose, E. (1995, 1re éd. 1959), *The Theory of the Growth of the Firm*, Oxford University Press (ch. 1).

FICHE 22 LES ROUTINES ORGANISATIONNELLES

Avec An Evolutionary Theory of Economic Change, *Richard R. Nelson et Sidney G. Winter fondent, en 1982, les bases et les spécificités d'une économie évolutionniste. Les auteurs présentent une réflexion fondée sur le changement et l'innovation des pratiques collectives. Les routines (procédures) de décision bornent les déterminants de la performance dans la mesure où celles-ci stimuleront les innovations ou l'inertie stratégique.*

1 Deux approches de la décision

A ~ Des facteurs exogènes aux critères endogènes de la performance

- Nelson et Winter vont reconstruire les trois postulats de comportement maximisateur du profit instaurés par l'économie orthodoxe : a) **la maximisation des finalités** : la firme sait ce qu'elle cherche à maximiser, c'est-à-dire le profit ou la valeur ; b) **la maximisation des actifs productifs** : il existe un ensemble de ressources spécifiques que la firme sait exploiter, y compris les modes de production et les techniques ; c) **la maximisation des choix** : les actions de la firme sont considérées comme le résultat d'un processus d'optimisation à la suite de l'évaluation des alternatives, des contraintes de marché ou des limites internes. Finalement, ce principe de maximisation permet la déduction d'un ensemble de règles. Il oriente le processus d'élaboration et de décision des règles à mettre en vigueur dans la firme : celles-ci spécifient les actions retenues en relation avec les conditions du marché. Le principe de maximisation fournit une sorte de logique de cohérence entre les capacités à exploiter et les objectifs à atteindre. La théorie d'un comportement de maximisation repose sur cette optimisation des règles en elles-mêmes et le cadre cognitif qu'elles édifient. Ces règles, axiomatisées par l'économie mathématique, s'appliquent et se démontrent rationnellement grâce à des courbes d'offre et demande selon le postulat d'équilibre.
- C'est à partir des comportements de décision que les auteurs vont construire une théorie évolutionniste de la firme. Ils réfutent les trois principes de comportement maximisateur mais élèvent les règles de décision comme le niveau d'analyse décisif de la performance. C'est à partir de ces règles de décision que Nelson et Winter élaboreront la notion de « routines » décisionnelles pour expliquer des comportements réguliers. Mais, contrairement au principe maximisateur censé être universel, ces routines organisationnelles tiennent un rôle similaire aux gênes en biologie : ce sont de véritables caractéristiques qui déterminent les comportements possibles ou non des firmes. Ces caractéristiques endogènes détermineront les performances en permettant l'ouverture aux innovations ou en imposant des facteurs d'inertie.

B ~ Le concept de routines

- Nelson et Winter indiquent clairement la diversité des routines décisionnelles de la firme : « Nous utilisons ce terme de routine pour englober les caractéristiques des firmes allant des routines techniques spécifiques pour produire des biens et services, jusqu'aux procédures d'embauches, de séparation, de lancement d'un inventaire, ou d'intensification de la production en cas de forte demande, mais aussi les politiques d'investissements, R & D ou de communication externe, et également les stratégies de diversification ou de développement international. » **Ce sont ces routines qui déterminent le possible ou non aujourd'hui, et par conséquent le possible ou non demain**. Elles se comportent dans la firme comme une véritable empreinte génétique héréditaire, dans la mesure où elles entraînent des comportements spécifiques dans le temps.

- **Mais surtout, ces routines expliquent les différences de performances : certaines sont plus efficaces que d'autres**. De plus, selon les caractéristiques de l'industrie, certaines routines sont plus importantes à maintenir, préserver ou à se constituer pour la survie. Cette « durée de vie » des routines décisionnelles peut être favorable ou non selon les caractéristiques de l'industrie.

2 Les catégories de routines

A ~ L'introduction du temps dans la performance

- Les routines sont des caractéristiques propres à chaque firme, ancrées dans l'organisation et déterminant le champ des actions possibles. La sélection des firmes dépend alors de leurs limites à les faire évoluer selon des critères environnementaux. Cependant, les changements de conditions externes ne sont pas indépendants des processus de choix et des décisions des firmes elles-mêmes. Ainsi, les auteurs désirent se rattacher clairement au courant central de l'économie d'équilibre, mais introduisent le temps comme facteur de faisabilité : les décisions des firmes déterminent les caractéristiques de l'industrie en fonction des influences qu'elles imposent.
- Cette approche dynamique implique deux conséquences temporelles pour les conditions de performance sur l'industrie : a) elle introduit la notion de « trajectoire naturelle » des innovations techniques ; b) elle permettra les propositions de cycle de vie technologique, de desseins dominants, de chemin irréversible dans les choix technologiques (une fois engagé sur une voie, il devient impossible de revenir sans changer totalement de régime technologique). Le tout aboutit à la notion de prime pour le premier entrant irrattrapable à condition que ce choix soit conforté au travers de son adoption effective par les autres concurrents du secteur (le dessein dominant).

B ~ Trois types de routines

- **Les routines opérationnelles** : elles créent un lien de continuité dans les comportements de la firme, elles sont fortement codifiées et mémorisées, à l'instar d'un logiciel informatique, elles sont liées aux facteurs productifs et gouvernent les choix à court terme.
- **Les routines génériques** : elles sont à l'origine des décisions du niveau d'engagement sans remettre en question le cadre ou l'objectif des choix.
- **Les routines de recherche** : elles permettent de modifier les capacités productives fondamentales et débouchent sur les véritables innovations.

*Une firme détermine et sélectionne ses routines organisationnelles selon les caractéristiques du marché. Le processus de recherche (*search*) de ces procédures peut être plus ou moins dynamique, plus ou moins innovant, mais aussi plus ou moins inertiel. C'est à partir de cette recherche que les firmes évoluent et font évoluer l'environnement pour finalement se différencier en termes de produits et de performances.*

Pour aller plus loin

Coriat, B. & Weinstein, O. (1995), *Les Nouvelles Théories de l'entreprise*, Paris : le Livre de poche (ch. 4).

Durand, R. (1998), « Théories évolutionnistes et management stratégique » in *Repenser la stratégie*, Paris : Vuibert (ch. 6).

FICHE 23 LES RESSOURCES DE L'ENTREPRISE

E. Penrose caractérise la firme comme une collection de ressources productives associée à la capacité administrative à les coordonner. La frontière de la croissance se situe alors à la limite des capacités de communication, de développement et d'exploitation des ressources. Lier cette hypothèse avec la stratégie consiste à réexploiter et concentrer les efforts sur cette notion de ressources et de les convertir en compétences différenciatrices à l'origine de la performance et de l'hétérogénéité des comportements des firmes.

1 L'ENTREPRISE COMME UNE COLLECTION DE RESSOURCES

A ~ La distinction ressources/routines

- Le concept évolutionniste de la stratégie de la firme repose sur la notion de routines. Celles-ci sont au centre d'une démarche d'élimination naturelle des comportements les moins adaptés aux conditions de compétition de l'environnement. Le principe de « *variation/sélection/rétention* » en constitue le processus de changement. Cependant, les routines organisationnelles reposent sur la disponibilité des ressources et d'aptitudes à les mettre en œuvre : soit en accélérant les changements intrinsèques de ces ressources et aptitudes de façon à obtenir un niveau différent de performance, soit en favorisant leur mutation, c'est-à-dire en recherchant de nouvelles formes de ressources et aptitudes jusqu'alors non disponibles dans la firme.
- Penrose distingue deux catégories de ressources dont l'association constitue les limites de la firme : a) les ressources physiques comprenant les équipements tangibles tels que les usines, les locaux, les terrains, les stocks, les matières… Ces ressources sont exploitées différemment, plus ou moins rapidement, et se composent en partie de biens vendus sur les marchés ; b) les ressources humaines telles que la main-d'œuvre qualifiée ou non, les équipes techniques, financières, de management… L'ensemble compose un tissu de possibilités de services avec lequel la firme sera plus ou moins familière. L'auteur insiste sur cette démarcation entre ressources et services, évitant d'ailleurs soigneusement le terme de facteur de production, jugé trop vague. **Une ressource est ou comporte en elle une capacité potentielle à remplir une fonction ou une activité**. Ces fonctionnalités seront plus ou moins exploitées, différemment combinées selon la disponibilité des ressources originelles pour finalement produire différents services.

B ~ La notion de ressources

- En 1984, Briger Wernerfelt, de l'université du Michigan, redécouvre les travaux de Penrose et propose une définition des ressources stratégiques : « Par ressources, nous entendons tout ce qui peut être pensé en termes de forces ou faiblesses d'une firme donnée. De façon plus formelle, les ressources d'une firme à une période précise peuvent être définies au travers de tous ses actifs (tangibles et intangibles), lesquels sont rattachés de manière semi-permanente à la performance de la firme. » Son approche s'inscrit sur les bases communément répandues du principe SWOT (*cf.* fiche 63) et plus spécifiquement sur les propositions de K. Andrews. Si Wernerfelt tente de donner une certaine consistance à la notion de forces et faiblesses de la firme, sa définition reste floue, entraînant des critiques. Par contre, cette tentative impulsera d'autres recherches dont l'objectif consistera à réduire cette indétermination.

- Les marques commerciales, le savoir-faire technologique de la firme, un personnel qualifié ou talentueux, les contrats commerciaux, les machines, les procédures efficientes ou innovantes, le capital à disposition... sont autant de ressources permettant une performance à long terme.

2 Ressources et stratégie

A ~ Le courant *Ressource-Based View* (RBV)

- L'approche par les ressources se différencie du modèle de SCP dans la mesure où la firme est vue comme le résultat d'une collection de ressources. Cela signifie une extrême hétérogénéité de caractéristiques d'entreprises. En effet, si certaines ressources sont tangibles et appropriables (voire élastiques en disponibilité, c'est-à-dire dont le volume à disposition peut varier aisément et sans conséquences stratégiques), d'autres sont intangibles, difficilement accessibles car résultant de pratiques internes, routines ou capacités spécifiques, autant de propriétés spécifiques de chaque entreprise.
- Ce courant stratégique distingue trois niveaux de ressources: a) **les ressources** comprenant les actifs spécifiques de la firme qu'il est difficile de s'approprier ou d'imiter; b) **les compétences organisationnelles** permettant de réaliser des activités selon des routines organisationnelles et des processus propres à l'entreprise; c) **les capacités dynamiques** permettant à la firme de se constituer, intégrer et reconfigurer ses compétences pour faire face aux mutations de l'environnement.

B ~ Influences et implications de la RBV

- Une des influences les plus conséquentes consiste à redéfinir le rôle stratégique des ressources humaines et, par extension, la fonction ressources humaines dans la constitution d'un avantage concurrentiel. En effet, les pratiques et routines constitutives des actifs stratégiques sont incarnées par les hommes de la firme. Les enjeux consistent à s'adjoindre des compétences, à les coordonner sous forme de capacités et finalement à ne pas les laisser s'éroder ou disparaître dans le temps.
- Les choix d'acquisitions, d'alliances internationales prennent un sens différent selon l'influence exercée par le *chemin de dépendance* (c'est-à-dire le temps conjugué aux conditions spécifiques d'accès) dans la constitution de ressources stratégiques. Ces décisions permettent d'en transgresser les contraintes de temps afin d'accéder à certaines ressources considérées comme primordiales.
- En marketing, les effets de réseaux, de notoriété, de propagation des produits sont autant de ressources stratégiques qui guideront les options de développement, d'investissement ou d'acquisition de certaines marques par d'autres entreprises.

Le modèle RBV de la stratégie permet d'évaluer les possibilités d'action à partir de critères internes. Le concept d'avantage concurrentiel est central, comme pour le modèle SCP revu par M. Porter. Il apporte cependant des éléments de compréhension de la croissance des firmes, un lien de cohérence entre les activités et le niveau corporate.

Pour aller plus loin

Arrègle, J.-L. (2000), *Les Nouvelles Approches de la gestion des organisations,* Paris: Économica (ch. 4).

Arrègle, J.-L. & Quélin, B. (2000), « L'Approche fondée sur les ressources » in *Stratégies, actualité et futurs de la recherche*, Paris: Vuibert/FNEGE (ch. 17).

FICHE 24

LES RENTES ORGANISATIONNELLES

Le modèle classique en économie postule l'équilibre des prix, conséquence des échanges de produits sur les marchés. La performance à long terme s'explique notamment en raison de l'accumulation par certaines entreprises de ressources propres à l'industrie. Leurs détentions déterminent ainsi en partie l'avantage concurrentiel. Les rentes spécifiques dues à l'organisation et la combinaison de ces ressources permet de faire le lien entre l'analyse industrielle et le modèle des ressources et compétences.

1 LA PERFORMANCE DES ACTIFS

A ~ Les rentes de revenus

- Les rentes se répartissent en quatre catégories :

  a) **Les rentes de monopoles** résultent d'un accès exclusif à certaines conditions d'exploitation sous réserve de maintenir la contestabilité des marchés.

  b) La notion de « **rentes de Ricardo** » représente les différences (**rentes différentielles**) de revenus liées à la spécificité et à la nature de localisation des firmes.

  c) **Les rentes de Marshall** (ou **quasi-rentes**) sont le résultat des différences de revenus résultant de l'indisponibilité, la rareté ou l'immobilité des facteurs de production autorisant certaines firmes à profiter momentanément d'un accès privilégié.

  d) **Les rentes d'innovation** révélées par **J. Schumpeter**, dépendantes de l'entrepreneur et de sa capacité d'amélioration des combinaisons de ressources à sa diposition.

- La caractéristique d'une rente est de générer des revenus supérieurs aux coûts de constitution et d'utilisation des facteurs. La maximisation du profit consiste alors à exploiter au mieux les ressources et facteurs de la firme afin de bénéficier d'un avantage durable et de profiter ainsi des revenus. Le modèle *Ressource-Based View* offre une théorie explicative des rentes de revenus associant des rentes ricardiennes et des quasi-rentes : les ressources et compétences à disposition pour la production comportent des caractéristiques distinctes selon les entreprises (rentes ricardiennes) mais, de plus, elles sont exploitées différemment d'une firme à l'autre (quasi-rentes) : en fin de compte, les ressources et compétences procurent des services spécifiques pour chaque firme, étant ainsi à l'origine de la performance. (E. Penrose)

B ~ Les conditions de constitution des ressources

- Le courant RBV se propose d'identifier les caractéristiques constitutives des ressources à l'origine d'un avantage concurrentiel :

  a) **le chemin de dépendance** (*path dependance*) et l'effet de masse critique : en effet, certaines ressources et capacités sont longues et difficiles à obtenir, parfois elles nécessitent des conditions temporelles d'accumulation (comme la R & D) et il devient alors très difficile pour un éventuel imitateur d'en rattraper le niveau, même en débutant totalement dans l'exploitation de cet actif. D'autre part, les dépendances de sentier contraignent la capacité d'une firme aux propres routines organisationnelles qu'elle s'est constituée. L'entreprise ajuste alors ses actions collectives à court terme, imposant ainsi de nouvelles trajectoires de développement des modes d'utilisation de ces ressources : le chemin de dépendance aux ressources et aux routines à court terme impose alors une manière de s'adapter aux conditions concurrentielles, procurant alors une rente liée à l'accumulation d'actifs encore inaccessibles aux concurrents ;

b) **l'ambiguïté causale** : si la détention d'un avantage concurrentiel est incontestable au vu des performances, sa nature et son origine peuvent être complexes à diagnostiquer par les concurrents (et parfois par les dirigeants eux-mêmes !), particulièrement si les ressources mises en œuvre comportent des aspects tacites, un degré de complexité sociale (c'est-à-dire qu'elles sont portées par les individus de la firme dont il est impossible d'en vérifier les aspects) ou une spécificité élevée. Si une firme veut s'engager dans une stratégie d'imitation, ou de réduction des effets de l'avantage concurrentiel d'une concurrente, elle doit comprendre la base du succès de sa rivale (sa recette stratégique). Or, saisir les origines des performances de l'extérieur ne semble pas si simple : les effets des ressources peuvent dépendre de différents facteurs, notamment si la firme possède un portefeuille d'activités multidimensionnel, du type consortium, car elle bénéficie de la complexité d'identification de ses frontières et de l'opacité des interactions entre les différentes activités. Elles dépendent également du cadre d'analyse pris en compte : si l'analyste se place exclusivement sous l'angle de l'organisation industrielle, la notion de ressource n'aura pas la même portée. La rente que procure l'ambiguïté causale de détention de l'avantage concurrentiel consiste à provoquer des conditions d'*imitation incertaine* (*uncertain imitability*). Les tentatives d'imitation ou d'affrontement deviennent particulièrement incertaines ;

c) **l'interdépendance d'acquisition des ressources** : certaines ressources et capacités ne peuvent se constituer qu'en possédant déjà d'autres ressources dont elles sont dépendantes. Si les ressources sont suffisamment mobiles et dissociables d'autres conditions de mise en œuvre, elles peuvent être l'objet de transactions sur les marchés (engendrant dans ce cas des coûts de transaction, de négociation, de réplication…). Cependant, l'antériorité d'exploitation de ressources, ou la combinaison de ressources entre elles, procurent une quasi-rente dans le cas où le chemin de dépendance est élevé : ainsi, l'avantage au premier entrant procure des ressources financières permettant d'investir et de développer ses ressources sans avoir recours à un endettement extérieur, ou permet de se constituer une réputation, une notoriété, qui ne pourra être égalée par un suiveur, ou d'instaurer de nouveaux standards de consommation à son profit.

2 Les rentes organisationnelles

A ~ Les quatre sources de profit : rentes, ressources, routines et réplication

- Sidney Winter propose un cadre pour évaluer la performance de l'exploitation stratégique des ressources. Il s'appuie naturellement sur les routines organisationnelles, lesquelles sont des opérations particulières de connexions entre différentes ressources. Elles ne sont pas réplicables car elles se constituent à partir de conditions spécifiques. Winter considère donc que les routines représentent une caractéristique essentielle de la capacité dynamique d'une firme à se constituer, à utiliser mais aussi à développer des ressources dans le temps.
- **Les rentes de routines** :

a) **Les ressources statiques** procurent une quasi-rente à court terme et les différences entre les firmes se justifient selon l'écart de détention de ce type de ressources à un instant de la compétition. Les opportunités liées au secteur sont pour leur part à l'origine de ces quasi-rentes.

b) **Les ressources dynamiques** consistent à transformer l'exploitation d'une ressource ou d'un ensemble de ressources en une conformation plus favorable dans le temps. La transformation procure une rente schumpeterienne (rente d'innovation) procurant elle-même un avantage d'exploitation. Les ressources dynamiques comportent trois aspects : **un aspect spéculatif** sur la valeur future portée à cette ressource : les organisations testent de nouvelles voies et se constituent une nouvelle combinaison de ressources ; **un aspect développemental** dans le sens où le résultat dépend effectivement des contributions présentes : chaque nouvelle conformation d'exploitation engage les firmes dans des trajectoires naturelles de développement des modes d'utilisation de leurs ressources ; **un aspect créatif** consistant à être capable de combiner ces ressources dans une nouvelle voie et construire ainsi de nouvelles performances. Pour illustrer ces propositions, Winter reprend l'exemple de Walt Disney et de la ressource que peut constituer Mickey dans le portefeuille de personnages. En tant que ressource statique, Mickey est une propriété intellectuelle : elle procure une quasi-rente pour le studio Disney qui n'est pas à l'abri d'un concurrent qui proposerait une figurine de souris tout aussi populaire et aussi rentable, même si elle ne peut se réclamer d'être l'originale. Pour éviter les imitations, les personnages de Disney sont modifiés, transformés : le portefeuille de personnages est reconfiguré selon les époques, plus ou moins modernisé afin de correspondre aux critères sociaux du moment. Cependant, le style Disney est resté depuis plus d'un demi-siècle au cœur des façons de faire d'une succession de dessinateurs. Cette exploitation dynamique de l'image et du style de Mickey attribue à Disney une rente à long terme.

- **Les rentes de réplication**. Au cours de sa croissance, la firme peut choisir de se développer autour de ses compétences d'équipes et des routines spécifiques qu'elle tentera de répliquer. Cela signifie que les pratiques collectives comportent cette faculté d'être réplicables, c'est-à-dire suffisamment transmissibles avec de faibles coûts de transfert. Dans ce cas, la rente exploitée selon une configuration spécifique peut être étendue en multipliant les sites d'exploitation. La maîtrise spécifique d'un processus de production pourrait ainsi être transférée d'une usine à l'autre sous certaines conditions. Remarquons que cette faculté est moins aisée qu'elle n'y paraît : la plupart des compétences mises en œuvre dans les routines sont souvent tacites et difficiles à formaliser sans faire disparaître leurs facultés. BMW le découvrira à ses dépends au moment de la reprise des usines Rover : impossible de transférer sa façon d'organiser la flexibilité des lignes de production de la marque allemande, qui reste ainsi le seul constructeur capable de produire des modèles aussi dissemblables que les séries 3, 5 et 7 sur un seul site !

B ~ Les rentes organisationnelles

- Se situant dans le même cadre dynamique mais afin de concilier l'approche externe et interne de la performance, Amit et Schoemaker considèrent que « le principal challenge des dirigeants consiste à identifier, *ex ante*, un ensemble d'**actifs stratégiques** qu'il s'agit de constituer en vue d'obtenir un avantage compétitif durable, et ainsi engendrer des rentes organisationnelles. Celles-ci sont des rentes économiques provenant de l'organisation des ressources et aptitudes qui ont été constituées par l'organisation (plutôt qu'un simple facteur) ». Ces actifs stratégiques sont donc les résultantes des ressources et aptitudes de la firme, dont la pertinence et la valeur suivent les changements des **facteurs clés externes de l'industrie**, que les auteurs proposent d'identifier au travers des cinq forces de Porter.
- Les actifs stratégiques de la firme découlent d'un ensemble de critères permettant la formation, l'exploitation ou la défense à long terme de rentes économiques. L'avantage concurrentiel ainsi obtenu est d'autant plus élevé :

  a) si les ressources et aptitudes nécessaires pour les constituer sont **difficiles à acquérir**, vendre, imiter ou substituer ;

b) si les actifs stratégiques ainsi détenus peuvent être **complémentaires** à l'intersection de plusieurs applications ou productions ;

c) si ces actifs sont des **spécificités de la firme**, tenaces dans le temps et rares sur le secteur.

Les rentes organisationnelles de la firme permettent d'envisager la qualité de l'avantage concurrentiel à partir des ressources et des actions collectives de la firme elle-même, et non plus exclusivement en fonction de facteurs externes. Cependant, si les deux courants de modélisation de la performance stratégique semblent opposés dans leurs origines, il est parfaitement envisageable de les combiner. Cette faculté dépend de la façon dont les dirigeants envisagent l'entreprise.

Pour aller plus loin

Quélin, B. & Arrègle, J.-L. (2000), *Le Management stratégique des compétences*, Paris : Ellipses HEC.

Tywoniak, S. (1997), « Le modèle des ressources et des compétences » in *Repenser la stratégie*, Paris : Vuibert (pp. 166-203).

FICHE 25

LES COMPÉTENCES CENTRALES

*La théorie des ressources donnera naissance à différents courants interprétatifs de la performance de l'entreprise. Parmi ces approches, le management par les compétences (*competence-based view*) connaîtra une rapide notoriété. Initiée par Gary Hamel et C.K. Prahalad, dont l'article fondateur parut en 1990 dans la* Harward Business Review, *la notion de compétence centrale (*core competence*) fut largement diffusée grâce à la parution de leur livre* La conquête du futur. *La démarche ouvre les recherches sur les façons de développer intentionnellement et prioritairement des compétences spécifiques de l'entreprise à l'origine du succès des produits.*

1 REPENSER LES RACINES DE L'AVANTAGE CONCURRENTIEL

A ~ Ressources imitables et compétences spécifiques

- Pour Hamel et Prahalad, les ressources sont bien à l'origine des performances. Par contre, à l'instar des premières propositions d'Edith Penrose, ils considèrent que les ressources de l'environnement sont équivalentes en disponibilité et les ressources internes sont facilement imitables. Leur réflexion repose sur un ensemble de constats et limites de l'approche sectorielle : « Quelle utilité les instruments d'analyse traditionnels peuvent-ils avoir pour le dirigeant qui se trouve sur les sables mouvants du secteur électronique, des services financiers ou de la révolution génétique ? » (Hamel et Prahalad)
- Les deux chercheurs constatent plusieurs mutations à l'origine du renouvellement de l'analyse de la compétitivité sectorielle :

  a) les produits ne se distinguent essentiellement qu'à partir du ratio prix/performances ;

  b) les offres de la plupart des compétiteurs convergent vers une forte similitude entraînant la standardisation des offres en prix et qualité ;

  c) l'ensemble de ces constats suppose que, sur chaque industrie, il existe bien des barrières à la faisabilité mais il gommera à terme les différenciations et les sources d'avantage en découlant. De façon globale, cette critique considère qu'une réflexion stratégique concentrée exclusivement sur les différenciations entre produits ne peut être pertinente car elle aboutit inévitablement à l'érosion des distinctions.
- Pour être durables, les sources de compétitivité doivent provenir « **de la capacité des firmes à construire, à faibles coûts et plus rapidement que les autres, les compétences spécifiques qui donneront naissance à des produits jusqu'alors difficilement faisables » (Hamel et Prahalad)**. L'avantage compétitif réside dans les différences de mise en œuvre des technologies spécifiques pour chaque firme. L'apprentissage plus ou moins intense de l'exploitation de ces innovations technologiques fournit des compétences centrales. L'activité principale reposera sur cette expertise et sera engagée dans un mouvement continu et rapide d'adaptation aux opportunités externes.
- Le « nouveau visage » de la stratégie concurrentielle doit se concentrer sur la course de l'avenir. L'entreprise doit relever cinq défis ayant comme conséquence de l'inciter à redéfinir elle-même les contours de l'industrie sur laquelle elle évolue : a) elle doit

s'engouffrer (« se lancer à fond ») dans les innovations ou les évolutions qu'elle perçoit dans son activité ; b) elle ne doit avoir de cesse d'améliorer ses compétences dans les technologies qui lui permettent de réaliser un bouleversement fondamental dans l'usage des produits de son secteur ; c) elle doit parallèlement découvrir l'équilibre économique envisageable pour imposer sa façon de faire ; d) finalement, sa technique d'exploitation doit devenir une norme universelle ; e) elle ne doit pas oublier pour autant la course aux parts de marché.

- L'avantage concurrentiel fondé sur les compétences centrales nécessite alors des particularités de clairvoyance, de gestion des temps de transition entre les différentes étapes du changement des normes des produits et ensuite de conquête des parts de marché.

B ~ L'apprentissage collectif

- Les compétences clés reposent sur l'apprentissage collectif de la firme. En fait, elles combinent plusieurs savoir-faire avec plusieurs courants technologiques. Il est nécessaire de les identifier et de les contrôler. Sans cette étape, le décloisonnement des différents niveaux d'exécution ne saurait être dépassé, condamnant ainsi toute forme de communication et d'apprentissage interfonctionnel. L'absence de ce contrôle interdit l'intégration d'une compétence spécifique à tous les niveaux, et à partir de là non seulement serait inexploitable, mais de plus son inutilisation tendrait à la faire disparaître.

Compétence	=	Technologie	x	Apprentissage collectif	x	Processus de contrôle
		Compétences spécialisées		Compétences fonctionnelles		Compétences interfonctionnelles

- Une compétence centrale se différencie d'une ressource dans la mesure où son exploitation accélère sa pertinence sur le marché. En effet, alors qu'une ressource s'érode au fur et à mesure de son utilisation, une compétence se consolide et se développe au cours des phases d'apprentissage. Par exemple, Sony, en cherchant systématiquement à développer la miniaturisation des produits de traitement de l'image et du son, s'est constitué une compétence à partir de laquelle il est maintenant possible de raisonner spécifiquement : après les Caméscopes, les ordinateurs portables, les Walkmans digitaux, qu'est-il possible de miniaturiser ?
- L'entreprise multiactivités est finalement perçue comme un arbre de compétences dont le tronc et les branches principales composent les activités centrales, à l'intersection desquelles se constituent les domaines d'activités, et enfin, pour parachever l'analogie utilisée par les auteurs, **les produits ne sont que les fruits de l'ensemble**. Ils insistent sur l'inversion du raisonnement stratégique de l'entreprise : « Le système fondamental qui permet de nourrir, soutenir et stabiliser l'ensemble repose sur les compétences centrales. »

2 Repenser l'organisation autour des compétences clés

A ~ Du portefeuille d'activités au portefeuille de compétences

- Les produits phares de l'entreprise ne sont que les conséquences des compétences parfaitement maîtrisées en interne. Ceci explique pourquoi Hamel et Prahalad distinguent trois échelons de compétition et non plus exclusivement une compétition entre les produits. La démarche stratégique comprend :

a) **les compétences centrales** : les firmes doivent se doter d'une stratégie volontariste et de mise en œuvre de leurs compétences clés, laquelle entraînerait un écart suffisamment significatif avec les concurrents, y compris au niveau mondial ;

b) **les productions clés** : qu'il s'agit de soutenir, étendre et diversifier à partir d'applications bénéficiant de ces compétences centrales et profitant pleinement des effets d'apprentissage et de propagation sur le marché ;

c) **les produits finis** : permettant d'élargir et diffuser concrètement les applications issues de la compétence centrale et sur lesquels se réaliseront finalement les profits. Ainsi, pour le cas de Sony, il est possible d'identifier ces trois niveaux : **la compétence centrale** : la rapidité, la qualité et l'innovation de miniaturisation en produits électroniques ; **3 domaines de production** : les loisirs pour particuliers, la santé, le traitement des données numériques ; **les produits** : les Walkmans au format MP3, l'imagerie hospitalière, les PC portables...

- Le contrôle de ces trois niveaux stratégiques permet à la firme de rester en contact avec toutes les évolutions du marché. Mais les auteurs vont plus loin en démontrant que la domination des trois niveaux offre l'avantage de pouvoir bousculer les règles et les comportements d'achat, voire d'imposer des chemins de développement favorables pour l'entreprise : par exemple, l'impact du format CD a orienté le marché du développement de logiciels au profit de Sony et Philips.
- Cette approche signifie une rupture avec la conception des *Business Unit* telle qu'elle était utilisée classiquement :

	Business Unit	**Compétence centrale**
Base de la compétition	– Compétitivité entre des produits finalisés ; critères d'avantages compétitifs par les prix et la différenciation ancrée dans les produits et les services.	– Compétition entre les firmes pour se constituer des compétences centrales ; critères d'avantages compétitifs par les formules potentielles et d'applications.
Structure organisationnelle	– Portefeuille d'activités constitué en termes de relations produits/marchés.	– Portefeuille de compétences, production centrale et activités.
Statut de chaque activité	– Autonomie et déconnexion du niveau corporate.	– Chaque activité comporte un potentiel de compétence pour le niveau corporate.
Allocation des ressources	– Allocation spécifique des ressources par activité.	– Les compétences et les activités sont les unités d'analyse pour l'allocation de capitaux mais aussi la répartition des talents.
Rôle du top management	– Optimisation des capitaux par activité.	– Énoncer l'architecture stratégique et les compétences nécessaires pour renforcer le futur.

B ~ L'intention stratégique

- Hamel et Prahalad identifient le *dessein stratégique* que se donne la firme (ou plutôt ses dirigeants) comme le moteur (*la tension affective*) nécessaire au dépassement des limites actuelles « car les compétences et les moyens acquis sont de toute évidence insuffisants ». La stratégie sur les compétences centrales comporte un pôle volontariste (proactif) de la part des décideurs à transformer leurs ressources actuelles en celles dont il est pensable qu'elles seront à l'origine d'une nouvelle pratique concurrentielle sur le secteur : « Alors que la conception traditionnelle de la stratégie se concentre sur l'adéquation entre ressources existantes et opportunités à venir, le dessein stratégique a pour but de créer une importante inadéquation entre ressources et aspirations. » (Hamel et Prahalad)
- Dans cette même lignée, Sanchez, Heene et Thomas mettent en avant la notion d'**intention stratégique** nécessaire à la réalisation de cette forme de compétitivité. L'intention stratégique des dirigeants crée un lien entre le résultat souhaité (les objectifs, la vision

du futur de la firme) et les compétences de l'organisation. Pour eux, l'influence des managers devient primordiale : « la firme est un système ouvert de flux de ressources motivés par les perceptions d'écarts stratégiques constatés par les managers ». À court terme, cette intention stratégique agit comme un effet de levier pour atteindre l'état désiré. À long terme, la compétition est conditionnée par un marché des compétences.

C ~ Les rigidités organisationnelles

- Les auteurs ont cependant éludé la question des blocages et des incompréhensions internes : l'entreprise peut souffrir d'avoir développé des capacités ou des compétences suffisamment puissantes pour subir de graves difficultés à s'en séparer. Si Hamel et Prahalad préconisent d'apprendre à oublier ses pratiques du passé : « Par bonheur, les entreprises dinosaures ont un *code génétique* qui peut se transformer de nombreuses façons » (Hamel et Prahalad), Dorothy Leonard propose d'opposer la notion de ***core rigidities*** à celle de capacités centrales : « Core Capabilities and Core Rigidities », *Strategic Managment Journal*, summer 1992).
- Ces rigidités organisationnelles inhibent les firmes dans leur vision du futur et leur façon de pratiquer leurs activités. Alors que certaines firmes sont intellectuellement flexibles, d'autres ne peuvent se séparer de leur façon de voir les façons d'agir. Cette raideur instaure de véritables barrières cognitives pour la reconfiguration des compétences.

Rapidement, les travaux de Hamel et Prahalad bouleverseront le champ de la stratégie d'entreprise. Ils proposent une démarche volontariste de la stratégie dans laquelle l'entreprise ne cherche plus exclusivement à s'adapter à son environnement pour se constituer des compétences clés capables de transformer les marchés. Ils inversent le raisonnement organisationnel : les produits ne sont que la traduction matérielle de la richesse du portefeuille de compétences centrales.

Pour aller plus loin

Hamel, G. & Prahalad, C. K. (1995), *La Conquête du futur*, Paris : Dunod.

Quélin, B. & Arrègle, J.-L. (2000), *Le Management stratégique des compétences*, Paris : Ellipses HEC (ch. 2).

FICHE 26

L'EXPLOITATION STRATÉGIQUE DES SAVOIRS

Le knowledge management *se concentre sur les liens entre les savoirs individuels, les connaissances collectives et la coordination des actions. Ce courant de la stratégie cherche à expliquer comment la connaissance, perçue comme une ressource fondamentale, constitue partiellement l'avantage concurrentiel : la firme peut enrichir ses ressources et aptitudes en exploitant des savoirs déjà constitués ou en explorer de nouveaux.*

1 La cognition au cœur de la performance

A ~ Les limites de la firme

- Le management stratégique des savoirs considère la cognition comme étant au cœur de l'existence d'une entreprise. Les connaissances pratiques, concepts et théories sont mobilisés et utilisés sur les marchés par les collaborateurs et les dirigeants. Dans le cadre du *knowledge-based view* (KBV), les limites de la firme, ses conditions de croissance et d'échanges dans sa filière industrielle dépendent des transferts de connaissances qu'elle peut effectuer : « L'entreprise se caractérise à la fois en termes de domaines de production et de domaines de connaissances. » (R. Grant) La performance est donc une conséquence de l'efficience des interrelations entre ces deux domaines.
- Le KBV considère la chaîne de valeur en termes de matrice des connaissances mobilisées à partir desquelles la firme construit ses niveaux de production : alors que certaines étapes seront imparfaites, d'autres développeront des domaines d'excellence bénéficiant d'un niveau de congruence élevé entre les savoirs mobilisés et les pratiques de production. Ces domaines d'expertise sont au cœur des plans de développement, justifiant les diversifications et les alliances.
- La structure même de la firme se recompose au travers des savoirs stratégiques, nécessaires ou périphériques. En considérant les connaissances comme la principale ressource de l'entreprise, le KBV établit un lien entre, d'un côté, les travaux de la sociologie des organisations, laquelle évinçait l'efficience économique, et de l'autre l'économie industrielle, peu disposée à apprécier les écarts et conflits entre individus : Robert Grant met l'accent sur « le rôle de l'individu en tant que principal acteur dans le processus de création de connaissances et le stockage de ces connaissances ».

B ~ Les caractéristiques des connaissances

- En 1967, F. Machlup propose un ensemble de caractéristiques permettant de distinguer les différentes formes de connaissances encastrées dans les actions collectives, c'est-à-dire : être informé de, être familier de, être conscient de, se souvenir de, reconnaître, faire l'analogie avec, distinguer entre différentes caractéristiques, comprendre, interpréter, être capable d'expliquer, être capable de démontrer, pouvoir débattre sur un sujet, se représenter. Il identifie ensuite cinq catégories de connaissances pour servir l'économique : les connaissances pratiques, les connaissances intellectuelles comprenant toutes les formes scientifiques, les sciences humaines et les cultures d'appartenance, les connaissances du passé dont les informations, les histoires et faits notoires, les connaissances spirituelles et finalement des connaissances résiduelles non désirées.

- La qualité des actifs stratégiques obtenus à partir des savoirs dépend de la facilité ou non du transfert des connaissances entre les individus. Il est possible de spécifier les **savoirs tacites ou explicites** (codifiables ou non à l'aide du langage naturel ou d'un autre support), formalisables ou pas selon le degré de complexité, observables en action ou conceptuels.
- Les savoirs contribuent à la performance selon deux sources de valeur : a) **une valeur de production** : les connaissances permettent de transformer des intrants, d'inclure un certain nombre d'informations, le résultat procurant une valeur-client supérieure à la somme des composants matériels (rentes d'innovation) ; b) **une valeur d'arbitrage** : un ensemble de connaissances permet d'extrapoler la pertinence de la firme sur de nouveaux marchés, d'éviter ainsi de tenter physiquement l'intrusion (c'est-à-dire de fonctionner en « essais-erreurs ») et par là même réaliser des choix stratégiques ajustés avec la faisabilité concurrentielle ou temporelle (quasi-rentes).

2 La coordination des connaissances

A ~ Les mécanismes d'intégration des connaissances

- Le modèle KBV considère que l'un des rôles majeurs des dirigeants consiste à favoriser les processus d'acquisition et d'intégration des connaissances dans l'entreprise : une organisation adaptative avec son environnement, qui ne pourrait capitaliser les connaissances, ne saurait en exploiter toutes les ressources ; à l'inverse, si elle se contente de fonder ses sources d'avantage concurrentiel exclusivement en termes d'adaptation, elle ne tente alors aucune action qui puisse anticiper et creuser l'écart avec ses compétiteurs. En 1991, James March formalise deux principes : a) **l'exploitation** des processus et connaissances : elle considère l'entreprise comme un lieu organisé centré sur ses choix, sa production actuelle, entraînant une précision de plus en plus élevée de sa position concurrentielle, la sélection des actions en fonction de leur efficience à court terme, et finalement provoquant une organisation hiérarchique de la mise en œuvre des ressources ; b) **l'exploration** des processus : elle englobe la possibilité de chercher dans d'autres directions, d'en accepter les variations selon les opportunités, de prendre des risques, d'expérimenter des pratiques intégrant même une dimension ludique pour inciter à découvrir et à innover.

B ~ Localiser les processus de connaissances

- Un comportement d'exploration génère ou tente de capturer des connaissances : la R & D, les formations, les recrutements atypiques, l'achat de licences, le *benchmarking*…
- Un comportement d'exploitation vise l'application des connaissances dans l'entreprise : les plans, le management par objectifs, les transferts de pratiques, la standardisation et la formalisation des opérations…

Dans le cadre du knowledge-based view, *l'entreprise n'est plus considérée comme une institution indépendante des individus qui l'incarnent. Les décisions, actions, formes de coordination, discours et dialogues constituent autant de pratiques différenciatrices. Le rôle des dirigeants consiste alors à identifier les savoirs stratégiques pour ensuite concevoir une structure organisationnelle capable de les supporter, guider ou en faciliter l'exploration et/ou l'exploitation afin d'améliorer les performances collectives.*

Pour aller plus loin

Tarondeau, J.-C. (1998), *Le Management des savoirs*, Paris : Puf, « Que sais je ? ».

Grant, R. (2002), *Contemporary Strategy Analysis*, Oxford : Blackwell Business (pp. 176-186).

FICHE 27

L'ORGANISATION DES CONNAISSANCES

*Considérer la connaissance comme un stock disponible indépendamment des actions des individus consiste à isoler le processus d'acquisition et d'innovation des savoirs. L'organisation des connaissances (*organisational learning*) se donne comme objectif d'élargir le raisonnement stratégique issu du* knowledge management *: intégrer le poids de la dimension tacite et conceptuelle des processus d'acquisition des connaissances, appréhender la dimension sociale, évaluer les pratiques. Les façons d'acquérir et « d'engrammer » les connaissances au niveau organisationnel comportent des distinctions, sources d'avantage concurrentiel.*

1 L'ENTREPRISE BASÉE SUR LES CONNAISSANCES

A ~ De l'information aux connaissances

- L'information se caractérise sous forme d'encodage de données. Ces données sont dépendantes des connaissances initiales mises en œuvre. La connaissance produite à partir d'informations est donc directement liée au cadre cognitif dans lequel elles prennent un sens (la théorie). Les informations exercent alors un rôle destiné à la confirmation ou la déformation des implications de ce cadre théorique. Les informations affectent les connaissances en les complétant, et inversement, les connaissances affectent les informations en les restructurant, en les organisant selon un agencement théorique.
- Les membres d'une organisation agissent en fonction du cadre théorique implicite de référence à partir duquel ils construisent le sens de leurs actions, la finalité de leurs intentions, la valeur de leur participation aux projets de la firme. Sur le plan de l'entreprise, la somme des connaissances autorise la détention d'un portefeuille de ressources et aptitudes. L'*organisational learning* se propose de saisir comment une firme peut changer les connaissances dont elle dispose, ou les exploiter différemment.

B ~ Une organisation de la connaissance

- James Quinn considère « qu'à de très rares exceptions près, une entreprise moderne tire son pouvoir économique et sa puissance dans le monde de la production davantage de ses capacités intellectuelles et de ses services que de ses actifs corporels (biens immobiliers et équipements) ». Une entreprise « intelligente » sait identifier, entreposer et coordonner ses connaissances et, parallèlement (ou en conséquence), sait instaurer une gestion des compétences : comment garantir la conservation des compétences clés de la firme ? Comment gérer les emplois critiques ? Prévoit-on les besoins futurs en compétences ? Comment est formalisé le savoir ? Comment la firme acquiert-elle ses savoirs ? Quels systèmes informatiques sont mis en œuvre ? (*Le Management des connaissances*, Buck J.-Y., 1999).
- À partir d'une des étapes clés de la chaîne de valeur, Quinn propose d'identifier les actifs intellectuels contenus dans les activités : les ressources individuelles détenues par les collaborateurs, les ressources en termes de support d'information, les aptitudes en

termes de relations interindividuelles au sein de l'entreprise et lors des échanges dans la filière. La création de valeur dépend alors du processus suivant :

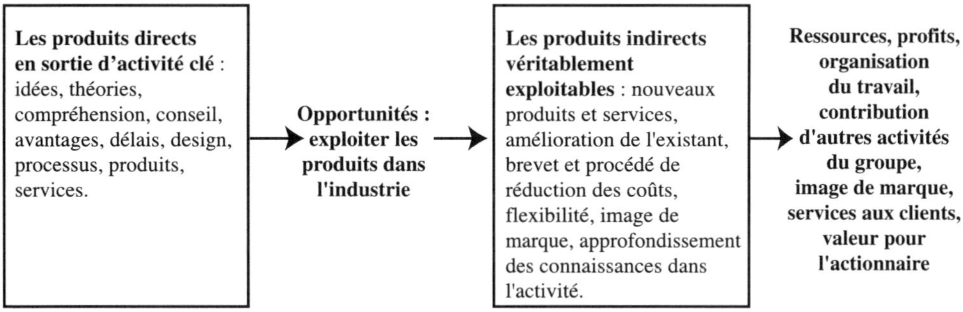

2 La dimension tacite

A ~ Les concepts à l'intersection des actions et de la valeur

- Les concepts correspondent à des règles ou des idées (schèmes) portant en eux une valeur compréhensive et interprétative. Ainsi, le concept de « qualité » permet aux acteurs de la firme de se fixer des règles d'action et de coordination. Par contre, la firme instaurera plus spécifiquement le degré de précision ou de finesse des concepts qu'elle mettra en œuvre dans la lutte concurrentielle : la qualité diffère effectivement d'une firme à l'autre, elle peut s'appliquer au niveau d'une fonction (l'utilisation ou la longévité), ou d'une propriété (l'apparence ou les matériaux utilisés), elle peut aussi ne correspondre qu'à une simple norme… ne comportant alors plus aucune caractéristique concurrentielle !
- Nonaka et Takeuchi proposent une organisation du processus de création et de diffusion des connaissances organisationnelles en mettant en évidence le rôle d'intermédiaires tenus par les concepts. La production de concepts permet de réaliser l'exploitation de ressources. **Partant du constat de l'existence des connaissances tacites et explicites, ils considèrent qu'une firme plus performante serait celle qui saurait exploiter en priorité les connaissances tacites**.
- La difficulté consistera en fait à transférer des apprentissages collectifs exploratoires en connaissances valorisables (sous forme de brevets, amélioration de produits ou de services, accélération ou performance des processus). Ils identifient alors cinq phases reposant sur l'intermédiation des concepts pour passer des connaissances tacites à la création de connaissances explicites :

  a) **partager les connaissances tacites à partir d'une action collective** : les dialogues en face-à-face sont à l'origine des partages d'expériences d'individus provenant de diverses étapes de l'entreprise et de la synchronisation des perceptions mentales (les idées) aboutissant à la définition du but mis en commun : « Une équipe qui s'auto-organise facilite la création de connaissances organisationnelles grâce à la variété requise de ses membres qui expérimentent la redondance d'informations et partagent leurs interprétations de l'intention organisationnelle. » (Nonaka et Takeuchi) ;

  b) **procéder à la conversion des connaissances tacites en connaissances explicites au moyen de méthodes de raisonnement** déductives (des idées aux actions), inductives (des actions aux idées) ou abductives qui utiliseront un langage figuré (des métaphores ou analogies aux idées ou aux actions) : les dialogues, cadrés et orientés par l'intention stratégique, laissent libre cours aux pensées des collaborateurs dont les interactions et la redondance d'informations permettent de remettre en question les présupposés tout en comprenant un langage figuré, et de cristalliser ainsi (sous forme de langage figuré) leur modèle mental partagé. Ces dialogues continus prennent la forme d'une réflexion collective aboutissant finalement à la création des concepts ;

c) **justifier des concepts auprès de l'organisation** permettant d'en vérifier le partage et la pertinence avec d'autres personnes ou auprès des décideurs : justifier les concepts émergents d'une équipe auprès du reste de l'organisation permet de tester si ceux-ci ont une réelle valeur pour les autres membres, décideurs ou non. Les critères qualitatifs comme quantitatifs, mais également plus abstraits, sont ainsi validés s'ils respectent l'intention et les besoins de l'entreprise ;

d) **construire un archétype ou un prototype du produit ou du service** : il s'agit alors de transformer le concept justifié en l'intégrant dans un objet concret comme une maquette, ou en l'incarnant sous la forme d'un projet test qui sera mené par une équipe détachée du reste de l'organisation ;

e) **l'extension de la connaissance par répétition des actions ainsi modélisées** : chaque unité bénéficie d'une autonomie dans l'application pour son compte des connaissances ainsi développées.

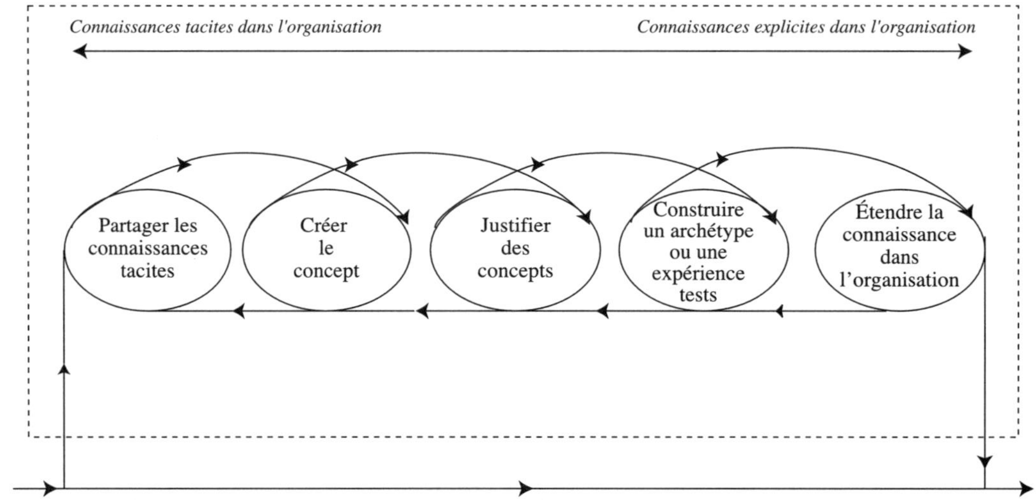

D'après Nonaka & Takeuchi.

B ~ L'organisation en question

- Nonaka et Takeuchi présentent un comparatif des organisations japonaises et occidentales. Ils distinguent deux contextes spécifiques de firmes et de création de connaissances :

a) **l'entreprise apprenante (l'organisation japonaise)** : basée sur les connaissances tacites encastrées dans les groupes de collaborateurs, comportant une forte dimension expérimentale, induisant un niveau élevé de socialisation pour l'intériorisation des connaissances, favorisant l'autonomie des groupes mais dont l'intention organisationnelle restera assez fluctuante et ambiguë ;

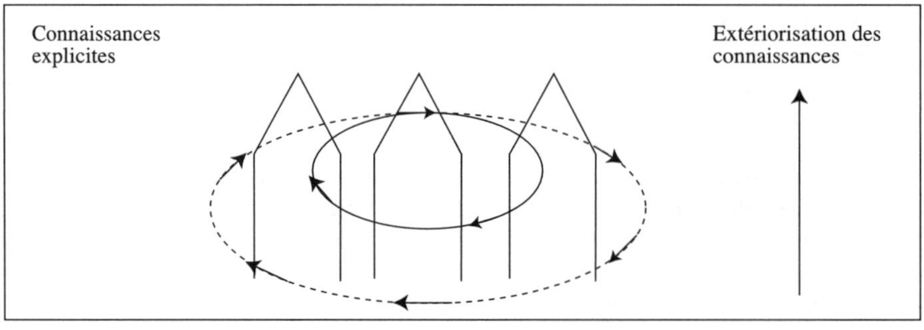

b) **l'entreprise instituée (l'organisation occidentale)** : comportant une forte dimension individuelle, dont les connaissances explicites restent intériorisées et combinées de façon prescriptive, favorisant les analyses et dont l'intention organisationnelle est formalisée.

- D'autres travaux présentent un processus d'acquisition à partir de quatre étapes permettant de construire une démarche de transfert des connaissances du niveau individuel au niveau groupal puis organisationnel :

  a) **l'intuition** repose sur une reconnaissance implicite d'un ensemble de possibilités ou d'expériences envisageables, elle se matérialise sous forme d'expériences, d'images, prénotions et métaphores permettant aux individus de tenter des actions ;

  b) **l'interprétation** transforme l'intuition en langage, schémas cognitifs et dialogues exploratoires entre les individus ;

  c) **l'intégration** engage chaque acteur présent dans une démarche de compréhension mutuelle ;

  d) **l'institutionnalisation** permet, au bout du processus, « d'encastrer » les nouvelles connaissances au niveau des routines et pratiques, des systèmes de diagnostics collectifs, mais aussi au niveau des règles et procédures partagées.

*Le modèle KBV est sûrement une des implications stratégiques les plus récentes. Les travaux académiques construisent de nouveaux courants d'application, dont la plus récente, l'*organisational learning*, cherche à identifier les conditions d'acquisition, de développement et de changement des connaissances au sein des équipes opérationnelles.*

Pour aller plus loin

Nonaka, I. & Takeuchi, H. (1997), *La Connaissance créatrice*, Bruxelles : De Boeck.

Quinn, J.-B. (1994), *L'Entreprise intelligente*, Paris : Dunod (ch. 4 et 7).

Crossan, M., Lane, W. H. & White, E. R. (1999), « An Organisationnal Learning Framework ». *Academy of Management Review* (Vol. 24, n° 3, 532-537).

FICHE 28

L'IDENTIFICATION DES RESSOURCES

Concevoir une stratégie qui puisse combiner le modèle RBV avec le positionnement concurrentiel nécessite un audit détaillé des ressources. Le modèle de raisonnement SWOT est incontestablement trop flou : comment appréhender les notions de forces et faiblesses de la firme ? L'inventaire des ressources permet de recomposer le portefeuille selon les capacités à mettre en commun.

1 INVENTORIER LES RESSOURCES DE LA FIRME

A ~ Les catégories de ressources

- Plusieurs catégorisations sont potentiellement possibles. L'approche de la stratégie par les ressources souffre encore de sa jeunesse et de sa faible formalisation comparativement au modèle industriel. Il est possible de classer les ressources selon les critères les plus élémentaires : a) ressources financières ; b) techniques ; c) humaines. J. Barney proposera en 1991 une présentation plus détaillée qui présentera le mérite de mettre en évidence les ressources organisationnelles, mais surtout la notion de capital ressource. Il pointe ainsi la potentialité de mise en action ou non des ressources. Mais surtout, il respecte la perspective « penrosienne » considérant les ressources comme des stocks dont les services potentiels diffèrent d'une entreprise à l'autre. Il liste : les ressources en capital physique, les ressources en capital humain, les ressources en capital organisationnel.
- Robert Grant va plus loin et propose un modèle en cinq catégories introduisant le caractère tangible ou non des ressources.

  Les ressources tangibles : a) **les ressources financières** comportant la capacité d'endettement de l'entreprise et pas seulement sa performance d'autofinancement ; b) **les ressources physiques** qui bornent un ensemble de possibilités de production, qui influencent la position relative en coûts, et comprennent notamment les caractéristiques des équipements et usines (leurs tailles, emplacements, degré d'évolution technique et potentiel de flexibilité, les stocks de matières premières et les possibilités d'emplacements privilégiés).

  Les ressources intangibles : a) **les ressources technologiques**, notamment les brevets et propriétés intellectuelles y compris les traditions et recettes spécifiques, et d'autres ressources d'innovation en incluant les investissements en recherche et les performances scientifiques ; b) **la réputation** et plus spécifiquement les relations stabilisées avec les clients au travers d'une marque, d'une notoriété ou d'une qualité de service, mais aussi le capital de relations avec des fournisseurs ou avec les institutions gouvernementales ; c) **les ressources humaines** au travers du niveau de connaissances, de formations et d'expériences, comprenant également d'autres dimensions culturelles comme la capacité à suivre les critères de flexibilité, à échanger des données et informations, et surtout à engager des relations de confiance avec la firme dans sa démarche compétitive (cette dernière caractéristique étant plus spécifiquement une conséquence du style de management).

B ~ Relier les ressources aux critères de performances stratégiques

- Les ressources seules restent au stade de capital à exploiter: elles peuvent être mises en œuvre différemment d'une firme à l'autre sous forme de capacités organisationnelles. Pour former une stratégie, les décideurs doivent appréhender et combiner les ressources centrales d'un coté, et les facteurs clés de l'industrie de l'autre.

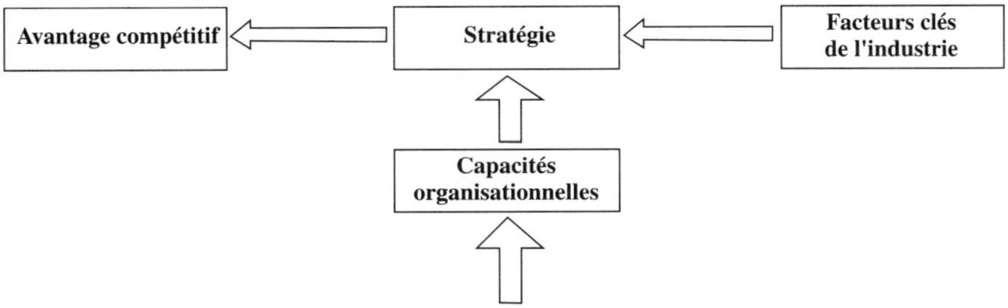

Ressources clés de la firme		
Tangibles – Financières – Physiques	**Intangibles** – Technologies – Réputation – Culture	**Humaines** – Professionnalisme et savoir faire – Communication et collaboration – Motivation

D'après R. Grant.

2 Inventorier les capacités organisationnelles

- L'analyse des capacités organisationnelles peut se réaliser soit à partir d'une approche fonctionnelle, soit à l'aide de la chaîne de valeur initiée par M. Porter : a) au niveau *corporate* on distinguera des capacités: de contrôle (financier et non financier), les facultés à manager un ensemble d'activités entre elles, l'innovation stratégique, les modes de coordination entre activités et les types d'acquisition; b) sur le plan de l'information, la firme peut se démarquer en comportant une faculté de diffusion, d'acquisition des données et de leur compréhension ou interprétation; c) la R & D peut développer de nouvelles applications plus rapidement que les concurrents, ou intégrer plus promptement de nouvelles informations scientifiques; d) la production peut de son côté être suffisamment précise dans ses procédures de gestion des volumes, mais aussi parfaire ses processus et sa capacité de flexibilité au moyen de nouvelles pratiques; e) le service marketing peut être un accélérateur de réputation et de notoriété; f) l'administration des ventes participe naturellement aux conquêtes de parts de marché au moyen de la promotion et elle peut également améliorer la qualité des services et la vitesse de mise à disposition des produits.

L'identification des ressources et des capacités permet un autre type de développement pour la firme. Alors que l'approche industrielle met en évidence la coordination des ressources, une réflexion à partir de la firme tente de lier les actions stratégiques avec l'acquisition ou le déploiement en profondeur des ressources: les décisions stratégiques se fixent comme objectif une utilisation accrue des ressources et capacités afin de les ancrer plus profondément dans l'entreprise.

Pour aller plus loin

Grant, R. (2002), *Contemporary Strategy Analysis*, Oxford: Blackwell Business (pp. 139-165).

FICHE 29 LES RESSOURCES HUMAINES

La fonction ressources humaines a longtemps souffert de sa position minoritaire dans l'élaboration de la stratégie. Elle a dû se battre contre la domination financière et technologique, cantonnée dans des fonctions de recrutement, de mesure des rémunérations, de service formation destiné à pallier les contraintes à court terme. L'apparition du modèle RBV, et notamment du rôle subjectif des individus dans la réalisation de la performance, permet à cette fonction d'acquérir une dimension stratégique.

1 Le modèle d'une stratégie des ressources humaines

A ~ Les formes de GRH

- La firme est considérée comme un portefeuille de ressources. La mise en action dépend des capacités organisationnelles. Les compétences sont le résultat de pratiques distinctives capables de fournir des produits uniques sur les marchés. La performance stratégique dépend alors de comment les hommes engagés dans l'action collective participent à l'acquisition, la concrétisation ou la transformation d'un avantage concurrentiel durable.
- La gestion traditionnelle des ressources humaines se focalise sur les pratiques : les outils de gestion mesurent les temps de présence, en évaluent les coûts, tentent d'anticiper les besoins de façon quantitative et très souvent au travers du prisme financier. Une autre démarche consiste à considérer les ressources humaines en termes de capital, notamment à partir des talents et des potentiels de compétences que la firme serait capable de mettre en œuvre. Enfin, une troisième posture tente de sortir de l'ambiguïté du terme « compétence » pour se centrer sur les comportements individuels et sur les nécessaires ambivalences des relations interfonctionnelles.

B ~ La gestion stratégique des ressources humaines

- La démarche stratégique de gestion des ressources tente de réunir les trois facettes : les RH en termes de capital, de pratiques et de comportements. Cela signifie que la fonction RH se détache du rôle instrumental qu'elle remplissait dans la mise en œuvre de la stratégie conçue par la direction générale, pour participer activement à sa réalisation et à l'émergence des capacités et compétences.
- Cette définition de la RH en tant que business partner progresse dans les entreprises. La démarche doit par contre englober les trois facettes :

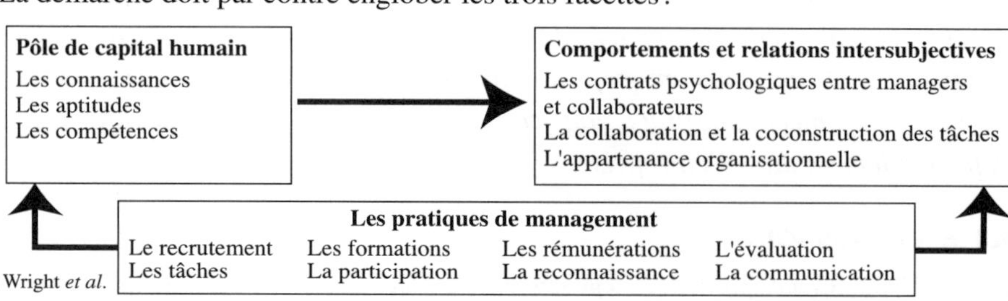

D'après Wright *et al.*

- Le courant RBV de la stratégie considère en priorité ce que l'entreprise sait et peut faire pour concurrencer durablement les autres firmes. Pour relier les courants fondateurs avec la réalisation effective d'un avantage concurrentiel, Wright, Dunford et Snell proposent un modèle intégrateur mettant en interrelation les capacités dynamiques avec les connaissances et le capital humain. La finalité de la fonction consiste à produire des compétences spécifiques permettant de dépasser les pratiques des concurrents.
- La fonction ressources humaines apporte une contribution à la performance si elle permet : a) de transformer ou renouveler de simples pratiques individuelles (les tâches) en capacités organisationnelles ; b) créer des flux interactifs dc connaissances entre les individus clés et les autres collaborateurs ; c) de composer un capital humain immédiat et potentiel comprenant les caractéristiques individuelles et collectives.

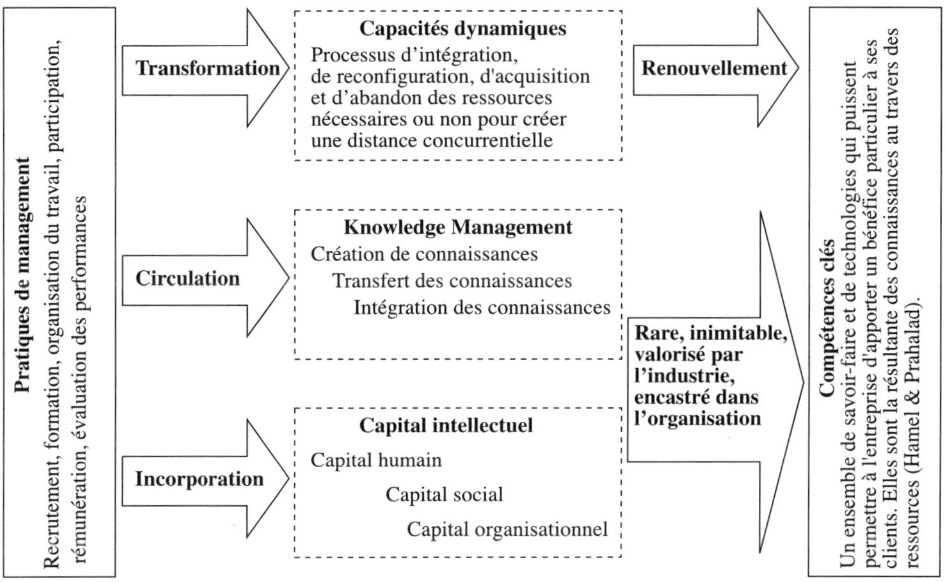

D'après Wright *et al.*

La fonction RH intervient dans la conception de la stratégie en évaluant le dispositif d'actions et de connaissances dont l'entreprise dispose. Elle intervient dans la réalisation de la performance en favorisant (ou en immobilisant) des leviers d'action de l'entreprise. Elle collabore à l'évaluation de la performance en comparant les actifs et capacités de la firme avec les critères de concurrence de l'industrie. La mise en évidence de ces aspects internes de la stratégie entraîne le nécessaire renouvellement de la fonction, et bien souvent des connaissances des décideurs RH eux-mêmes !

Pour aller plus loin

Wright, P.M., Dunford, B.B. & Snell, S.A. (2001), « Human Resources and the Resource-Based View of the Firm ». *Journal of Management* (vol. 27, pp. 701-721).

Brabet, J. *et al.* (1993), *Repenser les ressources humaines*, Paris : Économica (ch. 3).

FICHE 30

LE MODÈLE STRATÉGIQUE RBV

Héritage de l'économie évolutionniste, le modèle Ressource-Based View *se place au cœur de l'entreprise pour déployer une stratégie concurrentielle. Cette démarche combine et coordonne plusieurs courants de formalisation : le modèle RBV formalise l'origine interne des performances, le* knowledge management *introduit des critères cognitifs aux comportements, le courant des capacités dynamiques et des compétences se concentre sur les changements dans les actions collectives.*

1 La performance sous un autre angle

A ~ De la compétitivité du secteur à la compétitivité de la firme

- La formulation de la stratégie s'inverse. D'une analyse de l'environnement, les pratiques fondées sur l'économie évolutionniste tentent de produire des modélisations qui prennent en compte plusieurs caractéristiques : une dimension temporelle intervient dans le processus de formation des ressources, les procédures et performances de développement sont distinctes d'une firme à l'autre, ce sont les pratiques et non les firmes qui subissent la sélection concurrentielle, et surtout ce sont les compétences les plus adaptées qui modifient l'environnement.
- Ce modèle introduit plusieurs modifications profondes dans l'organisation elle-même. L'introduction de la notion de capacité organisationnelle induit le problème de l'apprentissage, de la coordination et de la collaboration entre les individus. Le *knowledge management* implique une réalité sociologique de la firme et, de plus en plus, le management doit comporter des facteurs psychologiques et pédagogiques.

B ~ Les changements stratégiques

- a) **Sur le plan du contexte stratégique**, le modèle RBV vient compléter l'approche industrielle. L'entreprise doit évaluer son environnement et, au lieu de chercher à s'adapter à celui-ci, elle cherche à utiliser ses propres ressources comme levier de force et imposer ses produits ; b) **Sur le plan du contenu de la stratégie**, le courant des ressources se concentre sur les processus, les savoirs et les compétences. Les produits sont considérés comme des conséquences des ressources et compétences de la firme : les plans ne projettent plus seulement des objectifs de parts de marché, mais également des objectifs de détention des règles du jeu concurrentiel ; c) **Sur le plan des processus**, les changements sont particulièrement profonds. Alors que la stratégie était le plus souvent prescrite et imposée, elle devient construite et émergente. La vision du futur possible des dirigeants devient également une source de performance, alors qu'une perspective industrielle nécessite une expertise du secteur.
- C'est sur ce plan cognitif que les changements sont les plus importants. Les entreprises se sont stabilisées autour d'un paradigme stratégique, généralement de la responsabilité des dirigeants. Il s'agit donc de reconstruire de nouvelles pratiques et un sens collectif en introduisant le modèle des ressources et compétences, tout en transformant des

pratiques souvent encore ajustées sur l'ancienne formulation stratégique. Mais cette transition peut être psychologiquement longue et socialement coûteuse.

C ~ Un courant encore fragmenté

- De plus, le modèle des ressources souffre d'une fragmentation des différentes approches. Le modèle central, *Ressource-Based View*, comporte des vertus explicatives incontestables, mais reste par contre faiblement actionnable pour un dirigeant non averti. Le courant des compétences, initié par Hamel et Prahalad et depuis largement repris, se distingue par la notion « d'intentionnalité » de la stratégie comme effet de levier entre le présent et le possible : mais en faisant reposer la performance sur cette notion subjective, il est difficile de distinguer une rationalisation *a posteriori* d'une action volontariste. Le modèle du *knowledge-based view* importe des champs de réflexion peu usités en management, comme la psychologie cognitive ou la sociologie des connaissances, domaines bien éloignés des propres connaissances des dirigeants.

2 Synthèse de la démarche stratégique RBV

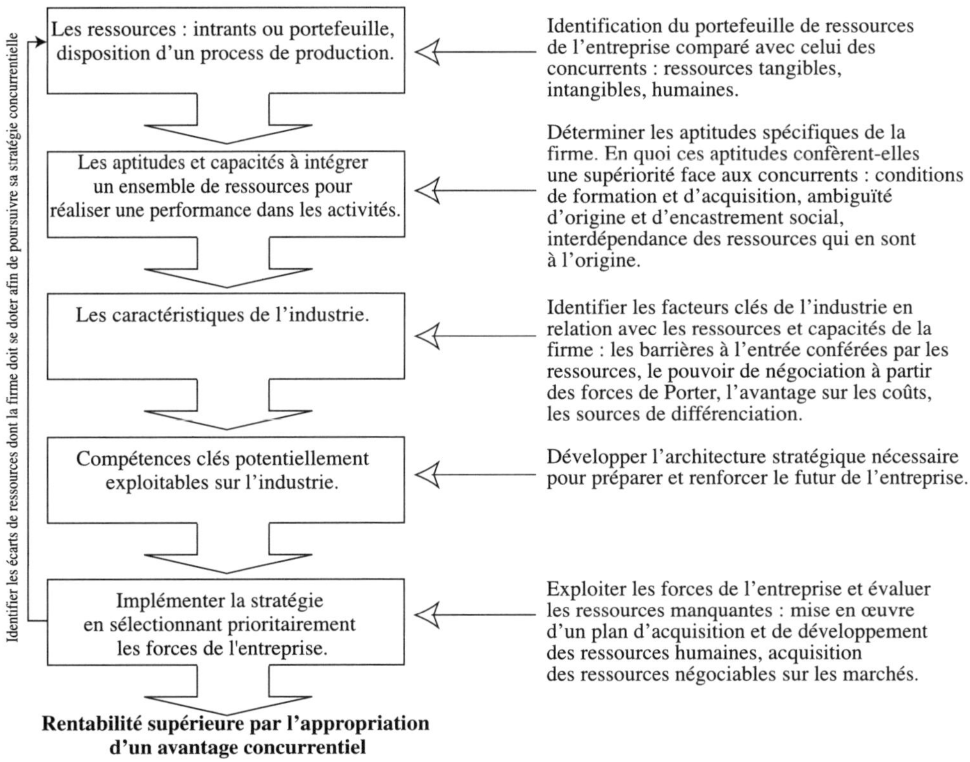

Malgré leur difficulté d'acquisition, leurs incomplétudes et leur faiblesse de formalisation, les modèles de réflexion stratégiques issus du courant RBV rétablissent le lien entre l'environnement et les acteurs de l'entreprise. Ils apportent également un cadre explicatif des mécanismes de croissance de la firme. Ils contribuent tout particulièrement à la compréhension et à la projection des mécanismes de détention, de durabilité et de spécificité de l'avantage concurrentiel.

Partie 4

Le système concurrentiel

FICHE 3/ L'ENVIRONNEMENT CONCURRENTIEL

Estimer l'influence ou les caractéristiques de l'environnement dans lequel évolue la firme est un point clé pour formuler la stratégie. Le milieu peut être considéré comme une structure qui possède ses propres règles du jeu (posture déterministe, héritage de l'économie industrielle), ou comme le résultat de l'activité cognitive des dirigeants (posture constructiviste, expression de l'influence des sciences sociales en stratégie).

1 Identifier les caractéristiques de l'environnement

A ~ Les approches rationnelles

- L'univers dans lequel évoluent les entreprises peut être décrit selon trois formes de représentation :

  a) Un contexte réputé **contraignant** qui condamne les firmes à s'adapter ou disparaître suite à la sélection du milieu (l'écologie ou darwinisme) : l'inertie interne à s'approprier les règles du secteur d'activité est la principale cause des défaillances. La démarche stratégique se noue au travers des caractéristiques et des types de problèmes de l'environnement. Il s'agit de repérer les facteurs d'événements, de répondre par des décisions et des démarches managériales adaptées (l'approche contingente).

  b) Un environnement **stabilisé** qui nécessite dans une large mesure une conception délibérée et volontariste de la formulation stratégique : la **planification stratégique** anticipe les cycles et les régularités. Les étapes planifiées que se fixe la firme infléchissent les actions des acteurs.

  c) Un milieu **actif** qui induit un processus de variation/sélection de variables clés (l'évolutionnisme), c'est-à-dire la capacité à faire cohabiter, puis à transformer de façon progressive, les critères stratégiques. De l'interdépendance entre les acteurs et les facteurs émergent les décisions stratégiques.

  a) Les affrontements entre compagnies aériennes et les baisses des prix exercent une pression insupportable pour certaines firmes, qui subissent des contraintes de réorganisation stratégique ; b) L'industrie du retraitement des déchets nucléaires reste prévisible pour de nombreuses décennies ; c) Le secteur de l'hôtellerie connaît régulièrement des mutations de consommation et l'apparition de nouveaux comportements sociaux transforme les règles de la compétitivité.

B ~ De la stabilité à la complexité

- Les entreprises se trouvent de plus en plus confrontées à des environnements complexes. **Le nombre de variables à prendre en compte dépasse les capacités d'entendement** et de synthèse des dirigeants ou même d'une équipe composée de plusieurs spécialistes. La multiplicité des interdépendances entre les événements et d'innombrables effets de rétroaction avivent les incertitudes. L'environnement ne peut être exclusivement considéré de façon linéaire, mais plutôt dans une conception systémique, ou d'auto-organisation, résultat d'un mouvement dialectique entre stabilité et chaos : la stratégie ne consiste plus à **déceler le chemin** menant à un nouvel ordre concurrentiel mais à **tenter de se construire un chemin plus compétitif**. Les actions réalisées dans un tel milieu ne donneront jamais les mêmes résultats. La perception de l'environnement se fait au travers des expériences et des initiatives décentralisées occasionnant des apprentissages et la découverte des contextes.

3M encourage les initiatives des ingénieurs afin de tenter de nouvelles applications : le Post-it en est un résultat. En grande distribution, Carrefour stimule les innovations par une politique d'allocation de ressources et des incitations financières pour les salariés porteurs d'idées : l'histoire de l'introduction et du succès des pains biologiques sur les linéaires de cette firme est issue de la passion d'un chef de boulangerie.

2 L'ÉMERGENCE DE NOUVELLES CONTRAINTES ENVIRONNEMENTALES

- De nouvelles contraintes apparaissent et intensifient les règles du jeu. Ainsi, la responsabilité éthique, morale et sociale modifie la donne dans les secteurs exploitant une main-d'œuvre bon marché. D'autre part, la véhémence des organisations écologistes impose des mesures exceptionnelles. Enfin, l'influence des fonds de pension dans les secteurs industriels à forte intensité capitalistique modifie les formes de gouvernement des entreprises. La Commission mondiale de l'environnement définit le développement durable et éthique comme « celui qui satisfait les besoins présents sans compromettre la capacité des générations futures à satisfaire leurs propres besoins ». Les firmes gèrent donc un capital social au-delà de leurs ressources humaines (capital humain) et un capital écologique au-delà d'un capital physique et matériel. Après la vague de mises en place des normes industrielles (ISO), les entreprises se doivent de satisfaire les critères d'évaluation d'organismes de cotation éthique et sociale. Longtemps perçue sous l'angle exclusivement juridique, l'éthique entre dans la sphère boursière.

  Depuis 1990, aux États-Unis, l'indice Domini Social Index comprend les 400 valeurs éthiques américaines et bat régulièrement les performances de rentabilité du fameux Standard & Poor's 500 ! Avec le même objectif, Arese est une société française de classement (*rating*) social et économique.

- L'influence des contraintes éthiques s'applique à la fois à l'entreprise et aux relations qu'elle entretient avec les autres firmes ou les environnements sociétaux. Trois grands domaines doivent être explorés en relation avec la stratégie d'ensemble : a) **L'étendue de la pression éthique** : celle-ci concerne-t-elle une partie ou la totalité des activités de la firme ? b) **Les coûts induits de cette pression** : faute de la considérer à temps, les firmes ne peuvent en financer les contraintes, prenant parfois des risques de notoriété ; c) **Identifier la responsabilité** : la firme peut engager sa responsabilité auprès d'un État, d'une communauté locale, des individus ou d'une association.

  Nike, puis Adidas, ont cédé à la pression médiatique et vérifient les critères de production de leurs fournisseurs. Certains fabricants de meubles garantissent que les bois utilisés ne proviennent pas de zones en voie de déforestation.

La démarche d'analyse stratégique ne peut appréhender ni la totalité de l'environnement ni sa réalité. Il s'agit d'évaluer ce qui peut se faire ou non dans un contexte construit au travers de données et d'informations limitées. C'est par la diversité des acteurs prenant part à cette élaboration, et donc le cumul des capacités de traitement de chacun, qu'il devient faisable d'extraire le probable des possibles, le concevable des certitudes.

Pour aller plus loin

Atamer, T. & Calori, R. (2e éd. 2002), *Diagnostic et décisions stratégiques*, Paris : Dunod (ch. 3).

Koenig, G. (2e éd. 1996), *Management stratégique*, Paris : Nathan (ch. 1).

www. arese-sa. com

FICHE 32

LA FORMULATION STRATÉGIQUE

Les dirigeants de l'entreprise se construisent en première instance leurs perceptions de l'environnement concurrentiel. De là s'expriment les arguments en vue de faire partager les visions stratégiques aux partenaires. À partir de la firme, l'espace concurrentiel se structure en deux niveaux d'analyse : la stratégie d'ensemble ou d'activités. Sur le plan des représentations cognitives, l'espace concurrentiel se construit selon deux approches : l'objectivité apparente de l'analyse économique ou la subjectivité illusoire des modèles mentaux du stratège. De l'idée qu'il se fait de la mission de sa firme au sein de son système concurrentiel se formule le sens stratégique. Celui-ci se diffuse dans les prévisions, plans d'action, faits concrets et représentations communes.

1 LE PARADIGME CLASSIQUE DE LA FORMULATION STRATÉGIQUE

A ~ La stratégie d'ensemble (*Corporate Strategy*)

- Celle-ci est un ensemble de décisions impliquant l'entreprise dans un projet d'identité, d'objectifs et de buts à poursuivre. Ceux-ci déterminent la cohérence des plans d'action et d'allocation de ressources selon les priorités qui en ressortiront. La stratégie d'ensemble instruit le cadre de référence commun à tous les acteurs de la réalisation stratégique. Elle permet de borner l'horizon temporel (l'aboutissement des objectifs) et les motifs d'action impactant l'évolution du portefeuille d'activités de la firme, les partages de ressources entre DAS, les compétences en management à développer, les décisions d'alliance ou de fusion. Enfin, elle induit de plus en plus une forme de communication institutionnelle.

  En se déclarant « créateur d'automobiles », Renault s'identifie comme initiateur. Cette affirmation induit un ensemble de décisions internes et externes en cohérence avec cette identité. Il devient compréhensible de mener une politique de leader en recherche et design et ainsi lancer de façon soutenue des concepts novateurs comme l'AvantTime.

  Au moment de lancer Virgin, Richard Branson a clairement défini sa stratégie : « Ce que les autres n'osent pas faire, nous le ferons. » Libre de tous préjugés sur la faisabilité de ses ambitions, Virgin est vierge de barrières psychologiques : de la distribution à l'aviation ou au lancement de boissons gazeuses…

- Il devient possible de distinguer la cohabitation de deux missions stratégiques : la première se donne comme but de maximiser l'avantage concurrentiel (créer et maintenir la marge) sur les marchés effectifs des produits et services ; la seconde s'attache à maximiser la satisfaction des actionnaires sur les marchés financiers (créer et maintenir la valeur).

  En dévoilant ses critères de rémunération, J.-M. Messier met en évidence la conjonction des buts stratégiques qu'il donne à sa politique. La partie variable dépend de trois critères d'évolution : le résultat net du groupe Vivendi (reposant sur ses décisions stratégiques) ; le résultat d'exploitation (conséquence du management stratégique) ; le bénéfice par action (résultante des deux précédents points).

- Les points clés de la définition de la *Corporate Strategy* :

a) elle englobe la totalité de l'entreprise; b) elle se centre de plus en plus sur la création de valeur pour les partenaires (hommes, société, actionnaires) et non plus exclusivement sur les résultats d'activité en soi; c) elle oriente les points d'inflexion et les changements stratégiques en relation avec les mutations environnementales; d) elle contribue à la distinction concurrentielle.

Peugeot a exprimé son intention de ne pas dépasser les limites des marchés européens et de se concentrer sur les segments milieu et haut de gamme avec une image sportive. La firme a de plus insisté sur son ambition de renouveler et étoffer ses gammes tout en menant conjointement une politique d'utilisation maximale de ses capacités de production (117 % sur les neuf premiers mois de 2001). Cette politique industrielle (contrairement à l'option d'internationalisation et d'expansion menée par son concurrent Renault) permet de satisfaire à la fois la clientèle et les actionnaires européens. Les premiers sensibles à la nette progression de la qualité et de l'image, les seconds aux BNPA: de 4,70 € en 2000 à 6,3 prévus en 2001 (soit le leader européen en novembre 2001).

B ~ La stratégie d'activités (*Business Strategy*)

- Énoncer les buts et missions de la firme implique de vérifier si les activités de la firme sont cohérentes et appropriées entre les deux niveaux. La sélection des activités se fait à partir de quatre critères d'appréciation avec la formulation stratégique: a) **la consistance**: il s'agit pour les dirigeants d'expliciter de façon concrète (sous forme de textes détaillés et univoques) les attentes contributives de chaque activité; b) **la conformité**: les activités se doivent d'être à la fois adaptées à l'environnement et différentes de celles des concurrents; c) **profitable**: la stratégie d'ensemble doit participer à la création ou au maintien des avantages compétitifs de chaque activité; d) **la faisabilité**: elle ne se fonde pas sur des ressources indisponibles ou ne risque pas d'induire des problèmes organisationnels.

Après s'être donné comme ligne stratégique « alimentation et santé des consommateurs », Franck Riboud, PDG de Danone, se sépare en mars 2000 de ses activités bières (Kronenbourg et San Miguel). Le groupe se concentre sur ses activités eaux, produits laitiers et biscuits en cohérence avec la mission formulée. Les marchés boursiers accueilleront favorablement la séparation de cette activité, pourtant particulièrement rentable, conforme aux valeurs annoncées. Le cash ainsi perçu, et les réaffectations de ressources garantissent des plans d'action moins risqués financièrement et raisonnés.

C ~ La stratégie opérationnelle (*Opérating Strategy*)

- Les principales activités de la firme peuvent être incitées à suivre un cadre d'action, ou à s'engager dans l'acquisition de savoir-faire ou de compétences dont les effets viennent supporter la stratégie d'ensemble ou de l'activité. La gestion par les processus engendre ce type de formulation: les activités marketing ou ressources humaines sont ainsi incitées à se créer de nouvelles voies d'action afin de fournir les nouvelles capacités organisationnelles nécessaires pour renforcer l'avantage concurrentiel de la firme.
- La stratégie opérationnelle consiste à transformer les tâches opérationnelles selon les impératifs stratégiques des niveaux supérieurs (fonctionnel et business). Au premier plan des conditions d'émergence de nouvelles opportunités, l'idée même d'une stratégie opérationnelle se traduit avant tout par la notion d'implémentation de la stratégie, c'est-à-dire l'introduction des conditions de management des objectifs désirés.
- La mission et la formulation stratégique ne peuvent faire l'impasse sur la traduction de ses aspirations sous forme de tableaux de bord (*cf.* fiche 67), de système de contrôle et d'objectifs dans le cadre des connaissances des différents niveaux de la firme. Ainsi, si par exemple un des objectifs au niveau corporate consiste à créer de la valeur pour les actionnaires, le niveau business se saisira pour sa part d'un plan d'action destiné à réduire les stocks à l'aide d'une nouvelle organisation par les processus, et le niveau opérationnel sera incité à livrer les commandes selon des délais plus courts. Robert Grant propose de relier les moteurs de valeur du niveau corporate aux objectifs opérationnels:

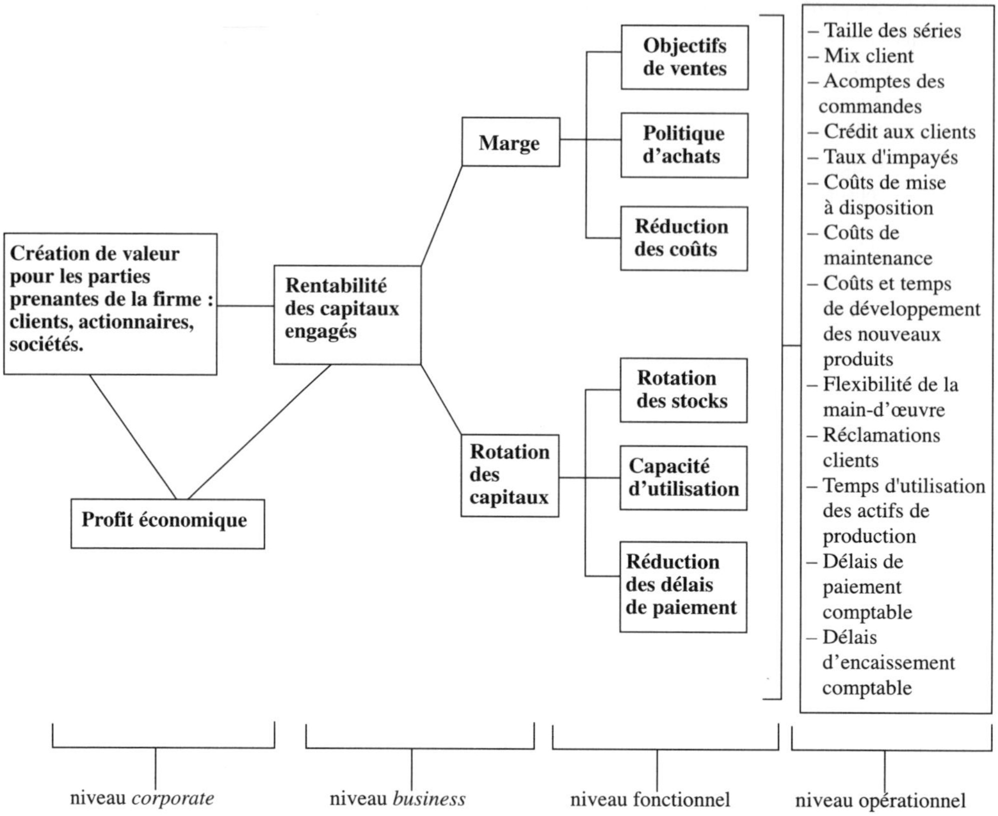

D'après R. Grant.

2 L'AMBIVALENCE DES APPRÉCIATIONS

A ~ L'analyse objective de la structure de l'industrie et de la concurrence

- Le courant dominant de la formulation stratégique est directement issu de l'économie industrielle. Celle-ci décrit des firmes équivalentes entre elles, des environnements donnés et analysables. La stratégie d'ensemble et les implications au niveau des activités résultent alors d'un raisonnement rationnel exercé par le dirigeant. Celui-ci est capable d'évaluer les variables pertinentes intégrant à la fois son propre cadre théorique et l'environnement (*cf.* fiche 12).

B ~ L'analyse subjective de la structure de l'industrie et de la concurrence

- Une autre approche (Calori *et al.*, 1992) considère que la perception de l'environnement est essentiellement liée aux schémas mentaux des dirigeants. La conception des buts et des missions dépend donc directement de l'empreinte de leurs centres d'intérêt, des affinités qu'ils se sont créées avec leur environnement. Les représentations collectives et les croyances agissent également sur ce processus subjectif d'élaboration des buts et missions.

  Certaines tentatives de fusion échouent en raison des perceptions des dirigeants. Treize mois après le premier protocole, les deux laboratoires P. Fabre et A. Mérieux se séparent : le dirigeant du premier entendait continuer de front ses activités dermo-cosmétiques et pharmaceutiques, mais le second dirigeant désirait accélérer le processus de développement du second pôle, jugé primordial pour la compétition, quitte à se séparer de la cosmétique. L'impossibilité de concilier les deux approches aboutit à un divorce... à l'amiable.

- De l'adéquation au dépassement : la subjectivité est portée au niveau de constituer une compétence pour les dirigeants (Hamel et Prahalad). En effet, pour ceux-ci l'acceptation d'une analyse sectorielle trop rigoureuse donne de bonnes raisons de temporiser toute action : « Nous considérons que la direction doit faire exprès d'énoncer une aspiration qui creuse un gouffre entre ambition et ressources. À force d'insister sur la notion d'adéquation et sa traduction concrète dans les instruments de planification stratégique, les dirigeants perdent souvent de vue la tâche infiniment plus importante de création d'une véritable inadéquation dans ce domaine. » Faire preuve d'imagination en inventant un dessein novateur : la volonté de réaliser induit des démarches collectives destinées à réduire l'écart entre ressources de la firme et aspirations formulées.

  Réduire les délais de mise sur le marché des nouveaux modèles d'automobiles est un impératif pour toutes les firmes présentes sur ce secteur. Cependant, lorsque L. Schweitzer annonce sa volonté de livrer dans un délai de 15 jours les Renault du premier segment (Twingo et Clio), il imprime une distance entre le présent et les efforts à mettre en œuvre pour atteindre cette source d'AC. Cette distance fait office d'effet de levier pour les collaborateurs de la firme au losange... après l'effet d'annonce, il faut bien que chacun participe à sa réalisation.

*La formulation stratégique est une projection à long terme de l'entreprise, mais elle doit être conciliable avec les interprétations qu'en fera chaque partie prenante (*stakeholder*). D'autre part, l'espace stratégique s'élargit et se divise en sous-unités distinctes parfois porteuses d'un potentiel de création de valeur supérieur aux positions génériques :* « small is beautiful ? »*. De plus, la mondialisation associée à la vélocité à empiéter sur de nouveaux territoires d'action devient une condition vitale pour les firmes. Finalement, deux attitudes se confrontent : soit l'expression des intentions de la firme permet d'évaluer consciemment la position de celle-ci dans le système concurrentiel approprié, soit l'expression des intentions permet de s'approprier des moyens pour réaliser le dessein stratégique.*

Pour aller plus loin

Mintzberg, H. & Quinn, J.-B. (3e éd. 1996), *The Strategy Process*, USA : Prentice Hall (ch. 3).

Johnson G. & Scholes, K. (2000), *Stratégique*, Paris : Publi-Union (pp. 17-33).

Grant, R. (2002), *Contemporary Strategy Analysis*, USA : Blackwell (ch. 2).

Hamel, G. & Prahalad, C. K. (1995-1998), *La Conquête du futur*, Paris : Dunod (ch. 6).

FICHE 33

LES NIVEAUX DE L'ANALYSE STRATÉGIQUE

Les interactions entre les firmes sont complexes. L'« évidence » entraîne les dirigeants à surestimer, méjuger ou idéaliser les critères d'action retenus. Il importe de se donner des limites réalistes. Le choix du périmètre d'étude entraîne une topologie plus ou moins détaillée du secteur d'activité. En remontant trop en amont dans la filière (les fournisseurs), les données deviennent confuses, coûteuses et longues à collecter : la diversité et la disparité des informations suscitent des difficultés de traitement. En restant en aval (les clients), la perception du secteur devient trop circonstanciée (analyse marketing), négligeant des informations pourtant capitales se situant alors en dehors du périmètre intuitif d'analyse.

1 L'INFORMATION STRATÉGIQUE

Les filtres d'interprétation de l'environnement concurrentiel

Il est particulièrement difficile de spécifier la dimension pertinente d'une industrie telle que M. Porter l'a définie : « l'industrie est un ensemble de firmes qui fabriquent des produits étroitement substituables ». Il s'agit d'une réalité construite au travers du cadre d'analyse retenu et comportant parfois des maladresses d'interprétation dues aux biais cognitifs de chacun. Une information stratégique est le résultat de l'interprétation des données collectées au travers d'un système de surveillance des marchés. Les convictions qui caractérisent chaque organisation exercent le rôle de filtre entre l'extérieur et les jugements plus ou moins flous que se font les décideurs des risques concurrentiels (*cf.* fiche 69). Ces différents filtres (systèmes de collecte des données, de surveillance plus ou moins soutenue, le paradigme (les croyances collectives) en vigueur dans l'organisation et les biais subjectifs liés aux expériences réussies ou non des dirigeants) engendrent soit la focalisation soit le délaissement des signaux émis par des concurrents. Il est alors indispensable d'examiner en détail les différentes possibilités de la filière, et de vérifier si les arguments résultant de la sélection d'un niveau d'analyse demeurent défendables avec les interprétations des risques et des opportunités que peuvent s'assigner les stakeholders de la firme.

Une PME de matériel de chauffage d'appoint à circulation d'eau (procédé destiné à réduire les coûts de chauffage et d'installation) a considéré que ses principaux concurrents étaient d'un côté les constructeurs de cheminées (compte tenu de l'interprétation que le dirigeant se faisait des économies d'énergie) et d'autre part... EDF ! (en raison des propositions de baisses de tarif en cas d'installation de chauffage par convecteurs). Cette très large (et très libre) interprétation du champ concurrentiel et des firmes concurrentes fut difficilement argumentable devant les banques partenaires.

Début 2001, Club Méditerranée annonce sa diversification avec le rachat des salles de sport Gymnase Club. De nombreux experts boursiers regretteront cette décision stratégique peu compréhensible à leurs yeux : comment faire le lien entre le secteur du tourisme familial ou à thème, et l'activité sportive urbaine ? De son côté, le staff dirigeant de CM déclare vouloir élargir l'offre en matière de « service de détente et de loisirs » destinée à étoffer le portefeuille de clients : en effet, « les besoins des personnes qui fréquentent des salles de remise en forme sont en adéquation avec ceux de nos GM » (*JDF* du 27.10.01). Les actionnaires n'approuveront pas ce raisonnement leur paraissant trop éloigné des activités de CM, et ont délaissé cette valeur boursière.

A ~ Élargir ou resserrer la vision du champ concurrentiel

- Le secteur d'activité stratégique (SBA : *strategic business area* ou base stratégique) est la distinction que l'on peut faire des technologies contenues par les produits ou de leurs applications destinées à des groupes d'acheteurs. Définir les facteurs clés de succès de chaque SBA permet d'identifier par la suite les caractéristiques communes entre les DAS (domaines d'activités stratégiques) (SBU : *strategic business unit*) et de réaliser ainsi des économies d'envergure en partageant les ressources ou savoir-faire communs. Les différents niveaux de l'analyse stratégique font apparaître ou non des concurrents en élargissant ou resserrant la définition de l'industrie, et donc l'acuité d'analyse.

Le groupe Bouygue comporte deux grands secteurs d'activités stratégiques : la construction et les services aux collectivités.

Pour le SBA de la construction, le groupe agit au niveau de quatre parties de cette industrie : bâtiment, TP, activités parapétrolières, électricité. En resserrant le concept de base de l'activité parapétrolière, le groupe se donne comme niveaux d'action le offshore grandes profondeurs, les plates-formes maritimes (construction et maintenance) et les activités pétrolières fluviales. En élargissant le concept, le groupe arrive au niveau des revêtements de routes (synergie avec TP) et en resserrant celui-ci, il parvient au niveau de la fabrication des émulsions de revêtements, dont il est le premier producteur européen.

Le SBA des services inclut la gestion des services publics (eau, propreté, électricité), la télévision et la téléphonie mobile. Être présent sur ces deux derniers points conduit la firme à se poser la question d'inclure des activités internet dans son champ d'action. En effet, la nature des émissions de téléshopping et des offres commerciales sur le Net sont proches, et nécessitent des procédés communs. En acceptant de remonter au niveau d'analyse de la vente à distance et non plus exclusivement du téléshopping, le groupe est amené à inclure dans son raisonnement stratégique des concurrents comme La Redoute dont les activités commerciales sur le Net sont voisines mais d'origine différente.

B ~ Une logique de segmentation

- En partant des activités actuelles de la firme, les dirigeants doivent évaluer les champs connexes ou futurs sur lesquels ils décideront d'entrer. En formalisant la démarche, il est possible d'identifier les FCS et concurrents en présence, donc d'identifier quatre dimensions clés : les applications (besoins), les technologies, les catégories de clients et l'étendue géographique. Puis de comparer quatre caractéristiques dynamiques : l'évolution des dimensions (*cf.* fiche 36), la profitabilité de chacune, les niveaux d'incertitude et les qualités des AC des leaders déjà présents.

La seule lecture de la filière de production peut se révéler particulièrement stérilisante pour l'analyse. Définir son secteur d'activité incite à considérer les relations transsectorielles et les interdépendances de plus en plus fréquentes entre les filières. Une vision figée, ou trop étroite, exclut des concurrents potentiels et une définition trop vague ne permet pas d'identifier les limites du secteur d'activité. Les dirigeants doivent prendre conscience et faire prendre conscience des limites du secteur d'activité, et développer ainsi les aptitudes de chacun à la prospective stratégique : la dynamique concurrentielle, les remaniements de recettes stratégiques des concurrents mêmes éloignés, les opportunités et les menaces.

Pour aller plus loin

Atamer, T & Calori, R. (2e éd. 2002), *Diagnostic et décisions stratégiques*, Paris : Dunod (pp. 103-114).

Ansoff, I. & Mc Donnell E. (2e éd. 1996), *Implanting Strategic Management*, Londres : Prentice Hall (pp. 49-82).

FICHE 34 FORCES ET ATTRAIT DE L'INDUSTRIE

L'enjeu des différents acteurs en concurrence consiste à défendre ou s'approprier de la valeur (marge) dans un secteur d'activité. Au travers de cinq forces, M. Porter (1982) propose d'évaluer la dynamique et la combativité des entreprises en présence dans une même industrie. Pour celui-ci, un système concurrentiel est doté d'une capacité à produire un profit potentiel pour les firmes en présence. De cette approche, nous devons distinguer deux niveaux d'analyse : les concurrents identifiables au sein d'une même filière économique, et les menaces éventuelles de concurrents hypothétiques plus difficilement repérables.

1 Les forces concurrentielles dans le secteur d'activité

A ~ La rivalité entre les concurrents identifiés

- La pression des firmes concurrentes est plus ou moins intense suivant les enjeux pour l'acquisition de parts de marché, ou pour maîtriser les règles du secteur. Ainsi, différents facteurs peuvent encourager la lutte entre ces entreprises :
– la rapidité de croissance du secteur (*cf.* fiche 36) : celle-ci accentue ou réduit les appétits de conquête des acteurs ;
– le nombre de concurrents en présence, leurs différences de taille relative et de puissance ;
– la faible différenciation favorisant un transfert rapide de la clientèle d'une firme à l'autre ;
– de nouvelles capacités de production exerçant momentanément une surproduction en rupture avec la demande du marché, entraînant ainsi une baisse des prix ;
– les coûts de sortie élevés de l'activité, empêchant le retrait de concurrents, ceux-ci cherchant à ne rentabiliser que les frais d'exploitation ;
– le niveau d'engagement des différentes entreprises, nombre de sites de production, intégration des lieux de vente, ouverture des capitaux en vue d'investissements, niveau de trésorerie disponible.

  Le secteur de la téléphonie mobile illustre cette rivalité. Deux acteurs de même niveau (Orange et SFR) et un outsider (Bouygues) dont les investissements technologiques ne permettent pas de sortir de cette activité. Les offres promotionnelles sont essentiellement destinées à fidéliser les clients par un contrat temporel (engagement sur une durée d'abonnement) afin d'éviter les changements d'opérateur.

- Le modèle des forces concurrentielles ne prend pas en compte les coopérations et alliances de plus en plus fréquentes dans un secteur d'activité (*cf.* fiches 93 et 94). Il considère chaque firme à l'identique, sans capacités distinctives individuelles.

B ~ Le pouvoir de négociation des fournisseurs

- Un niveau de concentration élevé de fournisseurs, c'est-à-dire leur faible nombre en rapport des parts de marché de chacun, accorde à ceux-ci la maîtrise du secteur : les prix pratiqués mais aussi le niveau de qualité, de services ou d'innovations proposés. D'autres facteurs interviennent dans la maîtrise d'un marché par les fournisseurs :

– lorsque le produit proposé dispose d'une exclusivité, ou est difficilement, voire non substituable (*cf.* fiche 41);
– lorsque les clients du secteur sont marginaux dans le portefeuille d'activités, ou lorsque le produit du fournisseur est un élément important dans le secteur d'activité du client;
– la différenciation et les coûts de transfert imposent la relation client-fournisseur au profit du second;
– sous l'angle des compétences (*cf.* fiche 29), certains salariés clés sont à considérer comme des fournisseurs spécifiques et captent ainsi une partie substantielle des profits potentiels d'un secteur.

Dans le domaine des processeurs informatiques, Intel a longtemps imposé sa suprématie technologique... et son image, affichant parfois des prix 20 à 30 % supérieurs à ceux pratiqués par son concurrent AMD. Cependant, la domination de ce fournisseur atteint une limite dans la mesure où le secteur de la micro-informatique se concentre (fusions et alliances entre fabricants de matériel, HP et Compaq). En conséquence, le poids des clients dans l'activité commence à jouer en défaveur d'Intel. Pour préserver la domination de sa firme sur ce secteur, son PDG Greg Barrett décide d'entrer sur de nouvelles applications complémentaires autour d'Internet: les organiseurs, les serveurs, les consoles de jeux...

C ~ Le pouvoir de négociation des clients

- Un niveau de concentration élevé de clients, c'est-à-dire leur faible nombre en rapport du chiffre d'affaires de chacun, accorde à ceux-ci le poids du résultat d'exploitation des fournisseurs. D'autre part, lorsque les achats sont importants dans la production finale des clients, ces derniers sont alors enclins à exercer une pression par l'obtention d'informations. Mais l'inverse vaut aussi, c'est-à-dire lorsque les achats ne comptent que très peu dans le produit final en coût ou en qualité, les acheteurs disposant alors d'une mobilité de choix.

Mais à cela s'ajoute:
– les coûts de transfert réduits qui permettent aux clients d'échapper facilement à la domination des fournisseurs;
– la faiblesse des profits sur l'activité même des clients poussant ceux-ci à obtenir régulièrement des réductions de prix;
– la menace de clients de s'intégrer vers l'amont permet à ceux-ci d'exiger des concessions tarifaires ou des conditions préférentielles.

Nous devons distinguer les clients des prescripteurs et des consommateurs: seuls les premiers payent réellement l'entreprise. Certains préfèrent utiliser la distinction entre les acheteurs (*buyers*) et les clients (*customers*) pour marquer le rôle de chacun. Il est cependant primordial de ne pas focaliser l'attention exclusivement sur les premiers en délaissant les seconds.

Par exemple, pour la chaîne de télévision M6, les clients sont les annonceurs mais pour Canal Plus, les consommateurs sont également les clients par le jeu des abonnements. La première négocie les prix des insertions publicitaires entre les programmes en fonction de l'audience. La seconde se confronte directement à la satisfaction de la programmation de la part du consommateur.

Le secteur de la grande distribution illustre le pouvoir de négociation que possèdent les enseignes sur le secteur agroalimentaire. Au travers des fusions entre grandes enseignes (Carrefour-Promodès; Auchan-Mammouth), la lutte frontale entraîne une guerre des prix et de fidélisation des consommateurs. De plus, ces distributeurs bénéficient d'un nombre élevé de fournisseurs, leur permettant d'interchanger aisément les produits.

Pour avoir sous-estimé sa communication auprès des consommateurs, Danone a vu boycotter ses produits suite à sa décision de fermeture d'un site de production LU en 2001. Les clients, c'est-à-dire des distributeurs de grandes surfaces, n'ont pas pris part à la polémique.

A ~ Les menaces d'entrée de nouveaux concurrents sur le secteur

- Celles-ci dépendent du nombre d'obstacles à l'entrée imposé par les acteurs en présence. Des barrières réduisent la facilité d'entrée d'une nouvelle firme.

  Ces entraves sont :
  – les économies d'échelle existantes (essentiellement dans les activités de volume), imposant un désavantage au niveau des coûts de production (les acteurs déjà en place ayant réalisé une avance en coûts de revient) pour le nouvel entrant difficilement rattrapable faute d'investissements lourds et massifs pour combler le retard ;
  – le niveau de différenciation et, plus particulièrement, les investissements en image et notoriété ;
  – le besoin en capitaux face à un risque de non-création de valeur pour les actionnaires ;
  – les coûts de transfert supportés par les acheteurs potentiels du secteur pour changer de fournisseurs au profit du nouvel entrant ;
  – l'accessibilité des canaux de distribution, celle-ci constituant une ressource protégée pour les acteurs en présence (partenariat, prise de position dans les capitaux...) ;
  – l'existence de profits liés à une courbe d'apprentissage ou d'expérience, d'une R & D importante, d'un accès spécifique à des ressources naturelles ou à des emplacements privilégiés et éventuellement à l'exercice de lobbies politiques.

  Microsoft a maintenu une suprématie sur son secteur des systèmes d'exploitation malgré l'apparition d'un concurrent comme Linux. Au-delà de partenariats avec des fabricants comme Intel, la firme de Bill Gates s'est constitué une barrière par la notoriété et le volume d'applications compatibles avec les produits Windows.

  De plus, Microsoft entre sans aucune difficulté dans le domaine des organiseurs professionnels, s'opposant à des fabricants comme Palm Pilot ou Psion. Malgré une alliance, ces derniers ne peuvent empêcher l'intrusion de ce nouvel entrant, celui-ci ayant en sa faveur l'image et la notoriété, mais aussi une accessibilité privilégiée auprès des canaux de distribution.

B ~ Les menaces exercées par des produits de substitution

- Un produit ou un service peut être remplacé par une autre technologie, un autre support technique, ou de nouveaux matériaux. Soit la fonction d'usage initiale est proposée aux consommateurs mais sous une forme innovante, soit elle est nouvellement intégrée dans une offre produit déjà existante permettant à celle-ci une valeur d'usage plus large (combinaison d'applications).

  Si nous remontons aux origines de La Poste (et donc finalement de la vente de timbres, conditions d'accès au service d'acheminement de courriers et documents), nous constatons successivement l'apparition de deux ruptures technologiques de substitution : le fax, puis Internet.

  La technologie satellite étant de plus en plus précise, de l'ordre du mètre et parfois moins dans un cadre militaire, l'industrie de l'aviation connaît une baisse d'activité liée à la chute des commandes des armées. L'accroissement de la performance de repérage et de prises de vue photographiques permet d'obtenir des informations à moindre coût et sans risques. Les avions de repérage ou de détection deviennent des solutions de moins en moins exploitées, y compris dans le domaine de la recherche.

  Les progrès en chirurgie cornéenne commencent à bouleverser les règles du secteur de la lunetterie et le marché des opticiens tend à se concentrer autour de marques de franchises afin de réduire les coûts d'achat et maintenir ainsi l'activité dans un rapport risque/prix en faveur du port de lunettes.

  Les téléphones mobiles intègrent de plus en plus d'applications les transformant en lecteurs musicaux MP3, organiseurs, et à terme d'autres fonctionnalités comme le guidage GPS.

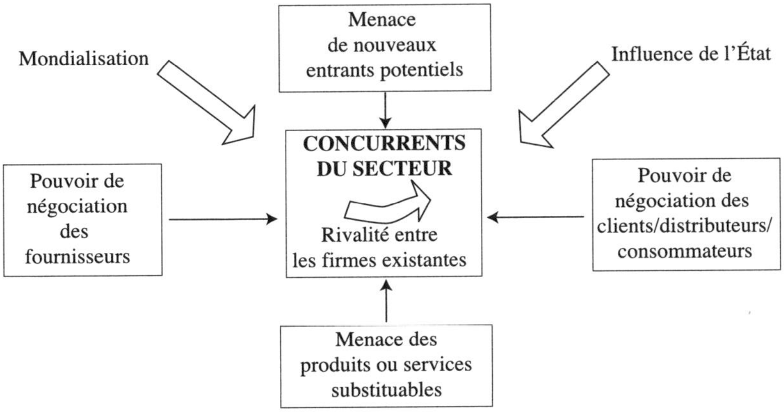

Le modèle des forces de Porter permet de dresser un état de la distribution du pouvoir de négociation (marchandage) et des tentatives d'appropriation de la valeur dans un secteur d'activité. Il permet de structurer nos représentations et notre perception du secteur, d'en hiérarchiser les risques, les enjeux et finalement d'en évaluer l'attrait (son intérêt économique). Après avoir construit sa propre représentation des différents risques en puissance, le rôle stratégique de l'équipe dirigeante consiste à construire, défendre, consolider sans relâche des barrières destinées à contenir les attaques des concurrents. L'évaluation des cinq forces (auxquelles s'ajoute le rôle de l'État) s'applique surtout de façon prospective, c'est-à-dire en appréciant les évolutions d'une année sur l'autre. Enfin, cette approche doit tenir compte des mutations imposées par le développement d'Internet en risque de substitution, et des effets d'une mondialisation croissante des firmes entraînant l'entrée rapide de nouveaux concurrents.

Pour aller plus loin

Porter, M. (1982), *Choix stratégiques et concurrence : techniques d'analyse des secteurs et de la concurrence dans l'industrie*, Paris : Économica (section I).

Porter, M. (1999), *La Concurrence selon Porter*, Paris : Village Mondial (ch. 1).

FICHE 35 LE CONTEXTE ENVIRONNEMENTAL

L'anticipation des mutations du milieu sur laquelle la firme fonde sa démarche et ses actions est déterminée selon trois conceptions : le degré et la forme des changements ; la perception des situations stratégiques ; les signaux du marché. Une démarche analytique permet de se constituer un portrait des facteurs qui influent sur la réalisation effective de la stratégie.

1 TRANSFORMATIONS ET ALTÉRATIONS DE L'ENVIRONNEMENT

A De la stabilité au chaos

- Les possibilités stratégiques des firmes se heurtent aux réactions et contraintes spécifiques de l'environnement. En un siècle, celui-ci a connu des mutations radicales. D'une économie stabilisée par une demande forte et soutenue, l'hypercompétition mondiale et les déréglementations induisent des changements non prévisibles. Il n'est plus envisageable de focaliser l'attention stratégique sur un marché de référence, ni de répéter les succès antérieurs : dans ce contexte, le futur des activités n'est pas une duplication du passé.

  Au cours des années 1980, IBM refusa le virage de la micro-informatique personnelle. En restant sur la position stratégique des serveurs de taille et prix importants, la firme s'est privée d'un marché dont le développement n'a aucune comparaison avec le passé. Impossible pour les dirigeants de prévoir le raz de marée de la micro… mettant en danger Big Blue !

- Ces environnements complexes et dynamiques induisent des asymétries d'information entre les firmes qui ne peuvent s'informer les unes sur les autres à temps. Dans ce cadre, des tarifications prédatrices peuvent être utilisées. A l'encontre des présupposés de l'équilibre concurrentiel par les prix, ces pratiques permettent d'éliminer des concurrents en fixant des prix ou des quantités induisant des pertes momentanées. Mais dans ce contexte d'asymétrie d'information, les firmes peuvent également préempter des ressources au détriment des concurrents, ou manipuler leurs croyances.

  Le laboratoire américain Abott a été épinglé en mai 2001 par le Conseil de la concurrence français pour « abus de position dominante ». La firme a freiné le développement des anesthésiques concurrents à l'Isoflurane en équipant gratuitement les salles d'opérations de la cuve nécessaire au process. Puis elle « adaptait le niveau de prix de ses offres dans la stricte mesure de ce qui lui paraissait nécessaire à l'éviction de son concurrent » (*Le Monde* du 22 mai 2001).

B Les signaux du marché

- En complément de l'analyse des concurrents, Porter propose d'identifier et lire les signaux du marché au travers des comportements traduisibles des entreprises présentes. Ce cadre est d'autant plus important que certaines firmes possèdent la capacité de modifier l'équilibre concurrentiel d'un secteur. Certaines entreprises prennent le pouvoir pour une période en maîtrisant des ressources spécifiques, ou en se constituant un AC suffisamment puissant et défendable : quelles sont les annonces de manœuvres à l'avance… ou les déclarations après coup de résultats ou d'actions ? Comment les concurrents présentent-ils leurs secteurs ou leurs actions ? Comment justifient-ils ce qu'ils auraient pu faire ? Quelles sont les caractéristiques de lancement de grands objectifs stratégiques ? Quelles déviations par rapport aux précédents objectifs ou aux habitudes du secteur ? Y a-t-il des actions en justice au titre de la législation antitrust ?

2 Une démarche d'analyse

Une démarche structurée d'analyse permet de recenser les divers critères à prendre en compte pour formuler les contraintes de l'environnement.

a) **Les critères économiques** sont bien sûr les plus classiques : cycles économiques, PNB, taux d'intérêt, politique monétaire, inflation et chômage… b) **Les critères politiques et juridiques** : législation du travail, politique fiscale, stabilité gouvernementale… c) **Les critères sociaux** : changement de modes de vie, pression du sens commun, mobilité sociale… d) **Les critères démographiques** : natalité, concentration des habitants en milieu urbain, strates de population… e) **Les critères technologiques** : dépenses publiques en R & D,transferts technologiques, adaptations et compatibilités techniques… f) **Les savoirs et connaissances** : stocks de connaissances, niveau d'éducation…

La politique fiscale et sociale de l'Angleterre et de l'Irlande a attiré de nombreuses entreprises. La main-d'œuvre possède un niveau de qualification et de connaissances incomparable avec les pays en voie de développement. Les pratiques sociales et managériales sont favorables aux entreprises tout en restant (pour certains) socialement acceptables. Les technologies disponibles sont compatibles.

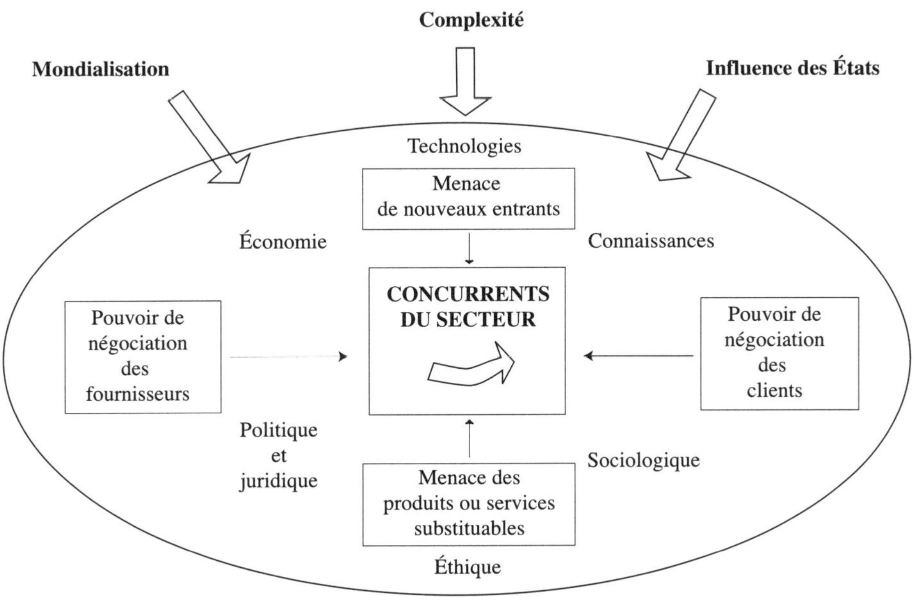

Un audit détaillé des influences environnementales permet de faire émerger les facteurs clés de l'évolution et les scénarios potentiels issus du contexte ou de la pression et la capacité à modifier les règles du secteur par les firmes les plus puissantes. Celles-ci peuvent bénéficier de la faculté de transformer radicalement et durablement le contexte concurrentiel à leur profit.

Pour aller plus loin

Johnson G. & Scholes, K. (2000), *Stratégique*, Paris : Publi-Union (pp. 117-123).

Chevalier, J.-M. (2e éd. 2000), *L'Économie industrielle des stratégies d'entreprises*, Paris : Montchrestien (ch. 1 & 8).

FICHE 36

LE MODÈLE DU CYCLE DE VIE

Ce modèle doit sa renommée à l'anthropomorphisme sur lequel il fonde sa logique. Cette vision biologique et écologique de l'évolution des firmes induit à la fois une durée de vie limitée, mais aussi un continuum d'étapes. Le cycle de vie est largement utilisé pour anticiper les besoins financiers de l'entreprise liés au développement de ses produits, ses technologies, ses ressources humaines et même l'internationalisation de son portefeuille d'activités.

1 LES MODÈLES DE CYCLE DE VIE

A ~ Le cycle de vie de l'entreprise

- À la fin du XIXe siècle, A. Marshall identifie la longévité des firmes à un processus naturel directement lié à la présence des dirigeants et à leur capacité de management. Cette perspective s'appuie sur le caractère familial de la fabrique de la fin du XIXe siècle, et sur le rôle central exercé par son fondateur. Le cycle de vie comprend cinq phases : a) **la création** : réunissant les trois conditions d'innovation, de faisabilité et de solvabilité ; b) **le démarrage** : nécessitant une forte coordination entre les ressources humaines et les produits mis sur le marché ; c) **l'adolescence** : impliquant des prévisions et des décisions à long terme ; d) **la maturité** : les points essentiels étant le management et les structures de l'organisation ; e) **le vieillissement** : l'entreprise se prépare à la succession des créateurs.

A ~ Le cycle de vie du produit

- En 1934, J. Schumpeter fait la relation entre les cycles économiques et les périodes de vie des produits. Mais c'est autour des années 1960 que les sciences de gestion populariseront cette notion et notamment le marketing au travers des travaux de T. Levitt.

  Au cours des quatre étapes fondamentales, les dirigeants peuvent arbitrer leurs décisions stratégiques.

  – **Lancement** : la R & D tient un rôle majeur ; les besoins de financement sont lourds, le rôle des partenaires financiers pèse dans la finalité du projet ; les premières décisions impactent les coûts de réalisation puis de production ; la GRH se concentre sur les cadres et les équipes de vente.

  Le lancement des lecteurs DVD a demandé de lourds investissements financiers, mais aussi des accords spécifiques de diffusion avec les « majors » de l'industrie du cinéma, comme *Gladiator* premier DVD de Vivendi Universal.

  – **Croissance** : les investissements marketing et commerciaux permettent de conforter la progression des ventes tout en réalisant des profits importants liés à une demande élevée ; l'entreprise intègre des capacités de production qu'elle a auparavant du sous-traiter ; la fonction RH gère les formations à la production et les surplus de besoins en MO.

  La Yaris de Toyota fut en premier lieu fabriquée au Japon en attendant de conforter sa position européenne. Une fois parvenue en phase de croissance, le constructeur ouvre une usine en France, utilisant la MO locale.

  – **Maturité** : l'environnement concurrentiel devient plus rude, notamment par les diffusions de produits similaires dues au benchmarking ; la R & D et la fonction marketing tentent de défendre la position du produit par l'introduction de nouvelles technologies, de fonctionnalités supplémentaires ou une différenciation identitaire ; la politique de service et de productivité retarde l'impact des produits concurrents sur les ventes en baissant les prix relatifs.

Après avoir lancé le retour de la trottinette auprès des adolescents citadins, la société suisse Micro a tenté en vain de contrer ses concurrents asiatiques en faisant valoir son antériorité de créateur originel de cette mode. Celui-ci a ainsi « ouvert » ce marché aux entreprises asiatiques qui, sans lui, n'auraient jamais imaginé exploiter une trottinette !

– **Déclin** : la fonction financière évalue à tout moment le retrait du produit ; les stocks sont réduits et les dépenses commerciales diminuent ; la chute des prix n'est plus maîtrisée et des promotions sont accordées aux revendeurs ; si le produit utilisait une MO spécifique, celle-ci sera formée à de nouvelles applications... ou parfois, en l'absence de produits de remplacement, licenciée.

Régulièrement, le déclin de modèles d'automobiles entraîne une réorganisation des sites de production. De plus, les améliorations technologiques et l'introduction d'automatismes de plus en plus sophistiqués impliquent des formations et des réagencements de postes de travail.

C ~ Le cycle de vie technologique

- L'influence de l'analyse économique est forte. M. Porter fonde son raisonnement sur la relation avec le secteur d'activité : l'évolution des secteurs industriels tend, par le jeu d'un processus d'évolution, vers sa structure potentielle. Celle-ci est la résultante des forces (d'innovation, de développement technologique et d'identité) exercées par les firmes présentes sur l'activité.
- L'évolution technologique exerce des accélérations et crée des forces concurrentielles. Par la dynamique des coûts qu'elle engendre, elle permet d'accélérer ou freiner la demande (substitution et rajeunissement des gammes) ; l'amélioration des techniques de miniaturisation ou l'intégration de nouvelles fonctions relancent deux produits en un ; elle modifie la structure des coûts et induit de cette façon un source d'AC, ou provoque la disparition des barrières à l'entrée.

Les gammes de baladeurs Sony sont régulièrement renouvelées, y compris d'une technologie à l'autre, afin de maintenir la marque dans un segment haut de gamme : des baladeurs K7 aux CD puis aux lecteurs MP3, permettant à Sony d'être toujours leader en innovations.

2 Le cycle de vie international

- Le modèle est également exploité pour justifier les échanges internationaux et notamment dans la localisation des activités à forte MO. R. Vernon (1962) explique la division internationale du travail à partir du modèle de cycle de vie : les produits sont en premier lieu fabriqués dans le pays innovateurs puis, progressivement, des sites industriels sont implantés sur des marchés étrangers similaires en termes de demande. En fin de cycle, lorsque le produit initial n'est plus en vogue, il est ensuite produit pour et par les pays émergents.

Ainsi l'histoire du Solex qui, après le succès des années 1950-1970, a connu une forte régression des ventes et d'image auprès des consommateurs européens. Le produit a même totalement disparu, puis a été relancé en Tchécoslovaquie. Finalement, il est aujourd'hui réimporté en France !

Le modèle du cycle de vie possède cependant de fortes limites. Outre sa vision un peu simpliste, de nombreux cas ne suivent pas ses règles. Ainsi, l'industrie chimique et pharmaceutique utilise le concept de « pipe-line » : au lieu de raisonner selon une trajectoire fermée molécule/traitement, les industriels raisonnent en potentiels d'applications.

Pour aller plus loin

Morvan, Y. (1991), *Fondements d'économie industrielle*, Paris : Économica (pp. 199-207).

FICHE 37

LES SYSTÈMES CONCURRENTIELS

En suivant les principes de l'économie industrielle, les caractéristiques fondamentales du secteur industriel ordonnent des catégories génériques de dynamiques concurrentielles. Des typologies de démarches concurrentielles selon les spécificités d'une industrie, initiées en 1980 par Michael Porter sous la forme de trois stratégies génériques, seront par la suite spécifiées de façon plus fine par le BCG.

1 Les trois catégories de démarches stratégiques selon Porter

A ~ La domination volumes/coûts

- Avec le développement économique des années 1970, les entreprises privilégient les capacités de production afin d'exploiter à la fois les économies d'échelle et les effets d'expérience. La relation entre les parts de marché et la rentabilité est une fonction positive : en augmentant les volumes, les marges et les profits progressent. L'avantage concurrentiel tient à la domination par les coûts d'une firme sur son secteur et l'instauration de prix de référence compétitifs.
- Michael Porter attire l'attention sur la mise en œuvre des ressources et des compétences nécessaires à la réalisation des stratégies génériques. Il préconise de plus un mode d'organisation spécifique destiné à supporter la réalisation effective. La réussite du choix d'une stratégie générique dépend essentiellement de l'engagement des différents facteurs nécessaires à sa réalisation. La démarche respecte les implications de l'économie industrielle : l'environnement fait émerger des sources de profit et le rôle des managers consiste à identifier les attitudes nécessaires pour s'approprier les performances.
- Dans le cas de la mise en œuvre d'une stratégie de domination par les coûts, l'auteur préconise :

  a) **au niveau des compétences et des ressources généralement nécessaires** : une politique d'investissement soutenu et l'accès aux capitaux, des compétences techniques au niveau des processus, une surveillance intense de la main-d'œuvre, la conception la plus facile possible pour la production, des systèmes de distribution peu coûteux ;

  b) **au niveau du mode d'organisation généralement requis** : un système de contrôle des coûts le plus fin possible, des comptes rendus de contrôle fréquents et détaillés, une organisation bien structurée des responsabilités, un système incitatif (rémunération/reconnaissance) centré sur l'effectivité des objectifs quantitatifs.

  Des fabricants asiatiques, comme Samsung, détiennent les prix d'entrée dans le secteur des téléviseurs. Fortement identifiées par leurs prix attractifs, ces marques occupent les linéaires des réseaux de grande distribution et participent activement aux campagnes promotionnelles afin de maintenir les volumes de vente indispensables à leur position stratégique. Ces firmes visent des marchés mondiaux de produits standardisés, elles privilégient les grands sites de production qui leur permettent d'utiliser l'avantage comparatif de la main-d'œuvre locale, le tout financé par les marchés boursiers.

B ~ La différenciation

- La seconde stratégie générique consiste à proposer des produits, ou des services, qui soient perçus par les clients comme étant uniques. La différenciation s'appuie sur la conception, l'image de marque, une forme technologique, le design, les services connexes et l'accessibilité aux revendeurs (ou aux services en appui à la bonne utilisation d'un produit technologique). La relation parts de marché/rentabilité (PDM/renta) devient une fonction négative, notamment si les ressources attribuées à la différenciation sont limitées en disponibilité et en coûts d'acquisition ou de mise en œuvre.
- Dans le cas de la mise en œuvre d'une stratégie de différenciation, M. Porter préconise :

  a) **au niveau des compétences et des ressources généralement nécessaires** : des capacités commerciales importantes, l'utilisation de la technologie, l'intuition et la créativité, des capacités importantes de R & D, une réputation forte en termes de qualité et d'avance technologique, une forte antériorité dans le secteur ou dans un secteur connexe, une coopération avec les circuits de distribution ;

  b) **au niveau du mode d'organisation généralement requis** : une forte coordination entre R & D, un développement industriel et de commercialisation, une large part laissée aux estimations subjectives étayées d'un système d'incitation qualitative plutôt que quantitative, suffisamment attractive pour attirer les collaborateurs les plus créatifs.

  Sony a construit sa réputation en intégrant le plus rapidement possible les innovations technologiques dans le secteur des produits électroniques grand public et pour professionnels. L'attrait pour les produits de cette marque impose des volumes de production, une concurrence entre les revendeurs et donc une baisse tendancielle des prix et des marges.

C ~ La concentration

- Une firme peut décider de ne pas se confronter à un secteur entier, mais à un segment particulier de celui-ci. L'avantage concurrentiel repose sur l'idée que la focalisation des ressources sur une cible plus restreinte permet à l'entreprise d'être plus efficace en production et en rentabilité des capitaux investis (*cf.* fiche 83). La stratégie de concentration peut être une étape pour l'accès à un secteur entier, ou rester focalisée sur des cibles restreintes. Elle peut également s'orienter vers une différenciation spécifique ou une politique de coûts faibles.
- Dans ce cas, il convient de combiner les mesures spécifiques des cas précédents afin de ne garder que les éléments qui puissent correspondre à l'étape sur laquelle se concentre l'entreprise.

  Essilor, leader mondial de l'optique ophtalmique, mène depuis deux années une politique de concentration sur le secteur des verres à forte technologie. En quittant le domaine généraliste de la lunetterie, l'entreprise privilégie la R & D, réduisant ainsi sa sensibilité à la conjoncture internationale.

2 LES SYSTÈMES CONCURRENTIELS SELON LA MATRICE BCG II

A ~ Une typologie à deux dimensions

- L'importance de l'AC détenu par une firme impacte l'évolution de sa position sur un secteur en croissance. La seconde matrice (appelée BCG II) ayant contribué à la notoriété du Boston Consulting Group tente d'élargir son analyse au niveau des caractéristiques distinctives de types d'activité, et non plus exclusivement sur la relation PDM/cash-flow caractéristique du marché de volume.
- Une première dimension (l'abscisse de la matrice) mesure **le degré d'importance de l'avantage concurrentiel** : son poids dans la différenciation perçue par les clients (les avantages procurés compensent le différentiel de coût), sa robustesse à l'imitation ou au suivisme des concurrents. Plus le poids de l'avantage concurrentiel est élevé, plus

celui-ci est perçu comme étant unique, creusant ainsi un écart avec les compétiteurs qui ne peuvent l'égaler ou le compenser.

- Les possibilités de différenciation ou le nombre de sources pour obtenir un avantage concurrentiel se placent en ordonnée de la matrice. Elles représentent **la diversité des différenciations accessibles aux firmes**, le nombre d'options ou le potentiel d'offres différenciées ou différentiables valorisées par les clients et les utilisateurs du secteur, lié aux caractéristiques intrinsèques de l'industrie (les possibilités technologiques, marketing, d'image, de fonctionnalités...).

B ~ Le dilemme évolution naturelle/transformation volontariste

- L'évolution spontanée des activités d'un secteur se caractérise au travers de deux tendances : **l'homogénéisation des activités** (les imitations rattrapent tôt ou tard les leaders spécialistes malgré les barrières qu'ils installent) ; les transferts d'expérience conduisant à une accessibilité du secteur pour des suiveurs disposant parfois de l'avantage d'équipements plus récents.
- Trois comportements stratégiques sont concevables : transformer volontairement les règles du jeu dans le secteur d'activité afin de disposer d'un positionnement privilégié (passage d'un système fragmenté à un système spécialisé ou d'un système en impasse à un secteur de volume) ; exploiter de façon drastique les règles du secteur (notamment dans les activités de volume) ; innover radicalement (secteur en impasse).

En créant des magasins spécialisés en optique, Alain Afflelou et Grand Optical ont bousculé un secteur traditionnellement fragmenté détenu par des particuliers peu organisés : fragmenté à spécialisation.

McDonald's contrôle systématiquement l'évolution du secteur de la restauration rapide en encerclant de façon systématique les restaurants rivaux. Des campagnes de prix promotionnels et des investissements en marketing étouffent régulièrement les velléités des concurrents : pression sur les volumes.

En passant de l'activité en impasse du transport routier, à l'activité en volume des services logistiques, Norbert Dentressangle rentabilise ses investissements en camions en associant des services de MO (stockage, conditionnement, repérage géographique et temporel des stocks roulants) : impasse à volume.

C ~ La relation PDM et rentabilité

- L'évolution des coûts diffère suivant le type d'industrie. La relation PDM/rentabilité possède des caractéristiques spécifiques selon les particularités des quatre secteurs. La matrice met en évidence deux caractéristiques du changement économique : seule l'activité de volume relie la notion de rentabilité avec la taille des parts de marché détenues, et, d'autre part, des activités réduites en parts de marché peuvent non seulement être profitables, mais de plus particulièrement difficiles à suivre ou à imiter.

Fragmenté : Segments nombreux, faibles barrières, l'unicité n'est pas durable en cas d'imitation.

Impasse : Produits banalisés, les caractéristiques techniques sont communes, les coûts sont gelés en raison de l'effet de taille nécessaire.

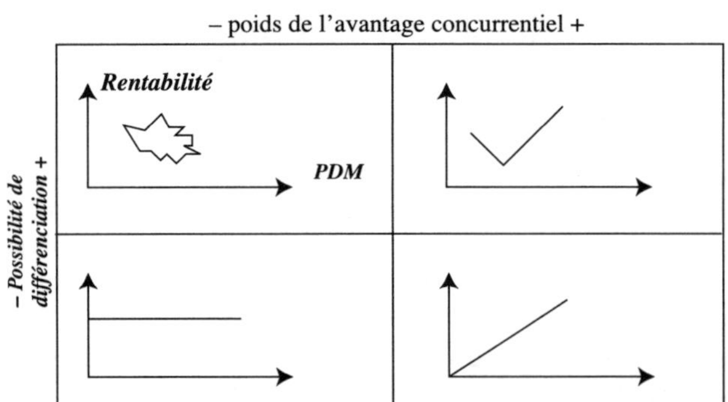

D'après Atamer & Calori.

Spécialisation : Grand nombre de segments, barrières à la mobilité élevées, investissements de départ élevés.

Volume : Différenciation faible laissant une place caractéristique à l'avantage des coûts par le jeu des économies d'échelle et de l'effet d'expérience.

- Enfin, dans l'interprétation de la matrice, la démarcation verticale entre un avantage concurrentiel durable ou non peut très bien symboliser l'efficacité des barrières à l'entrée.

Pour reprendre les propos de M. Porter, connaître et identifier les grandes catégories de démarches stratégiques « peut permettre à une firme de surclasser avec bonheur les autres firmes d'un secteur » en s'adaptant plus précisément aux diverses caractéristiques économiques (relation PDM/rentabilité), technologiques (innovations et fonctionnalités accrues) et stratégiques (différenciations possibles et AC) des secteurs. La modélisation sous forme de matrice (BCG II) privilégie la combinaison des connaissances avec des principes de raisonnement, orientant ainsi les décisions stratégiques des firmes et leurs comportements. L'enjeu consiste à identifier les positions et les impulsions stratégiques des concurrents à partir de cette typologie : chaque type d'industrie comporte des qualités impactant l'efficacité de l'avantage concurrentiel recherché.

Pour aller plus loin

Atamer, T. & Calori, R. (2e éd. 2002), *Diagnostic et décisions stratégiques*, Paris : Dunod (ch. 3).

Allouche, J. & Schmidt, G. (1995), *Les Outils de la décision stratégique*, Paris : Repère, t. 1 (pp. 108-111).

FICHE 38 ÉCONOMIES D'ÉCHELLE, D'ENVERGURE, EFFETS D'APPRENTISSAGE

Les économies d'échelle représentent la dynamique de réduction des coûts unitaires en fonction des volumes réalisés : c'est la logique d'efficacité. Cependant, la présence de déséconomies d'échelle peut contrarier les effets attendus. De plus, l'existence d'autres formes de réduction des coûts sont à déceler dans le secteur d'activité (courbe d'apprentissage), ou à combiner au croisement de secteurs d'activité (économies d'envergure) : c'est la logique d'efficience.

1 Les économies d'échelle

A ~ La recherche d'un plan de production optimal

- La quête d'économies d'échelle justifie pour les firmes leur degré de concentration sur un secteur, la tendance à l'intégration verticale des capacités de production. Il en résulte une recherche de la taille optimale de production. La compétitivité entre les firmes présentes sur une industrie comportant effectivement cette particularité de générer des profits par les volumes se traduit par des investissements massifs pour installer cette logique de capacité pour qui atteindra le plus rapidement possible « le plateau efficace » (ou taille minimale efficace, TME) des coûts. Celui-ci se traduit par une zone plus ou moins grande de stabilité des coûts unitaires avant la remontée le long de la courbe en U (image clé de cette fonction). La présence d'économies d'échelle se vérifie en coûts moyens des quantités instantanées comparés d'une période de production à une autre.
- L'influence de facteurs connexes fait balancer la TME sur la pente positive de la courbe en U. Les rendements deviennent décroissants et des déséconomies d'échelle semblent apparaître. En effet l'enjeu stratégique consiste à ne pas arrêter l'analyse à l'inéluctabilité issue de la pensée économique classique consistant à considérer une limite purement mathématique aux combinaisons de facteurs fixes de production avec les facteurs variables : les managers ont à repérer d'autres causes aux déséconomies souvent corrélatives à des changements ou rigidités provenant de facteurs internes ou contextuelles (les coûts de complexité, coûts irrécupérables, etc).

B ~ L'influence des progrès techniques et formes d'économies d'échelle

- Les innovations technologiques (IT) intensifient ou stabilisent la TME. L'amélioration de la qualité, la stabilité des processus, la consommation des matières premières influencent les charges variables imputables à un système de production. L'accélération du renouvellement des techniques de production pilotées par informatique active la compétition entre les systèmes productifs pour atteindre le plus fort potentiel d'économies d'échelle et leurs manifestations tangibles. L'IT induit des **économies de substitution** entre travail (W) et capital (K). Le décideur stratégique évalue l'avantage que retire sa firme à modifier ce rapport K/W, c'est-à-dire, en d'autres termes, à modifier le rapport ressources technologiques / ressources humaines (l'innovation organisationnelle constituant également une ressource technologique).

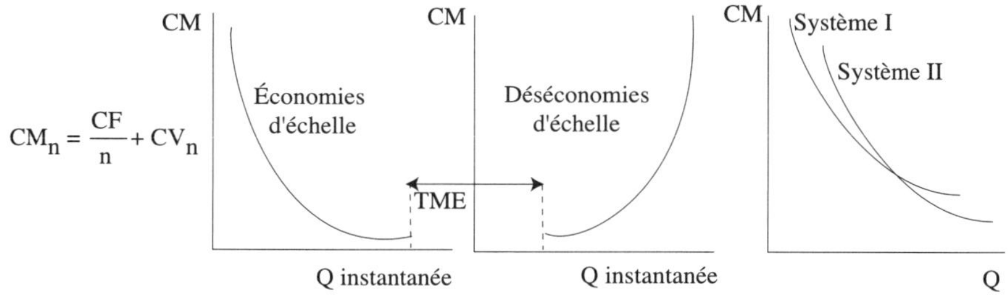

- Plusieurs facteurs influencent la manifestation de compression des coûts :

  – Adam Smith initie le raisonnement en invoquant **la spécialisation et la division du travail** ;

  – **la pleine utilisation des actifs productifs indivisibles** (ou affectant les coûts fixes) comme les machines, dont l'utilisation des capacités est mesurée à l'aide du taux optimum d'exploitation industrielle ;

  – **la maîtrise des coûts d'exploitation** : a) le contrôle de consommation des intrants influençant les frais de stockage (quantité), la réduction des rebuts (qualité) ; b) la mise en place de procédures plus flexibles en volume et en lancement de séries (économies en vitesse de passage d'une activité à une autre et allongement des séries produites par une organisation plus fine des processus) ; c) le coût des ressources financières affectées à la constitution de systèmes de production auxiliaires (de surcharge ou de secours) et à l'intégration d'un personnel d'entretien. Ces frais sont mieux répartis sur une quantité de production critique autorisant la possession de cet équipement (le risque de la rupture de production incite fréquemment les entreprises à se constituer des réserves de moyens de production, ou à contracter avec les fournisseurs pour un service de maintenance) ;

  – **la taille des unités de production** : a) les économies d'intégration allongeant les cycles de production ; b) les économies monétaires liées au pouvoir de négociation que procure la taille ; c) les économies interétablissements consistant à partager les frais de R & D, d'administration...

C ~ Stratégie et économies d'échelle

- Les économies d'échelle peuvent être considérées comme étant préexistantes au secteur d'activité de la firme. L'enjeu consiste alors à réunir les conditions nécessaires pour les exploiter. Cette interprétation donne lieu à des comportements de cristallisation des activités autour de grands pôles d'activités (réseaux intra et interfirmes, coopérations, alliances...). Mais elles peuvent également émerger du management stratégique et des niveaux de compétence et de qualification des RH, également des dynamiques industrielles nationales et régionales (cas des formes de réseaux interfirmes, comparables aux *districts italiens*, d'Oyonnax pour les activités du plastique).
- La cible stratégique consiste à identifier les formes et les origines d'économies d'échelle ainsi que les barrières que se sont ainsi constituées les concurrents. L'analyse de la concurrence comprend aussi l'évaluation du degré d'ambiguïté pour caractériser les sources de l'AC : celui-ci est-il dû à une compétence organisationnelle spécifique ou à la présence tangible d'économies d'échelle propres au secteur d'activité ?
- La recherche d'une taille pour exploiter cette forme de revenu entraîne des effets négatifs, notamment dans le cas des hyperfirmes (résultat du gigantisme organisationnel). Celles-ci ont particulièrement recours aux économies d'échelle administratives. L'excès de spécialisation et les cloisonnements entraînent des démotivations, des effets de bureaucratisation, balkanisation, baronnies, coûteuses en temps décisionnel, et des coûts de transaction internes. Ces conséquences expliquent la mise en place d'essaimages ou de divisions juridiques.

2 Les économies d'envergure

A ~ La notion d'envergure des activités

- Il est parfois préférable de produire conjointement des biens en raison de la présence d'actifs indivisibles (dont notamment de compétences spécifiques). Dans ce cas, la production sur un seul site génère des profits supérieurs à deux sites séparés (théorie de la sous-additivité des coûts), ceci malgré l'apparence d'économies d'échelle liées à la spécialisation, ou d'un meilleur taux d'exploitation des actifs dans le second cas.
- Il faut distinguer les avantages d'une production jointe des économies d'envergure. Dans le premier cas, la production d'un bien génère un produit dérivé (certaines activités chimiques génèrent des substances commercialisables, comme l'ammoniaque, concourant à la performance).

B ~ Stratégie et économies d'envergure

- La stratégie de diversification ou d'extension géographique des activités liées permet de doter la firme de synergies lui conférant une rentabilité supérieure aux concurrents. L'acquisition de cette compétence constitue un objectif à long terme, plus particulièrement dans le cas des actifs intangibles : brevets partagés, réputation et effet d'image, systèmes d'information communs, compétences en RH ou de management, mais aussi, plus en aval, accès à des réseaux commerciaux.
- Pour concrétiser cette source de profits, les firmes ont également recours aux partenariats et coopérations. Ces partenariats symbiotiques éludent les prises de risques et le temps d'acquisition de compétences assujettis à l'activité connexe.
- Une configuration organisationnelle aux produits diversifiés et fondée sur l'exploitation des économies d'envergure n'est pas sans risques. Elle peut entraîner des déséconomies attribuées à un déséquilibre du portefeuille d'activités ou comporter des incohérences de l'avis des marchés boursiers avec lesquels la communication sur ce sujet reste rudimentaire afin de ne pas dévoiler une information essentielle à la concurrence. De plus, certaines activités liées peuvent déconstruire les effets d'expérience acquis. Enfin, les coûts de contrôle, de coordination s'intensifient. L'ensemble de ces facteurs justifie des retours, des recentrages, sur les métiers d'origine.

  Le groupe WAG est leader dans cette forme d'AC. Les marques partagent des sites de production, des efforts de conception, R & D, et des lieux d'exploitation de MO, en gardant les particularités de chaque style d'automobiles.

3 Les effets d'apprentissage

A ~ La notion de courbe ou d'effet d'apprentissage

- Au cours des années 1970, le BCG met en évidence la relation entre les volumes traités par la main-d'œuvre (MO) et l'amélioration des performances qualitatives conjointement à des gains de temps. Il en résulte que les coûts moyens de production diminuent selon un coefficient b tel que :

$$Cm_n = C_{m1}\ n^{-b}$$

- La courbe de progrès, d'expérience, d'apprentissage formalise le rapport temps de fabrication/quantité produite. Si elle est observable pratiquement dans toutes les formes de production, elle ne possède cependant pas la même incidence : certaines activités laissent espérer des courbes à 15 %, d'autres à 60 %. Cela dépend du poids de la MO entrant dans la fabrication, mais aussi du degré de complexité des tâches à exécuter.

B ~ Les implications stratégiques de l'effet d'apprentissage

- Les répercussions économiques de l'apprentissage ne sont pas exclusivement dues à la MO directe mais aussi aux capacités organisationnelles et aux processus : système d'information, coordination, lancements des projets, mémoire collective... Le management stratégique joue un rôle, conjointement à la potentialité d'émergence de l'effet d'expérience lié à l'activité elle-même.
- La part de marché détenue influence directement l'amélioration de la courbe. Pour le BCG, le développement d'activités compétitives dépend du potentiel d'expérience pouvant intervenir dans la baisse des coûts comme AC ou barrière à l'entrée.
- Le phénomène reste cependant complexe à saisir et à formaliser dans l'organisation. Il est encore plus difficile de le déceler chez un concurrent : celui-ci a tout intérêt à cacher ses effets d'apprentissage en instaurant des prix ombrelles avant de décider de faire chuter ses prix de vente. Enfin, la réalisation effective d'améliorations de la performance économique ou la constitution d'un AC par effet d'apprentissage résulte surtout de la conviction des dirigeants à explorer des domaines d'activité ou des processus organisationnels où celui-ci n'est pas manifeste. Le management intensifie (ou appauvrit) les progressions individuelles et/ou collectives, allant parfois jusqu'à faire naître (ou disparaître) des effets d'apprentissage par l'organisation ou la combinaison de facteurs jusqu'alors inédits : le management stratégique construit la performance collective par l'effet de levier issu de l'apprentissage, ses carences entraînent un effet de massue.

  Initialement initiée par l'étude réalisée par le BCG sur Boeing aux États-Unis, l'effet d'apprentissage se retrouve en Europe avec Airbus. La quantité présumée d'avions commercialisables sur le marché influence le lancement d'un modèle. Un des objectifs de faisabilité d'un projet en industrie de l'aviation est de bénéficier d'effets d'apprentissage liés aux quantités potentielles.

4 LES AUTRES FORMES D'ÉCONOMIE

- **Les économies sur coûts irrécupérables.** Certaines activités entraînent des investissements qui ne peuvent être récupérés en cas de retrait de la firme. Il peut tout autant exister des coûts d'entrée et/ou de sortie de l'activité. Ces investissements consommateurs de ressources financières dressent des barrières. L'action stratégique d'une firme consiste à instaurer le plus rapidement possible ce type de coûts pour limiter la pression concurrentielle : coûts de notoriété, lobbying, surenchères sur les emplacements commerciaux...

  Dans le cas de la téléphonie modulaire, Bouygues Télécom a refusé d'adopter la norme UMTS. L'acquisition des droits d'exploitation de la licence accordée par l'État français constituait un risque stratégique pour l'entreprise qui devenait alors trop endettée pour un investissement non récupérable si cette technique peut être remplacée.
- **Les économies liées aux coûts de complexité.** Les hyperfirmes se heurtent à des formes organisationnelles complexes engendrant des coûts indirects difficiles à identifier, encore plus à quantifier : les filiales multiples, l'éloignement des implantations géographiques, les querelles de responsables de site, les défauts de coordination, ou tout simplement les difficultés de compréhension entre direction générale et management intermédiaire, ou alors les déperditions de décisions liées à des procédures parfois obscures. Les effets des facteurs de complexité (dont les trois principaux sont l'incertitude des processus ou de coordination, la diversité d'interprétations, la gestion des interdépendances) incitent les firmes à simplifier les formes organisationnelles en concentrant les pôles décisionnels.

  En 2001, le géant de l'agroalimentaire Unilever a procédé à l'élimination de plus de 1500 labels de son portefeuille de marques. Si ce principe de réunification sous des marques ombrelles (par exemple Lipton pour les boissons froides comme les thés glacés) permet de bénéficier d'économies d'échelle en marketing; cela simplifie également les organigrammes et les cascades de contrôle. Au cours de l'année 2001, même les holdings financières procéderont à de telles mesures :

ces sociétés d'investissement ont réduit le nombre de holdings intermédiaires, elles ont également engagé diverses manœuvres de fusion.

- **Les économies de réseau**. Certains actifs fondamentaux ne peuvent s'acquérir par une seule firme. Les économies de réseau (*network economies*) sont également dues aux interrelations entre les localisations des sites de production et le développement du réseau lui-même.

  En VPC, La Redoute bénéficie d'un réseau de dépositaires de colis en constituant des partenariats avec les distributeurs pétroliers. Profiter de la répartition sur tout le territoire des stations d'essence évite au distributeur VPC d'acheminer les derniers kilomètres vers le client (les plus onéreux car ne bénéficiant pas d'économies d'échelle en raison de l'unicité de la livraison) : c'est le client qui prend à sa charge le déplacement pour récupérer sa commande.

- **Les économies de relations d'agence ou de mandats**. Les contrôles de mandats, de bonne exécution des contrats entre actionnaires et managers engendrent également des coûts que la firme peut réduire. Le problème est d'autant plus sérieux lors de la transmission du pouvoir entre un fondateur et un manager (les coûts de contrôle **mandants-mandataires**). Les valeurs partagées, les formes d'appartenance à l'entreprise, les rémunérations centrées sur la valeur sont autant de méthodes pour réduire l'incertitude sans engendrer des contrôles onéreux en temps et coûts indirects difficilement imputables aux produits : la GRH crée assurément dans ce cas une source d'AC.

- **Les économies d'accumulation des ressources**. Sur certains secteurs d'activité, le poids du réseau de diffusion des produits ou, plus en amont, de propagation de la notoriété de la marque, constitue des coûts de création, de diffusion et d'entretien. Dans ces contextes, « le succès engendre le succès » et les entreprises ayant constitué un stock de ressources de bouche-à-oreille (conjugaison des réseaux et de la notoriété) avant leurs concurrents réussissent à se doter d'une croissance de notoriété exponentielle : la notoriété du bouche-à-oreille génère une accélération du succès, et une économie des coûts d'entrée.

  Au moment de son lancement, Canal + a sagement attendu que la notoriété de la chaîne se constitue, notamment par l'intermédiaire du club des premiers abonnés. Une fois le stock de réputation accumulé, la chaîne engagea une campagne de captation d'abonnement en volume, à moindre frais en investissements publicitaires... et sans publicitaires comme clients !

- **Les économies de surcapacité ou sous-activité des actifs de production**. Le suivi des activités se fait souvent à partir du rapport entre les volumes réalisés et le total des coûts estimés à partir d'une unité d'œuvre nécessaire à la production. Ainsi, la formule *coût de l'activité = volume x taux d'unité d'œuvre en euros ou unités* reflète implicitement l'hypothèse que le coût de l'activité est intégralement variable en fonction du volume. Il résulte de cette fonction que les progrès obtenus en coûts de productivité sont mécaniquement liés à l'accroissement des volumes et sont ainsi déconnectés des efforts de productivité ou des dysfonctionnements. Il est donc nécessaire d'évaluer les coûts en fonction du taux d'utilisation des actifs industriels préconisés par les fabricants, ou d'évaluer la vitesse de croisière qu'il est possible d'atteindre afin d'estimer le taux de productivité. Il s'agit donc d'évaluer le coût normal qu'il est raisonnable d'atteindre et de rapprocher les performances de ce coût d'exploitation. Les discours en gestion sont parfois peu explicites sur ce point et regroupent souvent cet aspect sous la notion d'économie d'échelle : cette dernière doit être utilisée dans le cas d'un accroissement des capacités de production utilisées à leurs niveaux optimums, les économies de surcapacité se révèlent en amenant les actifs industriels au niveau optimal prescrit, et parfois en le dépassant grâce à l'innovation organisationnelle.

  L'acquisition trop précoce de machines de production implique des coûts de surcapacité (ou de sous-activité). Plus l'industrie se caractérise par une forte intensité capitalistique, plus ce risque de coûts est patent. Mais encore, si la firme évolue sur de gros volumes de production, plus le risque est élevé : l'acquisition des machines aura comme objectif de traiter de plus grandes séries, induisant des paliers de surcapacité avant que l'organisation se soit adaptée aux nouveaux critères de productivité (volume des commandes, prospection de clientèle, approvisionnement fluide en matières premières...).

- **Les économies de contrôle**. La normalisation des tâches, l'identité et la réputation de la firme ou l'élaboration de critères exogènes de veille qualitative améliorent l'attention portée aux étapes de production, l'instauration des normes quantitatives à partir des réglages de cadences machines, l'acquisition de matières premières ou de machines de qualité mais également les partenariats à long terme avec des fournisseurs où les clients évitent les coûts de contrôle qu'il est nécessaire de mettre en place.

  Une identité de haut de gamme, comme c'est le cas des conserveries et légumes congelés Bonduelle, associée à des relations durables avec les producteurs entraînent simultanément un surcroît d'attention à la production en amont, au niveau des fournisseurs qui ne peuvent se permettre de décevoir leur client, et en interne au niveau des collaborateurs qui identifient leur travail au respect d'un client soucieux de la qualité gustative de ses achats.

Un discours commun en management stratégique consiste à invoquer d'hypothétiques économies d'échelle. Cependant, celles-ci peuvent ne pas être au rendez-vous dans certaines industries (étant intrinsèquement inexistantes). De plus, l'interprétation hâtive d'une amélioration des coûts ne révèle pas ses vraies causes. L'analyse du système concurrentiel consiste à examiner la part des différentes formes d'économies réalisables dans le secteur d'activité (et pas seulement dans l'entreprise elle-même).

Pour aller plus loin

Chevalier, J.-M. (2000), *L'Économie industrielle des stratégies d'entreprises*, Paris : Montchrestien (ch. 6 et 7).

Morvan, Y. (1991), *Fondements d'économie industrielle*, Paris : Économica (pp. 49-66 et 221-242).

Allaire, Y. & Firsirotu, M. E. (1993), *L'Entreprise stratégique*, Québec : Gaëtan Morin (ch. 3).

FICHE 39

LES GROUPES STRATÉGIQUES

M. Porter propose de procéder à une analyse plus fine du secteur industriel en repérant les firmes présentant des similitudes de comportements stratégiques. La notion de groupes stratégiques explique les différences de performance entre les entreprises d'un même secteur, mais elle permet également aux dirigeants d'orienter leurs décisions face à des concurrents mieux situés. Le groupe stratégique représente les firmes s'étant fixé des stratégies identiques (ou proches), ou ayant accès aux mêmes ressources.

1 L'APPROCHE INDUSTRIELLE

A ~ La constitution des groupes stratégiques

- La notion de barrières à la mobilité stabilise les groupes stratégiques (GS). M. Porter distingue les obstacles à l'entrée (caractéristiques du secteur d'activité) des obstacles à la mobilité (caractéristiques exclusives d'un ensemble de firmes). Celles-ci sont des facteurs qui dissuadent d'autres firmes de passer de leur GS à un autre réputé plus profitable. Elles limitent le nombre de firmes en concurrence et assurent une meilleure exploitation des avantages en procurant une rente provenant de diverses sources : les effets des capacités d'imitation rapides (apprentissages et benchmarking) empêchant un nouvel entrant de rattraper son retard sur le groupe, les effets de collusions implicites (non-agression mutuelle destinée à stabiliser le nombre de firmes au « partage du gâteau »), les prises de risques dans la différenciation, l'évitement et la prévisibilité des comportements stratégiques induisant une faible rivalité entre les firmes d'un GS et se traduisant par une meilleure communication sur les différenciations au lieu d'une lutte des prix.
- L'étude des groupes stratégiques apporte un cadre interprétatif :

  – **des conditions d'entrée sur un secteur** : celles-ci permettent d'appréhender le degré de pertinence d'une éventuelle diversification de la firme, ou de la migration vers une nouvelle activité suite à l'anticipation d'un déclin de l'activité actuelle ;

  – **de la rivalité entre les GS** : caractérisable par le nombre de GS, leur taille relative, leur niveau de chevauchement ou de recoupement (substituabilité partielle), la distance stratégique entre les groupes (similarité des choix stratégiques ou d'accès aux ressources constitutives d'un avantage concurrentiel) ;

  – **de la dynamique de rivalité d'un GS** : la modélisation sous forme de cartes stratégiques permet au dirigeant de projeter la position de son entreprise au sein du GS, de viser un groupe plus favorable à la performance, de repérer d'éventuels espaces vides dans lesquels être la firme initiatrice constituerait une rente au premier entrant.
- La taille et le nombre des GS dépendent de la croissance du secteur d'activité et de l'agressivité des firmes à se constituer des barrières à la mobilité. Le cadre global du système concurrentiel comprend ainsi quatre niveaux d'analyse des caractéristiques stratégiques : a) le secteur dans son ensemble ; b) les groupes stratégiques entre eux ; c) le groupe stratégique dans lequel évolue la firme ; d) en finalité, l'entreprise elle-même.

B ~ La constitution des cartes stratégiques

- Choisir les facteurs clés les plus discriminants permettant de différencier les organisations entre elles : a) diversité ou spécialisation des produits et des services (l'étendue des gammes de produits, des segments visés, l'internationalisation) ; b) l'intégration verticale, les réseaux de distribution, l'image de marque, les risques d'endettement, de R & D ; c) les relations sociétés mères/filles…
- Une trop forte corrélation entre les axes réduit, voire annihile toute interprétation des caractéristiques à l'origine de la constitution des GS identifiés. Cette erreur de construction s'observe lorsque les groupes sont quasiment tous alignés le long de la droite centrale. Il faut alors expérimenter d'autres critères de l'environnement, et même construire plusieurs cartes afin de couvrir suffisamment leurs singularités : le rapprochement de plusieurs cartes de GS est éminemment nécessaire afin de faire émerger un sens stratégique pour l'équipe dirigeante qui puisse dépasser l'évidence.

2 Les conséquences stratégiques

- Le principe de **ressemblance des choix et comportements stratégiques** est à l'origine de l'approche industrielle ; le principe de **complémentarité entre les firmes ou groupes** caractérise l'approche par les ressources. Ces deux modélisations sont interreliées l'une à l'autre, destinées à construire une **interprétation située** de la concurrence.

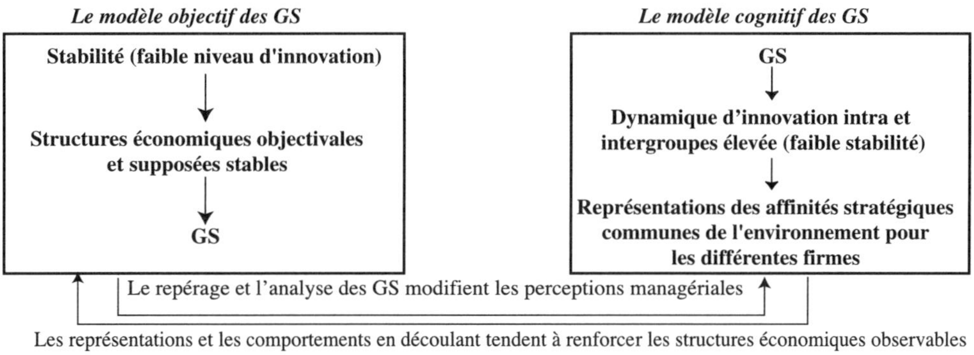

- Les cartes stratégiques permettent d'anticiper ou de construire des manœuvres stratégiques : comment évolue l'environnement ? Que peuvent faire les firmes identifiées ? Des relations avec des spécialistes des technologies présentes permettent de projeter les scénarios possibles vers lesquels des firmes peuvent s'engager. Les cartes stratégiques permettent également d'envisager d'éventuelles fusions, coopérations et alliances destinées à intégrer un autre GS, ou à partager des ressources permettant de constituer un GS plus puissant sur son secteur.

Les cartes stratégiques permettent de repérer les zones de concentration des firmes en concurrence, les vides, les facteurs constitutifs des groupes. Elles représentent les perceptions des dirigeants et sont donc directement issues de la façon d'interpréter le secteur concurrentiel. La formalisation de plusieurs cartes selon plusieurs axes représentatifs permet d'instrumentaliser les actions stratégiques des firmes en compétition.

Pour aller plus loin

Porter, M. (1982), *Choix stratégiques et concurrence*, Paris : Économica (ch. 7).

Atamer, T & Calori, R. (2e éd. 2002), *Diagnostic et décisions stratégiques*, Paris : Dunod. (ch. 3).

FICHE 40

LA DYNAMIQUE CONCURRENTIELLE

La démarche d'analyse du système concurrentiel permet aux décideurs de sélectionner les marchés, les démarches, les modes de concurrence concevables pour la firme et ses acteurs. Elle apporte également une vue des évolutions probables : au niveau des firmes en présence et du secteur. Ainsi, elle permet finalement d'évaluer la valeur du secteur et des ressources à mobiliser pour améliorer, modifier ou abandonner la position relative de l'entreprise.

1 IDENTIFIER LES MOUVEMENTS DES CONCURRENTS

A ~ Les signaux du marché

- L'approche industrielle préconise l'**adéquation entre les capacités internes de la firme et son environnement extérieur**. M. Porter recommande l'observation des signaux pouvant traduire les intentions des concurrents : avertissements, donner le change à une action stratégique, engagement irréversible traduisant une volonté d'affrontement… Les informations fournies par les médias financiers véhiculent les signaux et les annonces de manœuvres stratégiques.
- **Choisir ses concurrents** : M. Porter souligne également le rôle tenu par les concurrents eux-mêmes dans la profitabilité de la firme. L'existence de concurrents permet d'absorber des demandes trop fortes, notamment en phase de lancement. Ils assurent les capacité de différenciation : la qualité est comparative et non absolue. Ils desservent les segments inintéressants, ou mieux peuvent justifier des prix élevés en offrant un écran protecteur à la firme sachant exploiter des formes organisationnelles de réduction des coûts. Enfin, un concurrent peut décider d'ouvrir un marché, de le renforcer ou d'en améliorer la rentabilité en mettant en avant des sources d'avantages faiblement défendables.

B ~ Les formes d'intentions concurrentielles intrasectorielles

- **L'affrontement** : jamais systématique, est encadré par les contraintes législatives liées à l'abus de position dominante pour les firmes les plus puissantes. **L'évitement** : par l'abandon ou l'accession à une position monopolistique. **La « coopétition »** : coopération partielle, EJV, GIE…

2 IDENTIFIER LES ÉVOLUTIONS DU SECTEUR

- Les scénarios permettent la construction du champ concurrentiel de la firme à l'instant t. Ils résultent d'une perception sélective de la part des managers. Ceux-ci sélectionnent les données et les assimilent à des informations au travers de leurs croyances, des modes d'action disponibles dans l'organisation, de leurs expériences. Le paradigme (*cf.* fiche 63) filtre, trie et modifie les représentations de l'environnement. Les scénarios *enactent* (*cf.* fiche 10) l'environnement, les possibles, les variables clés du secteur selon l'optimisme des managers, les priorités érigées par la mission partagée par les acteurs de la firme.

- De plus en plus, l'évaluation de la stratégie de la firme se fait en comparaison avec la rentabilité relative de concurrents de la même industrie : choisir son secteur consiste de plus en plus à garantir la rentabilité espérée par les investisseurs boursiers, ou selon la comparaison des capitaux engagés. Il s'agit donc de dépasser la moyenne de rentabilité des concurrents : économiquement, toute stratégie non dominante est relative.

Éléments clés de la dynamique concurrentielle sectorielle

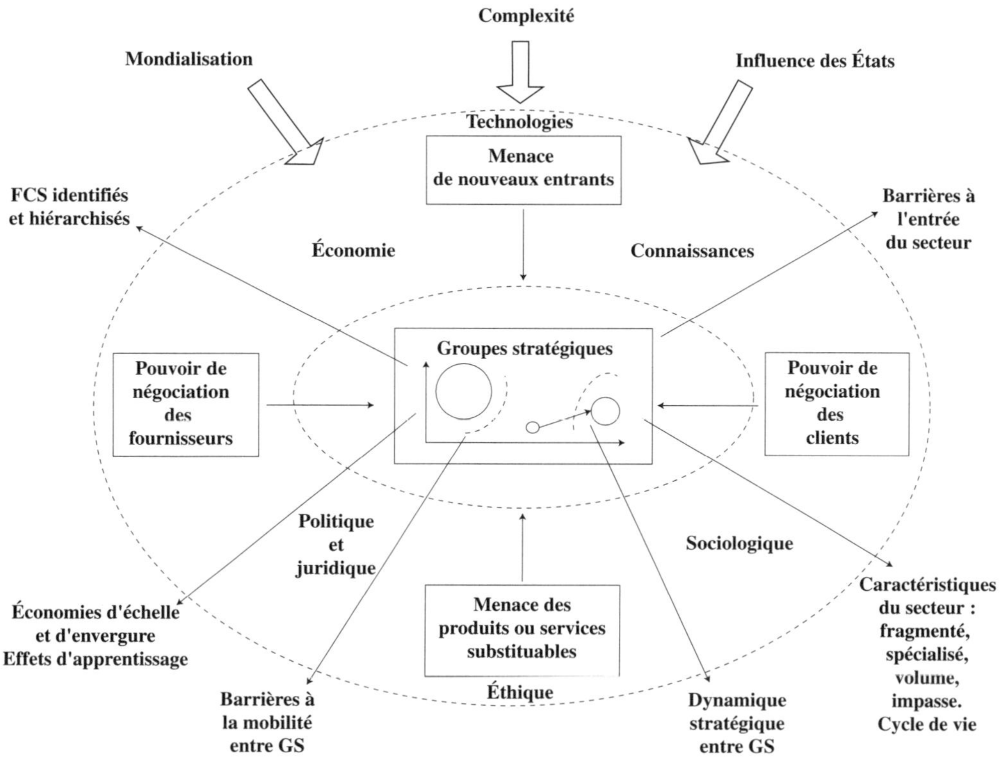

L'analyse de la dynamique concurrentielle débouche de plus en plus sur des préconisations de changement : de secteur, d'organisation, de mission, mais aussi de groupe stratégique pour profiter de dynamiques d'alliance ou d'amélioration du secteur.

Pour aller plus loin

Porter, M. (1982), *Choix stratégiques et concurrence : techniques d'analyse des secteurs et de la concurrence dans l'industrie*, Paris : Économica (ch. 4 & 5).

Porter, M. (1986), *L'Avantage concurrentiel*, Paris : Dunod (ch. 6).

Koenig, G. (2e éd. 1996), *Management stratégique*, Paris : Nathan (ch. 6).

Partie 5

L'avantage concurrentiel

FICHE 41 LE CONCEPT D'AVANTAGE CONCURRENTIEL

« Il est impossible de comprendre l'avantage concurrentiel si l'on considère une firme globalement » : à partir de cette citation, Michael Porter propose un cadre de raisonnement suffisamment analytique pour comprendre comment acquérir un avantage sur les concurrents du secteur. La valeur créée (la marge) et la valeur de la firme (sa valorisation perçue) sont le résultat de la capacité des managers à doter leur entreprise d'un ou plusieurs avantages concurrentiels durables et de les défendre des tentatives d'imitation.

1 Le cadre du raisonnement de Michael Porter

A ~ La firme est constituée d'un ensemble d'activités

- À partir d'une démarche empirique consistant à évaluer les performances des firmes selon les différentes formes d'environnement, M. Porter conçoit un ensemble de concepts permettant de caractériser les conditions fondamentales d'une stratégie gagnante à long terme. Pour parfaire l'adaptation de la firme aux différents critères de l'environnement, il propose de considérer la firme comme un ensemble d'activités distinctes et exclusives, dont chacune (indépendamment mais en considérant les relations qu'elles peuvent entretenir entre elles) peut apporter sa propre source d'avantages concurrentiels : « L'avantage concurrentiel procède des nombreuses activités qu'une firme acomplit pour concevoir, fabriquer, commercialiser, distribuer et soutenir son produit. Chaque activité peut contribuer à la position relative de la firme en termes de coûts et créer une base de différenciation. » (M. Porter, *L'Avantage concurentiel*, p. 49).
- Pour visualiser ces différentes étapes de production, l'auteur propose de représenter les étapes internes et externes exécutées ou non par l'entreprise : la chaîne de valeur (*cf.* fiche 42) exprime les étapes internes de l'entreprise, elle s'insère dans un système de valeur plus large comprenant les différents interlocuteurs en interaction dans la filière nécessaire pour la réalisation du produit.

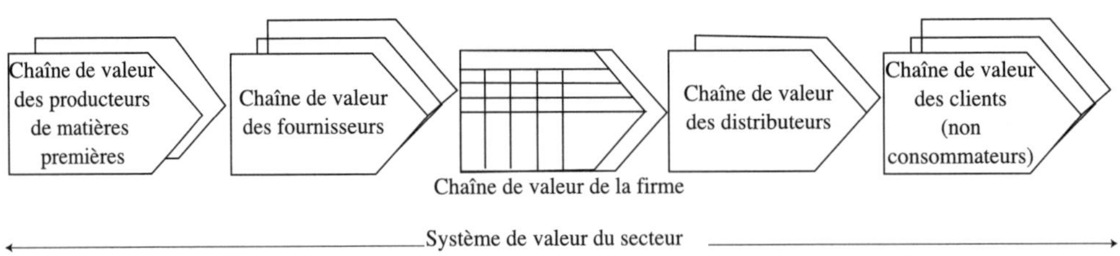

- L'évaluation de l'avantage concurrentiel se fait comparativement aux déterminants de la structure du secteur, mais également relativement aux chaînes de valeur des différentes firmes en relation dans le système de valeur ou en compétition sur l'industrie.

En effet, les autres firmes modèlent les données structurelles et les comportements stratégiques : « La structure d'un secteur modèle la chaîne de valeur d'une firme et reflète en même temps l'ensemble des chaînes de valeur de tous les concurrents. La structure détermine les relations de pouvoir entre les clients et les fournisseurs, ce qui se traduit dans la configuration de leurs chaînes de valeur respectives et dans le mode de partage des marges entre les clients, fournisseurs et partenaires coalisés. » (M. Porter, *L'Avantage concurrentiel*, p. 79).

Le secteur public est de plus en plus sensibilisé à la notion d'AC et de transparence des coûts des fournisseurs, notamment pour les PME sous-traitantes. Ainsi, les grands donneurs d'ordres (EDF...) évaluent à la fois l'avantage concurrentiel d'une firme, mais contrôlent aussi sa structure de coûts afin de ne payer que le savoir-faire métier et non la gestion parfois hasardeuse de certaines firmes.

- L'*outsourcing* stratégique (la recherche de nouvelles performances à l'origine d'une externalisation d'une étape de la chaîne de valeur) pose la question d'évaluer les conditions de détention d'un avantage concurrentiel : la firme doit-elle rechercher des fournisseurs ou sous-traitants capables de lui concéder un avantage concurrentiel sur une étape de sa production, ou doit-elle le développer en interne ? Pour répondre à cette question, les décideurs doivent alors évaluer la vulnérabilité de leur position sur l'industrie et le degré de contrôle de l'avantage concurrentiel.

L'exemple (amusant) du conditionnement des aubergines dans la fabrication de plats cuisinés illustre bien ce dilemme. En effet, cette plante potagère de la famille des solanacées ne se laisse pas facilement éplucher par une machine (contrairement aux courgettes, plus coopératives et surtout moins caoutchouteuses). Il faut donc la transporter ou la cultiver dans les pays dont la main-d'œuvre procure le savoir-faire pour un conditionnement à faible coût (comme l'Italie).

B ~ Stratégie générique et stratégie de compétitivité

- La stratégie générique s'identifie à partir de la filière et de l'industrie. Elle cherche à faire émerger la formulation stratégique la plus adaptée aux intentions de la firme et à ses ressources disponibles : elle se traduit en termes de parts de marché, de valeur pour la clientèle, d'adaptabilité aux contextes, d'une définition des produits proposés, d'une étude affinée de l'environnement concurrentiel.
- La stratégie de compétitivité se concentre sur les spécificités de l'entreprise et sa valeur d'ensemble : elle cherche à améliorer la structure des coûts pour bonifier les marges, à se comparer avec les concurrents en innovation, ou renforcer sa position concurrentielle, à construire et défendre un avantage concurrentiel par les coûts et les volumes et/ou de différenciation accordant une rente.
- L'avantage compétitif se traduit sous forme de savoir-faire, d'accès à des ressources, d'une position favorable perçue et valorisée dans l'industrie considérée.

2 La formulation de l'avantage concurrentiel

A ~ Les formes d'avantages concurrentiels

- Pour être durable et soutenable, l'avantage concurrentiel doit être :
  a) suffisamment **significatif et rare** pour démarquer la firme de ses concurrents : chaque firme doit choisir le type et les caractéristiques de l'avantage qu'elle cherche à avoir sur les autres protagonistes du secteur d'activité, de telle sorte que l'identification par les clients soit sans équivoque possible, soit sur le plan de la domination par les coûts, soit sur le plan de la différenciation ;
  b) **défendable** face aux changements à court terme de l'environnement et surtout **suffisamment ambigu et non substituable** face aux tentatives d'imitation ou de contournement : les pratiques de *benchmarking* incitent à l'imitation, la veille concurrentielle permet d'anticiper les innovations introduites par les concurrents ; le taux de rendement

d'un avantage concurrentiel sera d'autant plus élevé si ce dernier est détenu au niveau des pratiques collectives des salariés et du management, c'est-à-dire s'il est encastré dans les actions de l'entreprise et non exclusivement au niveau des facteurs de production, et s'il est capable de stabiliser les critères clés de succès du secteur ;
c) **perçu** concrètement par les clients en termes de bénéfices en valeur ou à l'usage : l'entreprise peut avoir une foule de forces, de qualités, de pratiques ou de facteurs de production plus performants que ses rivales, mais qui n'entrent pas dans les critères de choix, de consommation, d'identification par le client. Il y a donc une nécessité soit de se concentrer sur les critères explicites de consommation, soit de mettre en évidence l'avantage détenu par la firme en informant des conséquences que celui-ci impacte sur le produit final.

Arcelor (ex-Usinor après le regroupement de trois producteurs d'acier européens) est capable de proposer à son client Renault un acier dont la qualité de déformation progressive a permis à la Laguna d'obtenir les meilleurs résultats européens aux crash-tests. L'acier d'Arcelor est plus cher que celui de ses concurrents asiatiques ou russes, mais procure à son client une performance fondamentale (FCS sécurité) sur les marchés européens d'automobiles. Difficilement imitable par la simple observation de sa composition, ce produit oblige les concurrents à investir de leur côté pour réaliser de telles performances, nécessitant des capitaux plus élevés que pour l'initiateur.

- Toutes les industries peuvent disposer d'une forme d'avantage concurrentiel qui serait unique et différent (d'après R. Lynch) :
– haute technologie : l'excellence technique, la réputation de qualité, les services aux clients, les ressources financières, une main-d'œuvre réduite… ;
– services : la réputation de qualité et de service, le savoir-faire de l'encadrement, le service client, la réputation de la firme, l'orientation client… ;
– PME : la qualité, la rapidité de réalisation, un service fortement personnalisé, des tarifs modulables, une disponibilité locale… ;
– les fabricants leaders sur leur marché : des prix bas, une marque solide, un bon réseau de distribution, une qualité de fabrication, une valeur perçue…

La majorité des PME régionales fondent leur succès sur l'avantage concurrentiel qu'elles se sont construit en termes de rapidité d'exécution des commandes. Mais cela complexifie l'organisation : les séries de plus en plus courtes (dues aux renouvellements ou à la différenciation accrue des produits des donneurs d'ordres) interdisent toute prévisibilité des lancements de production. La détention d'un avantage concurrentiel fondé sur la réactivité demande une structure souple, et des changements organisationnels fréquents.

B ~ Différencier l'avantage concurrentiel d'une opportunité de profit

- Le contexte environnemental peut laisser apparaître des brèches (les niches) concurrentielles, où l'organisation peut se procurer, rapidement mais à court terme, une source de profit pour la firme. Ces opportunités de marché ne peuvent construire un avantage concurrentiel car elles dépendent par nature d'acteurs ou de facteurs externes aux intentions stratégiques des dirigeants : **un avantage concurrentiel est avant tout un choix délibéré ou la concrétisation d'évènements émergents permettant à la firme de maîtriser durablement les facteurs clés de succès de son activité**. Saisir les opportunités signifie percevoir les brèches provoquées par les actions des concurrents, donc être dépendant de ceux-ci, à moins de se constituer une capacité de réaction suffisamment vive pour se situer toujours en première ligne, auquel cas il s'agit bien d'un avantage concurrentiel développé sous la forme d'une capacité de réaction propre à l'organisation ou à son équipe dirigeante.

Le principe de e-banque (banque en ligne sans agence) fonde sa stratégie de conquête de clientèle en misant sur les réductions de coûts liées aux structures d'exploitation supportées par les agences traditionnelles. Ce raisonnement passe sous silence les facteurs psychologiques (en tant que FCS) : les clients préfèrent la relation avec un conseiller et surtout le principe sous-évalue les frais fixes, lesquels n'entrent que très faiblement dans la structure des coûts. Enfin et surtout, ce type de service est facilement imitable par les banques traditionnelles. Ainsi, la différence par le prix ne s'étant pas révélée, l'imitation partielle du service ayant rapidement annihilé les sources d'avantage concurrentiel, ce type de banques est en passe de se restructurer pour tenter d'atteindre sa taille critique (recours aux économies d'échelle et d'envergure avec une compétitivité prix et non plus à un avantage concurrentiel et à une création de valeur)… ou de disparaître.

*Le modèle stratégique portérien distingue l'efficacité opérationnelle de la stratégie de compétitivité. Au niveau opérationnel, bon nombre de méthodes d'organisation sont disponibles, et évidemment la très large diffusion de ces pratiques fait que la majorité des entreprises les exploitent par mimétisme (*benchmarking, *management par la qualité…). Cependant, ces procédés ne procurent pas une valeur supplémentaire aux clients : la banalisation implique que les entreprises ne sont pas capables de détourner le consommateur de ses pratiques ordinaires d'achat. L'efficacité opérationnelle consiste donc à produire mieux que ses concurrents, mais la détention d'un avantage concurrentiel consiste à produire différemment que ses concurrents.*

Pour aller plus loin

Porter, M. (1986), *L'Avantage concurrentiel*, Paris : Dunod (ch. 2).
Porter, M. (1999), *La Stratégie selon Porter*, Paris : Village Mondial (ch. 2).
Lynch, R. (1997), *Corporate Strategy*, Londres : Pitman Publishing (pp. 165-169).

FICHE 42

LE CONCEPT DE FACTEUR CLÉ DE SUCCÈS

La notion de facteur clé de succès (FCS) est en étroite relation avec le modèle portérien d'analyse du secteur et de la constitution de l'avantage concurrentiel. Ce concept offre aussi la particularité d'être compatible avec le modèle des ressources et compétences. Il comporte un double objectif: identifier les attentes minimales des acheteurs et s'aligner sur les pratiques dominantes et incontournables des concurrents. Il convient donc d'analyser les FCS à partir du secteur et en relation avec les activités de la firme.

1 FORMULER LES SOURCES D'AVANTAGE CONCURRENTIEL

A ~ Analyser les particularités du secteur

- Les facteurs clés de succès sont à l'origine de la constitution d'un avantage concurrentiel. En analysant le secteur sur lequel évolue la firme, les dirigeants peuvent identifier des pratiques dominantes à partir desquelles les mécanismes d'ajustement entre l'offre et la demande se réalisent.
- La sélection des FCS caractéristiques du secteur s'effectue en grande partie par l'imitation entre firmes. À terme, sur une industrie à maturité, ces FCS deviennent incontournables car constitutifs des règles du jeu pour le succès sur l'industrie.

  Dans le domaine de la distribution d'ordinateurs pour particuliers, les hot lines d'assistance à l'utilisation sont devenues indispensables. Les grands distributeurs comme Darty, la Fnac, Carrefour, etc., proposent ce type de service devenu un FCS pour rester dans la compétition sur ce marché. Par contre, les déplacements à domicile sont moins pratiqués aujourd'hui que par le passé: ils ne constituent plus un FCS pour le particulier mais peut constituer un facteur différenciateur dans le secteur des ordinateurs pour professionnels.
- G. Koenig propose la définition suivante pour les **FCS sectoriels**: « Éléments considérés comme étant un gage de réussite à une période donnée de l'histoire d'un secteur. L'innovation, quel qu'en soit le type, est de nature à transformer les règles du jeu et, partant, les facteurs clés de succès. »

B ~ Analyser les compétences nécessaires

- Chaque activité constitutive de la production peut apporter sa source d'avantage concurrentiel (les FCS). Définir un FCS au cœur d'une activité signifie en garder la maîtrise d'exécution et d'accès aux ressources.

  Le principe de hot line partagée est fréquent dans le domaine de l'assistance aux automobilistes. La maîtrise de ce service ne constitue pas un FCS dans la mesure où l'avantage que procure sa détention ne serait pas supérieur à une prestation d'un sous-traitant permettant de grouper les moyens et ressources. Par contre, dans l'exemple précédent des hot lines en grande distribution, la formation du personnel à l'accueil téléphonique et les formations sur les produits vendus influencent la rapidité de résolution des problèmes. La satisfaction des clients (avantage perçu et valorisé: par exemple, résoudre immédiatement et sans déplacement un bug informatique) peut ainsi être supérieure à celle fournie par les hot lines concurrentes, incitant les décideurs à maintenir de façon exclusive cette activité dans la CDV.

- G. Johnson et K. Scholès proposent la définition suivante pour les **FCS d'activité de la firme** : « Ils sont les éléments stratégiques qu'une organisation doit maîtriser afin de surpasser la concurrence. Ils sont sous-tendus par les compétences fondamentales dans chacune des fonctions ou dans la gestion des liens entre étapes de la chaîne de valeur. »

C ~ Une formulation synthétique

- T. Atamer et R. Calori présentent une synthèse des différentes approches du concept de FCS : « Un FCS dans une activité est un élément de l'offre qui a une valeur pour les clients (utilisateurs, distributeurs, prescripteurs) et/ou un savoir-faire ou un avantage de coût dans la chaîne de conception-production-distribution du produit (ou du service) qui permet de créer un avantage concurrentiel. »

2 IDENTIFIER LES FCS

A ~ Analyser les priorités

- Un élément constitutif de la stratégie consiste à définir la mission de la firme. Les FCS du secteur, ou devant être détenus par la firme, sont donc à pondérer au regard de la mission formulée et historiquement partagée avec les collaborateurs.

  Au cours de l'année 2000, le groupe Adidas a décidé de rapprocher Mavic, spécialiste du cycle, de son pôle design sports de montagne détenu par Salomon. En effet, dans la chaîne de conception, ce regroupement d'activités confère à la firme des économies d'échelle et des partages d'expériences, mais assure surtout une accession à l'identité sportive fondamentale pour le développement de Mavic, jusqu'alors isolé du reste du groupe depuis son rachat.

- R. Lynch s'interroge sur comment identifier un FCS parmi la multitude d'autres moins stratégiques : « La réponse consiste à évaluer les différents facteurs potentiels au regard des missions et objectifs. [...] Il est clair qu'il faut explorer les missions et objectifs en même temps que l'on évalue les FCS. »

B ~ Le principe des 3C de Kenichi Ohmae

- À la tête du cabinet Mc Kinsey Japon, K. Ohmae distingue trois champs d'analyse pour identifier les FCS d'une industrie : a) ***Customers*** **(des clients aux consommateurs)** : Que désirent réellement les clients ? Quels sont les grands segments de marché actuels ? Peut-on appliquer notre stratégie vers un de ces segments ? b) ***Competition*** **(la dynamique entre concurrents)** : Comment la firme peut elle assurer sa position face à la concurrence ? Quels sont les ressources et les segments de clientèle qui font le succès spécifique de la firme ? Comment est évaluée la firme en prix, en qualité et comment s'est-elle constituée une puissance de distribution ? c) ***Corporation*** **(la firme et ses fournisseurs)** : Quelles sont les ressources spécifiques en possession de la firme comparée aux concurrents ? Comment l'entreprise évalue-t-elle ses coûts comparativement à ses concurrents, mais aussi la technologie détenue, les savoir-faire, les capacités organisationnelles, le marketing ?

L'identification des FCS de chaque étape de la chaîne de valeur constitue un enjeu pour l'analyse stratégique. Une difficulté pour de nombreuses firmes (et analystes) consiste à dépasser les pratiques opérationnelles les plus courantes de l'industrie (comme les procédures qualité ISO) afin d'identifier les FCS sources d'avantages concurrentiels procurant une réelle différence par la qualité (politique RH de formation, de coordination...) ou la différenciation.

FICHE 43

LA CHAÎNE DE VALEUR

« Pour analyser les sources de l'avantage concurrentiel, il est indispensable d'examiner de façon systématique toutes les activités qu'exerce une firme et leurs interactions. » La formalisation proposée sous le concept de « chaîne de valeur » décompose la firme selon ses activités. Il s'agit alors de comprendre le comportement des coûts pour chaque étape et de saisir si chacune possède ou peut acquérir une source de différenciation relative (c'est-à-dire comparée aux pratiques des concurrents) : l'enjeu de la formalisation de la chaîne de valeur consiste à formuler comment la firme peut exercer les activités stratégiques importantes à moindre coût ou mieux que ses concurrents.

1 UN OUTIL D'ANALYSE

A ~ Formaliser les étapes de production

- La chaîne de valeur (CDV) permet de comprendre le positionnement de chaque étape de la production et ouvre une vision globale et systémique de la firme. M. Porter distingue deux typologies d'activités : a) les activités primaires (ou principales) participant à la création des produits (ou services) consommés ; b) les activités de support (ou de soutien) nécessaires pour la bonne marche des activités primaires. La CDV est le **résultat historique** de la façon dont l'entreprise a progressivement sélectionné des activités pour les intégrer dans son périmètre de management (faire ou faire faire), les a employées et combinées de façon plus ou moins originale (l'innovation).
- La marge fait partie intégrante de la valeur totale perçue sous forme d'un avantage concurrentiel par les clients. Elle est la résultante de chaque activité intégrée dans la CDV, dont la combinaison génère ou consomme sa propre marge potentielle.

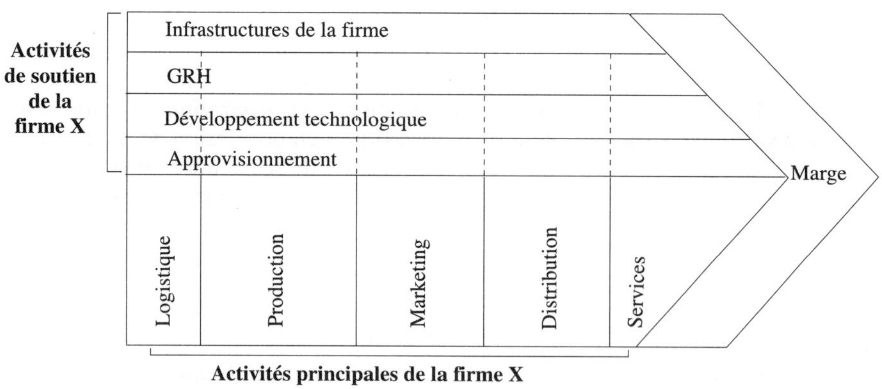

Formalisation de la chaîne de valeur par Michael Porter

B ~ Analyser l'existant

- Porter propose d'identifier les activités créatrices de valeur selon deux catégories : les activités principales et les activités de soutien. Les premières comme les secondes dépendent du secteur et de la stratégie de la firme (cf. partie 2). Chaque activité est désagrégée suivant un degré de précision dépendant des critères économiques et des finalités à l'origine de la démarche d'analyse : « Le principe de base est qu'on devrait isoler et séparer les activités, lorsque : a) elles reposent sur des mécanismes économiques différents ; b) elles ont un impact potentiel élevé sur la différenciation ou c) elles représentent une fraction importante ou croissante des coûts. » (Porter)

- Le processus d'analyse de chaque fonction n'aboutit pas forcément à un bilan positif. Certaines étapes de la production consomment de la valeur, ou ne peuvent égaler celle détenue par certains concurrents sur une étape identique. Il résulte de ce constat des décisions internes (réorganisation des processus, reconfiguration de la CDV) ou des décisions d'externalisation de ces étapes défaillantes ou pour lesquelles la firme ne possède pas de ressources de production suffisamment compétitives. Il est également possible qu'une diversification par création ou acquisition d'une activité permette de maintenir la chaîne de valeur dans sa forme initiale.

2 Un modèle de développement de la compétitivité

A ~ Optimiser la CDV

- Michael Porter propose de détailler de façon analytique la contribution concurrentielle et l'optimisation de chaque étape intervenant directement ou indirectement dans la production. La contribution de l'AC peut se faire selon trois formes : a) les activités **directement en lien avec la création de valeur pour le client** (assemblage, usinage...) ; b) les activités de **consolidation de la continuité des activités directes** (entretien, gestion...) ; c) les activités **garantissant le contexte de qualité pour l'activité** (contrôles, routines).
- À partir de l'existant sur le secteur (et notamment des FCS dominants) et de la firme, les décideurs ont à choisir entre une CDV courte ou longue : dans un cas, l'entreprise se focalise sur certaines étapes et externalise certains maillons non compétitifs ; *a contrario*, la firme peut opter pour l'intégration de nouvelles étapes, rallongeant ainsi la CDV : « il faut définir la CDV nécessaire pour se battre dans [un] secteur donné » (Porter).
- Le remodelage de la CDV consiste à reconcevoir les activités pour parvenir à un processus de production différent des concurrents (ou identique au leader dans le cadre du benchmarking). L'analyse des interconnexions entre les fonctions offre la possibilité de localiser les liaisons et les pratiques d'actions collectives dont la maîtrise procure une meilleure coordination.

B ~ Analyser la CDV dans le cadre d'une stratégie de diversification

- Outre l'identification de chacune des étapes nécessaires à la production de valeur, l'AC de l'entreprise repose également sur les interconnexions potentielles entre DAS. Cela induit la nécessité de faire preuve d'une acuité pour comprendre et rendre effectives d'éventuelles synergies entre activités, notamment en cas de diversification horizontale, rachat ou investissement dans des activités connexes mais ne faisant pas partie de la même filière.
- Une stratégie de diversification horizontale repose fondamentalement sur les synergies d'interconnexions entre les activités des deux chaînes de valeur : c'est la conjonction de celles-ci qui procure ou amplifie un avantage concurrentiel. Porter distingue clairement le rôle d'une direction stratégique d'un raisonnement financier à court terme : « Seule la stratégie horizontale justifie la diversification et fait de l'entreprise autre chose qu'un fond commun de placement amélioré. »

Le modèle portérien de chaîne de valeur permet d'analyser, de décomposer et d'identifier les origines de la performance de la firme comparativement à celle des concurrents présents sur le secteur.

FICHE 44 SYNERGIE ET AVANTAGE CONCURRENTIEL

Les sources d'avantages concurrentiels peuvent être suffisamment explicites pour procéder à une analyse des activités primaires et de soutien de la chaîne de valeur. Mais il est plus complexe d'identifier le bien-fondé de sources intangibles de réduction des coûts ou de création de valeur, dont notamment les synergies qui correspondent soit à la capacité interne de coordination de la chaîne de valeur, soit à la capacité externe en interconnectant des ressources communes le long du système de valeur.

1 LES SYNERGIES

A ~ 2 + 2 = 5

- Igor Ansoff propose de s'appuyer sur la notion de retour sur investissement pour valider l'apport des synergies : les synergies apportent un rendement plus élevé en combinant des ressources au lieu de les exploiter séparément. Il distingue :
– **les types de synergie** : des **synergies des ventes** sont réalisées si les canaux de distribution sont communs aux différents types de production de la firme, mais aussi lorsque les équipes de ventes sont réunies ou même, au niveau administratif, si l'administration des ventes est concentrée sous une seule responsabilité ; les **synergies d'investissement** sont dues aux diffusion des résultats de R & D sur plusieurs produits, à l'utilisation d'une même usine de production, à l'utilisation de matières premières ou de stocks communs, d'outillage et de machines partagés ; les **synergies de direction générale** ou de **management** se réalisent si les compétences des décideurs sont utilisées dans les différentes activités d'un groupe au niveau stratégique, financier ou organisationnel. Elles sont réalisées également grâce au partage des réseaux qu'un manager s'est constitué ; enfin les **synergies opérationnelles** résultent du partage des équipements, des bâtiments, des transferts de connaissances entre les services.

  L'Oréal est rapidement devenu un spécialiste des synergies de ventes et d'investissements : en créant la gamme de produits de soins cosmétiques Niosôme sous la marque de parfum Lancôme, la firme exploite son réseau de distribution de luxe pour rentabiliser ce produit revenant à plusieurs milliers d'euros au kilo. Le succès a permis par la suite de lancer une marque dérivée sur un créneau de distribution plus large en profitant des économies d'échelle de production avant différenciation des marques.

  – les synergies de démarrage et d'exploitation : les premières consistant à exploiter les compétences disponibles issues d'une autre activité pour lancer un projet, la réalisation du projet peut faire appel à une compétence de fonctionnement également issue d'une expérience antérieure dans un autre domaine. Les meilleurs chefs de projet sont ainsi confrontés à des situations souvent différentes, parfois d'une firme à l'autre, profitant ainsi de l'effet de synergie entre un enjeu stratégique présent et une expérience spécifique acquise : il s'agit d'un partage d'expérimentation.

  L'Oréal étant également présent sur le marché des coiffeurs, la firme a ainsi accès à l'exploitation des compétences marketing issues des pratiques et exigences des clients haut de gammes. Mais les synergies d'exploitation ne s'arrêtent pas là : la rotation des cadres du secteur grande distribution avec le secteur du luxe permet de transposer les disciplines de gestion et de productivité initialement acquises par les dirigeants dans la production de masse.

– De façon plus générale, les effets de synergies correspondent à la performance d'un ensemble (cluster) relativement à la somme des performances de chaque élément directement ou indirectement liée à l'activité.

B ~ Synergie et avantage concurrentiel

- M. Porter attire l'attention sur la capacité de l'entreprise à instaurer une coordination unique de ses activités. En différenciant la structure et les propriétés des interrelations dans la chaîne de valeur, la firme acquiert un AC : il est alors particulièrement difficile de détecter des pratiques spécifiques intégrées dans des relations (intangibles) entre individus contrairement à l'observation physique (tangible) d'un produit invariablement soumis à une inspection fouillée de la part des concurrents. La diversité de mise en œuvre des interrelations entre activités engendre une ambiguïté d'interprétation de la performance observable par les concurrents. La capacité à coordonner les équipes, les départements, les filiales, mais aussi les rapports entre acteurs, les flux d'informations, la gestion du temps le long du système de valeur entraîne un effet de levier sur les coûts ou sur la qualité de production finale.
- Alors que l'idée de synergie signifie la conjonction des actions de plusieurs facteurs orientés vers un seul et même but, la notion d'interrelation vise plutôt l'exploitation des relations entre les domaines d'activités permettant de renforcer les coûts ou la différenciation de ces domaines (donc accentuer son avantage concurrentiel). Les auteurs anglo-saxons utilisent parfois le terme de *relatedness* pour faire la distinction entre les deux notions.
- Trois types d'interrelations entre domaines d'activités engendrent des synergies :
  – **les interrelations tangibles** apparaissent des opportunités de partage de facteurs communs (clients communs, canaux de distribution, forces de vente...) ;
  – **les interrelations intangibles** nécessitent des transferts de savoir-faire ou de pratiques dus à des similitudes d'exploitation de facteurs (même type de clients, même type de process...) ;
  – **les interrelations de compétition** émergent lorsqu'il existe un certain nombre de firmes rivales, dynamiques, innovantes, dont les actions sur l'industrie ont des conséquences pour l'entreprise : ne pouvant rester à l'écart de l'audace des concurrents, les acteurs bénéficient de cette dynamique générale.

2 Les implications stratégiques

A ~ Les facteurs producteurs de synergie

- Cinq facteurs fondamentaux engendrent de la valeur au travers des synergies :

  – **Les ressources et activités partagées** : ces partages occasionnent l'accès à des économies d'échelle (ingénierie ; R & D ; approvisionnements ; production ; forces de vente ; marketing ; réseaux de distribution).

  La progression du cyber-commerce a révélé l'intérêt stratégique des points relais de livraison : comme le réseau de stations d'essence Esso, les points Hachette, etc. Ces points de livraison économisent les derniers kilomètres les plus coûteux en transport. Le partage de ces réseaux induit de fortes économies : sans ce type d'accord, il aurait été impossible d'engendrer à la fois des économies de livraison et un service rapide.

  – **Le débordement (*spill-over*) des acquis en marketing et/ou R & D** : les efforts marketing réalisés profitent parfois (et de plus en plus par l'effet de la netéconomie) à d'autres activités qui capturent ainsi des profits indirects.

  Le groupe PPR, par l'intermédiaire de son enseigne de VPC La Redoute, a acquis des compétences dans la conception et l'animation de ses sites web qui ont ensuite profité à des enseignes comme la Fnac évitant à celle-ci des tâtonnements coûteux et risqués de gestion des ventes sur Internet.

– **Les activités similaires** : les connaissances et savoir-faire (techniques et managériales) peuvent s'appliquer sans distinction entre différentes activités similaires.

Les activités de l'assurance étant suffisamment proches des activités de la banque (en compétences et en dispositif organisationnel), de nombreuses banques françaises se sont engouffrées dans cette diversification permettant de ne pas se séparer d'un personnel déjà formé.

– **Les effets de famille** : en réunissant le plus de techniques ou de pratiques communes entre différentes applications de l'activité, la firme bénéficie d'économies en coûts de personnel grâce au partage des connaissances et des formations.

En réduisant pratiquement de moitié les versions d'avion, Air France s'ouvre la possibilité d'exploiter une plus grande souplesse d'affectation de ses pilotes. De plus, il apparaît une plus grande proximité d'utilisation des cockpits, des formations d'entretien des appareils, mais aussi une polyvalence d'affectation du personnel technique au sol ou navigant.

– **Le partage d'image** : l'appartenance ou la collaboration avec une firme forte et réputée apporte une sécurité d'image auprès des clients et une puissance de négociation auprès des fournisseurs.

La contribution de Michelin au redécollage du Concorde en 2001 a produit pour la firme clermontoise un effet d'image international générant des gains de notoriété sans aucun investissement direct.

B ~ Les *drivers* de la performance

- **Les synergies de liaisons** (interrelations) entre les activités de la firme, le long du système de valeur et entre concurrents font partie des dix *drivers* (moteurs de performance) agissant sur la dynamique d'évolution des activités de la chaîne de valeur. Les autres *drivers* étant : les économies d'échelles, les connaissances accumulées dans l'activité, les différents liens entre les activités internes et externes, les types d'aptitudes nécessaires à l'activité, la capacité à partager l'activité avec d'autres DAS, l'emplacement (géographique et géopolitique) des activités, le calendrier des investissements, l'étendue des intégrations verticales dans l'activité, les relations institutionnelles avec les collectivités du pays et les choix de configuration des liens entre les activités (activités liées ou isolées). Ces *drivers* répondent à la question du « comment font certaines firmes pour être performantes dans certaines activités à moindres coûts ou possédant une valeur supérieure aux concurrents ? » (*cf.* fiche 49).

  Impress est un fabricant de boîtes en aluminium pour produits alimentaires. Afin d'exploiter des synergies de liaisons, la firme a implanté de nouvelles usines proches des sites de production de ses principaux clients (Nestlé, D'Aucy, Heinz). Cette stratégie du *Wall to Wall* économise des frais de logistique et améliore les taux de rebuts.

- Les CDV entre concurrents sont fondamentalement différentes et la **mosaïque de *drivers*** diffère suivant les activités, les firmes, les industries. La défense (soutenabilité) de l'avantage concurrentiel dépend du nombre de facteurs clés de succès détenus et maîtrisés, mais aussi et de plus en plus des *drivers* de la performance en les liant entre eux et au travers des activités stratégiques.

  Dans l'industrie de l'eau de consommation ménagère, Nestlé est leader dans la distribution des sources locales. Ces marques régionales dévoilent rarement leur appartenance à la marque suisse. La société mère met à disposition un ensemble de *drivers* au service des marques de région : la connaissance de l'embouteillage plastique ultra-résistant et du *design*, les appuis de force de vente permettant au groupe d'inonder (!) les linéaires des marques leur appartenant (créant ainsi un barrage face aux marques concurrentes)…

C ~ Les alliances et diversifications synergiques

- Les alliances entre firmes sont destinées à développer des synergies de compétences qui ne peuvent être exploitées individuellement. De plus en plus souvent, ces alliances partent de l'identification de compétences complémentaires d'où émergera un AC : de nouveaux savoirs s'imposent de chacune des firmes pour développer un nouveau produit.

Michelin (comme la plupart des grands industriels automobiles européens) a conclu un accord avec Bosch pour développer un système d'aide à la stabilité dynamique des véhicules. L'association pneumatique/électronique ne peut se réaliser l'un sans l'autre.

- Les techniques d'essaimage et d'externalisation de petites entités autonomes, à partir de grandes firmes, permettent de bien implanter localement les réseaux d'activités. Des essaims se constituent et apportent une forme de coordination à l'échelle des localités et régions, qui favorisent les différentes unités (cette forme de partage des synergies en groupe est particulièrement notoire en Italie avec les *districts*).

  Les grandes firmes comme Thomson, Thalès, EADS... implantent les activités externalisées ou essaimées autour des grands pôles industriels de Toulouse ou Grenoble afin de profiter des synergies d'exploitation des réseaux locaux.

- **Les diversifications concentriques** recherchent en priorité l'exploitation d'un avantage concurrentiel que la firme cherche à décliner le plus possible au travers les diversifications qu'elle peut tenter. En conséquence la majorité du chiffre d'affaire se réalise dans une même activité dans le but d'exploiter les synergies des compétences ou de ressources centrales. *A contrario*, une stratégie de **diversification connexe** aboutit au conglomérat d'activité, mais les effets des synergies sont moindres, car plus distantes des compétences centrales de la firme.

  J. Welch de la General Electric fut sûrement le spécialiste incontesté au niveau des compétences de gestion, et aboutit ainsi à un conglomérat de taille globale ou les activités se côtoient, tout en étant différentes, mais en utilisant toutes le même principe de gestion de la qualité Six Sigma (diversification connexe : synergie des pratiques de qualité). À l'inverse, le groupe Auchan a adopté une stratégie d'exploitation de ses compétences en distribution pour les décliner dans plusieurs domaines (diversification concentrique : synergie des compétences centrales des métiers de distribution).

L'exploitation des synergies à l'échelle de la stratégie de la firme va souvent à l'encontre de la notion d'opportunité. En effet, les gains que procure cette forme d'AC sont souvent complexes, nécessitent un travail d'identification des faisabilités, de recoupements entre les domaines d'activités stratégiques de la firme et des ressources à disposition (synergie spécifique bilatérale dans la mesure où ces synergies n'existent que dans la rencontre des deux parties et de leurs particularités), et s'opposent souvent aux pratiques fortement ancrées dans l'organisation. Sous forme d'opportunité (c'est-à-dire qui survient à propos et donc sans l'influence d'une volonté stratégique), une synergie est facilement imitable et appropriable (synergie contestable) ou bien repose sur l'acquisition d'économies d'échelle facilement repérables par les concurrents.

Pour aller plus loin

Ansoff, I. (1968), *Stratégie du développement de l'entreprise*, Paris : Édition d'Organisation (ch. 5).

Cambell, A & Sommers Luch, K. (2e éd. 1998), *Strategic Synergy*, Londres : Thomson B.P.

Porter, M. (1991), *Towards a dynamic theory of strategy*, John Wiley Ed. Strategic Management Journal (Vol. 12, pp. 95-117).

Atamer, T & Calori, R. (2e éd. 2002), *Diagnostic et décisions stratégiques*, Paris : Dunod (pp.86-88).

FICHE 45

LE *BENCHMARKING*

Le contexte concurrentiel révèle des firmes dont les chaînes de valeur sont configurées plus ou moins différemment. Ce constat conduit à opérer des comparaisons pour ensuite engager des actions d'ajustement entre les pratiques actuelles de la firme et celles de concurrents plus innovants. Confronter les configurations de chaînes de valeur, leurs degrés d'engagement pour certains facteurs clés de succès, leurs processus et routines différenciateurs ou réducteurs de coûts encourage l'ajustement de l'entreprise sur d'autres dispositions stratégiques sans en supporter les risques : la pratique du benchmarking (étalonnage) consiste à comprendre et s'approprier des sources d'avantage concurrentiel.

1 LA PRATIQUE DU *BENCHMARKING* STRATÉGIQUE

A ~ *Benchmarking* interne et externe

- La pratique du ***benchmarking* interne** consiste à rechercher et diffuser les origines de la performance entre les activités d'une même entreprise. La pratique du ***benchmarking* externe** tente d'évaluer les effets des drivers et leurs impacts sur l'avantage concurrentiel (coûts, différenciation ou les deux) du concurrent le plus performant d'une activité, d'un groupe stratégique ou d'une industrie.
- Le benchmarking consiste à comparer les pratiques à l'origine des résultats des firmes considérées comme les plus performantes. Cette pratique aboutit à accélérer l'apprentissage de l'organisation, mais aussi à identifier des faiblesses qui risquent de ne plus être acceptables selon l'influence des entreprises novatrices de l'industrie.
- Il convient d'analyser chaque domaine d'activité stratégique. Cependant, il est à noter que toute démarche stratégique est relative aux performances et aux pratiques des concurrents. Il est donc parfaitement possible d'évaluer les activités de la chaîne de valeur à partir des concurrents les plus agressifs **sans chercher pour autant à les dépasser** : le niveau d'efficacité stratégique ne consiste pas à maîtriser un FCS absolu (sorte de perfection concurrentielle qui risquerait de consommer toutes les ressources de la firme) mais à se doter de FCS jugés fondamentaux afin de maintenir ou faire évoluer l'avantage concurrentiel dans le temps.

  Le service d'aide téléphonique à l'usage d'Internet constitue un FCS incontournable pour les grands opérateurs comme Wanadoo du groupe FT ou Vizzavi de Cégétel. Un point d'engorgement des appels est inéluctable entre 17 heures et 20 heures. Aucun de ces deux opérateurs n'engage de moyens en personnel supérieurs à son concurrent direct (ou tente d'aller vers une perfection consistant à éviter toute attente à ces heures critiques : principe paradoxal du *Total Quality Management*) : chaque firme évalue les performances de son rival pour étalonner ses moyens engagés afin de rester comparable par le client.

B ~ Les types de *benchmarking*

- **Le *benchmarking* compétitif** consiste à repérer les principaux compétiteurs de l'industrie pour évaluer leurs coûts de production directs, les coûts générés par les fonctions de soutien, les investissements R & D et progrès technologiques, le niveau de service proposé et l'efficacité de l'organisation.

- **Le *benchmarking* comparatif** consiste à repérer la firme la plus performante toutes industries confondues et selon un indicateur de performance précis (création de valeur, productivité des outils de production, rapidité de réaction aux menaces, constitution de barrières à l'entrée…). Cette forme de *benchmarking* amène à s'approprier des formes d'avantage concurrentiel que d'autres ont su réaliser. Dans ce cas, l'enjeu stratégique consiste à transférer les pratiques d'une industrie à une autre, d'un contexte de compétition à un autre, d'une situation organisationnelle à une autre : cependant, accepter et adapter des innovations d'un concurrent ne faisant pas partie de l'industrie nécessite une forte capacité d'acceptation de la part des acteurs de la firme (surtout dans le cas d'activités comportant une forte identité au métier).

2 La pratique du *benchmarking*

A ~ La recherche d'un *profil-partner*

- **Repérer les *drivers* constitutifs de l'avantage concurrentiel** : il s'agit de préserver les facteurs structurels intervenant sur la dynamique d'évolution des activités importantes (étapes clés de la chaîne de valeur) lors de l'importation de nouvelles pratiques.
- **Repérer les drivers des compétiteurs** et les *drivers* des firmes dont l'activité est comparable à l'industrie de référence.
- **La construction de repères avec les entreprises ciblées** : après avoir constitué et comparé les indicateurs propres aux *drivers* de performance désirés, les dirigeants évaluent les modifications envisageables sur les étapes de la chaîne de valeur, l'influence sur les parts de marché détenues, la conformité à l'identité de l'entreprise et la mission formulée, le niveau d'automatisation nécessaire. La pratique ne pose pas de problème entre les activités d'un même établissement ou au sein d'un groupe stratégique. Elle devient plus délicate avec des entreprises plus éloignées… d'où le succès de certains « consultants » dont le métier se réduit le plus souvent à se transformer en « abeilles » porteuses de pratiques (et rarement d'aide ingénierique à la performance).

B ~ Synthèse de la pratique de *benchmarking*

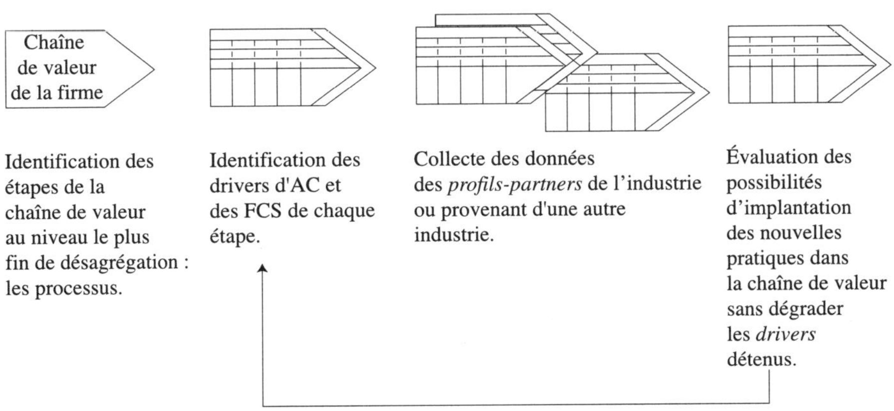

La pratique du benchmarking *peut aboutir à une reconfiguration de la chaîne de valeur. Il est important de noter que les critères culturels des décideurs influencent les décisions d'étalonnage ou non. D'autre part, les innovations issues du* benchmarking *procurent des effets positifs dans le seul cas où l'AC est préservé et bénéficie ainsi d'un complément ou d'un ajustement des FCS de certaines étapes. Maintenir sa position exclusivement par le recours au* benchmarking *sans se doter d'un AC signifie la vulnérabilité de l'entreprise.*

FICHE 46

LA DIFFÉRENCIATION

L'acquisition d'un avantage concurrentiel peut se faire soit par la différence réelle du produit, soit par l'identification des caractéristiques liées aux préférences des consommateurs (impact de l'intensité marketing sur la différenciation). La stratégie fondée sur la différenciation repose sur la primauté accordée à l'extension de la valeur d'usage ou d'image sur le prix. Pour la firme, accroître son AC en se différenciant aboutit à éviter une confrontation concurrentielle.

1 L'ÉMERGENCE ET LA DOMINATION DU CONCEPT DE DIFFÉRENCIATION

A ~ Les principes économiques classiques

- L'hypothèse néoclassique de l'économie suppose une parfaite homogénéité des produits à la fois dans leur conception (allocation homogène des ressources) mais également dans la localisation des sites de production (l'économie spatiale). À partir des années 1950, l'économie industrielle parvient à imposer un raisonnement selon lequel les distances influencent les prix de marché, qu'ils soient imputés aux producteurs (coûts de transport) ou aux consommateurs (coûts de déplacement). La différenciation se réalise sur l'accessibilité des produits mais pas sur les produits eux-mêmes.
- La modélisation des produits « avec adresse » (*address* dans son sens anglo-saxon signifiant « s'adresser à ») correspond à l'intégration des goûts et des critères de choix subjectifs des consommateurs. Ceux-ci ne raisonnent plus exclusivement sur le prix, mais ils évaluent la correspondance entre l'offre des producteurs et leurs conceptions des « produits idéaux ». Ce concept de produit idéal introduit une dynamique de la demande : le produit ne dépend plus des capacités de conception des firmes mais est défini en termes de sensibilité de ses caractéristiques comparées au produit idéal d'un marché de référence.

B ~ Différenciation et segmentation

- Cette conception induit une segmentation des marchés selon les groupes d'acheteurs et leurs préférences (les bénéfices des produits valorisés par les clients appelés facteurs clés de succès externes). Les marques et les firmes ne peuvent se comparer qu'au sein d'un même segment d'acheteurs. La marque leader qui approche le produit idéal domine ce segment et impose ses critères d'identification comme réalité de référence aux comportements d'achat (notion de FCS externes et relation avec les FCS internes).
- Le développement des différenciations implique la multiplication des segments qui survient au fur et à mesure de la maturation du marché, des nouveaux entrants, et de la dynamique sociale des comportements de consommation (perception par le consommateur du produit idéal et cristallisation des comportements autour d'offres tangibles de produits différenciés se rapprochant le plus du produit idéal du moment).
- Le phénomène de segmentation par la différenciation induit la présence d'un marché résiduel. Celui-ci est convoité par les firmes les plus innovatrices pour exploiter une

autre source de différenciation procurant un avantage au premier entrant ou le partage de ressources entre les différentes offres segmentées. Au fur et à mesure, ce marché résiduel (qui correspond aux offres standards) se réduit par l'attraction des firmes différenciatrices : un leader sur un marché résiduel constate la réduction de son réservoir de consommateurs.

En lançant le New Traffic sur le secteur des véhicules utilitaires (VU), Renault exploite son AC de designer d'auto hérité de l'industrie des voitures particulières. En intégrant ce facteur clé, la firme au losange fait apparaître sur le marché une nouvelle possibilité pour les consommateurs : bénéficier du volume utile avec un confort d'habitacle et un design dynamique. Cette offre de différenciation connaît un franc succès auprès des artisans et petites firmes régionales qui accentuent ainsi leur volonté d'image fortement réactive y compris au moyen de l'aspect de leurs véhicules. Le ratio prix/volume reste acceptable dans le cas du New Traffic, élu VU de l'année 2001.

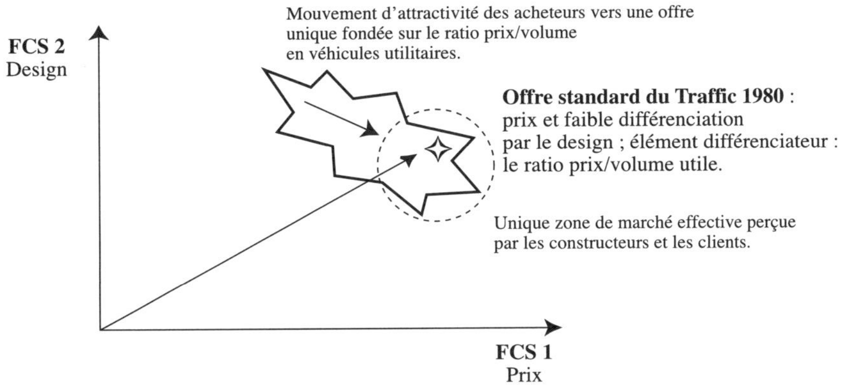

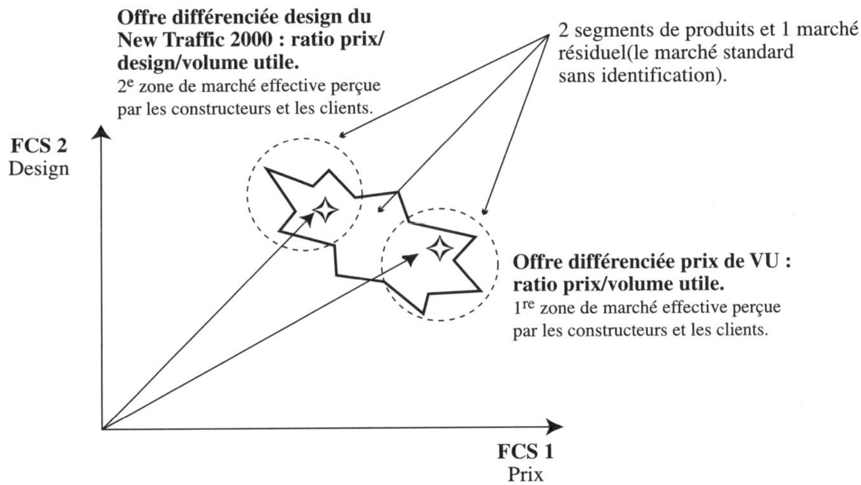

C ~ Différenciation et spécialisation

Il est assez difficile de cerner la distinction entre ces deux concepts de marché. La relation entre les prix et les coûts conduit au raisonnement de la stratégie de gamme contre la stratégie de différenciation. Dans le cas où les effets de volume sur les coûts sont faibles (absence d'économies d'échelle), le prix de vente comportera des coûts de développement. Le positionnement élevé des prix identifiera le produit en haut de gamme selon les critères d'un marché spécialisé : il faut atteindre un certain volume cumulé de ventes (seuil de rentabilité ou ratio résultat économique du segment sur capitaux engagés pour être présent) pour réaliser le profit espéré par la gamme. Par contre, si les effets d'expérience marketing, de conception, ou les économies d'échelle sont supérieurs aux coûts supplémentaires nécessaires pour différencier le produit, la stratégie de différenciation procure un gain d'efficience. De plus, la firme aura tendance à fixer ses prix selon la demande des clients estimant le produit proche des idéaux qu'ils se sont fixés, comme s'il s'agissait d'une catégorie de produits spécifiques (logique de segmentation et de marché résiduel). De fait, plus le marché se segmente, plus les segments sont de petite dimension, impliquant obligatoirement des ressources partagées et des actifs communs pour réaliser des profits. Il résulte qu'en dessous d'une taille critique, il devient indispensable de bénéficier d'une marque ombrelle pour étayer l'attrait et apporter d'autres sources d'AC aux produits différenciés.

Volkswagen propose la New Beetle sur un segment fortement différencié d'automobiles. Le constructeur exploite la plate-forme de la Golf, et peut ainsi réaliser des économies d'échelle associées à une rente d'image des années 1970. Au final, le produit correspond particulièrement à un idéal de voiture pour certains quinquas… en mal de leur jeunesse ! La riposte de BMW à cette différenciation sur le segment des voitures de tourisme à forte identité fut d'exploiter une pépite de l'héritage Rover avec la Mini-Cooper. Cette offre resegmente le segment en créant un sous-segment plus sportif… moins happy flowers !!! Ces produits ne peuvent cependant pas réduire excessivement le marché de référence à un marché résiduel (faute de super-quinquas happy flowers ?) : les Golfs, Peugeot 307, Audi A3 et les Séries 3 de BMW occupent le gros de la demande (toutes tranches d'âges confondues).

2 La stratégie de différenciation

A ~ Les formes de différenciation

- **La différenciation horizontale** : les produits sont identiques du point de vue de la qualité mais sont différents sur le plan des caractéristiques d'idéaux identifiés par les clients (cas de la New Beetle et de la Mini). Cette forme de différenciation peut exercer une barrière à l'entrée sur un segment de l'industrie à condition de le couvrir par la prolifération des offres. **Stratégie de limitation ou de sophistication des FCS d'un segment comparée à l'offre de référence**.
- **La différenciation verticale** : implique une unanimité des préférences des consommateurs. Dans ce cas, il y a segmentation du marché non par les prix, mais par la satisfaction de la différence dans les idéaux des clients (par exemple, les nouveaux tour-opérateurs comme Atalante et le Club Med). Dans ce cas, la barrière à l'entrée est quasi naturelle (à moins que les attentes des consommateurs portent vers le bas, offrant ainsi une opportunité d'entrée à un nouveau compétiteur). **Stratégie de spécialisation (à terme, le segment acquiert des FCS spécifiques) ou d'épuration (focalisation sur les FCS fondamentaux en éliminant les autres)**.
- **La recherche de différences peut se faire sur le produit** : performances d'usage, technologie d'utilisation, technologie de conception, stock d'informations embarquées… Sur les services : offre de garanties des prix, d'utilisation, de remplacement, assistance téléphonique, SAV et gestion des temps d'intervention… **Ou sur l'image** : innovation, miniaturisation, symbolique et publicité, sécurisation, design, canaux de distribution, collecte des informations…
- L'évolution de l'offre de différenciation consiste le plus souvent à combiner les formes de différenciation en comparaison avec les offres concurrentes du secteur.

B ~ Chaîne de valeur et différenciation

- L'identification des étapes de la chaîne de valeur permet d'isoler les étapes contribuant à la différenciation de l'offre (et non seulement sur le produit final). La firme peut lier les FCS externes (« les attentes fondamentales des clients et des utilisateurs finals ou la comparaison avec leurs chaînes de valeur », M. Porter) et l'offre de différenciation afin d'en évaluer la valeur perçue par le client. Le remodelage de la chaîne de valeur ouvre également des voies de différenciation. Notons que le remodelage offre la possibilité de conjuguer différenciation *ET* réduction des coûts, et non l'un *OU* l'autre.

Le groupe Ikéa a construit sa réussite et sa réputation en remodelant la chaîne de valeur du mobilier moderne. En éliminant et en répercutant sur le client l'étape montage, la marque réduit sa chaîne de valeur, épargne des coûts de MO, de stockage, et apporte une disponibilité immédiate d'acquisition et d'installation des meubles en minimisant les prix.

- L'identification des offres de différenciation le long du système de valeur d'une industrie permet d'ajuster les relations avec les fournisseurs et les clients. Ce cas est encore plus caractéristique si les facteurs différenciateurs réduisent les coûts directs d'utilisation par le client ou améliorent la performance du client.

Les innovations d'emballage ou d'étiquetage favorisent l'accès aux linéaires des grands distributeurs. La majorité des éditeurs de livres intègrent dans les chaînes de production l'insertion des stickers antivol. Un autocollant code-barres détachable accélère la lecture en caisse des packs d'Évian : le consommateur évite une manipulation physique, la grande surface fluidifie ses encaissements.

- L'appui des actions marketing contribue fortement à signaler une valeur difficilement repérable par le client, surtout lorsque le facteur différenciateur se situe au cœur de la chaîne de valeur, et parfois même dans les fonctions de soutien de la firme.

La FNAC a construit sa réputation en mettant en valeur sa politique d'indépendance des vendeurs vis-à-vis des fournisseurs : formations, règles de rémunération indépendantes de la rentabilité directe des ventes, laboratoires d'essai des produits.

La différenciation est l'un des trois types d'AC qu'une firme tente d'instaurer (le deuxième étant l'AC procuré par les coûts, le troisième étant la conjugaison des deux). Cependant, une trop forte focalisation sur cette stratégie implique des facteurs d'unicité ou des excès que le client ne désire pas. Dans ce cas, une stratégie de domination est associée à la stratégie de différenciation afin de structurer les processus de choix des consommateurs en imposant de nouveaux critères d'idéal de produit.

Pour aller plus loin

Allaire, Y. & Firsirotu, M. E. (1993), *L'Entreprise stratégique*, Québec : Gaëtan Morin Éd. (pp. 217-230 ; 299-305).

Blaug, M. (4e ed. 1995), *La Pensée économique*, Paris : Économica (ch. 14).

Porter, M. (1986), *L'Avantage concurrentiel*, Paris : Dunod (ch. 4).

Stratégor (3e ed. 1997), *Politique générale de l'entreprise*, Paris : Dunod (ch. 4).

FICHE 47

L'AVANTAGE PAR LES COÛTS

Sur certains marchés, le facteur discriminant entre plusieurs offres est le prix (et moins la différenciation). L'avantage concurrentiel se fonde alors sur la domination par les coûts et les stratégies de prix qui en découlent. La firme tente alors de réunir les facteurs structurels (économies d'échelle, effets d'apprentissage) et cherche à maîtriser de façon durable les ressources et les compétences nécessaires. La conjugaison de ces deux aspects permet de produire à un prix de revient inférieur aux autres entreprises.

1 VALORISER LES FACTEURS ÉCONOMIQUES

A ~ Les concepts de rente

- La théorie économique classique s'appuie sur le comportement de maximisation des ressources disponibles pour expliquer les différences de performance. Le concept de rente explique la nature des inégalités de profits dues à la variété de conditions d'exploitation des ressources entre concurrents. Ce sont ces conditions particulières (les rentes) qui confèrent un surplus de profit. L'entreprise peut alors choisir de vendre ses produits en répercutant le différentiel en coûts, et donc en baissant ses prix, mais tout en s'octroyant le profit nécessaire pour sa croissance. Elle peut également garder la totalité du bénéfice généré par la détention des ressources octroyant cette rente.
- **Les rentes différentielles** : la firme dispose de facteurs de production en quantité suffisante pour exercer une domination par les prix. Les concurrents n'ayant pas accès à ces mêmes ressources (en quantité ou qualité) ne peuvent égaler les prix pratiqués. L'avantage concurrentiel consiste à maintenir en sa possession ces facteurs générateurs de rentes au détriment des concurrents.

  En se dotant de la plus importante flotte de bateaux de pêche, le groupe de distribution alimentaire Intermarché profite de cette puissance pour fournir le marché (y compris ses concurrents) en poissons. Aucun autre distributeur, ou entrepreneur, ne peut se doter d'une telle envergure de pêche : les coûts sont en faveur d'Intermarché qui impose des prix de distribution et maintient la concurrence éloignée de cette activité.
- **L'innovation Schumpeterienne** : l'asymétrie d'information sur les marchés empêche la diffusion des pratiques innovantes. L'innovateur peut ainsi exploiter un avantage de réduction des coûts avant que la nouvelle pratique ne se diffuse, diminuant ou perdant ainsi son avantage concurrentiel (l'action de protection des brevets ayant également une solidité limitée à l'imitation).

  Gymnova, spécialiste français du matériel de gymnastique, s'est constitué un stock de techniques de production lui accordant un avantage par les coûts, comme notamment la production des poutres destinées aux figures de gymnastique féminine. Ces techniques détenues et mises au point par un des dirigeants, ingénieur de formation, ne peuvent se diffuser dans le secteur, octroyant ainsi à l'entreprise une rente d'innovation tout en pratiquant le même prix que ses concurrents allemands contraints de fabriquer ces mêmes produits entièrement à la main.
- **Les rentes de Pareto** : la firme peut avoir accès à des ressources de production dont les coûts d'acquisition sont ou ont été inférieurs à la valeur d'usage. Par l'effet d'une

performance utilitaire supérieure au prix d'acquisition de l'actif productif, l'entreprise est donc capable de fournir une offre à moindres coûts.

Après la réorganisation du secteur de l'imprimerie, suite à la crise de 1994, de nombreuses machines ont été vendues aux enchères, notamment en Espagne. Certains industriels français se sont dotés d'équipements à bas prix, dont la durée d'exploitation pouvait être estimée à plus d'une dizaine d'années. La diminution des charges de dotation aux amortissements procure aux firmes concernées une source de compétitivité sur les prix pratiqués.

- Ces trois types de rentes réductrices de coûts peuvent être combinés entre eux, la stratégie consistant à les identifier et à se les approprier pour profiter du pouvoir de domination par les prix sur le secteur.

B ~ L'intégration : maîtriser les coûts de transaction

- La firme peut engager une stratégie fondée sur l'évaluation des fréquences et des coûts de transaction avec ses fournisseurs et ses clients. Elle est alors amenée à évaluer les actifs spécifiques dont elle a besoin, leur fréquence d'utilisation pour la production du produit (par nature spécifique) et le degré d'incertitude lié à la disponibilité ou non d'un management qui serait ou non intégré dans la structure (selon l'influence sur les résultats d'un management spécifique des risques, de la confiance, de la qualité, de l'efficience, de la coordination...). Il s'agit alors d'évaluer le type de structure de régulation qu'il faudrait instaurer pour réduire ces coûts de négociation, de passation et de suivi des contrats.
- Si les fréquences d'utilisation des actifs stratégiques sont élevées, si l'incertitude et donc le management pèsent sur la faisabilité des objectifs, la firme internalise les partenaires amont ou aval avec lesquels elle effectue ses échanges. Dans le cas contraire, on préférera supporter des coûts de transaction dont la somme resterait inférieure aux coûts d'intégration de l'activité en question.

2 Valoriser la relation coûts/prix

A ~ Contrôler les facteurs d'évolution des coûts

- M. Porter identifie plusieurs facteurs en relation avec la chaîne de valeur effective de la firme capables d'exercer une influence sur les coûts :

  a) parvenir à la dimension adéquate de la firme permettant des **économies d'échelle** : les stratégies d'acquisition, d'élargissement de gammes, l'expansion géographique des marchés. Il convient cependant de se méfier des effets de palier entre deux structures de coûts ;

  b) bénéficier des **effets d'apprentissage** dans toutes les activités de la firme, y compris pour les fonctions de soutien ;

  c) **conserver la pratique exclusive de l'apprentissage** : l'influence de la GRH impacte directement l'avantage concurrentiel si la firme possède une MO suffisamment spécialisée, ou ayant développé des pratiques collectives spécifiques favorisant les coûts de coordination, d'amélioration et de diffusion des informations, évitant ainsi des dépenses d'ajustement interactivités ;

  d) **s'approprier les innovations des concurrents** : l'exercice du *benchmarking* favorise la réduction des coûts, surtout lorsqu'il s'applique aux fonctions de soutien ;

  e) contrôler le **taux d'exploitation des capacités de production** : la modulation des prix selon le niveau de charge ou la contribution que peut apporter le nivellement des périodes de lancement, mais aussi l'externalisation des étapes de l'activité pour lesquelles les coûts ne sont pas compétitifs en comparaison de la sous-traitance ;

  f) le **contrôle des liaisons et des interconnexions** : regroupement des activités communes, refonte des processus par l'analyse des compétences et le transfert des savoir-faire entre activités semblables ;

g) optimiser la **localisation des sites d'exploitation** et les relations d'approvisionnement entre clients et fournisseurs (pratique du *wall to wall*: se rapprocher des clients afin de limiter les coûts de transport ou de coordination);

h) exploiter le **pouvoir de négociation** de la firme sur les fournisseurs et les clients.

- Robert Grant ajoute à ces facteurs d'évolution des coûts les effets dus au *knowledge management*. Il faut distinguer les effets d'apprentissage qui considèrent une évolution des temps de traitement des actions par l'effet de répétition des manœuvres: la taille des séries de production permet d'acquérir une dextérité de plus en plus influente sur les temps de production unitaire. Les effets des connaissances impactent particulièrement les productions complexes: elles agissent à la fois au niveau individuel en renforçant la dextérité à résoudre des problèmes ou l'adaptation des individus aux situations difficiles, et au niveau collectif en améliorant les routines collectives de coordination.

B ~ Contrôler les conditions d'évolution des coûts

- Dans le contexte d'hypercompétition, les coûts occupent une place nécessaire mais non plus exclusive dans la stratégie de la firme. De plus, les formes d'organisation ont changé afin de combiner l'avantage par les coûts avec une différenciation:

– **Les activités de soutien creusent la différences sur les coûts**: notamment la GRH, qui occupe un rôle central dans l'accès aux sources d'économies, d'apprentissage et de combinaisons innovantes réductrices de ressources financières (exploitation effective de NTIC dans la gestion quotidienne, ou mise en place de procédures de standardisation des tâches permettant un turnover élevé de la main-d'œuvre (et donc la stabilisation de la masse salariale en évitant les effets d'ancienneté sur les salaires et les avantages salariaux).

– **La perception du rapport capital/travail (K/W)**: il s'agit de déterminer, activité par activité, l'apport compétitif d'un investissement en machines (K) comparé à l'apport en travail homme (W). Des activités de soutien comportent une structure hybride des coûts, le facteur travail étant plus performant s'il contient des compétences, contrairement à une logique de tâches pouvant alors être automatisées.

– **De nouvelles formes d'organisation des activités**: par activités, par projets, transversalité des managers de proximité, flexibilité...

– **Le rôle stratégique des dirigeants consiste à agir à la fois sur les causes des coûts et les volumes d'activité**.

C ~ La gestion stratégique des prix

- Si la démarche stratégique considère en priorité les facteurs de coûts, la conséquence concrète pour les clients se situe au niveau des prix pratiqués entre les concurrents: en conséquence, soit l'entreprise possède un avantage concurrentiel suffisamment différenciateur lui permettant de conserver pour elle les efforts en coûts de production qu'elle peut mettre en œuvre, soit l'industrie sur laquelle elle évolue se comporte plus en termes d'offre et de demande, auquel cas les sources différenciatrices sont réduites, et le prix concentre les critères de choix. Une stratégie de prix consiste alors à proposer les produits identiques à la concurrence mais à un prix inférieur (d'où l'importance de la **domination par les coûts comme avantage concurrentiel** afin de rester toujours en deçà des prix pratiqués par les concurrents).

- **La stratégie de dumping**: la pratique de prix de dumping n'est envisageable que si l'entreprise peut bénéficier d'effets d'expérience dans son activité et que son produit est aisément substituable à l'offre du concurrent dont elle convoite les parts de marché (absence de *switching costs*, coûts de transfert du produit supportés par le client qui hésite alors à faire le pas du changement de marque ou de fournisseur). Dans ces conditions, la firme décide de vendre provisoirement à perte (en anticipant la position de ses volumes le long de la courbe *d'isocoûts*) notamment au moment de la période de lancement, afin d'acquérir le plus rapidement possible les parts de marché nécessaires à la survie de son projet... c'est-à-dire l'éviction du concurrent et l'appropriation des parts de marché nécessaires à une activité de volume.

La stratégie de domination : la firme bénéficie d'un ensemble de facteurs lui permettant d'imposer ses prix sur le marché en suivant la fonction décroissante de ses coûts.

La stratégie d'ombrelle : la firme ne répercute pas les gains de coûts sur ses prix. Les prix pratiqués laissent supposer que la firme ne possède pas d'avantage concurrentiel par les coûts. Le niveau élevé de résultat, voire l'accumulation de trésorerie, sont cependant des facteurs révélateurs pour la concurrence (qu'il est cependant aisé de transférer vers une structure holding). Ce trésor de guerre peut alimenter une éventuelle confrontation et éviction de concurrents du marché en réduisant subitement les prix, qui ne pourront être égalés.

La stratégie de rattrapage : sur une période, la firme tente de reprendre le contrôle des effets d'apprentissage, en fixant ses prix en deçà des coûts de production, pour ensuite les remonter au-delà de la courbe de rentabilité.

La stratégie d'abandon : le prix est figé et ne suit plus les effets d'expérience jusqu'à l'abandon.

Selon les activités, les structures de coûts ne se comportent pas de façon identique : pour certaines firmes, les actions stratégiques porteront sur les activités de soutien, pour d'autres sur les activités de production. La stratégie fondée sur la domination par les coûts dépend de plus en plus de l'influence des acteurs sur les facteurs : les principales économies ou sources de profit proviennent des collaborateurs, qui procurent à la firme des compétences organisationnelles, leviers d'action dans la réduction des coûts.

Pour aller plus loin

Stratégor (3e ed. 1997), *Politique générale de l'entreprise*, Paris : Dunod (ch.3).

Porter, M. (1986), *L'Avantage concurrentiel*, Paris : Dunod (ch. 3).

Grant, R. (2002), *Contemporary Strategy Analysis*, États-Unis : Blackwell (ch. 8).

FICHE 48

LA *SUPPLY CHAIN*: DIFFÉRENCIATION ET COÛTS

L'exemple de la Supply Chain *révèle que l'avantage concurrentiel peut se constituer de façon collective au sein d'un système de valeur: dans ce cas, la source de compétitivité s'obtient en combinant les coûts et la valeur de différenciation grâce à une logistique partagée et à des échanges d'informations. Il importe cependant de repérer l'entreprise pivot sur laquelle s'étaye la production.*

1 LE PRINCIPE DE LA *SUPPLY CHAIN*

A ~ La logistique

- Le système de valeur est souvent considéré comme une suite de firmes dont chacune génère et crée indépendamment des coûts ou de la valeur. Cependant, les moyens de communication et les nouvelles technologies parviennent à concrétiser l'idée que, même si chaque maillon constitue bien une charge, la logistique globale du système de valeur procure à la fois des sources de différenciation et des facteurs de réduction des coûts.
- La logistique est présente dans la firme et entre les firmes: fournisseurs, fournisseurs des fournisseurs, clients, clients des clients, consommateurs finals. La *Supply Chain* (SC) consiste à orchestrer l'ensemble des interactions émanant des firmes entre elles. Vers l'amont, les firmes tentent de réduire volontairement les coûts de coordination afin de se constituer une source d'AC en tant que fournisseurs. En aval, la SC induit un accroissement de la valeur perçue, notamment par les services personnalisés.

L'AC de la *Supply Chain*

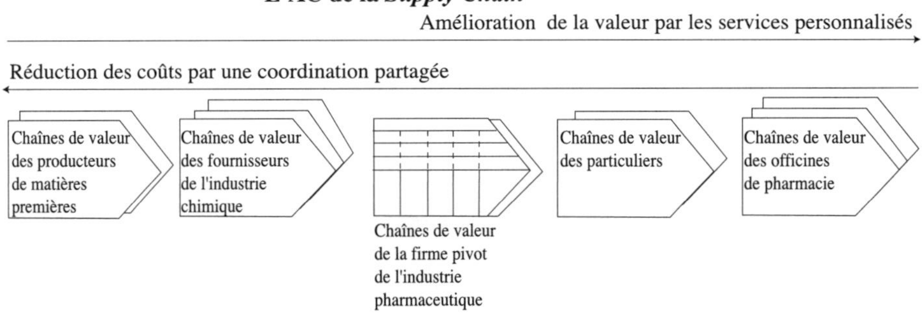

- Les possibilités de différencier l'offre logistique sont sans limite. Mais les ventes sont indexées à la valeur accordée au ratio prix/service par le client. Au-delà d'un seuil d'acceptabilité, les améliorations de service ne sont plus valorisées par le client, qui se détourne de l'offre. À l'inverse, il est tout à fait possible de limiter son service logistique et les prix deviennent discriminants (à condition d'être sur un segment d'activité dans lequel les coûts constituent un FCS). Donc, au-delà d'un certain volume de livraisons, les coûts de coordination partagés engendrent des effets négatifs: notamment en fonction des volumes traités et du nombre d'informations à cordonner.

Nestlé a profité de la concentration des grands réseaux de distribution au cours des années 1995 pour installer une SC. Le fait que ce secteur ne compte plus que trois grands opérateurs permet d'exploiter cet avantage, sans supporter l'inconvénient du morcellement des commandes.

B ~ L'information

- L'échange d'informations est à l'origine même de la SC. Mais cette pratique bouleverse les jeux politiques entre les firmes, notamment en raison du besoin de transparence des informations : la firme centrale assure les contrôles afin d'éviter les réactions opportunistes.

2 Les implications stratégiques

A ~ Modification des forces concurrentielles

- La firme n'est plus isolée de ses partenaires, mais intégrée à un ensemble de décisions découlant d'une source d'AC commune : les flux logistiques. Cela signifie notamment qu'un des FCS de ce type de démarche est l'acceptation de la diffusion des informations vers l'extérieur : en amont vers ses fournisseurs, en aval vers ses clients. Le système de valeur n'est plus un lieu de compétition mais de coordination fondée sur une confiance mutuelle. Les comportements opportunistes de clients ou fournisseurs qui tenteraient une entrée sur le secteur ne devraient pas avoir lieu… à moins de détruire l'objectif commun. Chaque firme ne génère pas une valeur payée par ses clients, mais l'ensemble produit une valeur coût et différence destinée au consommateur final.
- La firme pivot s'approprie l'AC en jouant le rôle de coordinateur des flux, ou d'organisateur des échanges d'informations entre partenaires du système de valeur. Les firmes partenaires ne possèdent pas cet AC, mais contribuent à sa réalisation en tant qu'élément apporteur de FCS.

B ~ Identifier les industries dont la SC constitue une source d'AC

- Pour bénéficier à la fois d'un AC par les coûts et par la différenciation, les **secteurs à maturité** ont mis en place une logistique SC : le transport et la logistique en tête, mais aussi l'industrie automobile.

  Les transports Dentressangle coordonnent l'ensemble de leurs partenaires logistiques : de l'acquisition de la flotte et de son suivi technique à la gestion des emplacements de stocks tampons. De son côté, Renault, en envisageant de livrer ses clients en moins de 15 jours, est obligé de reconfigurer son service logistique, et l'ensemble de sa chaîne de production et de réception des pièces pour le montage.

- Les **secteurs à forte R & D** installent progressivement ce type de coordination afin d'accéder à de nouvelles ressources destinées à financer les investissements colossaux pour consolider les positions concurrentielles : l'industrie pharmaceutique, la chimie, l'aérospatiale.
- Enfin, les **secteurs tributaires des marchés boursiers** ont également recours à cette source d'AC collectif afin de réduire leurs charges opérationnelles et ne pas surintensifier les capitaux engagés dans des activités dont ils ne maîtrisent pas les ressources clés : la grande distribution, l'industrie du textile et du métal.

Avec la Supply Chain, *c'est l'ensemble du système de valeur qui se coordonne, selon la répartition des investissements et des compétences clés entre les firmes. La structure de coûts n'est plus seulement partagée entre les produits de la firme, mais entre les firme sur des flux communs. La valeur de différenciation est liée à une organisation spécifique autour des particularités de chaque client du système de valeur.*

Pour aller plus loin

Paché, G. (1997), *Management logistique*, Paris : Essentiels de la gestion.

FICHE 49

L'AVANTAGE CONCURRENTIEL FONDÉ SUR LE MODÈLE MRC

À partir des premières propositions d'Edith Penrose en 1959, l'avantage comparatif des firmes se fonde sur l'accessibilité et l'appropriation de ressources spécifiques. Le management occupe depuis un rôle fondamental dans sa capacité à combiner les ressources disponibles, à prendre les risques nécessaires pour accomplir de nouvelles applications différenciatrices ou créatrices de marchés. L'avantage concurrentiel n'est plus intimement lié à l'adaptation de la firme au secteur par une production dont la valeur est perçue par le client, mais à l'écart de disponibilité et d'exploitation des ressources entre les firmes et l'influence que cela exerce sur les règles du jeu concurrentiel.

1 Les ressources à l'origine de l'avantage concurrentiel

A ~ Les ressources de la firme

- J. B. Barney distingue trois formes de ressources pour la compétitivité des firmes : les ressources physiques (les technologies, les matières premières), humaines (l'expérience, les capacités intellectuelles et compétentielles, relationnelles et de jugement) et organisationnelles (les structures et processus).
- La constitution d'un avantage compétitif se réalise à partir de trois formes de ressources dont la firme tentera de se constituer une exclusivité d'accès ou d'exploitation :

  a) **La qualité du réseau de relations et de contrats entre la firme et son environnement** comme les échanges d'informations, les routines de collecte de données, la capacité à transformer ces données en information (au travers de l'intention stratégique) pour les actions des collaborateurs. Des relations durables et informées entre les firmes prenant part à la réalisation d'un produit suscitent des effets de barrières difficiles à imiter pour un nouvel entrant. Les relations avec l'environnement procurent des accès privilégiés à des ressources dont les concurrents ne pourront bénéficier.

  b) **La réputation de la firme** dans ses réalisations de produits ou de services, avec notamment une capacité à se constituer une relation stable avec ses consommateurs et des échanges d'informations.

  c) **L'innovation de la firme** sous forme de services associés, ou de facilités d'usage des produits, mais aussi sous forme de réduction des contraintes par l'innovation organisationnelle.

  Ces ressources constituent une source d'avantage concurrentiel si elles sont uniques et difficilement imitables.

B ~ Identification des formes d'avantages issues des ressources

- **L'accès à des ressources rares** (E. Penrose) : la firme profite de l'accès à ces ressources pour accélérer sa croissance et consolider sa supériorité concurrentielle.

Le monde de la mode n'est plus dirigé par la seule expertise du textile et des lignes de vêtements. Les créateurs doivent en plus être suffisamment médiatiques, innovateurs et porteurs d'une indentité pour la marque qu'ils représentent. Gucci et le groupe PPR ne se sont pas trompés en investissant sur la personnalité de Tom Ford : les actionnaires ont souscrit à la proposition de nomination de celui-ci au statut de vice-président du troisième groupe de luxe mondial, dont il est à l'origine de la réussite. Tom Ford constitue à lui seul une ressource de création, d'identité, de médiatisation dont Gucci ne peut se séparer pour continuer son ascension concurrentielle dans le monde du luxe.

- **Constitution de barrières dans l'exploitation de ressources** (Wernefelt) : en favorisant l'expérience d'exploitation d'une ressource dans la firme, celle-ci diminue ses coûts d'usage et prend une avance sur ses concurrents.

La Redoute a largement utilisé l'accumulation des pratiques de vente par correspondance pour explorer toutes les formes de personnalisation de ses contacts avec les clients. Un marketing parfaitement ciblé, de plus en plus efficace, associé à la gestion d'offres promotionnelles permet d'instaurer des contacts récurrents, occupant ainsi le « terrain » de la VPC au détriment des concurrents et à l'origine d'une barrière difficilement surmontable.

- **L'ambiguïté causale des ressources à l'origine de l'avantage concurrentiel** (Barney) : les firmes concurrentes peuvent ne pas comprendre l'origine intangible de ressources sur lesquelles se constitue l'avantage concurrentiel. Cette ambiguïté peut également être causée par la complexité sociale (l'organisation est suffisamment obscure pour n'être finalement comprise que par ses membres), entraînant l'impossibilité de répliquer parfaitement les origines de l'avantage concurrentiel.

Le groupe L'Oréal a toujours étonné les marchés financiers. Ses performances sont stables et ce champion des cosmétiques sait parfaitement protéger ses actifs contre les tentatives d'imitation. Si la firme expose clairement ses intentions stratégiques, son organisation et ses acteurs clés sont jalousement mis à l'écart d'un risque de médiatisation qui pourrait lever l'ambiguïté de son système de fonctionnement.

- **L'incompressibilité du temps pour acquérir certaines ressources** (Dierricks et Cool) : les firmes accumulent des stocks d'actifs qui constituent des ressources réclamant un investissement colossal de la part des concurrents pour combler le retard.

Pour de nombreuses écoles supérieures, le réseau des anciens constitue une ressource qui engendre des réseaux de cooptation par l'appartenance. Le temps nécessaire pour composer un tel tissu d'anciens constitue une barrière. Malgré les efforts et les « incantations » à court terme, certaines institutions de gestion tentent de se constituer un réseau mais se heurtent à une incompréhension : les anciens se regroupent autour d'une notoriété dont ils sont eux-mêmes à l'origine. Le temps de cristallisation de cette notoriété dépend alors du sentiment de satisfaction et d'appartenance envers l'école d'origine sur une longue période.

2 Les capacités à l'origine de l'avantage concurrentiel

A ~ Les capacités de la firme

- Les capacités procurent un avantage concurrentiel par la combinaison organisationnelle des ressources et des compétences centrales. « Les ressources consistent en un ensemble de services potentiels [au service de la firme] et peuvent en général être définies indépendamment de leurs utilisations, alors que des services ne peuvent être définis, la véritable définition de service induit une fonction, une activité. » (Edith Penrose, 1959)

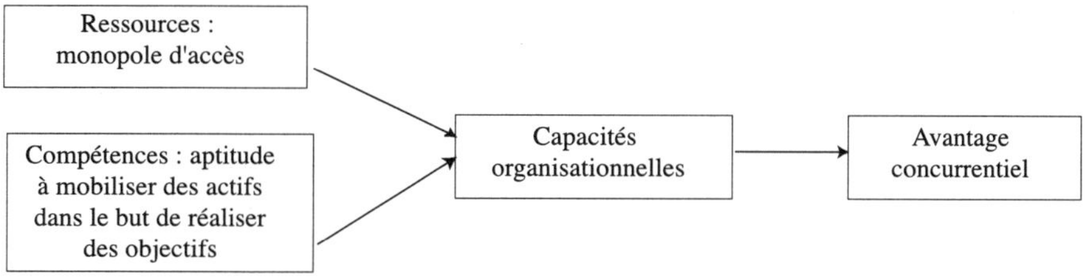

B ~ Identification des formes d'avantages issues des capacités

- **Les sources du changement économique** (Nelson et Winter): l'organisation dynamique de la firme est composée de routines (programmes) dont le changement dépend de l'apprentissage et de l'intégration de nouveaux savoir-faire (l'innovation).
- **Les chemins de dépendance** (Teece *et alii*): pour développer des capacités actuelles, les firmes ont suivi différentes voies pour coordonner et combiner des actifs spécifiques et complémentaires.
- **La capacité de perception des managers** (Amit *et alii*): les processus d'évaluation de l'environnement et des implications stratégiques influencent l'acquisition des actifs et donc des possibilités de rentes organisationnelles.

Renault s'est constitué sa compétence de designer innovant en automobile à partir de l'expérience partagée avec Matra pour l'Espace (ressource). Grâce à cette première, la direction a capitalisé des façons d'organiser et d'engager (capacité) des équipes de designers (compétences) sur des projets de plus en plus ambitieux et en rupture avec une conception classique de la voiture. Ce chemin d'expérience mènera la firme à proposer la VelSatis et l'AvantTime. Mais l'atout important est de pouvoir diversifier et décliner cet AC dans le domaine du véhicule utilitaire, notamment avec le New-Traffic: aucun investissement supplémentaire nécessaire tout en bénéficiant de délais de mise sur le marché plus rapides, que les concurrents avec une esthétique en totale rupture. Pour son concurrent français Peugeot, il faudra attendre la sortie de la 207 pour suivre une telle approche, et même la C3 de Citroën en 2002, pour que les designers soient considérés comme des sources d'avantages concurrentiels équivalentes à l'approche industrielle.

3 Les compétences à l'origine de l'avantage concurrentiel

A ~ Les compétences de la firme

- **Les compétences résultent de la combinaison de trois facteurs**: les comportements (savoir-faire et aptitudes individuelles), les connaissances (savoir) et les technologies. Cette combinaison attribue une source d'avantage si elle est identifiée et affectée à un ensemble de production: les pôles de compétences d'où est issue une diversité de produits.
- Le principe des *core competencies* est complémentaire des ressources dans le sens où la firme ne s'approprie pas des moyens d'accès et d'exploitation de sources de valeur indisponibles aux concurrents, mais tente de faire quelque chose différemment des concurrents avec des moyens ordinaires. Les compétences individuelles et collectives des individus sont à l'origine de l'avantage concurrentiel si des compétences organisationnelles s'articulent autour des savoir-faire et des connaissances individuelles.

B ~ Identification des formes d'avantages issues des compétences

- **Les compétences clés** (Hamel et Prahalad): la firme se constitue des compétences clés sur lesquelles elle développe un ensemble d'activités à partir de capacités organisationnelles et de l'utilisation des ressources, et seulement par la suite des produits (renversement de l'analyse industrielle qui se focalise sur les produits et les capitaux engagés pour les réaliser).

Salomon a réorganisé ses activités autour de deux compétences clés: la technologie et la culture des produits du sport. La firme associe aux compétences clés un ensemble de capacités organisationnelles destinées à utiliser les ressources en sa possession: a) pour les activités des sports d'hiver, de randonnée et du roller: le traitement des matériaux composites, la conception de chaussures, la veille stratégique et une politique de brevets afin de protéger ses produits dans le monde, l'innovation dans les équipements sportifs, les différentes formes de management dynamique pour maintenir son leadership au niveau mondial (par projet en production et des réseaux au niveau commercial); b) pour l'activité golf, le groupe décidera de privilégier les compétences internes en matière de fonderie et d'introduction des circuits de golf ; c) pour le cyclisme, Salomon s'appropriera la compétence clé de la marque Mavic en jantes et thermosoudure, et le savoir-faire en innovation ; d) pour le surf, l'entreprise investira sur la légitimité requise auprès des pratiquants.

- **La perception cognitive des managers** (Sanchez et Heene) : ce sont les perceptions des écarts stratégiques de la firme constatés par les managers qui influencent les orientations et les objectifs à atteindre. Ces perceptions impriment des schémas d'accès et de mise en œuvre de ressources spécifiques.

  Au cours des années 1980, Sony, sous l'impulsion de son dirigeant, décida de se détourner des produits audio standards de plus en plus concurrencés. À la suite de la réussite commerciale du Walkman, la firme se construisit une compétence clé dans la miniaturisation des produits électroniques, pour finalement développer des centres de prospective et de recherche en électronique de miniaturisation.

Acquérir et développer un avantage concurrentiel à partir des ressources et des compétences signifie évaluer l'environnement de façon subjective, c'est-à-dire à partir de la perception et de l'évaluation des ressources et compétences que possède la firme selon l'utilisation spécifique qu'elle peut en faire. Il ne s'agit plus, comme dans le modèle portérien, de tenter d'identifier la position concurrentielle de la firme sur son environnement mais de concentrer les efforts sur les activités intégrant des compétences susceptibles de fournir à la firme une performance supérieure.

Pour aller plus loin

Hamel, G. & Prahalad, C. K. (1999 2e ed.), *La Conquête du futur*, Paris : Dunod.

Quélin, B. & Arrègle, J.-L. (2000), *Le Management stratégique des compétences*, Paris : Ellipses (ch. 2).

Laroche, H. & Nioche, J.-P. (1997), *Repenser la stratégie*, Paris : Vuibert (ch. 7).

FICHE 50

L'INNOVATION

Les progrès technologiques et les innovations (qui ne correspondent pas exclusivement à l'effort de R & D) influencent les secteurs concurrentiels, imprimant parfois de nouvelles règles de compétitivité. La firme innovante (en production, organisation, transfert des flux d'informations...) se constitue un AC et une rente de valeur. Parfois, l'entreprise impose une rupture sur son secteur, se dotant d'une avance sur les autres compétiteurs. L'émergence d'innovations au quotidien dépend de la souplesse organisationnelle de la firme : le slack *(le flottant dans l'organisation). Cependant, il est plus fréquent et facile de reproduire que d'innover : la capacité d'imitation, ou pour une PME d'imiter des fragments d'AC de grandes firmes, constitue un avantage concurrentiel.*

1 L'INFLUENCE DE LA TECHNOLOGIE DANS L'INNOVATION

A ~ La chaîne de valeur

- Chaque étape de la chaîne de valeur utilise sa propre technologie. De plus, les interrelations sont également dépendantes de moyens technologiques : l'informatique, les programmes dédiés, un ensemble de procédures. Chaque technologie est composée de sous-technologies : par exemple, un service marketing utilisera des systèmes d'information, de communication mais aussi des logiciels de traitement statistique plus ou moins sophistiqués.
- La technologie procure un avantage concurrentiel lorsqu'elle participe à la différenciation ou à la réduction des coûts : rarement de façon directe sur le produit et sa valeur d'usage perçue par le client (objet de la R & D), plus souvent de façon indirecte en participant à la mise en œuvre d'une capacité organisationnelle qui elle-même influencera la qualité, le niveau de différenciation ou la réduction des coûts. Pour constituer un AC, l'avance technologique doit être durable, finalement valorisée par le client et difficilement imitable. Elle peut engendrer des coûts de changement pour les clients en bout de système de valeur (les *switching costs*).

  C'est là toute la difficulté de se constituer un AC à partir des progrès technologiques. En prenant exemple sur les normes de qualité ISO (souvent considérées comme un progrès technologique par les PME), il est facile de constater que, très souvent, ces normes une fois installées sont difficilement valorisables auprès du consommateur final. Elles n'entraînent aucune modification ou innovation durable dans le système de valeur. Elles répondent aux exigences des grandes firmes qui se garantissent ainsi contre les aléas liés aux PME. De plus, le principe des normes est banalisé par nature (une norme n'est-elle pas l'inverse même d'un avantage concurrentiel ?), et ne procure ainsi aucun avancement dans l'efficacité de la chaîne de valeur.
- Une firme qui opte pour une stratégie de *first-mover* (pionnier dans l'exploitation d'une innovation) doit alors se doter des conditions nécessaires à l'introduction de l'innovation sur le marché :

  a) **la détention de droits de propriété industrielle** ou l'identification d'une prime au premier entrant par l'innovation : les patentes et brevets donnent un avantage assez restreint à la firme, par contre, si les temps d'apprentissage ou les chemins d'acquisition des connaissances nécessaires pour appliquer l'innovation sont importants, ils procurent alors une prime à l'innovateur ;

L'industrie pharmaceutique comporte les deux aspects : il faut protéger les droits, mais ceux-ci ont une durée limitée et le premier exploitant d'une innovation se procure un avantage dans les habitudes de prescription des médecins qui subsistera après la perte des droits, ou se traduira en image se reportant sur les autres produits qui seront lancés par la suite.

b) **la détention de ressources complémentaires** à l'exploitation de l'innovation : certaines innovations ont des répercussions ou nécessitent de nouvelles étapes de la chaîne de valeur qu'il faudra maîtriser en se dotant de nouveaux facteurs clés de succès, ou devront attendre que le système de valeur soit suffisamment complémentaire pour justifier l'innovation ;

Les télévisions à plasma ou les home cinéma sont opérationnels depuis une bonne décennie. Mais il fallait attendre les développements des supports DVD afin de justifier l'utilisation et le prix de tels appareils : les fabricants ont donc préféré attendre l'optimisation des supports de films (peut-être se doutaient-ils que le secteur des programmes TV ne leur serait pas d'une aide précieuse !).

c) **la capacité d'influencer les standards** d'utilisation ou de valeur des produits bénéficiant d'une innovation : les industries se cristallisent autour des critères de consommation et d'utilisation des clients, les standards technologiques deviennent des enjeux stratégiques pour les firmes innovantes, sinon l'avantage concurrentiel de l'innovation disparaît au profit des firmes imitatrices, ou au profit des firmes d'exploitation en volume.

Atari fut la première firme à proposer des jeux vidéo sur écran de télévision. Cependant, elle ne réussira pas à imposer un standard, ou une norme de performance. Finalement, elle ouvre un marché au profit des suiveurs comme Nitendo et Séga, qui ont ainsi bénéficié des erreurs à ne pas commettre. Par contre, la stratégie de Philips concernant le format CD audio s'est imposée comme le standard en support de musique : même des technologies pourtant plus souples (comme le Mini-Disc de Sony) ou performantes ne peuvent le détrôner.

B ~ Les NTIC

- Les technologies de l'information procurent aux firmes capables de les exploiter un AC fondé sur la gestion du temps. La gestion des décisions ne suit plus l'ordre chronologique de la chaîne de valeur. Par exemple, les réunions peuvent maintenant être organisées selon quatre logiques distinctes incluant les décideurs en différents lieux et temps : a) même lieu-même moment ; b) même lieu-moments différents ; c) même moment-lieux différents ; d) moments différents-lieux différents.

Suivant le principe du management par les opportunités, Renault lance plusieurs projets simultanément dans chaque activité (motorisation, carrosserie, aide à la conduite...), le premier projet proche d'une concrétisation prendra le leadership en allocation de ressources, les autres seront alors gelés sous forme de dossiers électroniques permettant d'être repris ultérieurement tout en limitant ainsi les coûts de réappropriation, même si de nouveaux collaborateurs interviennent.

- Le stock d'informations embarqué dans les produits augmente la valeur que lui accorde le client. L'innovation en tant qu'AC ne se réalise pas exclusivement dans la technologie au service d'une action, mais aussi dans le nombre, la facilité d'accès et les types d'informations que pourra par la suite exploiter le client pour son propre usage.

2 Les conditions d'émergence des innovations

A ~ Une condition d'émergence de l'innovation : le *slack* organisationnel

- Cyert et March identifient la présence d'un excédent de ressources temps dans l'organisation. Celle-ci est perçue comme une coalition entre les acteurs (les dirigeants et les salariés poursuivent un intérêt commun). Dans ce cadre, le bon fonctionnement de la firme ne repose pas sur un contrôle strict destiné à réduire les espaces improductifs, mais dépend au contraire du degré de liberté accordé à chacun, permettant un fonctionnement satisfaisant pour l'ensemble des collaborateurs. Cet excédent (le *slack*) amortit et absorbe les imperfections organisationnelles de la firme qui est dans l'impossibilité d'imposer une capacité d'innovation programmée. Dans cette vision de l'innovation, la GRH ne joue-t-elle pas un rôle de R & D du possible et du faisable organisationnel au service des innovations au quotidien ?

- En cas de changement rapide des actions d'un concurrent, cette élasticité organisationnelle apporte à la firme une rapidité de réponse, ou de variation des pratiques dans ses activités : le poids des pratiques, des règles et des process n'est pas engourdi dans les représentations des acteurs.

B ~ Le *slack* source d'AC

- Il permet les tentatives et est depuis longtemps considéré comme indispensable dans les processus d'innovation par activités, ou interorganisationnels. Il permet de relâcher les contrôles sur des pratiques d'où émergent des performances liées à l'innovation, ou de nouvelles formes d'exploration des processus qu'inventent et expérimentent quotidiennement les acteurs de la firme (des managers aux salariés). Une organisation trop juste, ou trop régulée (sans espaces d'autonomie pour les acteurs), et en difficulté recherche sous la contrainte d'autres façons de faire pour relancer son activité. L'entreprise se trouve alors en situation d'injonction paradoxale : les acteurs sont dans l'obligation d'innover au moment où la firme détecte ses propres carences d'innovation !

    L'arrivée des consoles de jeux a bouleversé les ventes de la firme Lego. Pour faire face à la baisse d'intérêt porté sur ses produits, la firme a tenté de lancer de nouveaux (?) produits : montres pour enfants, puzzles, T-shirts... En forçant (décisions *up-bottom*) ces lancements en interne, l'entreprise ne peut faire émerger de façon miraculeuse une innovation salvatrice pour se reconstruire un AC : les pseudo-innovations de la marque ne comportent aucune source d'opportunité. Il faudra donc tout de même procéder à une restructuration courant 2001.

- Une firme ayant accumulé des lieux de tests, d'expérimentations, ayant ainsi payé un temps de non-production directe, accumule un coussin d'idées et d'innovations : la firme innovante se constitue un AC en libérant des pratiques d'exploration indépendantes du contrôle normatif.

    3M est devenu le spécialiste de l'exploitation du *slack* organisationnel : chaque ingénieur bénéficie d'un crédit de temps qu'il met à profit pour expérimenter ses idées personnelles : cela donnera entre autres le fameux Post-it !

3 Les bénéfices de la « *Wait and See Attitude* »

A ~ Les désavantages du précurseur

- L'innovation implique des coûts pour la firme. M. Porter en identifie sept : l'obtention des autorisations nécessaires, le respect des codifications, l'éducation des clients, le développement d'infrastructures spécifiques, le développement des moyens de production indispensables, les coûts de mise au point incombant au précurseur, les coûts d'achat de matériaux ne bénéficiant pas encore de sources d'économies.

- Pour éviter ces désavantages, il est parfois préférable de préparer une alliance. Ceci a pour effet de partager les frais et les risques de l'innovation (tels que l'incertitude de la demande dans le cas d'une innovation externe), mais aussi pour mettre en place une éducation du client à de nouvelles pratiques relationnelles avec la firme, ou tout simplement d'utilisation du produit.

B ~ L'imitation est aussi un avantage concurrentiel

- **Le précurseur bénéficie de plusieurs avantages**: l'image et la réputation, la fidélité à la marque de la part de ses clients, un leadership technologique, l'opportunité de se positionner sur le segment de clients le plus attractif, la possibilité d'imposer un standard dans l'industrie, d'accéder facilement à la distribution (toujours en quête d'innovations pour relancer ses linéaires et ses offres), de se constituer des effets d'expérience pour ses équipes de conception, de soutien et aussi de fabrication, des brevets comme barrières à l'entrée (plus difficile à tenir néanmoins).
- **L'imitation (la *wait and see attitude* : attendons et nous verrons) devient un AC si la firme profite de sa position pour**: éviter les innovations sans potentiels, éviter les échecs étiquetant la firme comme une rescapée, estimer les marchés en évaluant les résultats des pionniers, diminuer les dépenses en R & D, profiter des coûts d'imitation toujours moins élevés que les coûts d'innovation, gagner des PDM en s'autorisant à investir plus lourdement en promotion que l'innovateur dont les ressources financières sont plus réduites, laisser l'innovateur s'investir dans l'éducation des clients avant d'entrer sur le segment de produits. Finalement, l'imitateur peut très bien surpasser le pionnier à partir de l'innovation qu'il imite et s'approprier les PDM majoritaires de l'activité.

  Microsoft se lance avec un succès déjà annoncé dans le domaine de l'imitation. Profitant de l'ouverture du marché des organiseurs portables par la firme anglaise Psion, la firme américaine a attendu que le leader des années 2000 éduque les cadres à l'utilisation de ce type de produit pour se lancer dans ce secteur avec une puissance de feu fatale pour l'innovateur.

Il est possible de considérer une innovation comme une source d'AC si celle-ci modifie la relation d'usage, son contenu d'information, les possibilités d'application de la part du client. Mais l'innovation consiste également à se constituer une réduction des coûts ou une plus forte différenciation tout au long de la chaîne de valeur, et le long du système de valeur. Certaines firmes s'engageront dans l'émergence d'innovations, d'autres s'orienteront vers l'imitation. Enfin, si les étapes de l'activité ne peuvent bénéficier d'aucune source d'innovation ni d'imitation, les firmes peuvent avoir recours à la sous-traitance pour se les procurer (plus particulièrement dans les services).

Pour aller plus loin

Porter, M. (1986), *L'Avantage concurrentiel*, Paris: Dunod (ch. 5).

Livian, Y. F. (1998), *Organisation: théories et pratiques*, Paris: Dunod (ch. 13).

Chandler, A. (2e éd. 1989), *Stratégies et structures d'entreprises*, Paris: Éditions d' Organisation (pp. 411-444).

Quinn, J.-B. (1992), *Intelligent Enterprise*, New York: Free Press.

Roux, D. (1998), « Les Nouvelles Technologies de l'information et la gestion des entreprises » in *La Documentation française: Management et organisation des entreprises*, n° 287 (pp. 87-95).

Partie 6

La gestion des activités

FICHE 51 SEGMENTATION MARKETING ET STRATÉGIQUE

Formuler un découpage des activités de la firme consiste déjà à sélectionner les priorités sur lesquelles se concentreront l'attention des dirigeants et les actions des collaborateurs. L'étape de segmentation occasionne une réflexion active sur les chemins possibles pour améliorer ou retrouver la compétitivité. À défaut, on ignorera certaines voies d'investigations. La formalisation de cette segmentation est déterminante pour la constitution des plans d'action (la planification) et l'orientation des décisions d'allocation de ressources (budgets et reporting financiers). La démarche de segmentation a pour but d'identifier l'existant et de profiler l'évolution de la firme. Elle incite à accroître l'attention des managers sur des combinaisons d'activités, des cessions ou acquisitions et alliances.

1 SEGMENTATION MARKETING ET SEGMENTATION STRATÉGIQUE

A ~ L'approche marketing

- La segmentation marketing se concentre sur les critères et les comportements d'achat des consommateurs (marketing de masse ou B to C dans le cas de ventes directes aux consommateurs) ou de clients industriels (marketing industriel). Le fondement de l'activité marketing consiste à faire ressortir des variables clés de comportements et de discerner les modalités possibles de consommation : une enquête se centrera par exemple sur la variable « quantité consommée » du produit pour en percevoir les causes explicatives des différences d'utilisation entre groupes de consommateurs.
- Chaque segment marketing sera caractérisé par des comportements influencés par : les lieux géographiques d'utilisation, les facteurs démographiques et psychologiques selon des caractéristiques sociétales, les situations et attitudes d'achat ou de consommation.
- L'activité marketing se concentre sur la collecte de données quantitatives et qualitatives de la clientèle. Ces données, si elles ne sont pas systématiquement traitées statistiquement, sont raisonnées selon le modèle statistique : il s'agit *a priori* (avant distribution) d'arbitrer les concrétisations du produit sur les caractéristiques moyennes ou médianes des groupes de clients pour *a posteriori* (après distribution) ajuster l'offre aux observations d'achats.
- Le marketing stratégique recherche les valeurs explicatives des groupes de clients pour délimiter des segments motivés par des caractéristiques communes. Il se centrera sur les critères de différenciation qu'il est alors possible de mettre en avant pour promouvoir la notoriété de la firme et ses produits. Il tentera d'ériger des barrières symboliques et des coûts de transfert élevés pour le consommateur au travers d'une politique de fidélisation par l'image et les modes d'utilisation.

  Nokia a réussi à se constituer un ensemble de *marketing switching costs* : le mode d'utilisation du navigateur d'adresses et les fonctionnalités d'usage emprisonnent l'usager qui hésitera à changer de marque de mobile sous peine de devoir réapprendre à se servir des fonctions. Parallèlement, la marque constitue un club privilège qui s'adresse principalement aux jeunes consommateurs.

Ceux-ci ayant moins de difficultés à changer de mode d'utilisation, il convient de créer un effet d'identification de groupe qui renforcera la fidélité à la marque.

B ~ L'approche *Corporate Strategy* et *Business Strategy*

- **La démarche *Corporate Strategy*** s'attache à identifier les ensembles d'activités comportant des critères communs de gestion et de mise en œuvre des ressources techniques, humaines, technologiques et identitaires. L'objectif consiste à évaluer la firme au travers d'activités comparables avec les activités des concurrents (et non les firmes entre elles : certaines comportent une ou deux activités concurrentes sur l'ensemble des segments qu'elles peuvent exploiter).
- Chaque segment stratégique sera ensuite caractérisé selon sa position concurrentielle et sa capacité à engendrer une rentabilité par la réduction des coûts ou l'amélioration des différences appréciées par les clients.
- **La *Business Strategy*** consiste à constater la performance économique par segment reposant sur la détention d'un avantage concurrentiel équivalent ou supérieur aux segments comparables détenus par d'autres firmes. Elle identifie les caractéristiques requises (les facteurs clés de succès) pour se constituer cet AC. Chaque segment comportant une multitude de FCS, la formulation stratégique permettra de critériser et hiérarchiser les FCS prioritaires pour l'ambition des dirigeants. L'originalité de la sélection et la combinaison des FCS constituera l'AC par segment d'activité (les domaines d'activités stratégiques : DAS).
- La démarche de segmentation par DAS vise à réunir les conditions d'organisation et de production/distribution les plus opportunes. Elle justifie des agencements spécifiques de ressources et contribue ainsi à renforcer l'avantage concurrentiel de l'activité et de la firme.
- La finalisation sous forme de DAS délimite concrètement le périmètre d'action de la firme. Elle suscite l'émergence des possibles ou cloisonne l'imagination stratégique. Après avoir identifié les segments actuels, il s'agit de répondre aux questions : quelles sont les orientations stratégiques que se fixe l'entreprise ? Quels sont les secteurs où elle est déjà présente ? Quels sont les secteurs d'activité sur lesquels il est possible d'évoluer ? Selon quel niveau de compétitivité et forme d'organisation (la structure) ?

Le développement de BSN (actuel groupe Danone) a débuté avec pour segments d'activité : les verres plats (l'entreprise Les Glaces de Bousois) et les verres creux (la Verrerie Souchon-Neuvesel située dans la vallée du Gier en région stéphanoise). Le développement stratégique de BSN se fondera sur les emballages en verre perdu et la commercialisation des eaux minérales (Évian), abandonnant ainsi les verres plats. En effet, l'évolution des produits de grande consommation est soutenue par la naissance et le développement des grandes surfaces en France. Le raisonnement d'Antoine Riboud, le PDG de BSN, se dirigera alors des contenants aux contenus : le premier virage dans ce sens se fera avec l'acquisition d'une activité laitière en 1973, Gervais-Danone. À ce moment, le groupe possède deux bases stratégiques : les verres et l'industrie des desserts lactés, lesquelles sont ensuite sous-divisées en domaines d'activités stratégiques. Le dirigeant décide alors de se séparer de l'activité verres plats avec laquelle il n'est pas possible de réaliser de synergies compte tenu de l'éloignement entre cette activité et l'alimentaire. Le périmètre stratégique de BSN reste centré sur l'emballage verre et toutes les acquisitions exploiteront des complémentarités, comme par exemple les sauces et condiments. Par la suite, le groupe acquiert des activités biscuiteries créant ainsi pour la première fois un segment d'activité dans le groupe ne faisant plus appel à l'emballage verre et ce segment d'activité sera cédé en 1994 pour libérer le groupe de son image de verrier.

2 Critères de segmentation stratégique

A ~ Identifier et réunir les facteurs clés de succès

- La segmentation stratégique offre une clarification du raisonnement de gestion. Ceci a pour conséquence d'améliorer la démarche réflexive destinée à dégager de la marge (la valeur consommée par le client) et les performances convoitées par les dirigeants (valeur d'usage pour le client, valeur financière pour l'actionnaire, éthique pour la société, développement individuel pour les salariés).

- Il s'agit de distinguer et réunir sous une même activité une variété de prestations (d'utilisation et technologiques) que la firme adresse à des groupes de clients agencés selon leurs inclinations de consommation. Les choix d'actions et les directions sélectionnées se concentreront autour de décisions clés : a) les décisions de s'adresser à des catégories de clients, prescripteurs ou consommateurs ; b) les décisions de recourir à des fournisseurs occasionnels ou partenaires réguliers, ou bien de sous-traitance ; c) les technologies sur lesquelles il est préférable de se maintenir ou d'investir en priorité ; d) les formes d'organisation (les aptitudes) permettant de développer ou de se doter de sources de compétitivité (les compétences) ; e) les formes juridiques autorisant les économies sur les coûts sans entraver le management de la performance.

BSN fut une constellation de marques, de sites de production régionaux, d'entités juridiques distinctes afin de maintenir une gestion locale. La firme aurait pu garder cette formulation et continuer sur sa lancée de verrier. Par contre, l'acquisition de nouveaux segments nécessitait de nouvelles formes d'organisation pour rester dans la course face au gigantisme dans lequel Nestlé et Unilever s'étaient engouffrés : la maîtrise de nouveaux facteurs clés devenait indispensable, et notamment de centraliser la démarche stratégique afin de rassembler les conditions d'émergence de profits indécelables aux managers du niveau local.

B ~ Une méthode de formalisation : le diagramme TAC

- À partir des trois axes moteurs de la stratégie, il devient possible de distinguer de façon globale les domaines d'activités stratégiques qu'il est possible de constituer sur une activité. L'approche initiée par Derek Abell, professeur à l'IMD de Suisse et à la Harvard Business School, prendra comme référence le trinôme technologies, activités, clients pour délimiter les activités stratégiques : celles-ci seront alors caractérisées par des processus. L'école fondée sur les ressources et compétences segmentera selon le trinôme compétences, applications, clients. Les DAS seront dans ce cas caractérisés en fonction des aptitudes détenues par la firme.

C ~ La démarche de segmentation de D. Abell

- Les termes de marché ou segment de marché sont particulièrement subjectifs : comment distinguer le marché mondial de l'aviation de tourisme du segment d'activité que serait l'aviation transatlantique, quand cette dernière pourrait très bien être considérée comme un marché à part entière, comprenant à son tour un segment d'activité que serait la catégorie *business-class* ? La régression s'interrompt au moment où le raisonnement devient absurde.

- Abell propose donc deux démarches pour se donner un cadre plus précis et sans équivoque : la démarche intuitive et la segmentation fine.

  a) La segmentation intuitive prend comme point d'origine la description du produit : le marché du textile ou des céréales. Pour affiner le raisonnement, l'auteur propose d'adjoindre une dimension qui définisse plus précisément le produit : le marché de l'habillement, par exemple. Bien sûr, cette démarche souffre des effets de régression vus précédemment. Une deuxième dimension permet de définir les segments selon un critère consommateur : le marché des vêtements féminins ; des vêtements de pluie ou *outdoor*…

  b) La segmentation fine permet de son côté de mettre en évidence les caractéristiques précises attendues ou espérées de chaque segment selon trois dimensions : les groupes de clients, les fonctions (les applications du produit) attendues des clients, et les types de production (Abell, dans son texte de 1979, ne prend que la dimension technologique qu'il révisera en 1993 en utilisant la notion de « forme technologique » nécessaire à la réalisation du produit, englobant par là les services et donc les compétences collectives de l'organisation).

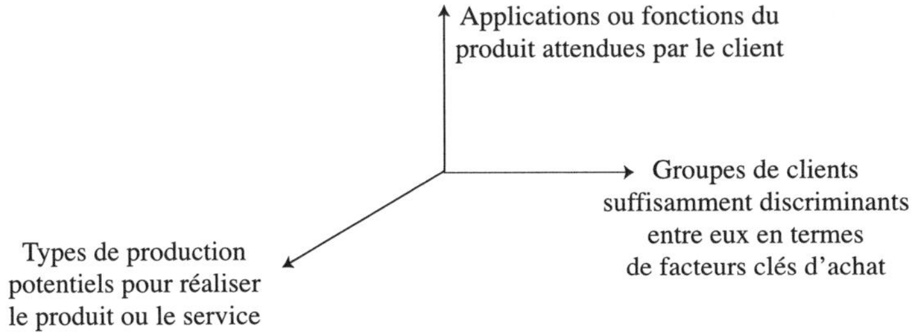

La segmentation du marché des cahiers scolaires peut se faire de la façon suivante : les groupes de clients vont des administratifs d'école, qui prennent en charge des achats groupés, aux spécialistes en papeterie et enfin aux grandes surfaces. Ces trois groupes de clients se comportent différemment et fixent leur attention sur des facteurs qui leur sont propres : les premiers privilégieront l'aide pédagogique (la taille des carreaux ou des lignes), les deuxièmes préfèreront des produits exclusifs à leur positionnement de spécialiste, et les troisièmes attendent des prix et des licences à la mode pour accélérer les ventes. Les applications sont assez restreintes : écrire ou dessiner. Enfin, les types de production peuvent se faire : avec des pâtes à papier recyclées ou des pâtes de chiffons blanchies à l'ammoniaque pour garantir la couleur dans le temps. La conjonction de ces trois axes permet de réunir les caractéristiques clés des activités.

L'étape de segmentation ne peut être réalisée un bonne fois pour toutes, cela signifierait que l'environnement concurrentiel serait stabilisé ou ne réagirait pas aux actions de la firme ! Cette réflexion est à relancer à l'occasion de chaque décision irréversible : avant une acquisition, en période de crise, en cas d'allégement de la structure afin de libérer des ressources financières… les occasions ne manquent pas dans la vie d'une entreprise. Elle est à l'origine de l'émergence d'une recette de réussite, ou à l'origine d'un aveuglement. Chaque segmentation stratégique bouscule la structure de la firme : une restructuration n'est-elle pas avant tout une reconfiguration des DAS pour réussir autrement ?

Pour aller plus loin

Porter, M. (1986), *L'Avantage concurrentiel*, Paris : Dunod (ch. 7).

Atamer, T & Calori, R. (2e éd. 2002), *Diagnostic et décisions stratégiques*, Paris : Dunod (ch. 2).

Allaire, Y. & Firsirotu M. E. (1993), *L'Entreprise stratégique*, Québec : Gaëtan Morin (pp. 8-16).

Abell, D. (1993), *Managing with Dual Strategies*, New York : Free Press (ch. 3).

FICHE 52

LES DOMAINES D'ACTIVITÉS STRATÉGIQUES

L'étape de segmentation permet de déterminer les activités dans lesquelles la firme désire s'investir. L'identification des domaines d'activité stratégiques implique une réflexion interne : quelles sont les activités comportant des caractéristiques proches ? Cette démarche introspective est associée à une réflexion externe : quelles sont les caractéristiques qu'il est en général possible de mettre en œuvre dans cette activité, pour égaler la performance moyenne du secteur ?

1 LES VARIABLES DE SEGMENTATION

A ~ L'approche industrielle

- La caractéristique de cette approche consiste à se centrer sur la relation clients-produits, la technologie étant une donnée immuable. Pour réaliser la segmentation, M. Porter propose de raisonner à partir de cinq critères : a) **les variétés de produits** : il préconise de passer en revue tous les produits qu'il est possible de distinguer et de fabriquer dans un secteur ; b) **la segmentation des clients industriels ou de commerce** : par secteurs et par critères (intérêt sur les différenciations ou les coûts) ; c) **la segmentation des consommateurs** : selon la démographie, les styles de vie et profils psychologiques, les prescripteurs et les occasions d'achat ; d) **la segmentation des circuits de distribution** : vente directe ou distribution intermédiaire, vente par correspondance (et vente par le Net) ou vente par des détaillants, stratégie d'assortiment par distributeurs, exclusivité ou non ; e) **la segmentation géographique** : selon les pays, régions et localités, les zones climatiques, le niveau d'infrastructure.
- La recherche de nouveaux segments s'effectue en combinant l'existant ou en accentuant son étendue le long de critères ciblés.

B ~ Les critères technologiques

- D. Abell a exposé l'intérêt de critériser selon l'extension les technologies utilisées ou utilisables. Chaque segment nécessite une relation avec la technologie mise en œuvre ou potentiellement disponible pour concrétiser une activité homogène. La démarche fait alors apparaître des offres élémentaires de produits pour chaque segment de clientèle couplé à chaque technologie spécifique.
- En faisant apparaître une segmentation élémentaire selon ces trois critères fondamentaux (technologie/application/clients), il est alors possible pour les dirigeants de raisonner non plus en fonction de leurs centres d'intérêt mais de raisonner en termes de facteurs clés de succès (FCS) présents au sein de chaque activité élémentaire. Ainsi, chaque activité élémentaire détectée peut être regroupée avec d'autres, en fonction des similitudes de FCS à détenir et à combiner à partir des ces trois axes. Les domaines d'activité stratégiques regroupent exclusivement la combinaison de facteurs clés, permettant de focaliser les objectifs selon les conditions communes de compétitivité (faible coût ou différenciation) d'un ensemble d'activités élémentaires.

2 Identifier les similitudes et les distinctions

A ~ Les compétences détenues par les DAS

- Chaque DAS comporte des compétences individuelles et collectives pour mettre en œuvre la réalisation des produits. Il convient alors d'identifier également ce que chaque DAS fait, peut faire ou pourrait faire pour atteindre les FCS nécessaires à la satisfaction des clients (leurs critères de valeur). L'approche par les ressources et les compétences tente alors de repérer les qualifications nécessaires dans chaque DAS.

	Segment existant	**Segment potentiel**
Qualification et compétences existantes	Produits actuels : produits et technologie existants	Produits latents : produits pouvant être réalisés avec les compétences détenues
Qualification et compétences potentielles	Nouvelle activité : produits déjà proposés par les concurrents nécessitant de nouvelles technologies	Produits d'essais d'intégration de nouvelles compétences

D'après Klein & Hiscocks.

B ~ Les décisions issues de l'évaluation des DAS

- a) L'identification des FCS prioritaires à détenir sur chaque activité élémentaire permet de constater les écarts entre les FCS détenus et ceux dont la firme doit se doter. b) L'identification des segments élémentaires en domaines d'activité permet de cibler les complémentarités immédiatement réalisables entre des facteurs clés communs aux différentes productions de la firme. La réunification des FCS communs constitue les DAS. c) L'identification des activités permet de cibler des complémentarités immédiatement réalisables au niveau du portefeuille d'ensemble, en partageant les mêmes savoir-faire ou les ressources communes sous une entité commune (les bases stratégiques).

  Pour se maintenir sur le DAS des activités jouets en plastique soufflé (gamme de jouets d'imitation creux comme des cuisinières, des micro-ondes...), Smoby a développé une gamme de containers en plastique destinés aux industriels. Pour éviter la sous-traitance ou la suppression de cette ligne de produits, la firme cherchait de nouvelles applications afin de maintenir cette technologie à sa disposition : il résulta que Smoby, premier fabricant de jouet d'éducation en Europe, dut développer un DAS containers industriels en plastique... bien loin des rêves enfantins, mais profitable en raison du partage de moyens technologiques nécessaires à la survie de plusieurs activités de l'entreprise.

C'est à partir de l'identification, de la constitution et de l'agencement des DAS que les gains de compétitivité se réalisent : les partages de ressources grâce aux combinaisons de FCS sous un même domaine d'activité. Il ne s'agit donc pas de chercher à réduire des coûts au niveau de chaque activité élémentaire, ce qui conduirait à se séparer de compétences ou de moyens de production, mais à rechercher à rendre possibles des transferts de savoir-faire et des partages de ressources entre activités élémentaires, et ensuite réaliser des liens (les synergies ou les complémentarités) entre DAS.

Pour aller plus loin

Atamer, T. & Calori, R. (2e éd. 2002), *Diagnostic et décisions stratégiques*, Paris : Dunod (ch. 2).

Porter, M. (1986), *L'Avantage concurrentiel*, Paris : Dunod (ch. 7).

Klein, A. K. & Hiscocks, P. (1994), « Competence-Based Competition : a Practical Toolkit » in Competence Based Competition, Chichester, England : John Wiley (ch. 8).

FICHE 53

L'ARCHITECTURE DES COMPÉTENCES

En distinguant le « quoi » du « comment », l'approche par les compétences propose une interprétation à partir de ce que la firme est capable de faire. Celle-ci ne bâtit plus une stratégie à partir de son positionnement sur l'environnement mais à partir des produits et des compétences qu'elle a mobilisés et architecturés. Une difficulté consiste à identifier les actifs stratégiques de l'entreprise pour ensuite instaurer une politique de soutien et de développement.

1 Les formes de compétences détenues dans les activités

A ~ La détention d'actifs

- M. Porter identifie plusieurs *drivers* (moteurs) à l'origine de l'avantage concurrentiel. Chaque activité comporte un ou plusieurs de ces moteurs de la performance. De la même façon, la firme mobilise plusieurs actifs différenciateurs ou réducteurs des coûts. Ces actifs et compétences sont détenus par les activités et sont complémentaires à une approche par le positionnement : a) **les actifs technologiques** : comme les capacités de R & D, les savoir-faire technologiques, la réputation de la firme, l'accès à des ressources technologiques spécifiques, la facilité d'appropriation de capacité de production, la capacité relationnelle avec les fournisseurs, les situations d'expérimentation des employés (*slack* organisationnel ou procédures) ; b) **les actifs de processus** : réseaux de distributeurs, leur fidélité, les parts de marché ; c) **les actifs relationnels** : la progression de la réputation de la firme, les effets d'image, la fidélité d'achat, l'effort de s'informer sur la marque, les réseaux d'utilisateurs, une base de consommateurs déjà bien identifiée et installée ; d) **les actifs d'ordre général** : le capital humain (les talents détenus par les managers, les effets d'expérience spécifiques à l'industrie, les connaissances des employés et des managers), les capacités financières, la maîtrise des systèmes d'information, les connaissances en marketing, les relations instaurées avec les institutions régulatrices.

B ~ L'identification des compétences fondamentales

- Pour arriver à identifier les compétences fondamentales détenues par la firme, il faut décomposer les différentes étapes des activités opérationnelles quotidiennes. Johnson et Scholès proposent trois étapes de décomposition : a) **les raisons primaires du succès de l'activité** : quelles sont les sources de valeur que comporte l'offre, lesquelles sont reconnues et valorisées par les consommateurs ? b) **les raisons secondaires** : quelles sont les principales sources de valeur (les actifs) auxquelles les clients (distinguons nouveaux clients et consommateurs) accordent le plus d'importance ? c) **les raisons tertiaires** : quelles sont les opérations qui rendent possibles ces actifs ?
- Au niveau du portefeuille d'activités, la démarche consiste à relier les compétences centrales aux DAS. L'approche par les compétences explique le comment de la performance, donc, indirectement, il faut identifier la chaîne de causalité à réunir au sein des activités afin de mettre en évidence les origines spécifiques des compétences. L'analyse du portefeuille de compétences remonte alors plus haut, au niveau de l'organisation et des capacités collectives.

2 Typologie des compétences

A ~ Quatre niveaux d'identification des compétences

- Les compétences sont des savoir-faire en action. Elles apparaissent à plusieurs stades de l'organisation : du niveau individuel au niveau collectif. L'identification peut se faire selon le cheminement suivant : a) **les compétences opérationnelles : savoir/savoir-faire/comportement**. Il s'agit d'une compétence individuelle, liée à un individu et à son comportement, comportant une large part d'apprentissage du métier. Ces compétences sont liées aux relations antérieures des individus, à leurs facultés à conscientiser des situations complexes, à créer des liens entre le contexte et leurs motivations, mais aussi entre le contexte et leurs connaissances ; b) **les compétences contextuelles : savoir/savoir pourquoi/savoir comment**. Ce sont les compétences fonctionnelles impliquant un management de proximité. L'esprit de groupe ou la culture de l'entreprise associés à la dynamique d'entre aide mutuelle influence l'émergence de compétences fonctionnelles ; c) **les compétences interactionnelles : savoir agir/pouvoir agir/vouloir agir**. Il s'agit là de la capacité des individus à interagir entre eux et sur leurs contextes communs au-delà des étapes fonctionnelles de la chaîne de production ; d) **les compétences organisationnelles : apprendre collectivement/coordonner collectivement/intégrer collectivement**. L'apprentissage organisationnel en tant que combinaison-coordination : compétences de la firme et de ses dirigeants à peser sur les interactions.
- L'identification des compétences disponibles, mais aussi la coordination des différentes étapes s'intègrent dans la démarche ressources humaines. Pour cela, elle peut : a) profiter des acquisitions et des alliances au niveau *corporate* pour importer de nouvelles pratiques facilitatrices ; b) instaurer des lieux d'incubation à partir d'une démarche projet ; c) explorer les circonstances de réussites passées ou en cours, afin d'en extraire des facteurs explicatifs.

B ~ L'architecture des compétences de la firme

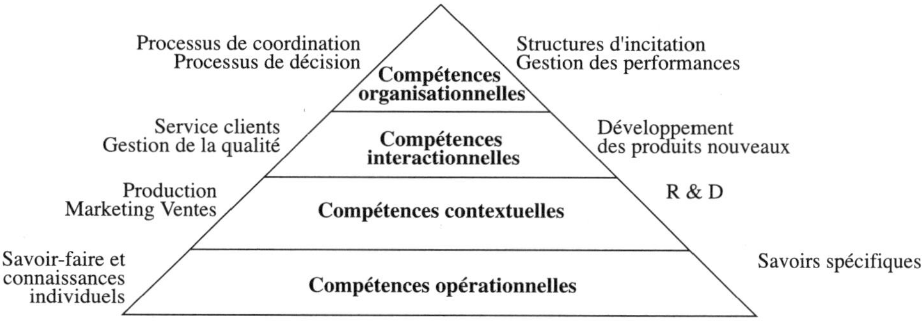

Les compétences sont définies comme un agencement des capacités et des ressources en possession de la firme pour réaliser ses produits ou ses activités. Sous forme architecturale, le travail d'identification des compétences englobe toutes les parties prenantes de l'organisation : de la dimension individuelle à la dimension organisationnelle. La stratégie consiste à lier les étapes intermédiaires et à se concentrer sur la concrétisation des compétences (sous forme organisationnelle, de routines et de processus ou de connaissances) avant de se focaliser sur les produits.

Pour aller plus loin

Johnson, G. & Scholès, K. (2000), *Stratégique*, Paris : Publi-Union (pp. 186-196).

FICHE 54

LE PORTEFEUILLE DE CONNAISSANCES ET DE PROCESSUS

Le Knowledge Management *conçoit la firme comme un lieu d'application et de coordination des savoirs détenus par les acteurs. Le rôle du management consiste à gérer la firme non plus exclusivement comme un portefeuille de produits selon le ratio volume/coûts, ni comme un portefeuille d'activités selon le ratio différenciation/position concurrentielle, mais en intégrant également les savoirs selon le ratio connaissance/coordination des actions : le portefeuille de processus.*

1 LES CONNAISSANCES DANS LES PROCESSUS

A ~ Deux niveaux de connaissance dans l'organisation

- Les savoirs peuvent être tacites ou explicites. Dans le premier cas, l'identification des apports des connaissances à la stratégie de la firme demande un travail de conscientisation des relations entre les individus porteurs de ces connaissances et les activités de la firme. L'application effective des connaissances s'inscrit sous forme de compétences apportées par les acteurs à la réalisation des processus.
- Les processus sont au centre de la réalisation de la stratégie. Cependant, en se dématérialisant (passage du traitement procédural de la situation à l'intelligence de situation), il devient plus complexe de les identifier et d'en faire une évaluation stratégique.

B ~ Les caractéristiques des connaissances

- Machlup, en 1980, se pose la question : « Comment s'approprier des connaissances dans la firme ? » Les processus permettent aux individus de : connaître par l'intermédiaire de quelqu'un, être familier avec, être informé de, se souvenir, collecter, identifier, distinguer, comprendre, interpréter, être en position d'expliquer, être en position de démontrer, pouvoir parler au sujet de, pouvoir réaliser.
- À partir de cette approche, il identifie cinq classes de connaissances dans l'entreprise : les savoirs pratiques, les savoirs intellectuels (comprenant les sciences mais surtout la culture de la firme), la connaissance du passé (les histoires, les ragots...), les croyances et des connaissances inappropriées ou erronées.

2 LES PROCESSUS

A ~ Le portefeuille de processus

- Les processus sont la conséquence des connaissances des individus qu'ils mettent en commun dans le but d'applications spécifiques destinées à produire des biens ou des services. Seuls les individus connaissent, et l'organisation ne peut améliorer sa compétitivité par des processus que par l'acquisition ou le maintien des savoirs individuels détenus par les collaborateurs ou par l'intégration de nouvelles personnes dans les processus.

- Les processus sont des ensembles de compétences, ressources et connaissances à disposition des individus dans l'organisation : ce sont des combinaisons affectées pour l'action de production, de décision ou d'innovation. Au niveau organisationnel, il est possible de distinguer trois niveaux de processus faisant appel à diverses formes de connaissance :
  – **Les processus stratégiques de l'entreprise** : décisions de réalisation, de conception et de distribution des produits.
  – **Les processus de support** : participant indirectement à la bonne poursuite des projets.
  – **Les processus de management** : intermédiaires entre les actions et la cognition (connaître et comprendre) des collaborateurs.

B ~ Les processus de capitalisation des connaissances

- Nonaka et Takeuchi proposent quatre formes de conversion et diffusion destinées à capitaliser (intégrer) les connaissances au niveau du groupe d'individus. Les connaissances tacites sont des connaissances subjectives (des modèles mentaux) combinant l'expérience, un lieu de réalisation immédiat (ici et maintenant) et une pratique. Les connaissances explicites incluent les raisons conformées aux objectifs (la rationalité), séquençables dans l'organisation temporelle et digitales (c'est-à-dire stockables et transmissibles sous une forme de codage). La conversion vise à véhiculer une forme de connaissance vers une autre destinée à élargir les possibilités d'actions dans les processus entre les individus, entre les groupes, au niveau de l'organisation et enfin au niveau interorganisationnel (pour le cas de la grande firme multiactivités).
- **La socialisation : de tacite à tacite**. Transmission d'un individu à un individu sans formalisation de langage, mais par le partage de l'expérience. Tutorat, compagnonnage...

  L'externalisation : de tacite à explicite. Explicitation d'un savoir-faire spécifique destiné à la transmission, ou à la capitalisation, des savoirs et des compétences. Heuristiques, métaphores, analogies, modélisations...

  La combinaison : d'explicite à explicite. Transmission des connaissances entre les personnes, ou les services. Partage des informations et ouverture des opportunités. Groupes de travaux, clubs des bonnes pratiques...

  L'internalisation : d'explicite à tacite. Acquisition d'un savoir modélisé (explicite), schémas cognitifs, que l'individu intègre en faisant. L'apprentissage dans l'action.

  La plupart des séminaires de formation comportent différentes dimensions. Ce sont des lieux de socialisation dans la mesure où les acteurs se rencontrent, parfois pour la première fois après de nombreux échanges téléphoniques ou mails. Ce sont également des lieux d'intégration de nouvelles connaissances explicites que les formateurs apportent. Mais les deux autres dimensions sont également présentes : les informations, trucs et astuces sont exprimés, induisant de nouvelles idées de combinaison de ces savoirs dans leurs propres activités.

Les connaissances ne sont pas des actifs quantifiables dans l'organisation. La plupart des systèmes de contrôle ou de raisonnement s'appuient sur des actifs corporels mettant au second plan la valeur de l'innovation liée aux connaissances. Une étape simple consisterait à évaluer comment et combien (en temps ou argent) coûterait le remplacement d'une ressource actuellement détenue par la firme : des individus jusqu'aux savoirs incorporés au cœur des compétences spécifiques.

Pour aller plus loin

Tarondeau, J.-C. (1998), *Le Management des savoirs*, Paris : Que sais-je ? (ch. 1 et 2).

Nonaka, I. & Takeuchi, H. (1997), *La Connaissance créatrice*, Bruxelles : De Boeck Université (ch. 3).

Lorino, P. (2001), *Méthodes et pratiques de la performance*, Paris : Éditions d'Organisation (ch. 1 et 12).

FICHE 55

ÉQUILIBRER LE PORTEFEUILLE D'ACTIVITÉS

L'évaluation du portefeuille d'activités à partir de la matrice BCG1 ne bénéficie plus d'une solide réputation. En effet, dans le cadre de l'analyse stratégique, la pertinence de cette matrice est controversée : elle est issue d'une période de forte croissance (les années 1970) et le contexte actuel impose de nouvelles contraintes que le modèle ne peut intégrer. Par contre, dans le cadre d'une stratégie de financement, et plus précisément d'une stratégie financière adossée aux intentions stratégiques, le modèle apporte une double lecture toujours d'actualité : il permet de justifier de sources d'autofinancement détenues par les firmes et d'afficher les résolutions de partage du risque financier entre la firme et les apporteurs de capitaux. Les capitaux-risqueurs, les boursiers institutionnels ou les particuliers éclairés, les banques et les autres firmes du secteur évaluent le plus souvent à l'aide de ce modèle d'interprétation les signaux émis par les dirigeants au travers des discours et interviews. Sous-entendu ou explicitement, il image également les commentaires de journaux spécialisés portant sur la conduite des portefeuilles d'activités.

1 Le modèle BCG 1

A ~ L'attraction des parts de marché

- Ce modèle, conçu par le Boston Consulting Group (BCG), s'appuie sur les conséquences de la progression des PIB (produit intérieur brut d'une nation) au cours des années 1970. Pour maintenir sa firme dans la compétition, il fallait alors principalement s'attacher à s'approprier le plus de parts de marché possible. Cette manœuvre favorise les entreprises qui arrivent ainsi à capter le profit lié aux effets d'apprentissage.
- Le BCG répertorie trois facteurs moteurs à l'origine de la courbe d'expérience (courbe d'apprentissage) et par conséquent de l'abaissement des coûts :

  a) **les effets d'échelle**, avec d'une part les bénéfices liés à l'étalement des frais fixes incompressibles sur de plus grandes séries de production, et d'autre part l'ajustement des frais variables qu'autorise un nouvel agencement des conditions de production (une taille du site de production permet d'améliorer le taux d'automatisation et ainsi ouvre l'accès à une plus grande spécialisation, elle-même à l'origine d'un effet d'apprentissage) ;

  b) **l'apprentissage et la productivité** : plus la firme vend, plus les collaborateurs apprennent à produire plus et mieux, à moindres coûts, là où les concurrents ne peuvent réaliser de telles performances en raison d'une part de marché plus restreinte ;

  c) **l'innovation** est souvent le résultat de l'accumulation de savoir, tests, observations et expériences cumulées, et donc ne diffère pratiquement pas de la notion d'effet d'apprentissage ou d'expérience.
- La matrice BCG 1 centralise le positionnement des différentes activités détenues par la firme afin de mettre en évidence la position concurrentielle et la croissance future de

chaque activité. Le critère fondamental du modèle à long terme est le flux net de liquidités, c'est-à-dire la contribution brute au profit de chaque DAS après en avoir retiré les investissements nécessaires pour leur constitution. Plusieurs critères sont à appréhender pour raisonner à partir de cette matrice : a) les résultats d'une activité se comportent selon le principe d'un cycle de vie, c'est-à-dire qu'il y a d'abord une nécessité d'investir, donc de subir une phase négative de flux de trésorerie, avant de bénéficier d'un retour sur investissement ; b) au cours d'une phase négative d'une activité, ce sont les autres activités de la firme qui procurent en partie le financement (avec, selon l'ampleur et la nature des projets, un recours au marché financier et/ou aux actionnaires).

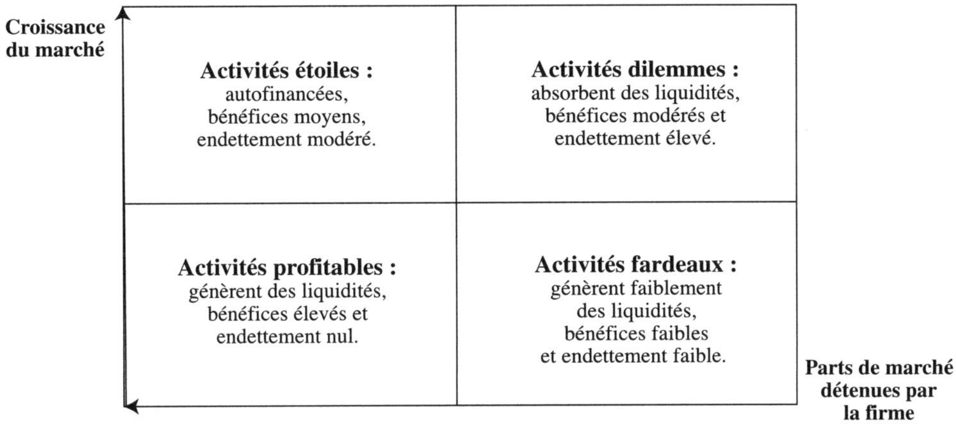

B ~ L'équilibre de la firme dépend de l'équilibre de son portefeuille

- À l'origine du modèle, il s'agit de prescrire une dynamique de réussite entre les différentes activités de la firme : une activité démarre sa vie sous forme de **dilemme** : constitue-t-elle une opportunité de croissance, doit-on pousser cette activité et donc investir ? Puis, sous les actions de l'entreprise, elle emporte des parts de marché, immobilise les ressources financières nécessaires aux investissements de soutien et consolidation pour atteindre une performance suffisamment solide et justifier sa place **d'étoile** sur un marché en pleine croissance. D'après l'approche du cycle de vie, toute activité décroît et nécessite moins d'attentions de la part de la firme : la diminution des investissements en fait une activité **profitable** (si le chiffre d'affaires diminue moins vite que le retrait des capitaux au travers des amortissements ou cessions, le profit revient à la firme sous forme de flux de fonds nets de trésorerie). En revanche, en phase de déclin du marché, elle devient un fardeau qui posera le problème de l'évaluation du moment propice pour s'en séparer, lorsque les engagements en capitaux qu'elle réclame pour être maintenue deviennent sans espoir de relance.
- Le chemin ci-dessus constitue l'idéal de gestion d'un portefeuille d'activités. En suivant cette prescription, les firmes autofinancent leur développement du court terme au moyen terme : les produits ou activités, voire les filiales profitables, produisent les ressources financières pour soutenir les activités étoiles et s'engager dans les activités dilemmes. Il s'agit pour les décideurs de régénérer le plus souvent possible cette rotation de portefeuille. Le modèle de raisonnement est directement fondé sur le principe de croissance soutenable (de plus en plus appelée croissance rentable par les dirigeants : le terme de rentabilité étant plus significatif pour une communication). La croissance de l'entreprise restera équilibrée si les différents leviers de la performance n'exercent pas d'effets négatifs entre eux. Dans ce cadre, la rentabilité des capitaux engagés dépend de la position concurrentielle des activités et plus directement de la stratégie de part de marché par domaine d'activité.

L'entreprise Bonduelle s'est spécialisée dans le conditionnement des légumes prêts à l'emploi. Initialement spécialiste de la conserve, cette activité est aujourd'hui relayée par deux nouveaux domaines d'activités qui sont les légumes congelés et les légumes frais en emballages stabilisés. La firme progresse selon le principe de croissance soutenable : chaque nouvelle activité est soutenue par la conserverie qui génère les plus fortes marges (d'autant plus que de nombreux acteurs de ce secteur se sont retirés). Les conserves sont l'activité produisant le plus de liquidités, et les activités de légumes congelés progressent en parts de marché grâce aux nouveaux comportements de consommation des ménages. Les produits en emballages conditionnés nécessitent encore des investissements nombreux et la firme ne détient pas encore de parts de marché significatives : par contre, les signaux significatifs que sont les décisions de rachat de PME dans le conditionnement de salades prêtes à l'emploi sous atmosphère stabilisée signifie que ce domaine d'activités entre clairement dans la stratégie de développement de Bonduelle.

- De nombreuses PME raisonnent cependant en suivant une logique historique de métier et non de portefeuille d'activités. Cependant, les activités comportant un taux élevé de main-d'œuvre (à l'origine de l'avantage concurrentiel fondé sur une réactivité de proximité) diminuent fortement, et les activités de services, ou plus précisément d'ingénierie dérivées des métiers d'origine, progressent. Nouvelle activité étoile d'un côté et activité fardeau de l'autre : le grand écart est souvent difficile à tenir pour ces PME si elles ne possèdent pas d'activités profitables pour financer la phase de changement.

2 Identifier les priorités

A ~ Arbitrer entre les domaines d'activités stratégiques

- Ce modèle offre cependant des avantages : il est une aide à la décision de répartition des ressources non financières. En orientant les innovations, ou les ressources humaines, vers les activités dilemmes, il est alors possible de modifier sa détention de parts de marché.
- L'intérêt majeur consiste à identifier et exploiter les activités profitables pour se constituer des ressources financières. Dans ce cadre, le modèle justifie alors l'intention de racheter des PME monoactivité mais profitables (activité profitable ou « vache à lait ») pour renforcer la cohérence d'un portefeuille global.

À l'occasion d'une interview accordée au *Journal des Finances*, le président du directoire de la firme Générale Location expose sa décision d'achat d'une entreprise spécialisée en agencement intérieur de bâtiments publics. Historiquement positionnée sur les secteurs des salons, de l'événementiel et de l'agencement, Générale Location ne réalise cependant que 8 % de son CA sur ce troisième secteur d'activités. Après acquisition, l'activité progresse à 20 % et génère une rentabilité supérieure aux deux autres métiers. La politique de portefeuille désirée est atteinte : générer un flux de liquidités pour soutenir les deux autres secteurs soumis à des variations saisonnières.

B~ Équilibrer la visibilité stratégique sur les marchés boursiers

- La facilité de compréhension du modèle BCG 1 apporte en fait une lecture de l'équilibre financier du portefeuille stratégique de l'entreprise. L'expression « vache à lait » pour les activités profitables est devenue un terme de la vie courante, et de nombreux dirigeants prennent soin d'équilibrer leur portefeuille d'activités afin de donner aux marchés une visibilité sur le partage des risques financiers entre l'autofinancement et le recours aux places boursières ou aux emprunts.

Au moment de séparer les différentes activités du groupe France Télécom au sein de trois entités distinctes, l'opérateur français a dessiné un profil de portefeuille permettant aux futurs actionnaires de saisir sa volonté de participer à l'autofinancement des risques. Ainsi, en introduisant « Les Pages Jaunes » dans la corbeille de naissance de Wanadoo, France-Télécom envoie un signal clair d'autofinancement partiel de l'enjeu Internet. Le flux de liquidités que représente cette activité « vache à lait » représente plus de 101 millions d'euros (excédent brut d'exploitation) pour le premier semestre 2001, alors que l'activité accès à Internet subit encore une perte d'exploitation avec des prévisions d'équilibre pour 2003. Cette politique d'autofinancement et de partage des risques réduit les exigences de dividendes des actionnaires et consolide leur fidélité.

C ~ Construire une stratégie financière

- En prenant un chemin inverse à celui du BCG, les firmes s'appuient donc quand même sur cette matrice pour équilibrer les types de recours aux capitaux investis. L'approche risque identifie les partenaires financiers à même de s'engager dans les différentes formes d'investissement.

– Les activités dilemmes, si elles sont maintenues dans le portefeuille, feront appel aux actionnaires stables sous forme d'augmentation de capital. Par contre, plus le risque du secteur est important, plus la firme s'orientera vers des capitaux-risqueurs.

– Les activités étoiles, prometteuses par nature, attireront les investisseurs de marchés boursiers (sous forme d'augmentation du capital flottant). La visibilité stratégique de la firme sur sa capacité à capter le potentiel futur est primordiale pour obtenir le soutien d'un tel financement.

– Les activités profitables sont sûres à court terme: la firme bénéficie alors d'un *effet de levier financier* en ayant recours à l'endettement auprès des banques.

– Les activités fardeaux sont généralement financées par l'endettement et les synergies qu'elles peuvent dégager avec les autres activités du groupe. Il est également possible de maintenir ces activités avant de convenir d'une cession à une firme spécialiste du secteur, qui achète dans ce cas des opportunités de réduction de coûts: synergies, économies d'échelle par l'obtention de la taille critique, acquisition d'une marque historique, prime au leader...

La vertu de ce modèle est de simplifier le raisonnement. Sur le plan exclusivement stratégique, son but n'est plus pertinent: les activités doivent bénéficier d'autres sources de profitabilité que les seuls effets d'apprentissage initialement visés par le modèle. Par contre, la visibilité des implications stratégico-financières du portefeuille d'activités et notamment la complémentarité des besoins de financement, permet d'anticiper les contraintes de croissance.

Pour aller plus loin

Atamer, T. & Calori, R. (2e éd. 2002), *Diagnostic et décisions stratégiques*, Paris: Dunod (ch. 4).

Johnson, G. & Scholes, K. (2000), *Stratégique*, Paris: Publi-Union (pp. 212-217 et 322-325).

Allouche, J. & Schmidt, G. (1995), *Les Outils de la décision stratégique*, Paris: Repère, t. 1 (pp. 53-57).

FICHE 56

ÉVALUER LE PORTEFEUILLE D'ACTIVITÉS

Le modèle BCG 1 s'appuie sur des critères quantitatifs et présuppose une relation positive entre la détention de parts de marché et la réduction des coûts par l'effet d'apprentissage. Le modèle que propose le cabinet Mc Kinsey s'appuie de son côté sur la relation entre la maîtrise des FCS (atouts de la firme) et l'intérêt d'être présent sur un segment d'activité (l'attrait du marché). Outre la vertu d'analyse de la valeur stratégique du portefeuille d'activités possédé par la firme, la matrice fait également apparaître les faiblesses de la firme, ou son impuissance à détenir des positions plus favorables. Par contre, les exigences de construction nécessitent une attention toute particulière.

1 UNE APPROCHE SUBJECTIVE

A ~ Formaliser la procédure du modèle SWOT

- Le modèle « opportunités-menaces-forces-faiblesses » (abrégé en anglais par SWOT) apporte un cadre à la réflexion. Il est cependant difficile de le mettre pratiquement en œuvre. Soit le dirigeant est seul décideur (cas des PME), et dans ce cas il est assez délicat pour lui d'expliciter des idées objectives sur son environnement ou sa firme: les biais cognitifs et l'absence d'interlocuteur le pousse fréquemment à prétexter l'intervention d'un consultant avec lequel il pourra (peut-être !) élargir ses champs de réflexion. Soit il s'agit d'une firme plus importante avec un ensemble de décideurs, et il est alors complexe de coordonner tous les angles d'analyse aboutissant le plus souvent à des avis contradictoires: les opportunités de certains sont des faiblesses pour d'autres...
- Le modèle Mc Kinsey offre l'avantage de réunir ces termes polysémiques du principe SWOT (mais surtout polymorphes, tant le même mot peut changer de sens suivant les acteurs) en des termes d'appréciation de la firme et de son secteur:

  – Par atout, on introduit l'évaluation subjective des forces et faiblesses de la firme ;

  – Par attrait, on introduit l'estimation subjective des opportunités et des menaces du secteur.

  La matrice comporte surtout l'avantage de renvoyer les décideurs à une confrontation de leurs évaluations respectives de la firme et de leurs estimations du secteur.
- L'apport de ce modèle consiste à formaliser plusieurs points fondamentaux pour expliciter la situation actuelle du portefeuille d'activités, distinguer les critères du marché et les facteurs décisifs détenus.

  – **Les critères du marché identifient l'attrait**. Une ou plusieurs séances de réflexion sont généralement nécessaires pour que les dirigeants extériorisent et identifient des valeurs de marché enfouies dans leurs représentations usuelles. Les variables mesurant la valeur des segments stratégiques sont: le taux de croissance des activités, la part de marché des principaux concurrents, le niveau d'équilibre des prix, les risques de substitution des produits, la stabilité technologique des process et des produits, le potentiel de gain de productivité, les barrières à l'entrée, l'origine de la valeur ajoutée, les possibilités de diversification et de différenciation, le potentiel de développement international, la sécurité des approvisionnements, la saisonnalité (complémentarité ou stabilité)...

– **Les facteurs clés de succès détenus constituent les atouts.** L'intérêt de faire plusieurs séances permet pour le maître d'œuvre de la matrice de vérifier la réalité des propositions de facteurs clés détenus par la firme et ses acteurs (notamment lorsqu'il s'agit des compétences ou capacités impliquant une investigation interne de l'organisation). Les variables mesurant la position concurrentielle de l'entreprise dans chaque domaine d'activité sont : la part de marché potentielle, la compétitivité des coûts de revient, la compétitivité du rapport qualité-prix, la qualité de l'outil de production, le taux d'utilisation des capacités, le potentiel de R & D, la maîtrise des composants du marketing, la qualité de la distribution et de la force de vente, l'intégration amont-aval de la production (couverture de la chaîne de valeur), l'ouverture géographique, la rentabilité économique et les ressources financières, l'image externe que confère la présence de la firme sur l'industrie, les niveaux de connaissances et les capacités détenues de façon collective...

B ~ Les conditions spécifiques de mise en œuvre

- Le contexte dans lequel se réalisera une telle approche détermine la pertinence de la matrice. Insistons sur les conditions de production pour un tel travail : les jeux d'acteurs, les rapports de force, les hiérarchies implicites ne peuvent être ignorés. Un intervenant externe effectuera une appréciation de ces forces et incitera, voire insistera sur le recours à des coefficients de pondération plus que sur les notations effectives : il est plus facile de se mettre d'accord sur des valeurs de pondération que sur la hiérarchie des critères (incontestablement, l'expérience de l'intervenant influencera la réalisation et la pertinence du modèle).
- Des effets de communauté discursive peuvent apparaître : certains types de discours sont partagés au sein d'une même entreprise et il est préférable de faire intervenir des collaborateurs de terrain, et même des « candides » (souvent choisis parmi les clients) pour tenter d'affaiblir le consensus implicite dans lequel peuvent s'immobiliser les acteurs d'une même communauté discursive.
- Les jeux de pouvoir entre acteurs présents aux séances sont observables, mais les enjeux entre acteurs présents et absents influencent également la construction de la matrice. Il est conseillé de vérifier si, dans le cas d'une PME, le PDG ou les propriétaires pèsent indirectement sur la réflexion.
- Il est nécessaire, et même indispensable, de faire intervenir une personne (interne ou externe) dont le rôle est de veiller au cadre participatif des séances : il s'agit d'éviter la domination entre participants ratifiés (les hiérarchiques) et les témoins (les individus hiérarchiquement en position inférieure ou les clients invités).
- Réunir les mots usités sous forme de lexiques : les lexiques centralisent les domaines abordés par les participants. Il est ainsi possible de voir apparaître une prédominance de termes financiers, ou de termes industriels, marketing... Il s'agit alors d'inviter les participants à investiguer en dehors des lexiques dominants.
- Des séances trop longues engendrent des métadiscours : les individus introduisent des appréciations générales sur leurs propres appréciations. De l'ordre des valeurs ou de l'idéologie, ces métadiscours auto-influencent les acteurs. Mieux vaut plusieurs séances courtes qu'une seule séance longue.

C ~ Éviter l'influence des paradigmes organisationnels

- Sous forme de paradigme (visions partagées et acceptées par les membres de l'organisation) ou sous forme de cartes cognitives (*cf.* fiches 10 et 69), il est fondamental de bien placer cette matrice dans le cadre d'une construction subjective de la réalité. Les firmes ne sélectionnent que des perceptions de leur environnement et n'en retiennent que les actions qui les arrangent. La carte interprétative sous forme atout-attrait des activités ne constitue pas le territoire !

- Cette matrice offre par contre l'intérêt de tenter de **confronter les décideurs à des possibles stratégiques**, de faire émerger des différences, d'expliciter des chemins préconstruits, qu'il peut être profitable de disloquer sous peine de reproduire « toujours plus de la même chose »... La matrice Mc Kinsey est donc une façon ou une méthodologie de formalisation des perceptions d'une situation future concernant les activités du portefeuille de la firme. Elle est d'autant plus profitable pour élaborer les orientations futures, qu'il est possible de suivre une démarche identique afin de faire apparaître les activités des principaux concurrents, et donc, de construire au bout de la démarche une cartographie des activités de la firme, de celles de ses concurrents et de visualiser les évolutions que perçoivent les dirigeants.

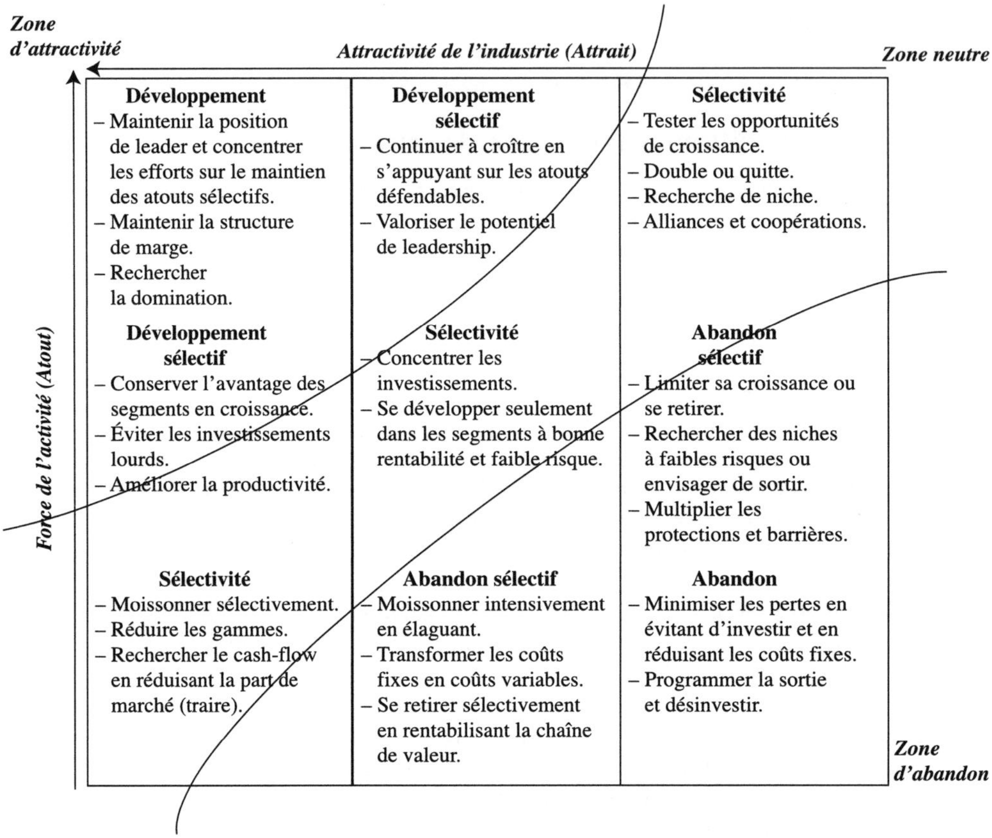

2 Les niveaux d'utilisation de la matrice

A – La confrontation du passé, du présent et du futur

- En visualisant les mouvements des différentes activités sur la matrice, il est intéressant de faire les constats suivants : Quelle a été la politique de financement des activités actuelles ? Quelle est la situation instantanée du potentiel compétitif de la firme ? Quelles sont les évolutions probables des facteurs clés, des ressources et des attraits de chaque activité ?
- Elle permet aussi de visualiser l'intérêt stratégique des facteurs de motricité de la firme (les drivers de la performance) et les facteurs indépendants de la firme (l'analyse macro-environnementale) : toute tentative de déplacement d'un DAS d'une zone à l'autre du modèle sera tirée par un ou des drivers et se heurtera aux tentatives de contrariété de l'environnement.

B ~ L'ensemble des niveaux d'activité

- Un autre mérite du modèle Mc Kinsey est d'être compatible avec tous les niveaux stratégiques de la firme et du système de valeur : de la base stratégique au niveau clients. Une telle démarche consiste à formaliser toutes les formes de FCS qu'il est nécessaire d'identifier, maîtriser ou devoir mettre en œuvre. L'analyse en aval identifie les FCS que les distributeurs des produits de la firme possèdent effectivement afin d'entamer une politique sélective des partenaires qui ne rentreraient pas dans la politique d'image ou de mise en valeur de l'avantage concurrentiel.

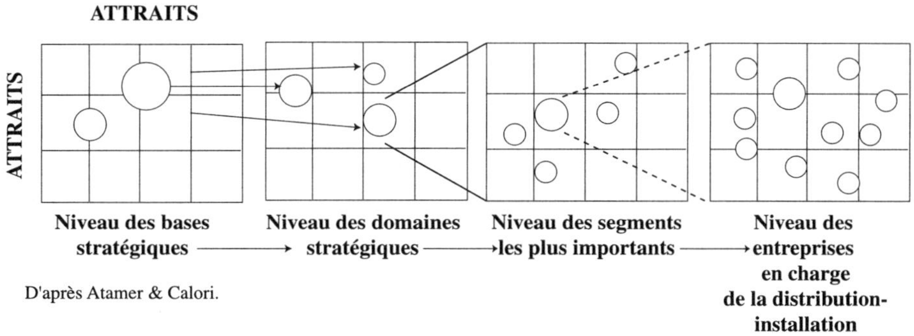

D'après Atamer & Calori.

La complexité des conditions de réalisation constitue un écueil pour l'utilisation de ce modèle de portefeuille : mais l'exploration interne et externe qu'elle engendre constitue souvent l'émergence d'une source d'avantage concurrentiel. La confrontation de plusieurs perceptions des secteurs, des forces et faiblesses de la firme au travers d'un travail aboutissant à un visuel exploitable d'une période à l'autre, permet de prendre des décisions stratégiques orientées. Elle peut susciter l'imagination des dirigeants pour une éventuelle réorientation stratégique ou une revitalisation de la firme.

Pour aller plus loin

Atamer, T. & Calori, R. (2e éd. 2002), *Diagnostic et décisions stratégiques*, Paris : Dunod (ch. 4).

Allouche, J. & Schmidt, G. (1995), *Les Outils de la décision stratégique*, Paris : Repère, t.1 (pp. 59-63).

Ambrosini, V. *et alii.* (1998), *Exploring Techniques of Analysis and Evaluation in Strategic Management*, London : Prentice Hall.

FICHE 57

MATURITÉ DU PORTEFEUILLE D'ACTIVITÉS

Le portefeuille d'activités de la firme peut être estimé en fonction du stade de maturité des DAS. Un cabinet de consulting (Arthur D. Little) tente de démontrer non plus une relation entre parts de marché et performances, comme dans le cas de la matrice BCG 1 (fiche 55), mais un lien direct entre le cycle de vie du portefeuille et la position concurrentielle de la firme. L'objectif consiste à dresser un tableau à double entrée : les risques du secteur seront traduits par le niveau de maturité et, d'autre part, la position concurrentielle sera estimée au travers d'une estimation subjective de critères qualitatifs.

1 CONCEPTION DE LA MATRICE

A ~ Les critères qualitatifs de la position concurrentielle de l'activité

- L'esprit SWOT, opportunités-menaces-forces-faiblesses (*cf.* fiche 63), est toujours présent au travers de cette matrice. En effet, le poids et l'influence des *business schools* des années 60-70 démocratisent le raisonnement forces et faiblesses de la firme. De plus, la période de conception de cette approche de la performance (environ 1965) subit l'influence du cycle de maturité comme prisme d'interprétation de l'environnement économique. Le cabinet Arthur D. Little tente ainsi de formaliser le concept opportunités-menaces au travers du cycle de vie et les atouts au travers de la position relative de l'activité face à ses concurrents : celle-ci sous-tend un principe d'allocation de rentes au premier entrant dans un domaine d'activité en émergence.
- **Les critères pour évaluer la position concurrentielle** : l'axe vertical du schéma évalue l'aptitude de la firme à dominer l'activité. La position des DAS n'est plus calculée en pourcentage de parts de marché détenu, mais selon des estimations subjectives selon les critères essentiels pour la maîtrise de l'activité au cours des différentes phases de croissance. ADL a ainsi catégorisé cinq types de positionnement concurrentiel, à partir desquels il est possible de différencier différentes caractéristiques :

  a) une **position dominante** reste assez rare et révèle la détention d'un pouvoir de monopole (plutôt de quasi-monopole) sur l'activité à partir de brevets d'innovation ou d'un leadership particulièrement bien protégé (barrières à l'imitation) ;

  b) une **évaluation forte** signifie que la firme impose ses pratiques concurrentielles sur l'industrie, elle modifie les règles du jeu concurrentiel, imposant ainsi un suivisme de la part de ses détracteurs, ou peut se permettre de ne pas suivre les pratiques les plus courantes sur l'industrie ;

  c) la **position favorable** est caractéristique d'une industrie fragmentée où tout est possible, et sur laquelle il n'existe pas de véritable leader qui bénéficierait d'un positionnement supérieur ou qui imposerait ses pratiques comme normes ;

  d) une **situation tenable** signifie que l'activité reste rentable en se positionnant sur une niche ou en se spécialisant sur un segment géographique et un segment de produits suffisamment réduit ;

e) enfin, une **évaluation marginale** entraîne qu'il n'est pas ou plus possible de survivre à long terme, soit en raison d'une domination trop forte de concurrents, soit en raison d'erreurs irrattrapables, ou encore en raison de faiblesses insurmontables à court terme.

- Les critères à retenir pour l'évaluation à partir de la matrice ADL sont :
  – **les critères de production** : capacité, flexibilité, niveau de technologie, degré d'intégration (c'est-à-dire le besoin de sous-traitance ou non), protection de l'environnement…
  – **les critères de commercialisation** : PDM, prix de vente, réseau de distribution…
  – **les critères de financement** : structure du capital investi, ratio d'endettement nécessaire, rentabilité…
  – **les critères organisationnels** : souplesse et facilité d'adaptation de la production.

B ~ Un modèle d'approche des risques du portefeuille

- Le modèle BCG[1] apporte une lecture de l'équilibre financier du portefeuille d'activités. La matrice ADL offre l'intérêt d'inciter les dirigeants à réfléchir aux risques de non-renouvellement des activités en fonction de l'évolution du marché de consommation. Elle implique également une réflexion sur les besoins de financement pour lancer une activité en pleine émergence.
- L'évaluation des risques peut se faire selon différents niveaux, et le cabinet ADL identifie différents facteurs, lesquels provoquent un accroissement des risques stratégiques provenant soit des attitudes des concurrents, soit des caractéristiques de maturité de l'industrie :

  a) la position des activités selon la matrice de cycle de vie : une activité en lancement ou embryonnaire comporte le maximum de risques, et subira une positon concurrentielle faible. Évidemment, le raisonnement induit qu'une activité faiblement risquée se situera à maturité d'une industrie assez âgée ;

  b) la prévisibilité de certaines industries comparées à d'autres arrivées au même stade de maturité ;

  c) certaines stratégies concurrentielles sont plus agressives que d'autres, comportant elles-mêmes des risques.

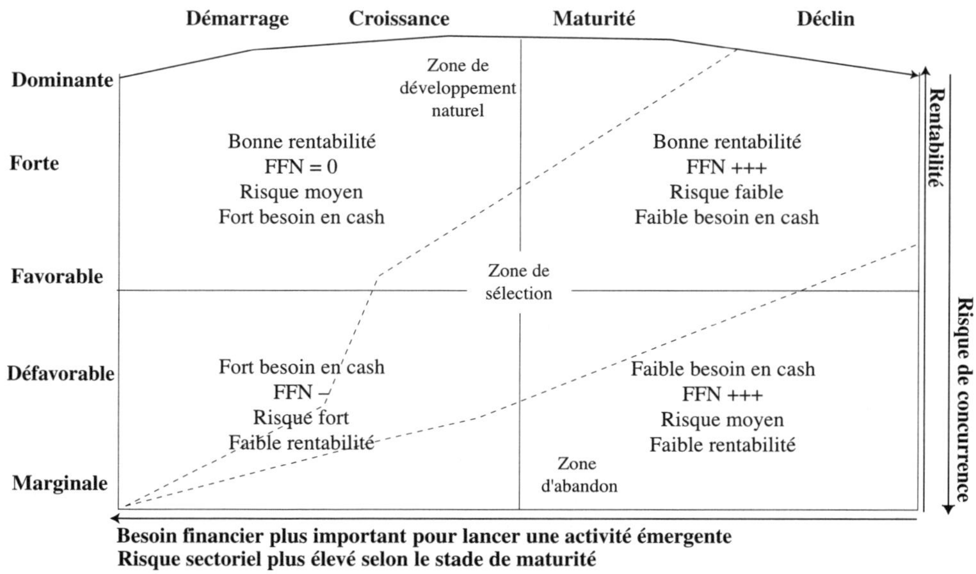

FFN = flux de fonds nets = variation de stocks d'emplois et/ou de ressources.

A ~ Une approche entrepreneuriale

- La maturité d'une activité n'est avant tout qu'une perception que s'en font les dirigeants des firmes. C. Baden-Fuller et J. Stopford dénoncent une interprétation fondée sur la faiblesse des performances financières d'une activité à maturité, et préfèrent proposer une interprétation du type dynamique de la gestion des activités :

Activité mature	Activité dynamique ou entrepreneuriale
Les managers perçoivent l'environnement concurrentiel comme stable et comportant une faible croissance de la demande et des changements progressifs de technologie.	Les managers croient qu'il existe un potentiel de changement : nouveaux processus opérationnels, nouvelles stratégies.
L'activité est jugée inapte à générer une valeur pour les actionnaires : faibles profits, croissance lente, voire nulle, et peu de création de services à vendre aux consommateurs.	L'activité est appréciée comme un terrain d'innovations de tous ordres, créant de la valeur pour les clients, les salariés, les fournisseurs et finalement améliorant la valeur (et pas seulement le profit) pour les actionnaires.

Source : Baden-Fuller & Stopford.

- Cette interprétation volontariste implique de se déconstruire cette vision du cycle de vie si fortement ancrée dans les comportements de gestion : le niveau de maturité d'une activité ne détermine pas à l'avance sa profitabilité. Donc, il n'y aurait qu'une faible différence entre les industries et **surtout il n'y aurait pas d'activités matures, mais des firmes matures… ou sur le déclin** !
- L'innovation et la R & D tiennent alors un rôle primordial dans le renouvellement du portefeuille d'activités et la dynamique financière.
- Les auteurs s'appuient sur l'étude de plusieurs activités à maturité. Ils synthétisent leurs observations en six points :

  a) le stade de maturité est une perception des dirigeants et non une réalité en soi de l'industrie : chaque entreprise bénéficie d'un potentiel de revivification ;

  b) il faut raisonner à partir de l'entreprise et non à partir de l'industrie : pour Baden-Fuller et Stopford, l'industrie correspond à un contexte mais n'enferme pas l'entreprise. À la suite des propositions fondées sur les ressources et compétences développées par Hamel et Prahalad, ils préconisent en effet qu'il est toujours possible de tenter de transformer un environnement hostile en sa faveur ;

  c) finalement, les innovations constituent une source de profit supérieur à la moyenne essentiellement sur les industries où le potentiel d'innovation semble limité. Par contre, un avantage concurrentiel ne se constitue que très rarement à partir d'une innovation, mais plus souvent à partir d'une combinaison de facteurs et de ressources dont la conjugaison produit une performance supérieure à celle des concurrents ;

  d) les ressources et capacités de la firme induisent une sélection des activités en cohérence avec les industries : il s'agit alors de faire l'analyse de la vulnérabilité de l'industrie (son intensité concurrentielle) afin d'évaluer si l'entreprise peut y imposer ses produits et non de constater la barrière constituée par la notion de maturité ;

  e) l'organisation entrepreneuriale privilégie les innovations au travers d'une logique d'expérimentation et d'apprentissage des connaissances ;

  f) revivifier l'entreprise nécessite un modèle d'action collective permettant de sortir de l'impasse mentale dans laquelle se trouvent les acteurs clés de l'organisation.

B ~ Le renouvellement d'un portefeuille d'activités

- Une firme à maturité ne peut renouveler son intention stratégique. L'organisation et les collaborateurs sont centrés sur l'impossibilité de faire progresser la rentabilité du portefeuille d'activités. Dans le cas de la grande firme, la complexité est telle qu'il devient quasiment impossible de relancer une nouvelle configuration de portefeuille sans faire appel à de nouveaux capitaux… qu'il est naturellement impossible de solliciter dans un tel contexte ! Dans la PME, les propriétaires sont intensément attachés aux activités historiques. Il est souvent hors de question de s'en éloigner et ils tentent parfois de nouvelles formules (parfois hasardeuses, mais le plus souvent identiques aux actions des concurrents, annulant tout espoir de se doter d'une nouvelle source d'avantage concurrentiel), faisant cohabiter à la fois les espoirs de certains collaborateurs et les critiques d'autres.
- Au niveau de la firme, le modèle « Crescendo » de Baden-Fuller et Stopford propose un renouvellement des activités en quatre temps :

  – Galvaniser les managers : le dirigeant joue un rôle primordial et entraîne son comité de direction vers un renouvellement radical de la perception des activités qui entraînera des modifications profondes de l'organisation, des relations avec les clients, fournisseurs et salariés.

  – Simplifier : de nouvelles actions sont requises pour engendrer des nouveautés. Certaines activités seront vendues ou arrêtées. Les systèmes d'information et de contrôle seront directement rattachés à la direction stratégique.

  – Construire : cette troisième période consiste à se constituer de nouveaux avantages concurrentiels au niveau de la firme avant le niveau des activités.

  – Faire un levier : l'entreprise exploite sa dynamique pour entrer dans de nouvelles activités ou pour en lancer. Ce levier permettra aussi de s'introduire sur de nouveaux territoires.

  Le groupe Alcatel subit une profonde mutation de ses activités. Son PDG, S. Tchuruk, a entamé depuis 2000 une totale refonte de son portefeuille. En 1995, la firme était engagée dans des vignes, l'énergie ou le transport. Une première simplification du portefeuille a permis à la firme de se recentrer sur les télécoms. Il faudra encore simplifier les activités en 2000, son dirigeant sera l'acteur d'un des plus impressionnant « *road show* » destiné à expliquer directement ses intentions à toutes les parties prenantes mondiales. Puis il annonce son désengagement partiel de la fabrication de produits pour les particuliers et sa volonté de s'orienter sur des activités destinées aux opérateurs. La réduction d'envergure a entraîné la diminution des effectifs de 50 % et des cessions sont encore à envisager.

La matrice ADL est critiquable dans le sens où elle induit une vision extérieure des causes de performance ou de non-performance du portefeuille d'activités. En l'exploitant au niveau R & D, elle offre cependant l'avantage de poser clairement les problèmes de dynamisme entrepreneurial, à condition de considérer les innovations au niveau technique mais aussi au niveau organisationnel. Finalement, elle révèle un état d'esprit des dirigeants qui peuvent créer une barrière psychologique au travers de leurs discours : accepter la maturité ou le déclin d'un secteur consiste à nier toute volonté d'entreprendre. La gestion d'un portefeuille d'activités est une affaire de perception des possibles et non la conséquence du milieu.

Pour aller plus loin

Stratégor (3e éd. 1997), *Diagnostic et décisions stratégiques*, Paris : Dunod (pp.108-117).

Allouche, J. & Schmidt, G. (1995), *Les Outils de la décision stratégique*, Paris : Repère, t.1 (pp. 69-74).

Baden-Fuller, C. & Stopford, J.-M. (1992), *Rejevenating the Mature Business*, London : Routledge (ch. 1 et 6).

Porter, M. (1999), *L'Avantage concurrentiel selon Porter*, Paris : Village Mondial (ch. 4).

FICHE 58

INNOVATIONS ET TECHNOLOGIE

Les innovations et la technologie occupent une place de choix dans les réflexions stratégiques : la R & D est devenue un outil stratégique au service de la compétitivité, elle peut bousculer les règles du jeu d'une industrie. Le concept de cycle de vie s'adapte parfaitement aux besoins de renouvellement qu'imposent les marchés et les comportements des consommateurs. Ce concept projectif rend possible la conception et l'offre de produits en décalage avec l'avancement des technologies (innovateur) ou l'inverse (suiveur).

1 LE CYCLE DE VIE TECHNOLOGIQUE DU SECTEUR

A ~ Le niveau de turbulence technologique

- Trois niveaux sont identifiables pour critériser la dynamique interne du cycle de vie technologique :

  – **Technologie stable** : la demande est influencée par les réalités technologiques. Dans ce contexte, les produits ont un cycle de vie long, sur plusieurs années.

  Dans le domaine audiovisuel, le magnétoscope a connu une durée de vie de deux décennies environ avant de subir l'influence du DVD.

  – **Technologie fertile** : les produits se succèdent en raison des changements qu'impose l'amélioration des fonctionnalités ou de la qualité issue de nouveautés technologiques. Les innovations sont dirigées ou imposées par les firmes. Elles évaluent leurs ressources afin de prendre toujours une avance et de réaliser les opportunités qu'offre la fertilité d'applications du secteur. Il s'agit de ne pas laisser de répit aux concurrents (hypercompétition) pour chercher et imposer des renouvellements technologiques qui confèreront à la firme une prime à l'innovation.

  Les fabricants d'ordinateurs exploitent la richesse d'applications qu'offre ce secteur technologique. Les nouveaux logiciels tirent de nouvelles conceptions du matériel informatique et intègrent de plus en plus de performances pour le client.

  – **Technologie turbulente** : la demande modifie les technologies et exige de nouvelles fonctionnalités. Les innovations sont tirées par le marché (les attentes des consommateurs) ou sont spontanées à partir de la firme qui tentera alors de les confronter aux critères de sélection du marché.

  Le domaine de la téléphonie mobile se trouve paradoxalement dans cette situation. Paradoxalement en effet, car initialement c'est la fertilité des nouvelles formes de transmission de données qui a donné naissance au réseau GSM. Mais, très vite, les consommateurs se sont appropriés les sources de valeur (gains de temps, économies de transport, diminution des risques...) auxquelles ils ont accès au travers de la technologie du téléphone mobile. Ce sont les clients qui réclament aujourd'hui plus de fonctionnalités, de qualité de transmission, de sécurité, de services connexes. Le format d'exploitation UMTS risque d'être mort-né au profit d'autres technologies plus porteuses de fonctionnalités. Les entreprises comme Alcatel, Cisco ou Siemens ne savent plus sur quel pied danser pour investir dans des projets de R & D. Les opérateurs Orange, Cégétel ou Bouygues se trouvent dans la même expectative !

B ~ Le pouvoir d'innover

- Exploiter de nouvelles technologies implique de rompre avec les anciennes connaissances, mais aussi de modifier les interprétations culturelles des individus, l'identité de la firme et le système de décision des dirigeants. Cela pose le problème des transitions technologiques dans les entreprises qui se sont construit une identité forte au travers de la maîtrise d'une technologie. Dans le cas des PME, très souvent monotechnologie-produit, la question est cruciale car une innovation radicale implique une transition d'activité qui n'est parfois pas réalisable sans procéder à des ruptures profondes.

  En se déclarant créateur d'automobiles, Renault tourne la page de son activité de motoriste. Même si cette technologie reste importante, elle ne correspond plus aux FCS prioritaires pour se construire un AC. De plus, l'observation de la tendance mondiale démontre que les performances de puissance restent une vitrine pour quelques privilégiés (ou passionnés) et que les qualités de confort, de sécurité, d'esthétique et de consommation dépassent de loin les chevaux : serait-il possible aujourd'hui de reproduire le succès en volume et parts de marché de la Peugeot 205 turbo 1,9 l?

- Innover et intégrer de nouvelles technologies signifie formuler un lien entre les facteurs stratégiques et l'héritage issu des décisions des dirigeants. I. Ansoff propose de formaliser différents continuums intervenant dans la formulation d'une stratégie dans un secteur fortement influencé par les innovations. Cette formalisation permettra d'évaluer les acquis avec la vision future du secteur que s'en font les dirigeants :

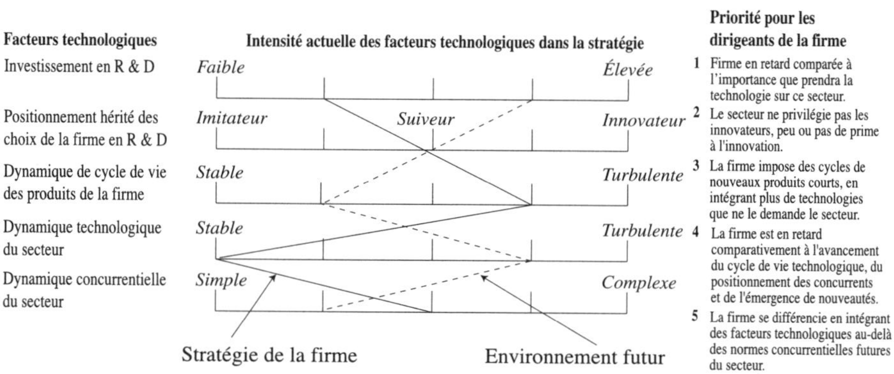

D'après I. Ansoff.

2 L'ÉVOLUTION DES INDUSTRIES

A ~ Les stades fluides ou systémiques de l'innovation dans une industrie

- W. Abernathy propose une relation entre la maturité d'une technologie et le nombre d'innovations qu'il est possible d'instaurer sur le produit. Il formule deux concepts éclairants : les innovations technologiques et les innovations-processus. Au début d'une industrie, les fréquences d'innovations renouvellent rapidement les produits : les changements issus des technologies sont fluides, dans le sens où ils se renouvellent et se complètent très rapidement entre eux. Mais au fur et à mesure que le secteur arrive à maturité, les innovations technologiques contenues dans les produits seront remplacées par des innovations de processus : de nouvelles façons de produire, ou l'intégration de technologies connexes. À partir de ces deux stades de l'innovation technologique qualifiés par Abernathy de stades fluides ou systémiques, on peut construire un tableau des implications stratégiques de la maturité des technologies en termes d'incidence pour les processus industriels :

  – **Les innovations en situation de démarrage de l'innovation technologique (stade technologique fluide : tout est possible)**. L'objectif de l'innovation est de maximiser les performances. Les besoins des utilisateurs sont explorés par les firmes pour orienter les innovations envisageables, le degré de nouveauté est important, les effets de rupture sont fréquents, les fréquences d'innovations sont élevées.

– **Les processus industriels au stade fluide** : flexibilité et faible productivité. Investissements réduits en processus mais élevés en R & D, taille réduite, équipements multitâches, changements fréquents de produits (tâtonnements des offres), faible intégration verticale (limitation des risques financiers).

– **Les innovations en situation de maturité technologique (stade systémique : il n'est possible de changer que les systèmes d'exploitation des innovations)**. L'objectif consiste à réduire les coûts. La concurrence et les législations imposent des changements technologiques, les innovations sont incrémentales (au fur et à mesure des constats), il y a accumulation des innovations sur diverses parties des produits, peu d'innovations radicales et accroissement des risques de substitution.

– **Les processus industriels au stade systémique** : rigidité et objectifs de productivité élevés. Investissements importants, taille élevée des sites de production comprenant des équipements spécifiques, coûts de changement importants, forte intégration verticale.

B ~ Les formes d'exploitation de l'innovation

- La rentabilité des innovations dépend de la forme d'exploitation et des engagements de la firme : sur le plan organisationnel (faire ou faire faire) et sur le plan financier (capitaux investis). L'exploitation des innovations peut se distinguer selon un continuum, de la licence d'exploitation à l'internalisation de la distribution. Chaque mode engendre des conséquences stratégiques en termes de risques, retours sur investissements et d'acquisition de ressources mises à disposition de la firme :

	Licence	**Externalisation de certaines étapes ou fonctions**	**Alliance stratégique**	***Joint-venture***	**Commercialisation intégrée**
Risques pour la firme innovatrice et retours sur investissements	Investissements très faibles et faibles retours sur investissements, sauf si un brevet suffisamment élevé protège l'innovation. Risque de fuite des compétences.	Capitaux et investissements limités. Situation de dépendance auprès des partenaires.	Flexibilité et engagement souple.	Partage des risques et des investissements, mais risques de mésentente entre les partenaires.	Investissements et risques élevés mais retours sur investissements potentiellement forts ; bénéfice du contrôle.
Acquisition de ressources compétitives	Faible.	Permet l'accès des ressources que la firme ne pourrait acquérir rapidement.	Permet de mettre en commun plusieurs ressources et capacités afin d'en multiplier les conséquences.		Retours financiers, capacités de production, de commercialisation.

C ~ Le niveau d'intégration de la technologie dans la stratégie

- L'approche classique se focalise sur une vision déterministe (chaque technologie générique implique des applications envisageables à l'avance) de la technologie et présente deux formalisations théoriques de la technologie au service de la stratégie concurrentielle.

– **La notion de cycle de vie**, réutilisée au travers de la matrice ADL, est exploitée à des fins de prescriptions stratégiques. ADL divise les technologies selon 4 critères : les technologies de base, les technologies clés, les technologies de pointe et celles émergentes.

– **La grappe technologique** : la firme se positionne sur une partie ou un ensemble du chemin d'émergence des produits. L'entreprise peut débuter sa réflexion à partir des technologies génériques (issues des recherches scientifiques) pour ensuite intégrer ces nouveautés à son potentiel industriel. Il en résulte des mutations ou créations de nouveaux secteurs donnant naissance à des produits commercialisables.

Depuis une dizaine d'années, Lafarge réussit une telle stratégie. Innovante dans son domaine, elle n'hésite pas à investir au premier niveau technologique afin de se doter d'innovations technologiques pour des produits souvent en impasse. Fin 2001, le groupe signe un accord avec le CNRS afin de renforcer une coopération au niveau de la recherche fondamentale, portant notamment sur la compréhension des matériaux plâtres et ciments. Cette collaboration est destinée à faire surgir de nouvelles applications et déclinaisons de produits différenciés technologiquement. Cette stratégie fondamentale reçoit les faveurs des marchés boursiers qui valorisent Lafarge 7 % au-dessus de la moyenne sectorielle.

- L'industrie chimique et pharmaceutique organise sa stratégie technologique en plates-formes d'opportunités : les pipe-lines. Celles-ci sont composées de trois niveaux d'émergence comportant chacun des opportunités de licences ou de diversifications : les plates-formes scientifiques, technologiques ou les marchés d'application. Les pratiques des firmes tendent à renforcer les plates-formes technologiques afin de se doter du maximum d'opportunités possible.

Le raisonnement stratégique des dirigeants peut s'orienter vers la recherche de nouvelles technologies, de nouvelles façons d'utiliser des technologies existantes destinées à des innovations d'application, de nouveaux produits à partir de technologies existantes, mais aussi de nouvelles façons de produire. La nouvelle économie est une illustration globale des réflexions stratégiques incluant la technologie : la rente d'innovation est provisoire et difficilement protégeable. Les firmes doivent se constituer avant tout des réseaux, conquérir une notoriété engendrant des barrières aux nouveaux entrants ou imposant des coûts de changement aux clients. Quelle que soit la technologie impliquée, il s'agit de toutes façons de s'appuyer sur elle pour se constituer, maintenir ou transmuter un avantage concurrentiel en intégrant toutes les possibilités offertes par les innovations technologiques.

Pour aller plus loin

Stratégor (3e éd. 1997), *Diagnostic et décisions stratégiques*, Paris : Dunod (pp.144-145).

Ansoff, I. & Mc Donell, E. (1990), *Implanting Strategic Management*, London : Prentice Hall (pp. 167-191).

Tarondeau, J.-C. (2e éd. 1998), *Stratégie industrielle*, Paris : Vuibert.

Fouque, T. & Tarondeau, J.-C. (2001), « William J. Abernathy », *Revue française de gestion*, n° 133 (pp. 126-135).

FICHE 59

OPTIMISER LE PORTEFEUILLE D'ACTIVITÉS

Les différentes matrices et modèles de raisonnement permettent d'évaluer les positions concurrentielles des activités. Toutes ces formalisations sont ensuite interprétées en fonction de critères subjectifs liés aux préférences, aux valeurs implicites, voire même aux idéologies des dirigeants. L'objectif d'optimisation d'un portefeuille consiste pour le dirigeant à évaluer l'avancement de chaque activité au regard de ses possibilités d'action et à arbitrer les allocations de ressources nécessaires au développement concurrentiel de chacune d'elles.

1 Les logiques d'interprétation

A ~ Les principaux raisonnements de gestion stratégique des portefeuilles

- **Le principe de l'excellence**. Après avoir dénoncé l'irréalisme d'une planification exclusive aux dirigeants, Peters et Waterman (en 1980 consultants de Mc Kinsey) proposent de fonder l'organisation de la gestion et indirectement des activités sur les composantes de ce qu'ils nommeront l'excellence : la motivation de tous les acteurs, l'accoutumance aux ambiguïtés et paradoxes pour les dépasser, servir les clients « ici et maintenant » en améliorant les performances de ce que la firme sait faire.
- **Le principe de l'expérience**. La connaissance du passé et des différentes façons d'agir ancrent des schémas de gestion sur lesquels les dirigeants s'appuient pour évaluer les possibilités par activités.
- **Le principe du benchmarking**. L'appartenance à des réseaux, des lieux de rencontres au sein de la filière apporte aux décideurs un certain nombre de référentiels dont ils se serviront pour tenter de s'en approcher ou pour s'en éloigner : l'exemple et le contre-exemple influenceront au quotidien la gestion du portefeuille d'activités.

B ~ Mesurer et/ou interpréter

- La réflexion oscille entre deux idées du raisonnement stratégique : mesurer ou diagnostiquer les performances des activités. Pour éviter une prise de position idéologique, considérons qu'il s'agit non pas de deux intentions différentes mais bien d'un continuum de valeurs sur lequel les dirigeants orientent leurs réflexions. Il serait tentant d'imaginer que le raisonnement financier prime, pour finalement aboutir à une stratégie de portefeuille exclusivement fondée sur l'espérance d'un résultat opérationnel (rappelons que le résultat financier est le contrecoup de la stratégie et des possibilités d'autofinancement des activités). Disons tout de suite que, dans les deux formes d'approche, le résultat opérationnel par activités ou d'ensemble est bien un objectif mais que l'équipe de management de la firme doit considérer comme la conséquence d'un équilibre de portefeuille associée à une stratégie formulée.
- **La mesure des performances (d'après P. Lorino) : la stratégie planifiée**. Les normes de raisonnement sont extérieures au pilotage des activités. Elles se déclinent sous forme

de plans algorithmiques au cours desquels les allocations de ressources (combien et quand) ne peuvent se libérer qu'en ayant atteint les étapes intermédiaires. La connaissance des actions à mettre en œuvre est détenue par les dirigeants et les spécialistes par activités qui établissent des normes et seront chargés de contrôler l'exécution fidèle des plans intermédiaires. L'exactitude et la précision des actions au quotidien induisent la réussite opérationnelle.

Les étapes de formulation de l'optimisation du portefeuille d'activités se conçoivent selon des séquences *up-bottom*: savoir/agir puis plan/contrôle. Le principe de *rationalité substantive* est sous-jacent aux raisonnements des dirigeants.

- **Le diagnostic des performances (d'après P. Lorino) : la stratégie coconstruite**. Les normes de raisonnement se modifient au fur et à mesure de l'avancement des projets par activités. Ces normes se manifestent au travers d'objectifs en mouvement selon les interprétations et les causes de performances identifiées. Les connaissances mobilisées sont souvent émergentes ou adéquates entre les acteurs et les situations. Toute situation donne lieu à un apprentissage pertinent pour d'autres finalités.

Les étapes de formulation de l'optimisation du portefeuille d'activités se construisent selon des séquences *up-bottom-up*: intégration des connaissances/action puis apprentissage dans l'action. Les principes de coconstruction et de *rationalité procédurale* sont sous-jacents aux raisonnements des dirigeants et des acteurs de la firme.

2 Les styles de management stratégiques

A ~ Les formules stratégiques

- Les dirigeants de chaque firme se constituent des référentiels qui orientent les options de croissance du portefeuille d'activités. À la suite des travaux de Tregoe et Zimmermann en 1982, A.-C. Martinet les associe à la notion de « formules stratégiques », celles-ci étant considérées comme un type idéal d'exploitation des activités concrètement mises en œuvre.

– **L'offre de produits**: l'entreprise continuera à produire et livrer des produits semblables au passé. Elle cherchera à étendre ses zones de marché géographiques et tentera toutes les formes d'amélioration technologique pour se constituer un facteur différenciateur (Michelin).

– **Les besoins du marché** : orientée clients, la firme améliore les produits et leurs fonctionnalités suivant les besoins exprimés des clients. Elle ne tente de nouveaux produits ou de nouvelles extensions de marchés qu'à la suite d'une approche marketing lui apportant des certitudes (Gillette).

– **L'exploitation de la technologie** : l'entreprise maîtrise une (ou plusieurs) technologie(s) et recherche le plus grand nombre d'applications produits possible. Les investissements en R & D lui imposent une politique de leader et d'innovateur (Miele électroménager).

– **Les capacités de production**: les produits sont pensés en fonction des possibilités qu'offrent les outils de production de la firme. La firme tentera d'étendre ses marchés pour profiter d'un taux maximum d'utilisation des machines et recherchera une optimisation des processus (Peugeot).

– **Les méthodes de ventes**: la firme s'imposera des objectifs de CA et reproduira ses modes de commercialisation à l'identique sur de nouvelles zones géographiques (grande distribution).

– **L'exploitation de ressources**: le modèle initial ne considère que les ressources naturelles (mines de métaux, accès à des sources d'eaux minérales). Il est parfaitement possible d'étendre les propositions des auteurs avec le modèle RBV. La firme recherche le contrôle de ses ressources ou de nouveaux accès privilégiés (Pechiney dans le modèle classique et La Redoute dans le cadre du modèle RBV).

– **La taille/croissance** : les désirs d'extension de la firme impriment des modifications des marchés et des produits (Renault).

– **Le rendement/bénéfice** : la sélection des produits ou des activités du portefeuille sera imposée par un montant de profitabilité fixé au préalable par les dirigeants (produits d'assurance).

B ~ L'approche par objectifs

- Le portefeuille est analysé pour construire une vision actuelle puis prospective au travers de trois logiques :
  – **les performances** : de croissance et de profitabilité ;
  – **les risques** : se prémunir des agressions concurrentielles (invulnérabilité due aux barrières stratégiques) et flexibilité des activités (rapidité de mouvement à saisir les opportunités du secteur) ;
  – **les synergies** : fonctionnelles, de management, de stratégies partagées.
- Ces objectifs se traduisent concrètement au travers de trois orientations de développement :
  – **l'envergure du portefeuille** : plan d'évolution du portefeuille actuel, intention d'entrée sur de nouvelles activités ;
  – **la cohérence du portefeuille** : les synergies exploitables entre les étapes fonctionnelles, entre les DAS, entre les firmes ou les synergies envisageables à partir des compétences de management par activités ;
  – **la diversification du portefeuille** : destinée à se protéger contre des menaces surprises, ou à se doter de compétences destinées à renforcer la flexibilité en vue de nouvelles opportunités.

C ~ L'approche stratégique ou financière

- Les conséquences des décisions au niveau du portefeuille se traduisent sous forme de contribution financière de chaque activité au résultat d'exploitation global de la firme. Cependant, les styles de management diffèrent notamment au niveau du type de contrôle afin d'optimiser les performances du portefeuille. On peut distinguer deux catégories de raisonnement : d'un côté, le contrôle des décisions dans le cadre d'une projection stratégique, de l'autre, le contrôle des performances dans le cadre d'une approche budgétaire et financière.
- L'optimisation du portefeuille à partir d'une projection stratégique signifie une forte relation entre les décideurs du niveau corporate et les managers de chaque activité. Les priorités seront avant tout stratégiques : conforter ou renforcer des parts de marché, favoriser l'innovation, s'imposer comme leader... L'aspect financier ne viendra qu'en seconde position, dans la mesure où l'entreprise envisage sa politique à long terme. La direction du niveau corporate est particulièrement présente, et c'est elle qui dicte ses valeurs et ses intentions. Ce type d'optimisation par projection stratégique convient plus particulièrement aux portefeuilles comportant un grand nombre d'activités, relativement proches les unes des autres, dont les retours sur investissements se feront à long terme, dans le cadre d'une compétition globale : au milieu des difficultés du groupe Vivendi, la branche édition (VVP, Vivendi-Universal Publishing) représente un exemple d'une politique globale menée selon l'ambition d'être un des trois premiers éditeurs mondiaux de livres et jeux vidéos.
- L'optimisation du portefeuille au travers du contrôle financier signifie au contraire une forte indépendance des managers d'activités vis-à-vis du niveau corporate. Ces derniers sélectionnent les niveaux de profitabilité attendus et les règles du contrôle de gestion sont imposées et seront identiques pour l'ensemble du portefeuille, afin de garantir une homogénéité de l'évaluation des performances. Un optimum à court terme est recher-

ché, facilement mesurable, comportant de très fortes incitations afin d'accélérer la mise en place de mesure d'amélioration de l'efficience des capitaux engagés et de la sélectivité des actions sur les activités les plus profitables. La direction au niveau corporate exerce une pression forte sur les performances d'optimisation et impose de fréquentes rencontres avec les responsables d'activités afin d'évaluer les performances financières. Ce type d'optimisation du portefeuille par cadrage financier convient plus particulièrement aux firmes comportant un éventail assez large d'activités faiblement liées entre elles, peu capitalistiques, sur des industries matures et comportant de faibles enjeux internationaux. La plupart des conglomérats adoptent ce principe d'optimisation de leurs portefeuilles.

Optimiser le portefeuille signifie rechercher une forme d'équilibre entre le management et l'évaluation financière des activités. En effet, les performances d'une activité ne dépendent plus de la gestion autonome du DAS, ce qui signifierait que chaque DAS est considéré comme une entreprise dans l'entreprise. La question porte surtout, voire exclusivement, sur les potentialités de synergies, de partage des risques ou de transfert de compétences entre les DAS. En conséquence, établir une contribution pour une activité indépendamment du portefeuille global ne traduit pas son apport à la firme : un DAS peut contribuer à développer des ressources et cependant rester déficitaire sur le plan de son exploitation. Seule l'évaluation financière globale permet de raisonner de façon objective.

Pour aller plus loin

Lorino, P. (1995), *Comptes et récits de la performance*, Paris : Éditions d'Organisation (ch.3).

Atamer, T. & Calori, R. (2e éd. 2002), *Diagnostic et décisions stratégiques*, Paris : Dunod (ch. 4).

Ansoff, I. & Mc Donell, E. (1990), *Implanting Strategic Management*, London : Prentice Hall (ch. 26).

Martinet, A.-C. (1983), *Stratégie*, Paris : Vuibert (pp. 131-135).

FICHE 60

LE RÔLE STRATÉGIQUE DE LA DIRECTION GÉNÉRALE

Le dirigeant occupe un rôle actif dans la création de valeur pour la firme… et pour ses actionnaires. Les marchés ne s'y trompent pas et l'évaluation des dirigeants dépasse une simple « prime de notoriété » : les directions générales créent ou ne créent pas de valeur suivant la politique de portefeuille d'activités qu'elles poursuivent… ou non.

1 DÉCIDER ET METTRE EN ŒUVRE

A ~ Une typologie des directions générales

- En 1996, Porter fait le constat que les règles de la compétitivité se sont durcies : les pratiques de benchmarking s'accélèrent pour rester dans la course, la sous-traitance est une réalité incontournable, l'avantage concurrentiel se construit de plus en plus à partir des compétences centrales et non plus sur le seul positionnement relatif sur l'industrie. Au niveau des activités, l'efficacité opérationnelle ne suffit plus. Le rôle d'une direction générale consistant à veiller à la répartition des ressources et à contrôler chaque activité en productivité, qualité ou rapidité sont des conditions nécessaires mais non suffisantes pour se constituer un avantage concurrentiel durable : « les concurrents sont capables d'imiter rapidement techniques de management, nouvelles technologies, meilleurs intrants et moyens améliorés mis au service des clients. » (Porter)
- Le rôle des décideurs consiste à percevoir et constamment anticiper quels seraient « les nouveaux positionnements qui détourneront les clients des positions établies [de l'entreprise] et de nouveaux clients vers le marché [au lieu de l'entreprise] » : **c'est-à-dire à inventer de nouvelles pratiques concurrentielles qui puissent transformer l'équilibre de la concurrence et imposer de nouvelles règles de consommation en leur faveur**. Dans une certaine mesure, l'opérationnel des dirigeants consiste à constamment moduler l'organisation autour d'activités suffisamment composites et mobiles. En étant « au-dessus » du quotidien des activités, ils travaillent essentiellement sur les critères de complémentarité du portefeuille et les caractéristiques du marché : a) l'assortiment et la complémentarité des produits et services du portefeuille permettent-ils de maintenir de façon durable le client dans le rayon d'action de la firme ? b) la distinction des besoins selon les occasions de consommation permet-elle de lisser les cycles de consommation ? c) le positionnement selon les moyens d'accès apporte-t-il une plus grande proximité de comportement d'achat ?

  a) Le groupe Carrefour propose un assortiment de comportements d'achat pour ses consommateurs : les grandes surfaces (Carrefour, Champion, Proxi), les magasins discounts (ED), les spécialistes (Picard) ; b) Le fabricant de jouet Smoby propose des marques de produits adaptées aux grandes surfaces pour les fêtes de Noël, et d'autres marques serviront à satisfaire les magasins spécialisés répondant aux désirs éducatifs des parents tout au long de l'année ; c) en parfumerie, Marrionaud répond au désir de proximité de ses clients, en ouvrant des magasins de quartier contraires à la logique des grands centres commerciaux, dont l'accès représente un effort coûteux pour le client.

- La direction stratégique cherche à modifier le positionnement de chaque domaine d'activités en arbitrant les ressources à attribuer et en ajustant le portefeuille d'activités dans son ensemble :

a) **la gestion des activités** : acquisition ou revente d'activités (selon l'estimation de rentabilité, exemple « vache à lait », ou selon l'approche *Ressource-Based View*, c'est-à-dire détentrice de compétences clés). La direction gère indépendamment chaque activité selon l'influence de celle-ci sur la réalisation des objectifs ;

b) **la détection des opportunités de restructuration et de développement des activités** : la DG aura pour rôle de détecter toutes nouvelles possibilités comportant une meilleure rentabilité des capitaux engagés, d'impulser les décisions et les objectifs de croissance de la rentabilité, parfois pour préparer une éventuelle revente (en « boostant » le chiffre d'affaires, l'activité attire plus de repreneurs !) ;

c) **le transfert des compétences entre DAS** : les facteurs clés de succès ou l'avantage concurrentiel détenus par certaines activités peuvent se transférer suivant l'importance que lui accordera la direction stratégique. Le principe du transfert consiste à lier entre elles les différentes activités de façon à favoriser les échanges de ressources (tangibles et surtout intangibles) en partant du principe que la gestion stratégique au niveau global apporte plus de performance que la somme des activités ;

d) **le partage ou regroupement des activités en bases stratégiques** : destinées à réduire les coûts mais aussi à développer des sources de compétitivité au niveau des bases stratégiques, et non plus seulement au niveau des activités.

Jean-Marie Messier a accéléré les mutations de son groupe à un rythme particulièrement rapide : aucun répit sur aucun front ! Fustigé de tous côtés par ses détracteurs, le groupe a dû passer plusieurs étapes avant de faire émerger une cohérence d'ensemble. Les cessions d'activités, les restructurations, les acquisitions ont finalement abouti à la constitution de trois pôles d'activités comportant plusieurs sources d'avantage concurrentiel : économies d'échelle, maîtrise de compétences, accès à des ressources rares...

B ~ Identifier l'origine des ressources de la firme

- Toute démarche stratégique consiste à identifier les éléments qui conduisent ou non à une réussite. La détection des causes d'efficience ou de non-efficience (par exemple, sous forme de diagramme de causalités) permet d'identifier les qualités et caractéristiques stratégiques activité par activité.
- Les types de structures organisationnelles par domaines d'activités comportent souvent des différences : l'histoire de chaque activité influence sa réalisation, surtout si l'activité provient d'une acquisition ou d'une fusion. Pour les mêmes raisons, les types de systèmes d'information ou les comportements culturels génèrent des facteurs de réussite ou des freins dans le cadre de la stratégie d'ensemble. Enfin, les façons de décider et de manager (délégation /contrôle) diffèrent. Le rôle de la direction générale consiste à arbitrer des similitudes ou des différences entre activités selon les effets souhaités sur le secteur concurrentiel.

C ~ Évaluer la firme selon ses compétences intellectuelles

- Pour le Boston Consulting Group, la direction, dans son rôle stratégique, gère directement un portefeuille de compétences à disposition de la firme : les collaborateurs et leur matière grise ! L'appréciation de ce portefeuille de compétences varie selon les industries. Il correspond à un investissement en capital apportant des rentes plus ou moins élevées selon les performances de management de la direction générale. Le BCG propose d'évaluer sous forme de ratio ce capital de performances à disposition de la firme : alors que, dans un schéma strictement industriel, il fallait réunir des conditions productives, savoir attirer des têtes pensantes est devenu décisif pour la concrétisation de la performance économique.
- Lors de la détermination d'une politique de portefeuille, il y aura deux constats fondamentaux à prendre en compte : a) un cerveau est un actif pour la firme : il est immobilisé et produit des rentes d'innovation ; b) il peut décider du lieu de son immobilisation : quitter la firme et transférer ses sources de rentabilité à une autre firme. L'indice

Workonomics Index relie la productivité de tous les salariés à la valeur créée pour l'actionnaire qu'il est alors possible pour un dirigeant de décliner au niveau de chaque division du portefeuille d'activités.

$$WI = \frac{\text{Valeur ajoutée – coûts des capitaux investis (y compris politique RH)}}{\text{Effectifs des salariés}}$$

2 Décider dans l'hypercompétition

A ~ L'accélération des règles du jeu

- D'Aveni propose la notion d'hypercompétition pour qualifier les mutations profondes de la compétitivité : « L'hypercompétition résulte de la dynamique de manœuvres stratégiques des concurrents sur les marchés mondiaux et d'innovation. » « En hypercompétition, la fréquence, l'audace, et l'agressivité des mouvements dynamiques des compétiteurs accélèrent la constitution de déséquilibres et changements constants. » Finalement les secteurs d'activités évoluent dans des conditions d'incertitude, d'absence de toutes formes de stabilité, d'hétérogénéité des firmes entre elles et surtout... d'hostilité entre les compétiteurs de certains secteurs et d'alliances tacites sur d'autres !
- L'enjeu d'une direction consiste à formuler une stratégie d'activités mouvante, opportuniste et agressive comportant : a) des points de rupture avec les habitudes en mettant en œuvre une stratégie prometteuse afin d'améliorer la satisfaction des actionnaires ; b) des capacités de ruptures effectives en accélérant les mouvements de positionnement des domaines d'activités stratégiques tout en créant la surprise sur le secteur ; c) des tactiques de rupture en changeant les règles du jeu, en influençant le recul des autres compétiteurs en émettant des signaux forts sur l'intention stratégique, laquelle sera soutenue par des manœuvres d'intimidation sous forme d'attaques simultanées ou séquentielles des DAS concernés.

B ~ La rotation du portefeuille d'activités

- Le temps constitue une ressource créatrice de valeur à condition d'engager des actions cohérentes avec la stratégie désirée. Dans le cadre d'une concurrence exacerbée, les décideurs peuvent se lancer à la recherche d'une activité complémentaire au portefeuille actuel afin de rattraper un retard concurrentiel dû au « chemin de dépendance » entraînant des déséconomies de temps (*cf. partie 3 le modèle des ressources et des compétences*) : **le problème n'est plus faire ou faire faire, mais faire ou s'attribuer**.
- La guerre de variété des produits et services ainsi que le poids des conditions d'accès aux ressources sont à combiner afin de constituer un portefeuille d'activités comportant un avantage concurrentiel : le temps représente le seul dénominateur commun à coordonner au niveau général. Les décideurs améliorent les performances en redéfinissant l'organisation et le portefeuille en fonction du temps : évaluer de nouvelles situations implique des actions de changement de positionnement des DAS et entre les DAS.

  Le groupe Renault a entamé une totale réorganisation de ces domaines d'activités en fonction du temps : temps de conception des modèles, de mise sur le marché, et maintenant de livraison des voitures aux consommateurs. La cession de RVI libère des ressources nécessaires à la poursuite de différenciation des monospaces. La branche véhicules utilitaires est relancée en partenariat avec GM en partageant les compétences de design et conception pour l'un et d'ingénierie de production pour l'autre. Sur les segments intermédiaires, l'alliance avec Nissan apporte des plates-formes disponibles pour le marché mondial permettant d'accélérer la sortie d'un véhicule Renault-Nissan mondial. Chaque DAS est piloté de façon à gagner un temps sur les concurrents et du temps sur une réalisation en autarcie.

C ~ Les différentes logiques de gestion stratégique

- Au fil du temps, les stratégies fondamentales de la responsabilité de la direction centrale ont évolué. Goold, Campbell et Alexander les synthétisent en cinq grandes étapes (Goold, Campbell & Alexander, *Coporate-Level Strategy*, John Wiley ed, 1994) :

	Problématique centrale	**Concepts**	**Décisions stratégiques**
1950	Surcharge des responsabilités au niveau direction générale	Décentralisation	Divisionnalisation de la firme
1960	Accélérer la croissance	Management des qualifications et des savoir-faire métier	Diversification vers la firme conglomérale (interaction faible)
		Mise en relation des activités entre elles afin de faire émerger les synergies	Diversification vers la firme multiactivités (interactions élevées)
1970	Allocation des ressources	Évaluation et équilibration des ressources du portefeuille d'activités	Équilibre du portefeuille (matrices)
1980	Écart de valeur entre les activités et résistance aux attaques (raiders)	Évaluation et projection de la valeur par activité	Restructuration offensive
	Faible performance des diversifications	Recentrer sur le « cœur de métier »	Restructuration défensive
1990	Définir les compétences centrales (*core competence*)	Logique dominante et cohérence de management au travers du portefeuille	Portefeuille agencé selon une capacité de management des ressources
		Compétences centrales et ressources partagées au profit de l'ensemble du portefeuille	
	Concevoir une stratégie de base durable au niveau corporate	Avantage concurrentiel de la direction stratégique (ou direction générale)	Manager un portefeuille d'activités afin de maximiser la création de valeur

D'après Goold, Campbell & Alexander.

Au niveau du portefeuille d'activités, le rôle des décideurs ne consiste pas à contrôler et veiller à la mise en œuvre des formes d'efficacité opérationnelle : la délégation est obligatoire quelle que soit la taille des organisations, de la PME aux grands groupes. La constitution d'une stratégie de portefeuille d'activités revient aux dirigeants et finalement, selon leurs capacités et compétences, la politique d'ensemble contribuera à la constitution de sources d'avantage concurrentiel… ou à la consommation des ressources !

Pour aller plus loin

Atamer, T. & Calori, R. (2e éd. 2002), *Diagnostic et décisions stratégiques*, Paris : Dunod.

Johnson, G. & Scholes, K. (2000), *Stratégique*, Paris : Publi-Union (pp. 212-217 et 322-325).

D'Aveni, R. (1995), *Hypercompétition*, Paris : Vuibert (introduction).

Porter, M. (1999), *La Concurrence selon Porter,* Paris : Village Mondial (ch. 6).

Partie 7

Processus et contrôle de la réalisation de la stratégie

FICHE 61

LES DÉCISIONS STRATÉGIQUES

Il est devenu courant de caractériser les décisionnaires au travers de trois archétypes de managers : les « artistes », reconnaissables à leurs audaces, les « ingénieurs », prudents et réalistes, enfin les « technocrates », plutôt méthodiques et conservateurs. Mais au-delà de ces caractères d'individus, la décision stratégique, qu'elle soit au quotidien ou formulée au cours de réunions spécifiques, se partage entre la méthode et les critères d'attention.

1 Les méthodes de décision

A ~ Les modèles rationnels

- **La planification**. Igor Ansoff (repris par A. C. Martinet) identifie deux processus de décision dans la firme : a) **la prise de décision en série** : les décisions sont provoquées par l'émergence d'une caractéristique qui prendra une part plus ou moins importante dans les résultats de la firme et aboutit à une décision corrective à court terme. Les managers tenteront de retracer les origines de cet écueil afin de modifier le contexte à long terme ; b) **la prise de décision en parallèle** : l'entreprise s'est constituée une organisation et un système d'informations au travers de tableaux de bord et peut alors déterminer l'origine des problèmes plus rapidement. La planification se donne comme objectif de dépasser les deux formes de décision précédentes pour tenter de concevoir les actions en cohérence avec la vision du futur. Dans la mesure du possible, les décisions sont prises *a priori* selon une projection de trois à cinq années.
- **Le modèle SWOT**. Il se fonde sur une lecture critique de l'environnement et de la firme, mais aussi sur une interprétation *a priori* conscientisée des forces et faiblesses ou des opportunités et menaces.
- Ces deux formalisations reportent la responsabilité de la décision stratégique sur les dirigeants. Les décisions se partagent en trois catégories : les décisions opérationnelles, administratives et stratégiques. Les décisions opérationnelles sont souvent privilégiées. Plus fréquentes que les procédures de planification ou d'analyse de l'entreprise et de son environnement, elles possèdent l'avantage de correspondre à des besoins immédiats. Ces deux modèles s'intègrent dans une interprétation rationnelle et linéaire de la décision selon le séquencement : conception/délibération/ décision/ exécution

B ~ Combler un écart

- **Les plans d'action prioritaires** : toute décision implique des changements. Un processus de réflexion stratégique complet aboutit à quatre dimensions du changement ayant des conséquences sur les actions routinières de la firme. Après avoir réalisé un diagnostic d'ensemble de la firme, les dirigeants identifient l'ampleur des écarts comparés à la situation qu'ils désirent, d'où seront déclinés les plans d'action prioritaires.
- **Les scénarios** : toute prospection est probabiliste, il ne s'agit donc pas d'une méthode exclusivement fondée sur l'extrapolation que se font les acteurs de l'environnement ou de la firme. La méthode des scénarios convient en environnements dynamiques mais moyennement complexes (rappelons que la complexité signifie l'impossibilité de sai-

sir et comprendre un contexte dans sa totalité). En milieu complexe, il est impossible de décider avec certitude à partir des scénarios, faute de pouvoir rassembler des informations suffisamment interprétables ou vraisemblables.

2 L'IDENTIFICATION DES PROBLÈMES STRATÉGIQUES

A ~ Les cadres de réflexion stratégique

- A. C. Martinet inventorie trois grandes postures cognitives de réflexion stratégique et de réflexion de la stratégie : a) ***strategic problem solving*** : le problème auquel répond la stratégie de la firme est censé être donné ou, en tous les cas, facilement énonçable par les dirigeants de la firme. La démarche consiste à élaborer des solutions puis, après des répétitions de projections, la décision consistera à choisir la solution satisfaisante ou déclarée optimale ; b) ***strategic problem finding*** : la firme subit des écarts de performances et les insatisfactions surgissent. Plusieurs symptômes sont identifiés et le cadre de la réflexion consistera à construire des schémas d'interprétation permettant de juger les causes des problèmes ; c) ***strategic problem enacting*** : la situation est complexe et les conséquences stratégiques sont quasiment imperceptibles mais bien présentes. Les opportunités et les menaces sont difficiles à expliciter, voire exprimer. Le cadre de la réflexion stratégique consistera à rendre acceptable une situation de décision. C'est-à-dire suffisamment intelligible, viable et admissible par toutes les parties prenantes de la décision.

B ~ L'attention stratégique

- La démarche de réflexion stratégique est déclenchée par des constats d'écart des actions avec les attentes des décideurs. Cela signifie que le dirigeant et le top-management ont fixé leurs réflexions sur des critères précis sur lesquels ils porteront leur attention. L'« attention stratégique » est définissable comme une sélection d'avis, de budgets chiffrés, d'interprétations sous forme de discours et notifications publiques. Cette attention est concrétisée à partir du temps alloué pour problématiser une stratégie, au travers d'un répertoire d'informations sur l'environnement et au travers des actions (individuelles et organisationnelles) retenues pour répondre à ces problèmes.
- Les décisions stratégiques, comme la structure organisationnelle et le système d'information de la firme, sont les conséquences concrètes des critères d'attention que portent les décideurs à l'environnement et aux critères de communication dans la firme.

  Au travers d'une interview accordée au *JDF* courant février 2002, H. Hainer, actuel PDG du groupe Adidas-Salomon, s'exprimait sur les objectifs et intentions d'un plan de rationalisation déjà entamé en 2001. Ce plan a permis de restructurer l'organisation du groupe autour des points qui ont retenu l'attention du comité de pilotage du groupe : mettre en place des procédés de prise de décision plus rapides et transparents, moderniser la structure logistique et un entrepôt européen, réduire la gamme de produits et les délais d'approvisionnement. L'ensemble de ces décisions a des conséquences au niveau de l'exploitation de la rentabilité du groupe : « L'amélioration de notre situation financière reste une priorité. »

Décider signifie prendre conscience d'une situation, d'un contexte, d'un état, de carences, d'impossibilités, de possibilités... Ainsi, pour paraphraser Husserl, disons que pour décider il faut être conscient de *quelque chose. La réflexion stratégique ne peut être concevable et ne peut viser des décisions qu'à l'intérieur d'un cadre intentionnel.*

Pour aller plus loin

Martinet, A. C. (1999), « La Lecture stratégique du diagnostic global » in *Le Diagnostic d'entreprise*, Paris : Économica. (ch. 10).

Ocasio, W. (1997), « Towards an Attention-Based View of the Firm », *Strategic Management Journal*, n° 18.

FICHE 62

LA PLANIFICATION STRATÉGIQUE

Le principe de causalité (si la firme réalise une action X, alors le résultat sera Y) est à l'origine de la planification. Issue de l'évolution des modèles de business schools *des années 1960 (notamment le modèle SWOT), elle a été décriée pour finalement revenir dans une forme actualisée pour la coordination des actions. Initiée et portée par Igor Ansoff, la planification représente un modèle de formalisation des plans d'action de la firme. Elle vise une exhaustivité des étapes et objectifs nécessaires pour atteindre les résultats estimés à partir de la stratégie.*

1 LE CADRE GÉNÉRAL DE LA PLANIFICATION

A ~ La stratégie administrative

- Elle constitue un pivot de coordination collective en formalisant les actions, les échéances et les résultats attendus. Elle centralise la formulation des choix et l'évaluation des analyses (audits) des portefeuilles d'activités, technologiques, concurrentielles et culturelles. La planification couvre alors trois champs de réflexion de la responsabilité des dirigeants de la firme : les décisions stratégiques, administratives et opérationnelles. Sa formalisation permet de faire le lien entre les deux facettes les plus importantes de la firme et de ses performances : la stratégie et l'opérationnel.
- Le principe repose sur une approche systémique de la firme :

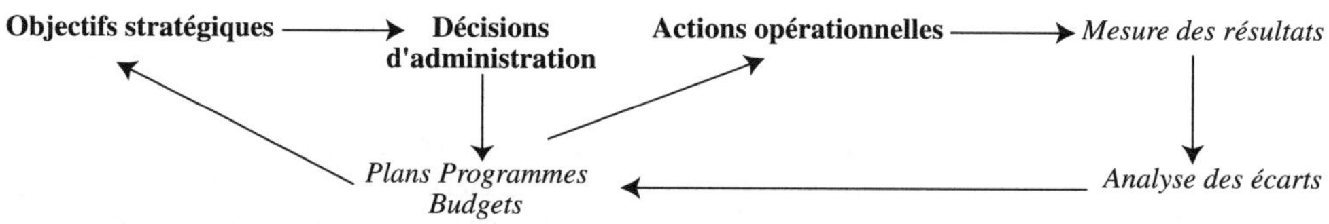

- Le principe de rationalité substantive est sous-jacent au modèle. C'est-à-dire qu'il est possible de décomposer *a priori* les décisions qui vont se présenter à la firme et d'identifier des alternatives à l'avance. Les plans stratégiques prévoient jusqu'aux décisions qui doivent être prises au niveau opérationnel. Chaque écart est donc rationnellement prévu par les managers, ainsi que les chemins correctifs.

B ~ Le rôle de la planification

- Ne jetons pas l'eau du bain et le bébé avec ! La planification a été initiée à une période et dans un environnement favorable aux prévisions à long terme. Igor Ansoff reconnaît quatre périodes successives de complexification de l'environnement remettant en question le cadre originel de la planification : début XXe, l'environnement était familier aux dirigeants, puis de 1930 à 1960, l'environnement bouge, s'accélère mais reste prévisible. À ce moment, apparaissent les méthodes budgétaires dans les grandes firmes et les débuts du contrôle de gestion. Puis il devient discontinu, mais à l'intérieur d'un cadre familier. Enfin, à partir de 1980, les ruptures sont fréquentes. Le management est confronté à des signaux changeants de plus en plus rapides.

- Il faut donc faire la distinction entre une planification à long terme (*long range planing*) et la planification stratégique actuelle. Dans le premier cas, le futur est extrapolable, dans le second cas, le futur n'est pas extrapolable **mais reste appréhendable sous forme de prospective**. Cette prospective se déclinera ensuite en buts stratégiques et performances opérationnelles pour la firme. Le rôle du dirigeant consistera à élaborer ces deux plans puis à administrer et contrôler les actions et tendances concrètes de l'opérationnel.

2 Les implications actuelles de la planification

A ~ La réponse à un environnement complexe est complexe

- L'objectif de la planification n'est pas de réduire la complexité de l'environnement mais de se conformer à cette complexité. Aux critiques de certains chercheurs (dont une fameuse polémique initiée par H. Mintzberg), Ansoff répondra au travers du théorème d'Ashby, une des lois fondatrices de la cybernétique : ni l'intuition, ni la simplification n'interagissent sur un réel complexe, « pour correspondre à un système complexe une théorie doit comporter le même niveau de complexité ».

B ~ Stimuler le management

- A. C. Martinet identifie trois fonctions clés de la planification stratégique particulièrement d'actualité dans la firme. Pour cet auteur, la planification exerce un rôle symbolique et sémiotique :
  – **C'est un stimulant de la réflexion stratégique** : la procédure de planification instaure des échéances précises, un calendrier. Les plans et budgets conçus par les responsables fonctionnels constituent de véritables épreuves au cours desquelles ils ont à présenter et défendre leurs visions de l'activité. Des dates butoirs stimulent la recherche d'informations, les arguments pour se faire comprendre et pour défendre leurs intérêts communs avec la firme.
  – **C'est un lieu de conception des actions collectives** : les procédures de planification produisent des moments de réflexion collective entre décideurs et provoquent la confrontation de diverses contraintes qui ne pourraient émerger sans cela.
  – **C'est un lieu de négociation** : la possibilité d'échanger des propos et de convenir des étapes à réaliser induit l'implication des managers.
- La planification provoque une introspection de la firme, y compris sur ses capacités et ses ressources. Elle permet de préparer les changements sur une période longue, car « on ne fait pas virer un paquebot comme un voilier ».

Planifier pour tendre vers les résultats espérés. En milieu complexe, la firme ne peut se résoudre à se contraindre à une simplification des impératifs stratégiques sous forme de budgets comptables ou d'incantations. La planification stratégique est une traduction exhaustive, schématisée sous forme systémique, des actions opérationnelles attendues selon une échelle du temps : elle se décline par activités, par fonctions, et finalement par individus. Elle aboutit en dernier lieu à la projection budgétaire des étapes.

Pour aller plus loin

Ansoff, I. & Mc Donell, E. (1990), *Implanting Strategic Management*, London : Prentice Hall (ch.1.2 et 3.2).

Martinet, A. C. (1997), « Planification stratégique » in *Encyclopédie de gestion*, Paris : Économica (art. 121).

FICHE 63

LE MODÈLE SWOT

*Le modèle SWOT (*Strength-Weakness/Opportunity-Threat*), c'est-à-dire force-faiblesse/opportunité-menace) est souvent considéré comme LA formule type du raisonnement stratégique pour la plupart des domaines de gestion. Ce cadre conceptuel est passé dans le langage courant des managers. Cependant, si l'attractivité et la simplicité (apparente) de cet acronyme sont remarquables, il n'en est pas moins un cadre décisionnel issu de l'économie néoclassique et, à ce titre, comporte des fondements précis pour l'action stratégique entraînant des conséquences irréversibles à prendre en compte.*

1 Mobiliser des rentes différentielles

A ~ La compétitivité en économie industrielle

- La firme est représentée par l'entrepreneur classique. Son objectif est avant tout l'objectif de son dirigeant-propriétaire. Celui-ci adopte un comportement opportuniste et fuit les risques. La stratégie de l'entrepreneur consiste à se rapprocher des conditions d'appropriation de rentes sur un secteur économique : les opportunités. Il se constituera une démarche rationnelle afin d'éviter de prendre des risques au-delà des sources de profits que lui confère sa stratégie.
- La compétitivité de la firme dépend de sa capacité à maîtriser des coûts (critères quantitatifs) et ses facteurs de compétitivité hors coûts (critères qualitatifs). Les rentes différentielles génèrent un profit lié au savoir-faire : exploitation de la technologie, de l'organisation, des informations. Les rentes monopolistiques sont dues à des situations privilégiées que la firme a su se constituer aux dépends de ses concurrents. Les rentes sont la conséquence d'un résultat excessif comparé aux efforts déployés, les coûts d'opportunité. La rentabilité est une combinaison des rentes issues des deux facteurs.
- Les firmes sont équivalentes sur un secteur et se comportent différemment suivant les impératifs des dirigeants. La performance est la conséquence d'une évaluation du risque sur un secteur (opportunité-menace) en fonction de la perception des ressources de la firme (forces-faiblesses). L'opportunisme est donc au centre de ce concept décisionnel. La stratégie consiste à rechercher des rentes sur ce secteur à partir de la position de la firme.

B ~ Le concept classique du SWOT

- Il faut relier les opportunités aux ressources. L'entreprise (et son entrepreneur) doit identifier les opportunités et les risques sur un secteur d'activité : « une stratégie économique peut être considérée comme une rencontre entre les qualifications de la firme et les opportunités issues de son positionnement sur l'environnement produit/marché » (Kenneth Andrews).
- Le schéma global consiste à évaluer et constater les opportunités que l'entrepreneur peut tenter de s'approprier selon le niveau de risque qu'il perçoit entre les compétences de sa firme et l'environnement (*strategy fit*). Cette notion de *fit* (convenable, ajusté, adapté)

correspond à une vision de la firme comme « boîte noire » : ce n'est pas l'entreprise qui se construit des compétences, mais elle cherche à se doter des compétences nécessaires pour s'adapter à l'environnement.

- Ce modèle a l'avantage d'être attractif en raison de sa logique cartésienne et de son subjectivisme habilement habillé sous forme de modèle schématique. Il peut s'appliquer à une situation simple en permettant l'extraction d'informations quantifiées. Il permet surtout en situation complexe de concevoir une schématisation rapide d'une réalité, facilement exprimable et diffusable dans l'organisation étant donné que ce modèle est connu de toutes les écoles et de tous les praticiens (compatibilité des représentations et intersubjectivité communicationnelle). Surtout, il est reconnu par les dirigeants pour sa simplicité.

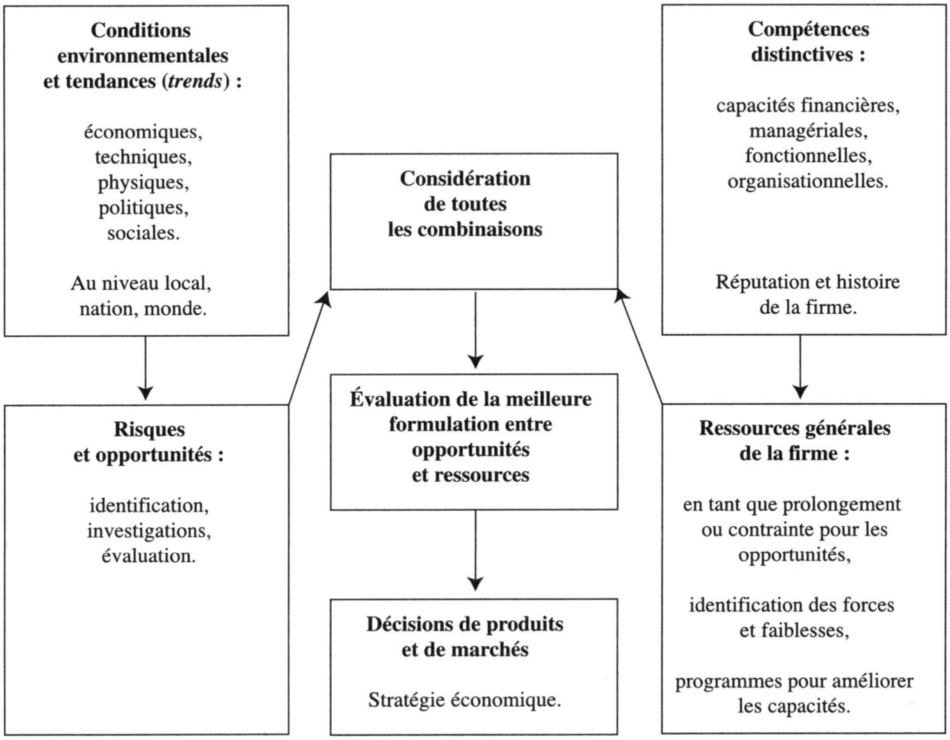

D'après K. Andrews.

- Pour Andrews, la démarche d'utilisation du modèle SWOT comporte huit ensembles de questions clés :

  a) Quel est réellement le produit fabriqué par l'entreprise ? Quelles sont les fonctions qui servent le plus le produit fini ? Vers quel type de fonctionnalité peut-il être étendu ou adapté ?

  b) Que se passe-t- il sur le marché pour notre produit ? Ce marché est-il en train de s'élargir ou au contraire de se contracter ? Et pourquoi ?

  c) Quelles sont les principales forces et faiblesses de notre entreprise ? Quelles en sont les origines ?

  d) L'entreprise comporte-t-elle une compétence rare et significative, voire distinctive (rappelons encore une fois que la terminologie ici utilisée ne prend pas le sens exact que lui donnera par la suite le modèle MRC de la stratégie) ? Si oui, vers quelle activité peut-elle être exploitée ?

e) Quelles sont les caractéristiques de la structure d'industrie ? Qui sont les leaders ? Quelles sont les filiales des grandes compagnies ? À quoi ou à quelle contrainte doit s'adapter l'entreprise ? Quelles sont les tendances de changement de l'industrie ?

f) Quelles sont les principales forces et faiblesses de la firme comparée à ces principaux compétiteurs ou aux leaders ? Qui imite l'autre ? Quels avantages comparatifs peut exploiter l'entreprise comparée à ces concurrents ? (Attention, il s'agit bien d'avantage comparatif, c'est-à-dire une performance liée à un écart de coûts d'exploitation et non d'un avantage concurrentiel, c'est-à-dire un écart de différenciation entre les concurrents).

g) Quelle est notre stratégie ? Est-ce que la combinaison entre le produit et le marché se trouve à son optimum stratégique ? Est-ce que la nature de l'activité est suffisamment définie et délimitée pour procurer des éléments de différenciation ?

h) Quel serait le niveau de risque acceptable si des opportunités se présentaient ?

- Cependant, il est normatif plutôt qu'explicatif et ne traite pas des problèmes de collecte et de traitement de l'information et de la pertinence des données et des jugements. Mais surtout, il nie l'existence de conflits entre les individus et les sources internes d'accroissement des compétences. Finalement, la croissance de la firme dépend des opportunités du marché, et les progrès techniques (étant également considérés comme des opportunités au service de la firme) sont extérieurs à la sphère économique elle-même. Finalement, toute décision revient à évaluer l'existant dans la firme et à comparer cet état de fait avec l'existant dans l'environnement.

2 Intégrer le modèle RBV

A ~ Les compétences et capacités

- Le modèle originel comporte des références à la notion de compétences distinctives. K. Andrews inclut dans ce terme : les capacités financières, managériales, fonctionnelles et organisationnelles, ainsi que des notions plus intangibles comme la réputation et l'histoire de la firme. Cependant, ces capacités ne provoquent une performance que dans le cas d'une rencontre de celles-ci avec les opportunités de l'environnement : « Le bon chemin pour élargir la portée des alternatives, dont l'extension dépend de la puissance d'imagination et d'identification des nouvelles possibilités, est d'associer (*match*) une opportunité avec une compétence, une fois qu'elle aura été évaluée avec précision et sa portée suffisamment estimée ». Signalons cependant que les auteurs ne donnent pas de signification exacte au terme compétence, au niveau intraorganisationnel. De plus, celles-ci correspondent aux compétences fonctionnelles qu'il est du ressort du dirigeant d'évaluer en termes de stock en adéquation avec l'environnement ou non.
- Le modèle RBV, de son côté, considère que les firmes sont hétérogènes. Celles-ci possèdent des combinaisons spécifiques de ressources stables dans le temps, à l'origine de l'avantage concurrentiel. Le modèle SWOT peut donc améliorer son efficacité pour la décision s'il intègre le courant RBV pour l'évaluation des forces et faiblesses de la firme.

B ~ Les décisions : articulations entre l'interne et l'externe

- Les actifs stratégiques (sources de l'AC) sont issus des ressources et compétences spécifiques de la firme, et des facteurs stratégiques de l'industrie. L'analyse externe à l'aide des outils construits pour l'analyse stratégique industrielle (cinq forces...) donne une lecture de ces facteurs. Le modèle RBV, de son côté, apporte une lecture stratégique interne de la firme, c'est-à-dire comment elle contribue à se constituer un avantage concurrentiel à partir des compétences et des ressources.

- Les décisions stratégiques sont produites à partir d'une évaluation des caractéristiques de l'industrie et de la firme : conséquences de l'analyse et point de départ de la mise en œuvre d'une stratégie destinée à combler les faiblesses et contrebalancer les menaces, exploiter les forces et les opportunités.

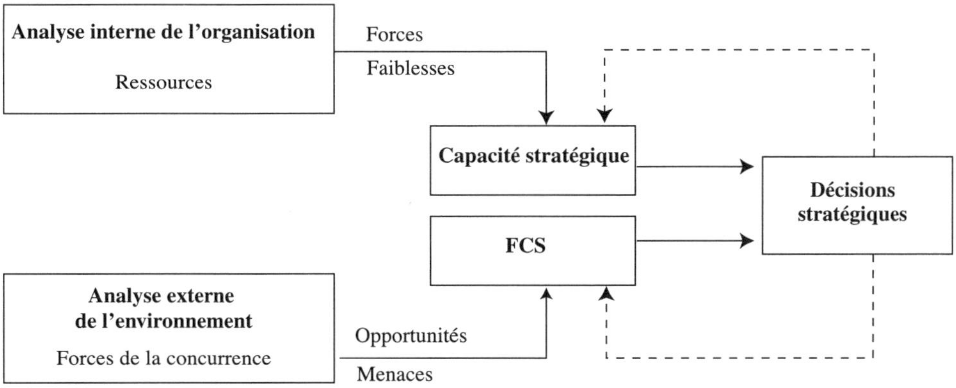

Selon les modèles de référence à la disposition des dirigeants de la firme, les options et les décisions diffèrent. Une construction trop techniciste donne une vision des actions à engager trop contraignante, mais un modèle trop flou laisse libre cours à des décisions parfois hasardeuses... ou à des répétitions du passé. Un modèle de décision stratégique comporte sa propre signifiance. Les résultats que l'on obtiendra dépendront avant tout du cadre d'interprétation en possession des décideurs. Le modèle SWOT est parfois décrié dans les discours communs mais tout dépend de la façon dont il est effectivement exploité (avec ou sans RBV) pour schématiser la stratégie : tout modèle entraîne une formalisation et ne peut s'arrêter aux discours.

Pour aller plus loin

Andrews, K. (1980), *The Concept of Corporate Strategy*, Ontario : R. Irwin (ch. 3).
Laroche, H. & Nioche, J.-P. (1997), *Repenser la stratégie*, Paris : Vuibert (ch. 7).
Durand, R. (2000), *Entreprise et évolution économique*, Paris : Belin, (pp. 13-31).

FICHE 64

LES SCÉNARIOS STRATÉGIQUES

Formuler des hypothèses d'évolution au travers de scénarios permet à la firme d'investiguer le temps et les possibles. Les scénarios concrétisent la pensée. Ils construisent un environnement sélectionné à partir d'une stratégie formulée. Cette forme de production collective du futur génère suffisamment de moments de créativité pour inciter les acteurs à faire le lien (un pont) entre leurs connaissances du secteur et un futur intuitif. Les scénarios ainsi produits et formalisés engendrent des alternatives aux actions avant l'action (les options). En poussant l'investigation des raisonnements entre le possible et l'impossible, se dessinent finalement des formes d'opportunités.

1 Les scénarios prospectifs

A ~ Les attitudes anticipatives

- L'incertitude bouleverse les pratiques de planification héritées des années 1970 : les entreprises se trouvent confrontées à des problèmes d'une nature inconnue jusqu'alors : la mondialisation, l'accélération des innovations technologiques, une multiplicité des interlocuteurs intervenant de près ou de loin dans la réalisation des performances visées (*stakeholder theory*), la généralisation des connaissances... L'ensemble de ces facteurs modifie la nature d'appréhension du futur de l'entreprise : d'un environnement continu et stable, les dirigeants doivent réapprendre à se construire des attitudes d'anticipation et de prévision en milieu discontinu, voire chaotique.
- Plusieurs attitudes face aux contextes sont caractérisables le long d'un continuum présent/futur plus ou moins complexe :
  – **La réaction** : face à un stimulus immédiat, la firme répond par des actions programmées qui peuvent s'avérer inadéquates.
  – **L'anticipation** : habituée à des contextes reconnaissables, l'entreprise s'engage dans des actions avant que le stimulus caractéristique d'une situation n'émerge.
  – **La prévision** : en partant d'une collecte de données issues du passé et d'un ensemble d'expériences formalisées sous forme d'éphémérides, la firme engage des actions de façon rétroactive à partir d'hypothèses de résultats.
  – **La proaction** : le raisonnement incluant toutes les imaginations possibles pour déceler le contexte à venir le plus probable, l'intuition du moment prime sur les prévisions.
  – **La prospective** : à partir de l'imagination des possibles, recherche d'un sens de raisonnement entre le futur et le présent le plus adéquat avec le contexte de la firme.

B ~ Lier le futur avec les possibles

- **Essais-erreurs** : la pratique essais-erreurs signifie une attente passive des conséquences des actions. La méthode des scénarios peut être considérée comme la stricte opposée de la pratique (très) courante des essais-erreurs (préférons le terme de pratique car cette approche ne peut être considérée comme une méthode !) En explicitant les hypothèses, le langage produit des objets concrets : les discours constructeurs de sens. Ces discussions intersubjectives réfutent, au fur et à mesure des échanges critiques, les scénarios peu crédibles et sélectionnent des chemins d'action.

- **Un futurible** : à partir d'un contexte, tous les futurs sont possibles. La combinaison de ces deux mots est au cœur de toute stratégie : sans plusieurs possibles envisageables, quel futur pour la firme ? Dans le cas contraire, la certitude aboutit à l'absence de toute action différenciatrice. Au travers des scénarios, la pensée de chaque acteur participant aux ateliers de réflexion est formulée par le langage. Cette pensée peut être formalisée par écrit, puis étayée par des calculs et probabilités. À partir du moment où les pensées sont formulées, elles sont soumises à la discussion publique, peuvent être objectivées pour être approuvées ou réfutées. À partir d'un problème, les scénarios produisent des essais prospectifs de solutions.
- **Le pragmatisme** : ce principe élève les valeurs pratiques comme critères de vérité. Ici, la pratique signifie la préférence des actions et de leurs conséquences observables aux contemplations du passé. Alors que le sens commun privilégie l'évaluation d'une idée en la confrontant aux passés réalisés, le pragmatisme anglo-saxon vérifie les idées dans les actions qu'elles ouvrent. Il s'agit cependant de constamment coordonner l'émergence des signes interprétables et des actions possibles, au fur et à mesure de la réalisation concrète des intentions : l'intuition appelle l'action, l'action fait émerger des significations, chaque signe (élément distinct de l'action) est un support pour l'action future (l'ensemble à réaliser).
- Les scénarios débutent à partir de constats sur la firme, des croyances des dirigeants dans l'évolution du secteur mais intègrent surtout une identification des incertitudes majeures. Au fur et à mesure de l'avancement des actions, des signes de la réalité impliqueront l'ouverture ou la fermeture de diverses options, rapprochant plus ou moins la firme d'une finalité. L'avancement du réel prend la forme d'un arbre des options : chaque signe ouvre ou dévie la voie du possible vers des chemins intuités. Les options ne sont formulables qu'en référence à la finalité de l'entreprise.

2 La méthode des scénarios

A ~ Créer un contexte

- **Les moments de réflexion stratégique demandent du temps**. La méthode des scénarios nécessite plusieurs temps : il est impensable de faire émerger toutes les informations que peuvent détenir les acteurs clés de la firme en une seule séance. L'indispensable consiste à faire participer les hommes clés de toutes les fonctions de la firme : chacun et chacune ont engrammé, c'est-à-dire ont été imprégnés, des évènements et des informations du passé qui peuvent prendre un sens dans les scénarios. Les contraintes sociales, les jeux d'acteurs, ou plus simplement l'inintérêt, freinent la collecte des interprétations. Les dirigeants sont le plus souvent impatients d'aboutir. Mais il n'est pas d'aboutissement à cette méthode : chaque jour apporte un flux de données qu'il faut réintégrer dans les scénarios : la période de formalisation peut prendre de plusieurs semaines à plusieurs mois, selon la complexité du secteur, le poids de la technologie dans la stratégie et l'interdépendance d'autres acteurs extérieurs à la firme qu'il faudra déceler.
- **Identifier au préalable les types d'informations**. Au cours des entretiens, plusieurs formes de données vont surgir des échanges, ces « ingrédients du futur » (P. Gabillet) sont à interpréter. M. Godet identifie cinq concepts de classification :
  – **les invariants** : phénomènes supposés permanents jusqu'à l'horizon étudié ;
  – **les tendances lourdes** : mouvements affectant un phénomène sur une longue période ;
  – **les germes** : facteurs de changement, peu perceptibles dans l'instant mais qui sont présumés être les tendances lourdes de demain ;
  – **les acteurs clés** : individus internes et externes à la firme qui influencent les contextes en fonction de leurs projets personnels ;

– **les évènements** : variables du possible pouvant se réaliser (option 1) ou ne pas se réaliser (option 0). Les évènements sont les concrétisations des incertitudes majeures du contexte.

La méthode s'appuie sur le diagnostic global de la firme et de son secteur. Il conviendra ensuite d'identifier les invariants (de l'industrie et des comportements des concurrents), pour ensuite s'avancer vers les « futurs nécessaires », « aléatoires », pour laisser libre cours au « futur libre » : les marges de manœuvre que se donne la firme.

- **Les niveaux de futur** : Reprenant P. Gabillet, M. Godet conçoit le futur selon les possibles. On peut donc partir d'un **futur socle**, c'est-à-dire d'un ensemble de données stabilisées, invariantes par nature, pour introduire progressivement des facteurs plus ou moins probables, le **futur aléatoire**, et finalement achever l'interprétation de façon imaginative et ouverte, le **futur libre**. Pour distinguer les différences du futur, M. Godet utilise la distinction entre les scénarios possibles, les scénarios réalisables et enfin ceux qui sont souhaitables.

B ~ De la prospective à la stratégie

- Michel Godet identifie six étapes pour formuler les scénarios prospectifs au cours d'ateliers de travail : a) les problèmes sont posés et le système est étudié et partagé entre les acteurs. Puis il convient : b) d'identifier des variables clés ; c) d'analyser les stratégies des acteurs dont les attitudes peuvent faire dévier le contexte, d) de balayer le champ des possibles ; e) de retenir les questions clés pour l'avenir, puis finalement f) d'inscrire les scénarios. Ces deux dernières étapes seront révisées en recherchant quels sont les degrés de pertinence, de cohérence, de vraisemblance, d'importance et de transparence des scénarios ainsi finalisés.
- Pour rejoindre la stratégie formulée, M. Godet propose trois étapes : les scénarios, les modèles de prévision, le processus de planification stratégique composé de l'intention stratégique associée aux options stratégiques.
- Les scénarios peuvent se décliner à plusieurs niveaux : la stratégie d'ensemble et sectorielle (*corporate*), mais aussi par activités (DAS) à l'aide des modèles et matrices stratégiques. Les scénarios seront ensuite déclinés sous forme de décisions d'action par fonctions (*cf.* fiche 65).

C ~ Les scénarios sectoriels

- « Un scénario sectoriel est une vision cohérente de la structure future d'un secteur, compte tenu d'un ensemble d'hypothèses. » Michael Porter veut marquer une nette différence entre les scénarios macroéconomiques et macropolitiques tels qu'ils sont largement pratiqués par les économistes et les scénarios adaptés à une analyse sectorielle à l'usage des dirigeants d'entreprise. Ces scénarios sectoriels ont comme but de ne plus s'en tenir à une seule option d'action et offrent l'avantage de pousser les dirigeants à expliciter leurs hypothèses et à dépasser ainsi les idées reçues. Au bout de la démarche, les scénarios deviennent une sorte d'interface entre l'intérieur de l'entreprise et son environnement macroéconomique. La cohérence des hypothèses détermine le pouvoir prédictif. Cependant, cette condition ne suffit pas, il est nécessaire d'introduire les comportements des concurrents. Au bout de la démarche, il est possible d'aboutir à un nombre élevé de scénarios potentiels : Porter propose de focaliser l'attention sur les scénarios polaires, c'est-à-dire les deux options opposées l'une à l'autre, puis sur celles qui aboutissent à des variations de la structure, pour enfin fouiller les possibilités des scénarios « spécifiques » mais qui peuvent aboutir à des changements radicaux.
- Il propose une méthodologie de l'analyse concurrentielle en sept étapes qui débute par l'identification de plusieurs facteurs d'influence sur un secteur : les changements de croissance à long terme, les évolutions de segments de clientèle desservis, l'apprentissage des clients, la réduction de l'incertitude, la diffusion d'une technologie exclusive, l'accumulation d'expériences (effet sur la réduction des coûts), l'accroissement ou la

réduction des effets d'échelle, l'innovation, les changements intervenant sur les secteurs connexes, les changements de gouvernement et les entrées et sorties du secteur. Les hypothèses aboutissent à la détermination des sources d'avantage concurrentiel dans chaque scénario, en fonction des capacités de réaction des concurrents.

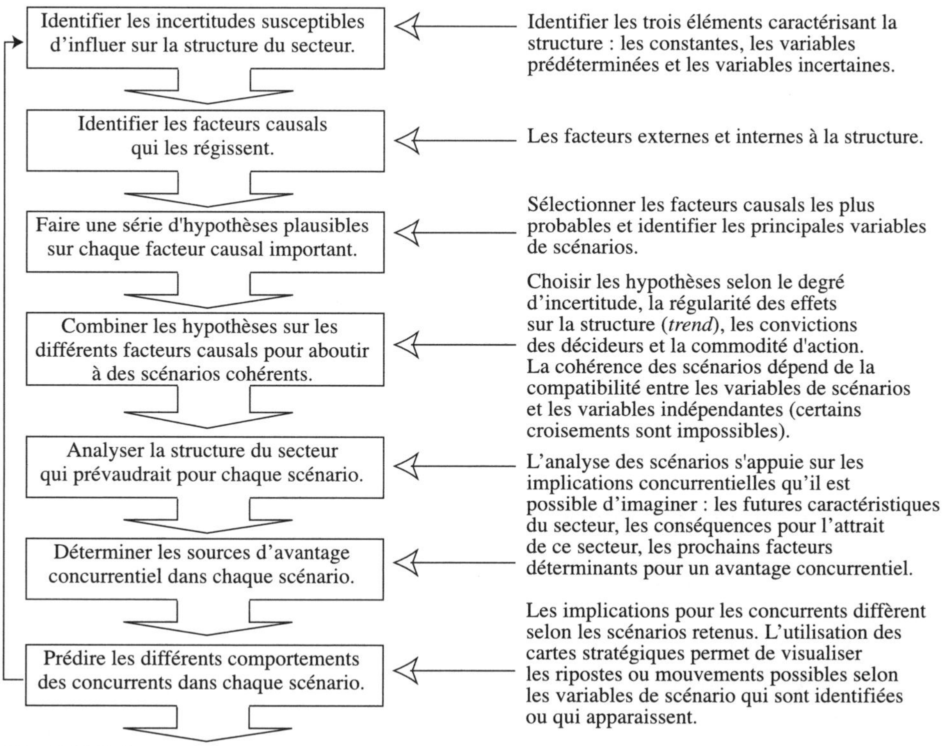

D'après M. Porter.

La mémoire et les connaissances accumulées au travers d'expériences du passé et l'enseignement ont pendant longtemps constitué les bases de réflexion des actions possibles. Les nouvelles hypothèses issues de l'économie et du pragmatisme américain ont bousculé les raisonnements stratégiques de la firme. L'anticipation et les représentations cognitives ont abouti à l'hypothèse des croyances autoréalisatrices bien connue des milieux financiers et de la Bourse. Les scénarios en stratégie ne comportent-ils pas aussi cette vertu d'autoréalisation du possible ?

Pour aller plus loin

Godet, M. (2e éd. 2002), *Manuel de prospective stratégique*, Paris : Dunod, t. 2 (ch. 4).

Porter, M. (1986), *L'Avantage concurrentiel*, Paris : Dunod (ch. 13).

Gabillet, P. (1999), *Savoir anticiper : les outils pour maîtriser son futur*, Paris : ESF.

Deledalle, G. (3e éd. 1998), *La Philosophie américaine*, Bruxelles : De Boeck (pp. 219-229).

FICHE 65

LES PLANS D'ACTIONS PRIORITAIRES

La démarche stratégique peut être prescrite par la direction générale: la stratégie délibérée. Elle peut également se construire en interaction avec l'organisation et les acteurs: la stratégie émergente. Mais, dans les deux approches, une condition première doit être remplie: les actions prennent le relais des intentions explicites des managers et ces mêmes actions vont faire surgir de nouvelles opportunités pour la firme. Les actions individuelles constituent des interfaces de réalité entre la formulation stratégique et la firme.

1 L'IMPLÉMENTATION STRATÉGIQUE

A ~ Implémentation management

- Le terme « implémenter » est de plus en plus usité par les managers ou les programmes de formation au management. Anglicisme notoire, il est certain que ce mot connaîtra le même succès que celui de *management*. Ces deux termes sont assez proches mais comportent des nuances.

  – ***Manager*** comporte un sens directif: gérer, cadrer, diriger. Il se situe au niveau de l'organisation de la firme et se propose d'instaurer des cadres de comportements collectifs qui tendent vers un but. Cela consiste à concevoir une contrainte acceptable destinée à l'effectuabilité des décisions (mener à bien). L'individu est contrôlé sur son efficience, c'est-à-dire sur son rendement par rapport aux ressources exploitées.

  – ***Implémenter*** se concentre sur la participation de chaque action individuelle à la réalisation des décisions stratégiques. Le terme comporte une dimension de mise en œuvre effective se traduisant par des actes réels. Implémenter consiste à rendre effectif des décisions: convertir le plan en actions individuelles et collectives. Les individus seront contrôlés par rapport à leur efficacité, c'est-à-dire des comportements transmettant le maximum de réalité effective à ce qui était préalablement annoncé.

- L'implémentation se situe en interface entre le plan stratégique (intentions et buts formulés sous forme d'un cadre pour la DG) et le système de contrôle ou d'information de la firme (évaluation des performances). L'ensemble implique une conformation intellectuelle des acteurs aux impératifs stratégiques désignés par la firme, mais les actions restent évidemment de leur ressort. La structure organisationnelle et le management des ressources humaines constituent le cadre de cohérence des décisions d'agir de chacun: un plan stratégique en dissonance sera rejeté, ou plongera les acteurs dans des situations paradoxales.

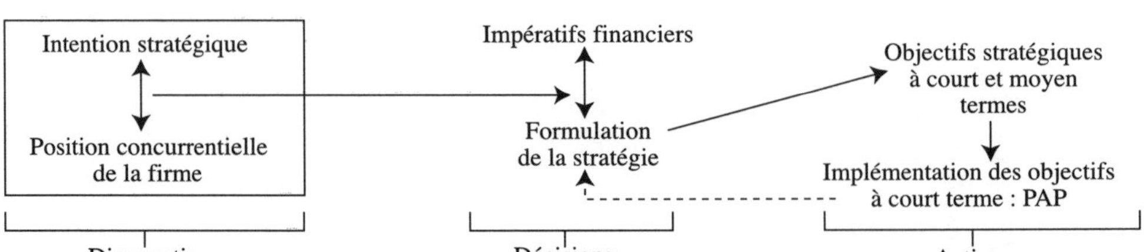

B ~ Une philosophie de l'action

- La firme est un univers sans cesse en mouvement et en reconstruction. Les situations entre les acteurs sont des lieux d'expériences organisées au travers d'instruments porteurs de sens. Toute action comporte quatre phases : l'impulsion, la perception, la manœuvre (dans le sens d'agir avec la matière) et la consommation (dans le sens de tirer personnellement un profit matériel ou intellectuel d'une action). Chaque obstacle que rencontre un individu lui offre l'occasion de l'affronter et de reconstituer son environnement vécu en y incluant les conséquences de la rencontre avec cet obstacle : l'entreprise et son organisation sont sans cesse reconstruites par les actions des individus. Ces actions sont orientées pour rester en continuité et en cohérence avec l'environnement tel qu'il est perçu et vécu par les acteurs.
- La stratégie ne peut donc s'arrêter à la seule phase de conception d'un futur souhaité. Les dirigeants doivent également proposer une trame (l'impulsion) destinée au passage à l'acte, à réduire les inerties locales ou globales et projeter des signes concrets incitant à l'action. La stratégie sans action reste un rêve.

2 Les plans d'actions prioritaires (PAP)

A ~ Créer des interfaces stratégiques

- « La définition de la stratégie d'ensemble de l'entreprise et des stratégies par domaines d'activité donne un sens *a priori* aux futures actions conjuguées des membres de l'organisation. » (Atamer et Calori) Pour réaliser la stratégie par activités (et indirectement la stratégie globale), T. Atamer et R. Calori proposent de traduire les objectifs à court terme en PAP. Ces plans d'action à court terme concernent les objectifs d'acquisition ou de développement de ressources et de compétences de la firme.
- Chaque PAP vise un changement majeur de l'organisation de la firme (d'autres changements jugés mineurs seront délégués aux acteurs). Ils agissent en tant que signes pour l'action à l'intention des managers. Ils sont adaptés aux particularités de chaque fonction. Les PAP RH incluent les modifications des systèmes de motivation et de récompense (rappelons que les *rewards* ne comprennent pas exclusivement la rémunération directe des acteurs).

B ~ Les PAP

- Les PAP sont des cadres pour les actions de management. Ils instituent également des étapes de contrôle pour vérifier l'avancement des intentions stratégiques au travers des actions effectivement réalisées : la stratégie est *instituée* au travers des signes concrets contenus dans cette formalisation des actions à mettre en œuvre.
- Ils mentionnent les secteurs concernés par les décisions, les responsables chargés de transformer les actions collectives, et identifient les objectifs visés et les résultats espérés. Le rôle d'un indicateur de contrôle permet de suivre l'avancement, mais aussi les coûts et les ressources mobilisés.

Le plus difficile est de transformer des intentions en réalités. Aussi, il ne s'agit pas de faire un simulacre de PAP, unidirectionnel, imposé et finalement mal compris. Aussi pragmatique qu'une planification, la mise en forme des PAP comporte un sens, et la participation des différents acteurs est une garantie d'acceptabilité : le processus d'élaboration doit être participatif.

Pour aller plus loin

Atamer, T. & Calori, R. (2e éd. 2002), *Diagnostic et décisions stratégiques*, Paris : Dunod (ch. 9).

FICHE 66

LES SYSTÈMES D'INFORMATION

De tout temps, l'évolution technologique a modifié la composante matérielle de la production. Au cours de la révolution industrielle, la performance reposait sur le rapport capital/travail en modifiant la productivité du capital. « L'information résultait principalement d'une action humaine. » (M. Porter) Mais aujourd'hui, nous assistons à une inversion radicale du rôle de l'information et des rythmes d'innovation en la matière : les managers traitent moins vite les informations fournies par les NTIC (nouvelles technologies de l'information et de la communication). Pour créer, préserver ou modifier son avantage concurrentiel, la firme doit donc se construire un système d'information adapté à ses objectifs stratégiques... ou sera très vite submergée de données non exploitées car trop nombreuses.

1 L'INFORMATION DANS L'INDUSTRIE

A ~ L'information au niveau du produit

- « Il n'y a plus d'industries vieillissantes, mais il y a des modes de fonctionnement vieillissants » souligne M. Porter. Chaque industrie comporte une composante technologique en fonction des informations contenues dans le produit (différenciation par les informations embarquées) ou diffusées au travers de la chaîne de valeur. L'information contenue dans le produit constitue une source de différenciation. Les informations au travers de la chaîne de valeur constituent une source de compétitivité par les coûts.
- La matrice d'intensité de l'information par industrie :

Intensité de l'information dans la chaîne de valeur ↑ / Contenu informatif du produit →		
	Raffinage pétrolier Acier	Banque Presse Transport aérien
	Cimenterie	

Contenu informatif du produit

D'après M. Porter.

B ~ L'information au niveau de l'organisation

- Selon l'importance occupée par l'information au cours des interrelations le long de la chaîne de valeur, il devient nécessaire pour la firme de se doter d'un système d'information stratégique (SIS) qui puisse véhiculer les décisions et refléter les objectifs de chaque étape de la production (en termes de facteurs clés de succès). Mais c'est surtout au niveau des activités de soutien de la chaîne de valeur (et notamment la gestion des ressources humaines) qu'un système d'information peut apporter les données nécessaires à la réalisation et l'accompagnement de l'avantage concurrentiel.

- **La cohérence entre la stratégie et les SIS dépend de cinq critères clés :**
  – les investissements en SIS sont en adéquation avec les objectifs stratégiques de la firme ;
  – le traitement de l'information doit contribuer à atteindre l'avantage concurrentiel visé et est forcément interprété différemment des données issues du système de comptabilité analytique ;
  – la gestion du système d'information stratégique est évaluée pour sa pertinence avec des critères de contribution, d'acquisition ou de soutien de l'avantage concurrentiel, et non sur des critères informatiques (ou d'informaticiens !) ;
  – la stratégie est suffisamment clairement formulée puis vérifiée avec les spécialistes informatiques de la firme afin d'engager une réelle contribution : notamment les variables associées aux facteurs clés de succès sont identifiées de façon conjointe entre direction générale et direction des systèmes informatiques ;
  – plus l'avantage concurrentiel repose sur l'intensité des informations dans la chaîne de valeur, plus le système d'information stratégique et le progiciel de gestion (type ERP) sont spécifiques pour la firme.
- **Prendre en considération la dimension sociologique. Sixième critère** qui nécessite une direction des ressources humaines compétente dans ce domaine des comportements et des règles dans l'organisation. Avant toute démarche dans la firme, les dirigeants seront confrontés aux problèmes sociologiques du pouvoir que confère l'information à certains acteurs clés (dont évidemment les informaticiens, mais aussi tous les acteurs en contact avec le système de diffusion et de communication des informations le long de la chaîne de valeur). La gestion stratégique des ressources humaines devra prendre une part active dans la réalisation du système, et même, dans certains cas où l'information est particulièrement stratégique (sociétés de services), elle participe activement au projet stratégique afin de concevoir une gestion prévisionnelle des emplois et des compétences en cohérence avec ce critère : les profils psychologiques de collaborateurs prêts ou non à échanger des données devient crucial… les baronnies et luttes de pouvoir ont de tout temps fait capoter les projets les mieux conçus !

2 IDENTIFIER DES OUTILS DE GESTION POUR LA STRATÉGIE

A ~ Les outils de gestion

- Les outils de gestion (ODG) occupent une place centrale dans la signification des objectifs stratégiques définis par les dirigeants. Les ODG collectent et synthétisent les données telles qu'elles ont été identifiées au moment de la conception du système d'information. Ils sont matériels (planning, tableaux de bord de projet, gestion prévisionnelle des emplois et compétences…) mais la facette intangible est particulièrement significative (types et formes de réunions, degré de formalisme, degré d'attention portée par les dirigeants au travers de leurs présence et commentaires…). Leur contenu et leur forme sont porteurs de sens au quotidien. Ils réifient et objectivent les indicateurs de consolidation de la position concurrentielle et des performances que s'est fixée la firme. Ils symbolisent le sens des actions de collaboration et comportent une dimension cognitive : les outils de gestion différencient ce qui est estimé important de ce qui est négligeable. Ils focalisent l'attention de chacun pour la réalisation de la stratégie.
- Les outils de gestion comportent deux dimensions :
  – **ODG = contrôle de la performance stratégique** (Ève Chiapello). Qui va utiliser ces informations ? Sur quoi vont s'exercer les contrôles ? Quel mode de contrôle adopter : participatif ou coercitif ? Les ODG interviendront-ils avant l'action (conformation) ou après l'action (confirmation) ? Les ODG feront-ils appel à des routines prédéfinies (logique d'exploitation des ressources) ou laisseront-ils une part d'essais-erreurs (logique d'exploration) ? Finalement, quels moyens de contrôle de l'avancement du plan de la firme : côté marché (FCS clients atteints), côté organisation (coordination le long de la CDV), instauration d'une culture stratégique ?

– **ODG = objets concrets des impératifs stratégiques** (A. David & P. Gilbert). Le système d'information stratégique, et les outils de gestion qui le constituent, sont spécifiques suivant les impératifs stratégiques. La firme peut faire cohabiter quatre grands impératifs dont la hiérarchie dépendra des intentions des décideurs. 1) *Les ODG outils de conformation* imposent des normes de comportement et des objectifs conformes au plan stratégique. L'émergent n'est pas souhaitable. Tous les sous-systèmes sont destinés à modeler les actions (systèmes de rémunérations, management par objectifs…). 2) *Les ODG outils d'investigation de l'organisation* tentent de déceler la réalité des routines et processus de coordination internes. L'utilisation de cette figure d'outils permet de révéler des pratiques émergentes porteuses de capacités organisationnelles spécifiques sur lesquelles la firme pourrait réorienter ses sources d'avantage concurrentiel. 3) *Les ODG outils d'accompagnement des mutations stratégiques* permettent de transformer les règles explicites et implicites dans la firme. Dans le cas où la firme change de stratégie, elle tentera de transformer les représentations des acteurs au quotidien, et tout particulièrement attirera l'attention sur de nouveaux processus ou de nouvelles actions essentielles pour la mutation. 4) *Les ODG d'exploration du nouveau* instituent des comportements émergents ou annoncent un changement imminent de la position stratégique de la firme.

B ~ Reflets des valeurs et des croyances de la firme

- Les représentations de chaque acteur constituent le paradigme de la firme. Au niveau des routines, des systèmes de contrôle ou de pouvoir, mais aussi au niveau symbolique, les outils de gestion reflètent les valeurs qui se sont historiquement installées dans la firme. Les outils de gestion instituent auprès des acteurs ce qui compte pour la firme et celle-ci a institué les outils de gestion qui comptent pour elle.
- Au niveau opératoire, les outils de gestion permettent à chacun l'interprétation des valeurs principales de la firme, celles sur lesquelles elle fonde son existence sur le marché. D'autre part, les actions au quotidien légitimeront ou non les impératifs de la firme. Le système d'information stratégique constitue une base symbolique qui se substitue aux discours des dirigeants pour orienter l'attention sur les objectifs stratégiques. Les acteurs de la firme interprètent la teneur et la qualité de la stratégie formulée et légitiment ou non les outils de gestion à leur disposition. Les dirigeants construisent un cadre de cohérence agissant sur les représentations partagées au travers du sens véhiculé par le système d'information stratégique. Ils estiment l'avancement de la stratégie poursuivie au travers du système d'information dont ils se sont dotés.

3 L'intelligence économique

A ~ Un cadre de collecte des informations

- L'intelligence économique doit son appellation au vocable anglais *intelligence*, signifiant renseignement et informations. Il s'agit de développer une véritable activité de collecte et de traitement des informations qu'il est possible de se constituer sur l'environnement économique.
- Les enjeux ne s'identifient pas seuls, de façon explicite, faisant abstraction d'une interprétation. Les pratiques industrielles ont habitué les dirigeants à pratiquer une veille technologique. La pratique de la stratégie nécessite également une forme de veille concurrentielle pour laquelle les informations constituent la principale source d'efficacité. Quelle que soit la stratégie poursuivie, la collecte et le traitement des informations sont incontournables : dans le cadre d'une stratégie d'imitation, le dirigeant cherche à identifier les sources d'avantages concurrentiels de ses compétiteurs malgré l'ambiguïté d'une observation extérieure à la firme cible ; dans le cas d'une stratégie d'innovation, les informations sur le marché et l'avancement technologique des concurrents seront préférées. Pour illustrer les différentes applications de la veille stratégique, Bruno

Martinet et Jean-Michel Ribault proposent de s'appuyer sur le cadre des cinq forces de Porter : a) la **veille concurrentielle** comprend l'observation et la collecte de données sur les concurrents et les nouveaux entrants potentiels ; b) la **veille technologique** s'intéresse aux pratiques des concurrents et aux entreprises susceptibles de fournir des produits de substitution ; c) la **veille commerciale** se concentre sur les fournisseurs et les clients ; d) enfin, la **veille environnementale** reprend les principes de l'analyse stratégique sectorielle.

B ~ Un système de traitement des informations

- La valeur apportée par les informations dépend du cadre de collecte, de traitement et de diffusion. B. Martinet et Y.-M. Marti proposent la représentation suivante :

(Intelligence économique) = (Bonne analyse des besoins) x (Pertinence et qualité des sources) x (Qualité de l'analyse) x (Diffusion et feed-back) x (Sécurité)

- Un système d'intelligence économique va plus loin que les systèmes d'information mais comprend ces derniers comme une étape pour la diffusion, la disponibilité d'interprétation et participe au stockage et à la sécurité de l'ensemble. Selon les contextes et les données à collecter ou traiter, chaque membre de l'organisation peut agir sous la triple forme de décideur, collecteur ou spécialiste.
- Les systèmes d'intelligence économique sont de plus en plus développés par les grandes firmes multiactivités et les consortiums, leur accordant une source de compétitivité grâce aux synergies qu'ils peuvent engendrer. Inaccessibles à la petite entreprise, ces systèmes coûteux bénéficient d'effets d'expérience, d'un chemin de dépendance dans l'acquisition des réseaux nécessaires pour se situer au plus proche des informations critiques, et profitent également en retour de la diversité des interfaces avec l'environnement que comprend une firme multiactivités (une des sources de compétitivité du groupe L'Oréal provient en partie du système d'information stratégique mondial qu'il a su se constituer).

Le système d'information stratégique et les outils de gestion qui lui sont rattachés débouchent sur la création, le développement ou l'approfondissement de compétences : l'ensemble constitue une ressource clé pour la décision. Une dimension exclusivement financière (du type contrôle de gestion) sclérose la firme dans sa dimension stratégique ou trahit une inconsistance stratégique de la part des dirigeants (rappelons que la dimension financière est une composante du SIS et, plus spécifiquement, la formalisation des conséquences engendrées par les décisions). Finalement, un système d'information prend une valeur concurrentielle s'il s'inscrit dans le cadre d'une veille stratégique (intelligence économique).

Pour aller plus loin

Moisdon, J.-C. *et alii* (1997), *Du mode d'existence des outils de gestion*, Paris : Seli Arslan (pp. 7-44).

Gilbert, P. (1998), *L'Instrumentation de gestion*, Paris : Économica (ch.1 et 2).

David, A. (1998), « Outils de gestion et dynamique du changement » in *Revue française de gestion*, sept.-oct. (pp. 44-59).

Porter, M. (1999), *La Concurrence selon Porter*, Paris : Village Mondial (ch. 3).

Chiapello, E. (1996), « Les Typologies des modes de contrôle et leurs facteurs de contingence » in *Comptabilité-contrôle-audit*, vol. 2, septembre (pp. 51-74).

Martinet, B. & Marti, Y.-M. (1995), *L'Intelligence économique*, Paris : Éditions d'Organisation (ch. 1 et 7).

FICHE 67

LE TABLEAU DE BORD PROSPECTIF

Les documents comptables et de suivi budgétaire ont la particularité d'être réalisés après les actions et n'intègrent pas la mise en œuvre de la stratégie, mais constatent ses effets ou les écarts sur les attentes. Le tableau de bord prospectif tente de lier les instruments traditionnels du contrôle de gestion avec d'autres indicateurs qui puissent refléter la réalisation des objectifs stratégiques.

1 LE RÔLE DES TABLEAUX DE BORD

A ~ Les tableaux de bord

- Les tableaux de bord (TB) assurent une présentation ordonnée de l'avancement des performances de la firme. Chaque TB est structuré et structurant :
  – **Il est structuré par les fondements théoriques** qu'il mobilise et ces mêmes fondements théoriques imposent un cadre interprétatif à l'utilisateur. Pour échapper à ces biais d'interprétation, les dirigeants structurent, extrapolent et interprètent constamment les données extraites en fonction de leurs propres critères subjectifs.
  – **Il est structurant dans sa présentation** : un graphique historique induit une tendance (*trend*), un tableau chiffré focalise l'attention sur des totaux (mettant en retrait les indices à l'origine des performances) ou des moyennes dont il concentre les facteurs explicatifs et, surtout, plus la firme dispose de données chiffrées, plus la signification est réduite par un effet de moyennisation intuitive (« mieux vaut regarder en gros, que de s'astreindre à l'analyse de plusieurs pages de listing ! »).
- Les pratiques managériales en vigueur influencent la production et l'interprétation des TB. Le style de management, le climat de confiance, le niveau d'acceptabilité des commentaires accordés à chacun modifient les interprétations et donc les décisions à tous les niveaux de la firme.

B ~ Limiter les indicateurs financiers

- Le tout financier ne relie pas la stratégie et l'action. Les TB doivent fournir plus d'indications sur les points clés de la formulation stratégique, et notamment :
  – informer qualitativement, temporellement et quantitativement sur l'avancement des projets phares par activités ;
  – mettre en évidence les opportunités, les niveaux de risque et les incertitudes ;
  – inclure des facteurs intangibles et évaluer les facteurs porteurs de valeurs à long terme.
- Kaplan et Norton proposent un contrôle de gestion stratégique qui tente de lier les FCS et la chaîne de valeur avec la vision des décideurs : « On peut comparer ce tableau de bord prospectif aux voyants et compteurs d'un cockpit. Pour faire voler un avion et naviguer correctement, le pilote a besoin de nombreuses données : fioul, vitesse du vent, altitude, portance, etc., qui l'informent sur son environnement actuel et sur ce qu'il est possible de prévoir. Ne consulter qu'un seul instrument mènerait à la catastrophe. De même, la complexité actuelle du management requiert du chef d'entreprise un contrôle de la performance sous plusieurs angles simultanément. »

A ~ Le *Balanced Scorecard*

- Le tableau de bord prospectif met en avant la stratégie et non le contrôle :
– **L'axe client : comment les clients nous considèrent-ils ?** À partir de cette question, il s'agit de considérer les objectifs (nouveaux produits, qualité des services, types de partenariat...) et les moyens de mesure idoines (pourcentage de nouveautés commercialisées, retours de livraisons...). Les indicateurs génériques sont : le niveau de satisfaction, la fidélisation, les parts de marché et les poids respectifs des catégories de clients.
– **L'axe financier : quel regard les actionnaires portent-ils sur nous ?** Les responsables financiers ne se contentent plus de réduire les risques ou de contrôler la rentabilité des capitaux engagés, mais ils proposent des produits à des clients investisseurs, des actionnaires et même aux banquiers. Le système financier doit développer les programmes d'action internes au lieu de les inhiber. Les indicateurs clés sont : le retour sur investissement, la valeur ajoutée économique, l'amélioration des critères de cotation sur les marchés, l'amélioration des relations avec les investisseurs.
– **L'axe processus internes : en quoi la firme est-elle la meilleure ?** Il s'agit d'évaluer les processus internes qui interfèrent sur la satisfaction des clients au travers de la qualité, des savoir-faire, de la productivité : l'évaluation des compétences, la fluidité des échanges lors des réunions, les transferts de pratiques entre services ou activités, le renouvellement des processus et la distinction que les acteurs peuvent faire entre logique de processus (exploration collective) et logique de tâche (exploitation individuelle).
– **L'axe innovation et apprentissage collectif : en quoi la firme continue-t-elle à améliorer et créer ?** Les aptitudes à innover et les capacités d'apprentissage de la firme créent de la valeur. Les indicateurs clés sont : la satisfaction des salariés, la performance de la GRH à contribuer sur cet axe, les systèmes d'information et de communication.

B ~ Un cadre stratégique commun

- L'idée soutenue par Kaplan et Norton est de lier les décisions et les retours d'expériences au travers du tableau de bord prospectif (TBP). Discerner les relations entre causes et effets est incontestablement toute la problématique du management stratégique. Les auteurs démontrent que les quatre étapes clés du TBP (axes financier, clients, processus et apprentissage organisationnel) peuvent avoir des effets corrélés entre eux. Le TBP permet d'identifier plus précisément les variables intermédiaires et explicatives de l'atteinte ou l'échec d'un facteur clé de succès.
- Mais, de plus, le TBP est un support de travail pour des décisions en équipes transversales. Un autre aspect du modèle est l'apprentissage du management stratégique lui-même : finalement, avant de contrôler les performances opérationnelles des équipes d'une firme, le top-management ne doit-il pas se doter d'un modèle d'auto-apprentissage de l'implémentation de la stratégie ?

Un tableau de bord suffisamment informé, sélectif et significatif engendre des interprétations pour les décisions d'action au travers d'une « enquête » (J. Dewey) collective fondée sur un processus « des données engendrent des idées », et non, selon la croyance, que des informations entraînent des décisions (l'évidence n'est jamais évidente !).

Pour aller plus loin

Kaplan, R. & Norton, D. (1998), *Le Tableau de bord prospectif*, Paris : Éditions d'Organisation.

Lorino, P. (2001), *Méthodes et pratiques de la performance*, Paris : Éditions d'Organisation (ch. 5).

FICHE 68

LA DÉCENTRALISATION DES DÉCISIONS

Le modèle organisationnel fonctionnel ou multidivisionnel considère l'organisation comme un ensemble de sous-unités plus ou moins autonomes. Chacune de ces sous-unités a une perception des problèmes à traiter et des décisions à prendre. Les comportements seront dictés par des règles et des procédures spécifiques centralisées au niveau corporate. *Les acteurs bénéficieront d'un degré de latitude décisionnelle plus ou moins large. Une forte centralisation, ou au contraire un niveau élevé de décentralisation des décisions sont des options dépendantes des intentions stratégiques de la firme combinées au degré de complexité de l'environnement.*

1 LA DÉCENTRALISATION DES DÉCISIONS

A ~ L'évolution des grandes firmes américaines

- **De la firme fonctionnelle à la firme multidivisionnelle**. L'évolution des entreprises passe par une réorganisation des processus décisionnels. Alfred Chandler retrace l'histoire de cette décentralisation progressive des grands groupes américains, comme notamment Du Pont de Nemours, géant du textile et de la chimie. Il insiste sur la relation entre les responsabilités des managers et les décisions qui leur incombent. L'apparition des firmes multidivisionnelles est la conséquence d'une évolution des impératifs et d'une décentralisation de l'exploitation des actifs productifs : l'appropriation des ressources, la répartition des ressources, puis leur exploitation.
- La direction décide des objectifs pour chaque sous-unité. Ces objectifs, perçus comme des contraintes, sont considérés comme des cadres d'action auxquels se soumettent « volontairement » les acteurs. Chaque sous-unité formulera alors ses problèmes à résoudre et les solutionnera. Dès lors qu'une solution satisfaisante sera trouvée par les membres de l'organisation, le processus de réflexion est stoppé, d'où l'absence de latitudes d'optimisation au niveau des sous-unités : l'optimisation est intégrée dans la forme et les règles contenues dans la structure organisationnelle et dépend donc des décideurs en amont. Ce modèle met en évidence l'influence de l'organisationnel et des procédures dans le processus de mise en œuvre des décisions stratégiques. Il considère surtout que les acteurs en aval ne sont pas rationnels et qu'une structure organisationnelle et décisionnelle fortement centralisée est le moyen pour pallier les comportements inadéquats des acteurs.
- Il possède cependant des limites, notamment les changements brutaux ou rapides ne sont pas traités car le modèle repose sur l'hypothèse selon laquelle les choix sont conditionnés par les procédures et les structures. De plus, le pouvoir des acteurs est peu explicité entre la direction et les sous-unités : le modèle part du principe que les sous-unités acceptent les règles et les procédures définies par la direction sans contournements politiques. Enfin, la stratégie est essentiellement délibérée et ne peut laisser de place à des processus émergents.

B ~ Les structures organisationnelles

- L'entreprise fonctionnelle ou divisionnelle correspond à une forte centralisation des décisions. L'entreprise matricielle privilégie les produits de la coordination décisionnelle entre les étapes de production. L'entreprise par réseaux reporte les décisions sur les transactions entre partenaires. L'entreprise internationale ou globale adapte sa structure et ses décisions aux ressources locales.

- Le but de la décentralisation consiste à confier la prise de décisions à des personnes ou des équipes étant identifiées comme étant le plus au fait des connaissances (le plus souvent tacites) à maîtriser sur la situation concurrentielle.

2 L'ÉVOLUTION DE L'ENVIRONNEMENT

A ~ Stabilité et complexité environnementale

- En fait, les décisions stratégiques dépendent des facteurs de complexité et de la dynamique de l'environnement. Un modèle organisationnel fortement centralisé est adapté à un environnement simple et stable : les managers peuvent exploiter des données historiques significatives et les décisions d'objectifs se prennent *ex ante* de façon analytique. Les activités industrielles lourdes adoptent ce type de structure hiérarchique où chaque sous-unité sera fortement spécialisée (industries du pétrole, minerais et fonderies…).
- Mais, dans un environnement complexe et comportant une dynamique de changements, les connaissances, le traitement des informations en local et une approche par processus priment sur une prescription centralisée. Les décisions de chacun constituent une source de compétitivité. L'organisation se décentralise, et même, dans les cas de fortes modifications des conditions de concurrence, adoptera une organisation centrée sur l'expérimentation et l'apprentissage (essais-erreurs) afin de décider *ex post* des actions émergentes à poursuivre.
- L'analyse de la répartition des pouvoirs de décision entre direction générale et directions divisionnelles ou de départements permet d'identifier le degré effectif de redistribution du pouvoir dans la firme et de sa cohérence avec le projet stratégique : la répartition du pouvoir de décision est-elle clairement exprimée à l'intérieur de chaque domaine d'activité ? Les acteurs clés porteurs de compétences spécifiques ont-ils accès aux décisions ? Les décisions sont-elles implicitement encouragées ou désavouées ?

B ~ L'irruption de la complexité

- Depuis l'émergence de la complexité dans la formulation stratégique, le problème de la délégation des décisions n'a cessé d'être révisé : **l'*empowerment*** (amplification du niveau de responsabilité de chaque acteur dans la firme fondée sur une hypothèse de mobilisation), **le *lean-management*** (réduction des niveaux hiérarchiques dans la structure organisationnelle afin de rapprocher les managers clés du niveau stratégique de la firme partant du principe d'une coordination plus rapide entre les niveaux), **le management par projets** (délégation provisoire de l'autorité décisionnelle à un spécialiste), **l'intrapreneuriat** (des acteurs clés porteurs de compétences stratégiques engagent leurs ressources internes pour la conception et la réalisation de produits, créateurs de valeur, qui seront ensuite exploités par la firme). Chacune de ces pratiques de délégation reconfigure la structure de la firme autour des décisions et des actions qui en découlent.

Le choix d'un mode de répartition des décisions dépend de la stratégie que se fixe la firme. Cependant, il n'est pas concevable d'ignorer l'emprise du style d'autorité et les traits psychologiques des dirigeants. Autocratiques, participatifs, consultatifs ou démocratiques, leurs décisions influencent la mise en œuvre de la stratégie. Une seule certitude : en environnement turbulent, les processus de décision constituent une source d'avantage concurrentiel et doivent répondre de plus en plus rapidement et localement aux multiples questions qui se posent dans l'entreprise.

FICHE 69

LE PARADIGME STRATÉGIQUE

Le paradigme de la firme est un ensemble de croyances communes aux acteurs. Il va guider implicitement les décisions stratégiques : c'est en filtrant les perceptions des décideurs et des collaborateurs qu'il influencera l'interprétation des informations saillantes de l'environnement. Les changements suivent alors un processus incrémental : ils ne peuvent s'engager que partiellement et progressivement afin de rester en cohérence avec le cadre culturel de la firme. Des décisions en rupture avec ce cadre immanent ont de fortes chances d'être rejetées au travers d'une crise profonde, ou d'une lutte de pouvoir entre les parties dirigeantes. La critique du bien-fondé de mettre à exécution de tels changements stratégiques aboutit parfois même au rejet de l'équipe dirigeante par un collectif de collaborateurs.

1 UN MODÈLE CULTUREL ET POLITIQUE DE LA DÉCISION STRATÉGIQUE

A ~ Les décisions conformes aux représentations partagées dans la firme

- Le modèle culturel et politique postule que la stratégie est le résultat de convictions implicites et de routines organisationnelles (dans le sens de coordinations implicites). Ces représentations se transmettent tant individuellement qu'au niveau d'un service (marketing, financier…). De nombreux schémas culturels influencent les managers et les décideurs. Gerry Johnson formalise les axes dominants des représentations collectives de la firme au travers du « tissu culturel » (*cultural web*). Celui-ci formalise le cadre à partir duquel la firme et l'ensemble des collaborateurs fondent et légitiment leurs décisions : celles-ci se conformeront implicitement aux critères d'acceptabilité induits par le paradigme dominant.
- La culture d'une firme peut être définie comme « le niveau fondamental de croyances et de convictions partagées par les membres d'une organisation et implicitement la représentation que l'organisation se fait d'elle-même et de son environnement » (Schein).
- Le paradigme organisationnel joue un rôle déterminant dans l'élaboration de la stratégie. Il influence les comportements quotidiens et constitue un référentiel de décisions. Les managers éviteront les situations incertaines et leurs décisions chercheront à reproduire ou reconstituer des situations suffisamment familières et régulières déjà validées par le passé : « La réaction la plus naturelle des managers consiste à tenter de faire face à une situation nouvelle à partir du paradigme existant, à faire comme si les évènements ne nécessitaient pas de véritable remise en cause. » (Johnson et Scholès)

B ~ Le modèle du paradigme

- La firme comporte plusieurs dimensions de filtrage des décisions : a) **une dimension politique** car ce sont les luttes de pouvoir des uns contre les autres qui constituent les processus dans la firme ; b) **une dimension cognitive** car les dirigeants décident finalement au travers de leurs schémas mentaux et de leurs croyances ; c) **une dimension culturelle** qui légitime l'ensemble politique et cognitif au travers de mythes et symboles. Ces trois domaines sont interdépendants.

- **Le système de contrôle** met l'accent sur ce qui est important dans l'organisation (*cf.* fiche 66). **La structure organisationnelle** reproduit formellement la structure de pouvoir. Celle-ci correspond aux valeurs partagées portant sur les actions bénéfiques pour la firme. **Les routines** constituent les formes de coordination des actions et les processus entre les acteurs. **Les symboles** codent les représentations au quotidien. **Les mythes** font le lien entre le présent et le passé de la firme et **les rites** instituent les moments importants pour les membres de la firme.

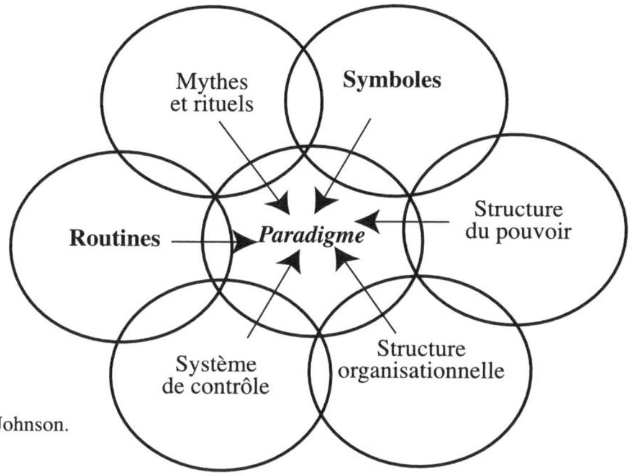

D'après G. Johnson.

2 Les décisions stratégiques

- Il n'est possible de comprendre les fondements des décisions prises par les dirigeants qu'au travers des discours quotidiens et des comportements tacitement partagés par les acteurs (les croyances). Le succès d'une décision stratégique entraînant des changements « dépend de la capacité de chaque individu à changer les croyances et représentations sur lesquelles se fondent les comportements dans l'organisationnel » (Johnson et Scholès).
- Le paradigme se traduit sous forme d'une « structure cognitive centrale qui exerce le rôle de filtre entre l'environnement réel, et l'environnement tel qu'il est perçu et interprété par l'entreprise ». L'adaptabilité collective et individuelle est limitée par les forces de conformité qui se cumulent en faveur du paradigme et de la culture dominante. Celle-ci se manifeste sous forme de représentations collectives, conscience collective, imaginaire collectif, et « disposant de son capital cognitif, la culture instaure des règles/normes qui organisent la société et gouvernent les comportements individuels » (E. Morin).

La dimension cognitive prend de plus en plus d'importance dans les travaux de recherche sur les firmes. Les décideurs sont de plus en plus directement confrontés à des problèmes d'acceptabilité collective. Dans la lutte concurrentielle, il n'est plus possible de laisser dans le flou (pour ne pas dire dans l'inconscient collectif) le paradigme stratégique de la firme : son explicitation anticipe l'acceptabilité des décisions ou identifie les échéances et les étapes de préparation.

Pour aller plus loin

Johnson G. & Scholès, K. (2000), *Stratégique*, Paris : Publi-Union (pp. 493-541).

Lauriol, J. (1998), *La Décision stratégique en action*, Paris : L'Harmattan (ch. 1).

FICHE 70 LE GOUVERNEMENT DE L'ENTREPRISE

Dans un second sens, gouverner signifie : « exercer une influence déterminante sur quelqu'un ». Les actionnaires n'investissent pas inactivement dans les firmes. Ils influencent les décisions des dirigeants en approuvant directement et indirectement le bien-fondé et la mise en œuvre de la stratégie. L'intérêt gouverne les actionnaires d'une firme, ils maintiendront leurs capitaux ou se retireront. Qu'en est-il des dirigeants alors que ceux-ci ne sont pas partie prenante dans le capital immobilisé ?

1 LA NOTION DE GOUVERNEMENT DE L'ENTREPRISE

A ~ Aux origines de la notion de gouvernement des entreprises

- **Les droits de propriété** sont à l'origine de la constitution des sociétés anonymes. La répartition du capital sous forme d'actions permet de maintenir les droits revenant aux propriétaires. Les actionnaires (*shareholder*) ne sont pas totalement propriétaires d'un bien matériel, mais détenteurs de droits dont ils peuvent confier l'exploitation (*usus*) aux managers, afin d'en percevoir un profit (*fructus*), ou les transférer et vendre selon les opportunités (*abusus*). Les parties prenantes (*stakeholder*) au fonctionnement de la firme ont un intérêt plus ou moins direct avec elle et peuvent interférer sur l'évolution des droits de propriété des actionnaires. Ces acteurs de la firme se répartissent en trois catégories :

  – Les parties prenantes internes : directions d'activité, cadres, employés, comité d'entreprise… ;

  – Les parties prenantes interfaces : les administrateurs, les syndicats… ;

  – Les parties prenantes externes : les fournisseurs, clients et distributeurs, les banquiers… mais aussi des institutions plus lointaines mais interagissant avec la firme : les collectivités territoriales, les lobbies…

- **La théorie de l'agence** est une notion qui définit le lien économique entre les actionnaires et les dirigeants. Elle formalise les règles d'*usus* des moyens mis à la disposition des firmes. Cette mise à disposition du capital génère des conflits d'intérêts entre les parties : les actionnaires n'admettront pas une attitude laxiste ou opportuniste de la part des managers, et ces derniers peuvent « s'enraciner » (tirer profit des situations ou d'informations pour se maintenir en place). Cette confrontation aboutit à des coûts de relation d'agence : les décideurs devront être rémunérés pour satisfaire les droits attendus des propriétaires. « Nous définissons par relation d'agence une forme de contrat dans lequel une ou plusieurs personnes (*le principal*) engage une autre personne (*l'agent*) pour réaliser un service à sa place entraînant la délégation de décision à cet agent. » « Nous définissons les coûts d'agence comme la somme : des dépenses de contrôle par le principal, des dépenses (inopportunes) engagées par l'agent et des pertes résiduelles » (Jensen et Meckling). Ces coûts sont inéluctables et, de plus, il est impossible que les agents aient les mêmes points de vue que les propriétaires (les pertes résiduelles). Les contrats entre propriétaires et dirigeants ont pour but de minimiser ces coûts d'agence dûs à la séparation entre décision et propriété.

- L'importance du recours au financement externe (les marchés financiers) crée une distance trop importante entre la firme et les apporteurs de capitaux. Cette distance peut entraîner des préjudices pour ces derniers, comme par exemple des attitudes en défaveur des intérêts de la firme de la part des dirigeants. Ce risque d'opportunisme implique des contrôles sur les décisions opérationnelles de la firme. De plus, l'approbation de la gestion ne peut se faire qu'au moment du quitus renouvelant le PDG de la firme. Pour aligner les décisions avec leurs intérêts, les actionnaires se sont donc dotés d'un ensemble de mesures et de contrôles réguliers permettant d'astreindre les intentions des dirigeants. « On appelle gouvernement de l'entreprise l'ensemble cohérent des dispositifs et des pratiques institutionnelles de l'entreprise qui permettent de rendre légitimes les fonctions d'autorité exercées directement par les dirigeants et délégués à la hiérarchie. » (P.Y. Gomez)

B ~ Les conflits d'intérêts

- Les parties prenantes dans les firmes n'ont pas toutes les mêmes intérêts : a) les investisseurs institutionnels auront tendance à globaliser leurs investissements afin de mieux exploiter leurs actifs financiers ; b) les actionnaires héritiers ou c) managers garantiront leur situation ; d) les petits actionnaires tentent de prendre part aux décisions en se réunissant sous forme d'associations, le cumul des droits de vote ainsi obtenu leur permettant d'aboutir à un niveau significatif de parole lors des assemblées générales.
- Les choix stratégiques sont donc modifiés ou influencés par les attentes et le pouvoir de ces quatre groupes. Il convient donc d'en évaluer l'impact afin de vérifier si les décisions stratégiques satisferont les attentes, ou en décevront certains. Avant d'engager des manœuvres de grande envergure (fusion, alliance, changement stratégique), il est donc préférable de se constituer une cartographie exhaustive des différentes formes d'intérêts en présence : répartition du pouvoir, objectifs de chacun, politiques et intentions actualisées des détenteurs de capitaux les plus influents.

2 Les logiques de contrôle des dirigeants

A ~ Interférer afin de se prémunir du risque d'enracinement

- La théorie de l'agence met en évidence les coûts supportés par les actionnaires afin de se prémunir des comportements opportunistes des managers. Les partisans de cette théorie considèrent en effet que les dirigeants ne se donnent pas les mêmes buts que les actionnaires. Ces derniers supportent alors les conséquences d'un comportement déviant du mandataire. Les mandants peuvent alors se constituer des barrières dissuasives au moment d'établir le contrat : les systèmes de rémunération, l'élaboration d'objectifs, le système de contrôle…
- Cependant, la complexité croissante et le postulat de rationalité limitée font qu'il n'est pas évident de se prémunir de ce risque : les actionnaires sont finalement dans l'obligation de se référer aux jugements des administrateurs, ceux-ci étant (normalement) suffisamment proches des affaires pour pouvoir porter un avis sur la finalité ou les intentions des dirigeants en place. De plus, ces administrateurs encourent le risque pour abus de biens sociaux de la part de l'État, si la firme et ses dirigeants ne respectent pas les impératifs de gestion au profit de leurs intérêts.
- Les techniques d'enracinement sont nombreuses. Parmi les observations faites par Jérôme Maati, on peut relever les pratiques les plus caractéristiques :

  a) investir dans le domaine de compétence privilégié du dirigeant de façon à garantir sa propre utilité malgré d'autres options plus favorables pour la firme ;

  b) mener une politique de croissance qui puisse constituer une barrière à tout risque de fusion, OPA/OPE, ou partenariat dans lequel le dirigeant serait en position défavorable pour la gestion des informations à transmettre aux actionnaires des deux parties ;

c) les dirigeants privilégient la taille des sociétés qu'ils ont à gérer afin de satisfaire leurs ambitions, cependant ils peuvent s'engager dans des mouvements de cession d'une partie de la firme afin de récolter suffisamment de liquidités dans le but de réorienter l'entreprise vers une voie qui leur semble plus adéquate pour mettre en évidence leurs capacités, mais pas forcément en faveur des actionnaires ;

d) les dirigeants peuvent aussi orienter les décisions de croissance ou d'investissements de façon à éviter le recours à l'émission d'actions avec droits de vote. Dans ce cas, les options de croissance seront mises en retrait ou feront l'objet d'emprunts à long terme, alors que le recours à l'émission de nouvelles actions semblerait préférable mais risqué car il pourrait occasionner l'intrusion de nouveaux représentants au conseil d'administration et remettre en cause l'équilibre de confiance que le dirigeant s'est constitué ;

e) les systèmes d'information constituent également une parade au contrôle des actionnaires. Notamment, les différences de construction comptables entre les pays favorisent la mise en valeur des finalités du dirigeant (méthode de contrôle et d'évaluation des stocks, amortissement des actifs, données intégrant le calcul du résultat opérationnel...). Les dirigeants peuvent également déprécier hâtivement certains actifs afin d'échapper à une OPA ou une fusion, ou même modifier les résultats trimestriels afin de mettre en évidence une action qu'ils ont l'intention de mener à l'avenir et dont le résultat serait ainsi en partie préparé ;

f) le réseau que se constitue un dirigeant peut également lui apporter une source de profit. Il peut « embarquer » avec lui certaines personnes proches aux postes clés qui valideront les options de gestion, il peut s'entourer d'une réputation de proximité avec les membres du gouvernement ou des grandes banques d'affaires. Il peut aussi favoriser l'échange croisé de leurs participations aux conseils d'administration d'autres firmes dont les dirigeants proviennent des mêmes réseaux sociaux (grandes écoles, classe sociale...).

B ~ Interférer en faveur d'une politique d'ensemble

- Les points clés du gouvernement de l'entreprise concernent : la protection des intérêts des actionnaires, l'engagement et la responsabilité des managers, la transparence des décisions, la pratique d'un activisme soutenu (attitude pragmatique recherchant l'efficacité et délaissant des actions sans intérêt pour la communauté concernée), les capacités d'incitation aux performances des managers, le recadrement ou le remplacement d'un management défaillant, la recherche des améliorations de performance (au niveau corporate), l'utilisation facilitée des capitaux boursiers, la promotion des investissements et des plans à long terme, l'encouragement des innovations.
- Les modes de contrôle des managers sont modifiés par les impératifs résultant de l'activisme des actionnaires (notamment les « zinzins », les investisseurs institutionnels comme la Caisse des dépôts et consignations en France, ou les mutuelles d'assurance). De plus en plus ce sont des administrateurs indépendants réunis dans des comités de rémunération qui décident des critères et des systèmes incitatifs orientés en faveur des actionnaires et destinés à cadrer les dirigeants à l'aide de trois leviers :

  a) **Un critère de base** : le coût du capital.

  b) **Un référentiel d'évaluation de la performance** : la valeur de l'action au-delà du seuil attendu. Les financiers raisonneront à partir d'une mesure du coût pondéré du capital engagé, mais il est fréquent de procéder à une estimation de type *benchmarking* (comparatif des résultats obtenus) sur le secteur. Ne nous trompons pas sur ce critère : les investisseurs ne rémunèrent pas la performance attendue (considérée comme un minimum prévisible, sans valeur ajoutée de la direction) mais bien un dépassement de ce seuil minimum qui déclenchera alors la rémunération (stock-options...).

  c) **Des leviers de performance indiqués aux dirigeants** : pour éviter toute attitude opportuniste ou risquée, les impératifs édictés par le gouvernement de l'entreprise fixeront des critères de performance suffisamment représentatifs d'une politique à long terme (plusieurs indicateurs sont proposés par des cabinets conseils, comme l'EVA « *Economic Value Added* » du cabinet SternStewart qui peut servir pour une projection à long terme malgré certaines imperfections).

- D'autres comités peuvent être également constitués pour cadrer la convergence d'intérêts entre la firme et ses dirigeants : un comité de nomination intervient pour choisir les administrateurs et les dirigeants, un comité stratégique légitime les plans proposés, un comité d'éthique peut tenter de concilier les intérêts financiers et les intérêts sociétaux.

C ~ La chaîne de gouvernement dans la firme

- Le principe est de véhiculer les rapports et comptes-rendus des lieux de gestion vers les lieux de possession de la firme :

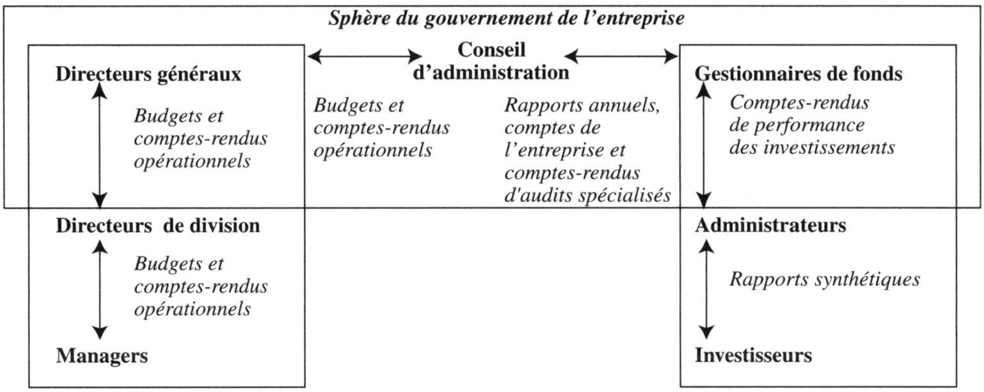

D'après Johnson et Scholès.

Les attentes des différentes formes de gouvernement d'entreprise sont nombreuses. Elles peuvent se référer aux pratiques du secteur ou de l'industrie afin de poursuivre une même règle stratégique ou éthique des affaires. Mais les raisonnements peuvent également se référer aux différents modèles de places financières (États-Unis, Allemagne, France, Japon). Ce mécanisme de gouvernement des décisions est cependant loin d'être parfait, il est toujours possible pour un dirigeant de se protéger d'un contrôle trop pointu : plus l'actionnariat sera dilué, moins le contrôle direct sera possible. L'enjeu des prochaines années consiste donc à construire des règles de contrôle mondiales plus précises afin d'éviter de nouvelles crises comme celle de l'été 2002.

Pour aller plus loin

Johnson, G. & Scholès, K. (2000), *Stratégique*, Paris : Publi-Union (pp. 231-265).

Gomez, P. Y. (1996), *Le Gouvernement de l'entreprise*, Paris : InterÉditions (ch. 3).

Charreaux, G. (1997), *Le Gouvernement des entreprises*, Paris : Économica.

Gomez, P.Y. (2001), *La République des actionnaires*, Paris : Syros.

Martinet, A. C. (2001), « Shareholders, Stakeholders et Stratégie » in *Revue française de gestion* (nov-déc.).

Maati, J. (1999), *Le Gouvernement d'entreprise*, Bruxelles : De Boeck Université (ch. 3 et 4).

Pour aller plus loin

Partie 8

Stratégie de globalisation

FICHE 7

LA LOI DES AVANTAGES COMPARATIFS

Adam Smith ouvre la discussion du commerce international à partir de la division du travail, mais cette notion comporte deux interprétations : soit la spécialisation des tâches, soit la séparation des filières industrielles induisant une déconcentration horizontale et verticale. Cette déconcentration aboutit à la spécialisation des firmes sur une production unique. R. Torrens élargira l'idée de Smith avec la « division internationale du travail ». Mais surtout, c'est l'idée de la différence de productivité d'un pays comparé à un autre, formalisé par l'économiste anglais David Ricardo (1772-1823), qui marquera les premiers fondements des échanges internationaux.

1 Les conditions classiques de l'échange international

A ~ La distinction des biens

- Ricardo identifie une nette distinction entre la théorie du commerce international et celle du commerce intérieur (*Principes de l'économie politique et de l'impôt*, 1817). Le raisonnement débute par une assertion constatant l'immobilité relative du capital entre les nations : les taux de profit diffèrent d'un pays à l'autre et annulent l'hypothèse de fixation des prix en fonction de la valeur travail contenue dans les produits. Le taux de profit de Ricardo signifie la différence entre la quantité de capital avancé et celle des produits obtenus selon une unité homogène de production. L'exemple classique pour illustrer ce principe sera celui du blé : le taux de profit correspond à la production de blé obtenue divisée par la quantité nécessaire à la production.
- Ricardo considère que, pour déterminer des lois explicatives et prédictives de la distribution des revenus des produits, une approximation des prix construite à partir de la valeur des coûts en travail permet de prévoir plus ou moins précisément les variations de prix entre les producteurs. Cette hypothèse à un seul facteur s'appuie sur l'observation que les frais de main-d'œuvre représentent la principale proportion des coûts (malgré l'influence du capital fixe car l'économie ricardienne s'appuie essentiellement sur la notion de productivité des facteurs). Le capital circulant comporte donc en grande partie les salaires, en conséquence le taux de profit est inversement proportionnel au taux de salaire constaté.

B ~ Les différences de coûts comparatifs

- Les travaux fondateurs de Smith n'ont pas envisagé le cas de la demande de biens en provenance de pays étrangers. Il suppose une parfaite répartition des productions et des demandes. Cette omission permettra à Ricardo de distinguer trois catégories de biens pour expliquer les échanges : a) les marchandises de production nationale pour la consommation nationale ; b) les marchandises nationales destinées à l'exportation ; c) les marchandises de luxe importées de l'étranger.
- Les taux de profit ne peuvent augmenter que si les importations d'un pays portent sur les biens de subsistance, en raison des différences des coûts comparatifs liées aux dif-

férences de productivité par pays, c'est-à-dire les facteurs de production comprenant eux-mêmes en grande partie les coûts de main-d'œuvre. Il distingue alors trois rapports de coûts entre les biens échangés d'un pays à l'autre : les différences égales, les différences absolues et les différences comparatives entre ces facteurs de production.

2 La loi des coûts comparatifs

A ~ L'avantage comparatif

- Si les rapports de coûts de deux biens entre deux pays sont égaux, il ne peut y avoir de relation d'échanges. Un pays peut bénéficier d'un avantage absolu s'il a la possibilité de produire un bien avec moins de facteurs de production que les autres pays. Le raisonnement pousse à la spécialisation du travail des nations.
- Cependant, la seule approche par l'avantage absolu exclut toute forme de commerce avec un pays qui ne bénéficierait pas en retour d'un autre avantage absolu. Il s'agit donc de raisonner en termes de coûts d'opportunité et non plus de coûts absolus. L'exemple de l'échange du vin et de draps illustre bien cette différence de coûts d'opportunité entre les pays, incitant aux échanges.
- L'Angleterre produit une unité de drap (*output*) avec 100 heures de travail (*input*) et une unité de vin nécessite 120 heures de travail. De son côté, le Portugal a besoin de 90 heures de travail pour une unité de drap et 80 heures pour une unité de vin. En termes de coûts d'opportunité, l'Angleterre a donc bien intérêt à commercer avec le Portugal en se spécialisant en production de drap, pour laquelle elle est plus efficiente. Elle reporte ainsi les heures de production du vin, inefficientes comparées aux heures de production du Portugal, vers le drap, spécialité dans laquelle elle peut produire plus d'unités. Le raisonnement est inversement proportionnel pour le Portugal, lequel bénéficie d'un avantage comparatif en production de vin.

B ~ La dynamique de spécialisation internationale

- L'apport de Ricardo est significatif pour la dynamique de spécialisation internationale : les pays ont intérêt à se spécialiser dans la production pour laquelle ils ont les coûts relatifs les plus bas, de façon à exporter ces produits à un prix plus élevé que celui constaté en cas de seule consommation interne. Inversement, les pays importent des produits dont la production en interne coûterait plus cher que le produit de spécialisation : l'évaluation des coûts se faisant en heures de travail consommées.
- À partir du constat d'immobilité des capitaux et du facteur travail comme unité principale de coûts, la spécialisation internationale entraîne une réallocation des ressources de travail dans la production de biens pour laquelle le pays possède un avantage comparatif : il en résulte un gain mondial d'allocation des ressources et un gain à l'échange.

L'internationalisation des firmes débute avec les théories du commerce international : il s'agit d'expliquer pourquoi, à partir des échanges de pays, les firmes tentent des spécialisations qui puissent comporter une valeur relative à l'exportation selon les critères de production des autres pays. Les différences de productivité, c'est-à-dire la qualité du facteur travail, déterminent les différences de coûts entre les pays. Cependant, ce modèle ricardien sur un seul facteur comporte des lacunes et, plus particulièrement, il ne prend pas en compte les différences quantitatives de facteurs à la disposition des nations.

Pour aller plus loin

Blaug, M. (4e éd., 1995), *La Pensée économique*, Paris : Économica (ch. 4).

FICHE 72

LA THÉORIE HOS

Le modèle ricardien des échanges internationaux se fonde sur l'hypothèse de concurrence parfaite entre les pays et les facteurs de production. Les échanges sont dus aux différences de productivité entre les nations, donc à des différences de savoir-faire ou technologiques. Deux économistes contemporains reprendront ses travaux, les Suédois Elie Heckscher et Bertil Ohlin, afin de développer le rôle des différences quantitatives de facteurs dans les rapports d'échanges internationaux. Leurs travaux, respectivement de 1919 et 1933, seront repris et formalisés par Paul Samuelson en 1948, puis diffusés dans le monde économique sous l'acronyme HOS.

1 LA THÉORIE DES PROPORTIONS DES FACTEURS

A ~ L'influence des ressources de production

- L'approche ricardienne ne considère que le facteur travail comme étant à l'origine des différences de taux de profit entre les nations. La différence de productivité procure des avantages comparatifs entre les pays, explication (et incitation) à échanger à partir des spécialités des pays.
- Le modèle HOS s'appuie sur le constat des différences de disponibilité de ressources d'un pays comparé à un autre. Il met en évidence à la fois la quantité de ressources de production spécifiques et la technologie mise en œuvre pour l'exploiter. L'abondance relative des facteurs de production et l'intensité relative de l'utilisation de ces facteurs procurent un avantage comparatif à l'origine des interactions commerciales. La théorie HOS met l'accent sur la différence proportionnelle de disponibilité des facteurs et la différence proportionnelle de mise en œuvre des facteurs.

B ~ Les hypothèses de base

- Les technologies sont identiques entre les pays : même fonction de production pour chaque bien, c'est-à-dire que chaque pays peut produire de façon identique les biens avec les technologies dont il dispose.
- Les disponibilités des facteurs diffèrent d'un pays à l'autre : il est possible alors d'utiliser un ratio comparatif d'abondance du capital ou du travail dans chaque pays à partir du rapport K/L : capital sur travail (*labour*).
- On peut donc constater des différences de prix des facteurs liées à la quantité de capitaux ou d'heures potentielles de travail à disposition des pays. Les différences d'abondance relatives des facteurs impactent également les coûts des facteurs. C'est-à-dire que lorsque les capitaux sont abondants, alors le taux d'intérêt r (*rate* = taux) sera faible ; et si la disponibilité des facteurs travail est faible, alors le taux de salaire w (*wage* = salaire) sera élevé.
- La distinction avec le modèle ricardien provient du choix de combinaison entre la quantité de capital et de travail que feront les producteurs en fonction du coût relatif des facteurs entre eux. Le raisonnement ne dépend plus de la **quantité nécessaire** des facteurs d'un pays comparé à un autre (hypothèse de Ricardo) mais de la **quantité utilisée** de

ces facteurs par les producteurs. Cette combinaison dépend du coût relatif que les producteurs apprécieront à partir de la relation entre le prix des facteurs et le rapport entre l'utilisation du capital et du travail : à un K/L élevé correspond un *w/r* élevé. En effet, si le capital est abondant et le travail rare, alors le ratio sera élevé. Mais comme le capital est abondant, le taux *r* sera faible, et comme le travail est rare, les rémunérations *w* seront élevées ; donc le ratio *w/r* aboutit à mettre en priorité l'évaluation de la production selon son **intensité en travail ou en capital**.

2 L'intensité relative des facteurs entre les pays

A ~ La relation d'échange entre les coûts des facteurs et les prix des biens

- Le coût de production dépend des coûts des facteurs : si le taux de rente d'un capital employé dans une production est élevé, alors le prix sera en conséquence ; de même, si le taux de salaire du lieu de production est élevé, le prix en sera impacté. Mais l'impact dépend de l'intensité des facteurs utilisés dans la production, donc du choix de combinaison entre l'intensité capitalistique (l'utilisation de machines) avec le travail effectué (la main-d'œuvre), selon une évaluation des techniques de production.
- Ainsi, les pays du Nord ont avantage à privilégier les techniques intensives en capital, compte tenu du prix du travail plus rare, donc élevé, et de la disponibilité des machines. Inversement, les pays du Sud ont intérêt à choisir des techniques intensives en travail en raison de l'abondance de main-d'œuvre et des coûts élevés des machines. Les échanges proviennent des comparaisons d'abondance des facteurs travail et capital entre les pays, partant du principe qu'aucun pays ne connaît la même disponibilité dans tous les facteurs.
- Les disponibilités de ressources affectent les productions des pays. De fait, les développements de la théorie HOS stipulent qu'un pays qui connaît une expansion économique favorisant un facteur spécifique de production obtient un avantage comparatif dans le produit comportant la plus grande intensité de ce facteur.

B ~ Le paradoxe de Léontief

- En 1950, W. Léontief tenta de formaliser l'efficacité prédictive du modèle à partir d'une étude portant sur plus de 200 industries exportatrices et importatrices. Il obtint des résultats inverses aux attentes du modèle : les industries exportatrices ont un rapport d'intensité en travail plus élevé que les importations, qui elles-mêmes comportent un rapport plus élevé en capital. Ce paradoxe marquera la fin de l'hégémonie du modèle HOS comme seule théorie explicative des échanges internationaux mais il reste pertinent pour évaluer la distribution des revenus entre les nations.

Dans le cas de l'internationalisation des firmes, l'antériorité et la notoriété de l'économie classique exerceront une pression au détriment des modèles issus de l'économie industrielle. Celle-ci abandonnera la notion de concurrence parfaite au profit de la distinction des nations en termes de marchés imparfaits, c'est-à-dire identifier les situations de marchés avec des biens homogènes mais aussi différenciés, selon les différences de structures industrielles. L'apparition d'une nouvelle théorie du commerce international donnera naissance aux premiers fondements stratégiques d'internationalisation des firmes.

Pour aller plus loin

Krugman, P. & Obstfeld, M. (3e éd. 2001), *Économie internationale*, Bruxelles : De Boeck (ch. 3 et 4).

FICHE 73

LE CYCLE INTERNATIONAL DU PRODUIT

Les modèles classiques ricardiens postulent l'uniformité des facteurs de production des biens entre les pays. Le théorème HOS introduit la notion de différence d'intensité des facteurs à l'origine des échanges. Le paradoxe de Léontief met en évidence que les implications sous-tendues par le modèle HOS ne se vérifient pas forcément. Une des tentatives d'explication de ce paradoxe fait apparaître le rôle de l'écart technologique entre les pays dont une des implications majeures, le cycle de vie international du produit, expliquera les choix d'internationalisation des entreprises.

1 L'ÉCART TECHNOLOGIQUE

A ~ Exporter la technologie

- On doit à M. Posner une des premières analyses (1961) portant sur les écarts d'investissements en R & D entre les pays comme étant à l'origine des échanges commerciaux. Il s'appuie sur l'observation empirique des firmes des pays industrialisés, et constate l'influence de l'innovation dans le renouvellement des gammes de produits, laissant indirectement émerger l'idée du cycle de vie technologique.
- Les pays comportant des facteurs d'innovation bénéficient d'un avantage absolu provisoire sur les concurrents au travers des brevets permettant de les exporter. Le facteur à l'origine des exportations des pays à forte intensité capitalistique est donc l'innovation et les nouvelles technologies venant en échange de produits banalisés en provenance de pays ne comportant pas ce facteur. Cependant, les imitations réduisent l'avantage absolu entre les entreprises selon des étapes progressives provoquant progressivement un équilibre technologique, donc l'absence de différences. Finalement, l'écart technologique entre les pays est perçu comme un modèle dynamique de renouvellement de l'avantage comparatif contrairement au modèle initial de Ricardo, plus statique.

B ~ L'organisation mondiale des exportations

- Raymond Vernon sera à l'origine du courant néotechnologique. Il marque le recul des théories explicatives au profit de théories plus proches des pratiques et adaptées aux choix stratégiques des firmes. Il fera le lien entre la technologie, le produit et le cycle de vie, mettant en évidence le lien entre l'innovation, comme source d'avantage monopolistique (terminologie appartenant à l'économie industrielle), et les pays cibles de l'exportation.
- Ce modèle du cycle de vie est finalement proche des approches du développement de la firme, et notamment des apports de Schumpeter concernant le rôle des entrepreneurs et de l'innovation. Les processus de R & D et de renouvellement des produits par l'innovation sont au centre du modèle. Vernon considère en effet que les pays développés ayant une forte intensité de R & D bénéficient d'un marché domestique avec un fort pouvoir d'achat. La main-d'œuvre étant relativement rare, elle justifie l'intégration toujours plus élevée des techniques et des procédés d'innovation dans les produits.

A ~ De l'offre d'innovation...

- Pour le modèle classique, les facteurs de production sont dissociés des produits. La nature des avantages comparatifs estimés en unités de facteur permet d'expliquer les échanges et la distribution des revenus. Vernon raisonne à partir de quatre facteurs : a) la R & D ; b) l'intensité en capital ; c) l'intensité en travail ; d) les économies d'échelle.
- La mise à disposition du produit d'innovation dépendra des caractéristiques de la demande sur les marchés et des caractéristiques de l'offre au cours du temps : si un produit est nouveau, comportant un degré de R & D élevé, l'élasticité prix est faible (baisser les prix n'augmente pas de façon réactive les ventes, le prix ne joue pas sur le temps d'accoutumance technologique de la nouveauté), par contre l'élasticité revenus est forte (les ventes augmentent proportionnellement aux revenus disponibles). Cette relation diminue selon la banalisation du produit et sa disparition.

B ~ ... à la localisation des productions

- Vernon introduit une nouvelle dimension à l'internationalisation en considérant les facteurs de localisation des sites de production. Il dépasse donc le modèle des échanges commerciaux pour se poser la question de l'internationalisation des entreprises au travers du cycle de vie. L'auteur pose le problème des conditions d'investissement à l'étranger pour les firmes innovatrices : la production restera en national tant que le coût marginal de production cumulé avec les coûts de transport sera plus faible que le coût moyen de production sur le marché d'importation visé. Au cours des étapes suivantes, la proportion de capital et de R & D baisse en faveur du facteur travail, et finalement la délocalisation totale se fera au moment où la banalisation sera irréversible.

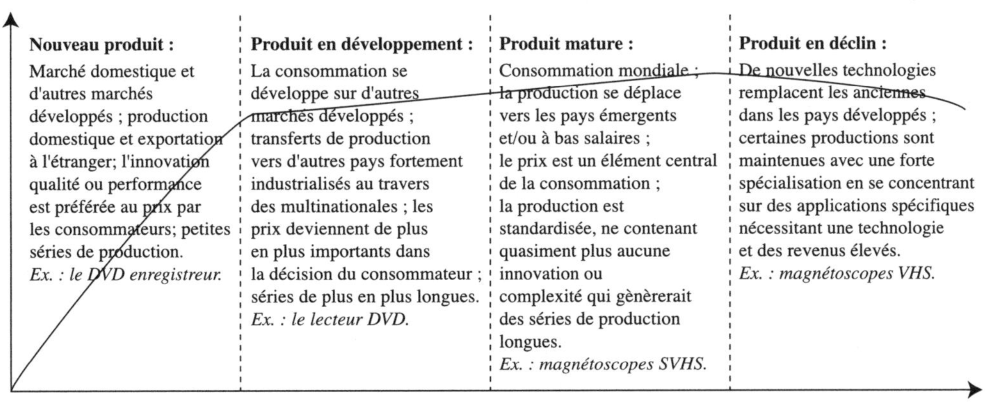

C'est à partir du modèle du cycle de vie de R. Vernon que le problème de la stratégie d'internationalisation des firmes se pose, au travers des choix de délocalisation ou de partenariat local, de cession de licence ou de filiales. Elle marque l'émergence d'une nouvelle théorie du commerce international fondée à partir de raisonnements hérités de l'économie industrielle.

Pour aller plus loin

Lemaire, J.-P. (2000), *Stratégies d'internationalisation*, Paris : Dunod (ch. 3).

FICHE 74

LE PARADIGME OLI

Les différentes approches de l'internationalisation des firmes tentent de concilier les fondements classiques de l'économie avec les pratiques. Cependant, les trois précédentes théories s'appuient sur un ou deux facteurs explicatifs, et surtout chaque théorie essaie d'intégrer les précédentes en se rapprochant des conditions réelles d'internationalisation des échanges. En effet, le modèle HOS tente de surpasser la loi des avantages comparatifs en insistant sur l'intensité des facteurs en lieu et place de la dotation des facteurs. Quant aux théories néotechnologiques, elles incitent au réalisme en offrant une dynamique du cycle d'internationalisation. J. H. Dunning cherchera à harmoniser les facteurs économiques avec les objectifs que se donne l'organisation industrielle : concilier le pourquoi et le comment avec les lieux d'internationalisation des entreprises.

1 L'INFLUENCE DE LA THÉORIE DES COÛTS DE TRANSACTION

A ~ L'approche par l'internalisation

- À partir des premiers travaux fondateurs de l'économie institutionnelle (Coase, Alchian et Demsetz), O. Williamson apporte les premiers principes explicatifs des frontières entre l'entreprise et le marché (*cf.* fiches 6 et 7). Au niveau des transactions internationales, les questions peuvent être reprises de la même façon : a) le degré de confiance entre les partenaires d'un échange commercial influence les relations ; b) ce degré de confiance est lui-même dépendant de la rationalité limitée de chaque partie et du risque d'opportunisme dû à l'asymétrie d'informations ; et enfin c) l'intensité des échanges appelés transactions permet de convenir d'un contrat qui puisse potentiellement prendre en charge les précédentes incertitudes.
- Williamson identifie quatre avantages à l'internalisation des actifs, c'est-à-dire à prendre un contrôle hiérarchique sur les différents facteurs d'incertitude : a) une organisation hiérarchique permet de faciliter les contrats complexes, notamment afin d'adapter les décisions au fur et à mesure de l'avancement des projets ; b) internaliser les actifs permet d'éviter des comportements opportunistes de la part des acteurs se situant originellement proches du contrôle de ceux-ci et réduit l'incertitude ; c) une organisation hiérarchique favorise les échanges d'information ; d) la confiance est accrue.

B ~ Les formes de participation à l'étranger

- Selon le degré d'intégration des actifs en fonction de l'importance des coûts de transaction et du degré de contrôle nécessaire à la production, le degré d'engagement à l'international se résume en trois grandes catégories : a) les échanges commerciaux (dont les cessions d'usines clés en main, les contrats d'assistance et de gestion, les licences d'exploitation) ; b) les participations et alliances (dont les concessions de production spécifiques et *joint-ventures* minoritaires et majoritaires) ; c) les phases d'intégration des actifs stratégiques (les filiales).

2 Le paradigme OLI

A ~ Une approche éclectique

- L'éclectisme se caractérise par la volonté de concilier les théories existantes au profit du réalisme ou de l'utilité explicative : il vaut mieux emprunter les meilleures thèses et les concilier entre elles plutôt que d'édifier une nouvelle théorie qui ne pourrait couvrir les précédentes. J. H. Dunning adopte résolument cette posture en cherchant à utiliser les trois fondements les plus importants de l'internationalisation des firmes.
- Il est à l'origine d'une démarche qui combine l'**avantage spécifique** ou monopolistique de la firme (*Ownership Specificity*), l'avantage à la **localisation des actifs** et l'avantage à l'**internalisation des actifs**. Son approche offre l'intérêt de combiner les trois principaux fondements économiques des échanges internationaux : l'avantage monopolistique pour envisager l'influence des structures de marché ; la localisation est directement issue de l'économie ricardienne des avantages comparatifs ; l'internalisation adopte la posture néo-institutionnelle de supériorité de la firme sur le marché.

B ~ Les critères d'implantation des firmes internationales

- Le paradigme OLI se veut explicatif et prescriptif. Les firmes doivent évaluer les caractéristiques q leur permettraient de tirer un avantage à l'internationalisation selon des critères proposés par l'auteur :

Avantages de propriété monopolistique	Avantages incitatifs à l'internalisation	Avantages à la localisation des actifs
Les droits de propriété et/ou des avantages dus à des actifs intangibles, innovations et capital en management, innovation, expériences…	Réduction des coûts d'utilisation du marché tels que l'impact à l'internalisation de la recherche, éviter les coûts de négociation entre une filiale et la maison mère, éviter des coûts de contrôle…	Accès à des prix plus favorables, à la diversité de qualité, de productivité de la main-d'œuvre, des composants ou produits intermédiaires.
Avantage d'un gouvernement commun.	Éviter les fuites de brevets et les copies.	Éviter des coûts de transport et de communication.
Accès privilégié à des matières premières, à la main-d'œuvre, à l'information, aux ressources financières.	Réduire l'incertitude pour la maison mère.	Cohérence d'infrastructures.
Accès exclusif sur un marché étranger des produits de la firme.	Améliorer la qualité.	Cohérence intellectuelle entre les pays (= distance psychique faible : langue, culture, coutume, rapport à la compétition…).
Économies d'échelle et autres formes d'économies d'extension.	Éviter des comportements opportunistes.	Économies de R & D (pôles scientifiques reconnus et favorables aux échanges) et de marketing (marque déjà distribuée par une entreprise locale).
Entreprise déjà multinationale permettant d'amplifier l'utilisation des avantages monopolistiques en possession de la firme.	Éviter ou exploiter les différences d'intervention des gouvernements en termes de politiques de taxes, de contrôle des prix, de financement des travaux de recherche scientifique…	Coordination spatiale avec les marchés.
	Permettre de contrôler l'offre et les conditions de vente des *inputs*, y compris de la technologie mise en œuvre.	
	Améliorer les opportunités stratégiques d'ententes tacites ou d'alliances.	

Le modèle OLI crée le lien entre le raisonnement économique et les prescriptions stratégiques. Dunning complètera son approche en prenant également en compte les variables structurelles agissant plus ou moins favorablement à la multinationalisation. Au-delà des caractéristiques de la firme, la nation et l'industrie influencent les variables prescriptives du modèle OLI.

Pour aller plus loin

Mucchielli, J.-L. (1998), *Multinationales et mondialisation*, Paris : Point Seuil (ch. 6).

Dunning, J. H. (1993), *The globalization of Business*, London : Routledge (ch. 3 et4).

FICHE 75 LE MODÈLE GLOBAL/LOCAL

Dans un article parut en 1986, Michael Porter dresse un cadre de raisonnement de la compétition internationale et de ces implications pour les firmes. La nature de la compétition internationale dépend des traits dominants qu'il est possible d'évaluer à partir d'un continuum des industries qualifiées de « multidomestiques », aux industries dites « globales ». Ce modèle sera largement exploité par l'ensemble des auteurs en stratégie, et sera repris, dans la plupart des ouvrages de Business Schools, sous la dénomination du « Modèle Global/Local ».

1 Les différentes caractéristiques des industries à l'échelle internationale

A ~ La compétition dans les industries « multidomestiques »

- À la suite des fondements hérités de l'économie industrielle, Porter centre ses modèles d'analyse au niveau des caractéristiques des industries. Son approche de l'internationalisation s'appuiera sur les mêmes principes : décrire les traits dominants par industries, croisés avec les zones géographiques d'activités, aboutissant finalement à une typologie des particularités concurrentielles.
- Par industries multidomestiques, l'auteur entend mettre en évidence les nombreux territoires clairement identifiables, dont la rivalité concurrentielle est exclusive à chaque pays ou petits groupes de pays, sans influence concurrentielle ou interrelations d'une zone géographique à l'autre, et sur lesquelles les firmes internationales exportent leurs savoir-faire, mais modifient et adaptent leurs sources d'avantages, pays par pays, en fonction des conditions concurrentielles spécifiques (citons, par exemple, l'industrie de la restauration hors foyer qui comporte une multitude de caractéristiques selon les pays : les législations diffèrent au niveau de l'utilisation des produits frais ou non, des normes d'hygiène, des habitudes et préférences de consommation nécessitant une adaptation pays par pays).
- L'entreprise internationale, dans une industrie multidomestiques, organise ses activités en terme de portefeuille. Elle évalue le degré d'autonomie pays par pays et définit une stratégie également pays par pays, selon les caractéristiques locales. La firme mère sélectionne les territoires d'entrée pour étendre ses activités, selon des critères d'adaptation de la production aux contraintes et aux risques spécifiques qu'elle pense rencontrer sur place.

B ~ La compétition dans les industries « globales »

- L'analyse stratégique de la firme, son positionnement comparé à celui de ces concurrentes, dépend de l'identification des concurrents et de leurs propres positionnements : chaque firme influence la compétitivité des autres quelle que soit son implantation géographique. Les industries globales se caractérisent par une forte interdépendance des conditions de compétitivité. C'est-à-dire que les forces concurrentielles dépassent les territoires et que les zones d'affrontement stratégique s'étendent sur la plupart des pays du monde.

- **L'intégration des activités**. Si le besoin de réduire les coûts et d'améliorer l'optimisation des investissements est élevé, alors les entreprises tendent à intégrer et centraliser le management et la gestion d'activités géographiquement éloignées.
- **La coordination globale**. La firme globale instaure les interactions nécessaires entre ses activités en plusieurs parties du monde, selon les sources d'avantage qu'elle peut y exploiter. La coordination de l'ensemble des ressources est un élément clé de la stratégie globale (prenons comme exemple l'industrie des barres chocolatées Mars comportant ces caractéristiques globales).

2 La grille Global/Local

A ~ Identifier les contraintes d'internationalisation

- L'année suivant la parution de l'ouvrage de Porter, Prahalad et Doz (*The Multinational Mission*, Free Press, 1987) améliorent le modèle Global/Local à partir d'un ensemble de variables clés permettant d'apprécier les facteurs de globalisation, ou d'adaptation locale, afin de définir une stratégie d'internationalisation.
- Les auteurs identifient les forces caractérisant les différentes industries, agissant en faveur de la globalisation ou de la localisation des activités :

  a) **Les forces déterminantes des industries globales** : un niveau d'investissements élevé en R & D, immobilisation industrielle, communication et effort de marketing ; l'influence des économies d'échelle associée aux effets d'expérience et à la standardisation de la production dans la concrétisation d'un avantage par les coûts ; un marché homogène sur lequel l'influence des coûts de logistique ne vient pas annuler les avantages comparatifs que la firme tente d'exploiter.

  b) **Les forces d'adaptation locales** : les contraintes administratives et douanières ; l'influence des administrations publiques ; les goûts et les usages locales ; les formes et l'étendue des circuits de distribution ; la structure concurrentielle par pays ; les caractéristiques physiques des produits.

B ~ Les activités mixtes

- Entre les deux extrêmes d'internationalisation, le modèle instaure une zone neutre sur laquelle les forces d'intégration ou de coordination sont difficilement accessibles soit en raison des coûts logistiques, soit en raison de l'inexistence d'un marché. Les entreprises multinationales fonctionnent selon les caractéristiques locales mais bénéficient en plus du partage potentiel de certaines ressources, comme les savoir faire et connaissances, qu'elles peuvent faire transiter d'un lieu à l'autre afin d'en exploiter l'avantage contre des concurrents locaux.

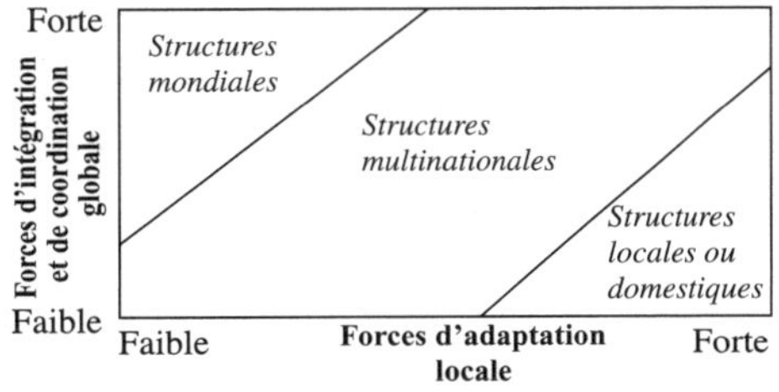

L'objectif du modèle Global/Local est d'établir une typologie des différentes demandes propres aux industries à l'échelle internationale. Il permet d'envisager les contraintes et les impératifs à mettre en œuvre avant d'aborder les marchés étrangers. D'autres chercheurs approfondiront le modèle afin de le rendre de plus en plus opérationnel, notamment au niveau de la zone intermédiaire, afin d'améliorer l'appréhension des facteurs clés de réussite d'une stratégie d'internationalisation (cf. *fiche 76*).

FICHE 76

LE MODÈLE DU DIAMANT DE M. PORTER

L'économie industrielle postule des déséquilibres dus aux imperfections des marchés. Les entreprises exploitent les facteurs de différenciation, comme les opportunités de réduction de leurs coûts, à partir desquelles elles réalisent un profit (les rentes et quasi-rentes). L'environnement est à l'origine des performances. Dans ce cadre, Michael Porter présente un modèle d'analyse de la concurrence internationale dont les conditions de réussite dépendent des spécificités locales des firmes : le diamant ou le losange de Porter.

1 DE L'AVANTAGE COMPARATIF À L'AVANTAGE CONCURRENTIEL

A ~ Les effets de la mondialisation

- Michael Porter complète le concept ricardien d'avantage comparatif, à son sens trop restrictif : il considère que les effets de la mondialisation mettent à disposition de toutes les firmes des sources d'avantages comparatifs. Au contraire, les firmes les plus rentables devraient raisonner avec comme objectif l'exploitation et le renforcement de leur avantage concurrentiel au niveau de leur extension internationale.
- À l'échelle mondiale, il est possible d'identifier deux extrêmes le long d'un continuum stratégique sur lequel on envisage plusieurs modalités de concurrence. En effet, « certaines industries n'exigent pas de stratégie mondiale » (Porter), et on peut trouver des structures d'industries sur lesquelles il faut envisager des comportements d'adaptation aux contraintes locales, les **industries multidomestiques** ; et à l'autre extrémité on peut identifier des **industries mondiales**, sur lesquelles les choix et décisions stratégiques sont liés entre eux, d'un pays à l'autre, comportant une uniformité des actions et des effets.

B ~ La chaîne de valeur internationale

- Le niveau d'action porte sur les choix de configuration et de coordination de la chaîne de valeur : « Il n'y a pas une seule manière de mondialiser, mais plusieurs, en fonction des activités que l'on choisira de disperser ou non, de la localisation des différentes activités et de la manière dont on les coordonne. » (Porter)
- **La configuration de la chaîne de valeur** permet d'évaluer les endroits où seront localisées ses différentes étapes, selon **l'influence de l'avantage comparatif** des facteurs **et** selon **l'avantage concurrentiel que peuvent offrir les options internationales** : la concentration des activités peut accorder des économies d'échelle (ex. : une marque mondiale), mais la dispersion des activités peut améliorer la structure de coûts (ex. : la répartition par pays d'agences de distribution et de SAV évite une logistique ou une complexité décisionnelle).
- **La coordination de la chaîne de valeur internationale** permet de constituer ou de renforcer l'avantage concurrentiel de la firme, notamment si celle-ci s'autorise un niveau élevé de réactivité et d'adaptation des activités selon les variations des avantages comparatifs de chaque site de production (ex. : en resituant sa production en fonction des prix de matières premières, des aides locales, des tarifs de taxation des gouvernements…). La firme peut également choisir d'améliorer son positionnement concurrentiel au moyen de la coordination ou en choisissant les lieux d'affrontement avec ses concurrents.

A ~ L'impact des nations

- Certaines industries au sein d'une même nation sont plus compétitives que d'autres, donc plus favorables à la compétitivité des activités de la firme qui désire s'internationaliser.
- À partir de l'étude comparative de 13 industries mondiales, l'auteur met en exergue trois principes directement hérités de l'analyse industrielle :
  a) **La performance compétitive d'une nation (ou d'un secteur) dépend de la performance de l'ensemble des firmes qui la composent**. En effet, « ce sont les entreprises, et non les pays, qui sont sur la ligne de front » (Porter). La mondialisation ne doit donc pas reléguer le niveau national au second plan : c'est essentiellement dans le berceau national que les firmes développent leur identité, l'accumulation des ressources nécessaires à leur développement et leurs comportements en termes de management stratégiques.
  b) **L'impact du contexte concurrentiel national améliore les efforts d'innovation et contribue activement à la création des facteurs** (des ressources) concurrentiels par les firmes elles-mêmes, et non selon une disponibilité préexistante : « Les entreprises ne se sont pas contentées du *statu quo* en matière de développement factoriel ; elles ont travaillé à l'enrichir. » (Porter)
  c) **Les caractéristiques des marchés nationaux permettent d'être plus rapidement en contact avec les variations des conditions de la demande et de percevoir avant les autres les changements** qu'il est possible d'extrapoler au niveau international : « la précocité et l'originalité de certaines demandes » permettent de traiter des cas précurseurs, eux-mêmes à l'origine de l'appréhension des stratégies nouvelles.

B ~ Les quatre déterminants de l'avantage national

- La réussite d'une industrie dépend donc de la dynamique propre à chaque nation. M. Porter propose une modélisation en losange reprenant les quatre déterminants de la performance locale à l'origine des innovations, de la croissance, de la productivité :
  a) **Les quantités et les coûts des facteurs** : il s'agit d'évaluer les facteurs de production (ressources naturelles, RH, disponibilité des capitaux, infrastructures...).
  b) **Les conditions de la demande** : il s'agit d'évaluer le niveau d'exigence de la clientèle (si celle-ci est éduquée), les facteurs influençant l'innovation et les performances qualitatives à l'origine d'une future tendance mondiale, ou des demandes inhabituelles entraînant une forte spécialisation.
  c) **Les industries connexes** : les fournisseurs en interrelation avec les firmes accélèrent les échanges, l'efficacité, les stocks de connaissances et la facilité d'innovation.
  d) **Les stratégies poursuivies par les firmes et la structure de rivalité dans l'industrie** : quelle est la nature de la compétition nationale et les déterminants sociologiques favorisant des investissements durables à l'origine du développement concurrentiel ?
- Ces quatre facteurs de la performance locale sont à l'origine de la compétitivité des firmes. Le développement international trouve alors ses racines au niveau de ces spécificités locales que les firmes savent transposer au contexte mondial, ou non.

La rupture qu'apporte le modèle du diamant de Porter consiste à ne plus se baser sur les facteurs des pays étrangers. Les quatre déterminants de l'environnement d'origine réunis sous le modèle du losange se concentrent sur la firme et les conditions d'internationalisation de son avantage concurrentiel.

Pour aller plus loin

Porter, M. (1990), *L'Avantage concurrentiel des nations*, Paris : InterÉditions (ch. 2 et 4).

FICHE 77

L'ENTREPRISE TRANSNATIONALE

Les modèles d'internationalisation se confrontent à la difficulté de concilier de nouveaux impératifs de compétitivité. Les firmes doivent faire des arbitrages entre : l'efficacité d'une coordination mondiale, l'adaptation aux contraintes locales et les modes de diffusion des connaissances et des informations. Les trois configurations initiées par Porter ne s'accordent que très difficilement avec une organisation flexible. Christopher Bartlett et Sumantra Ghoshal proposent le modèle de l'organisation transnationale qui tente de réunir les contraintes d'intégration globale avec la capacité de répondre aux besoins locaux.

1 LES CARACTÉRISTIQUES DE L'ENTREPRISE TRANSNATIONALE

A ~ Gérer la dispersion des ressources

- Les firmes sélectionnent des parties de chaque modèle d'organisation internationale afin de concilier les coûts avec le chiffre d'affaires. Certaines ressources seront centralisées au niveau des étapes domestiques des opérations pour maintenir les coûts et préserver des compétences fondamentales. D'autres ressources sont également fondamentales pour la compétitivité, mais ne seront pas forcément localisées sur le territoire d'origine : elles peuvent être décentralisées « sur une base locale pour un marché local ».
- L'organisation transnationale est configurée à partir d'une offre de base centralisée du produit qui sera ensuite différenciée en fonction des ressources locales. La démarche de ce type de firmes consiste à combiner les ressources rares (ou les compétences distinctives) à l'origine du produit, avec les avantages de la globalisation des marchés, afin de profiter des économies d'échelle tout en bénéficiant de l'accessibilité de coûts de facteurs de production compétitifs.

B ~ La gestion de la chaîne de valeur

- Pour concilier réduction des coûts, adaptation aux contraintes locales et coordination des activités, il faut donc trouver un équilibre entre une production standardisée à l'échelon mondiale, permettant d'exploiter des économies d'échelle, avec le besoin d'adapter localement les produits aux conditions de différenciation.
- L'amont de la chaîne de valeur est centralisé afin d'obtenir une base standard du produit. Celui-ci sera ensuite différencié pays par pays, ou zone par zone, sur la partie aval de la chaîne de valeur. Ce type de configuration nécessite le recours à plusieurs types d'intégration ou d'externalisation des activités, investissements directs, etc.

2 DÉVELOPPER LA FLEXIBILITÉ DE LA CHAÎNE DE VALEUR

A ~ L'intégration ou l'adaptation des étapes

- Le portefeuille d'activités est évalué à partir du modèle global/local. Les activités intermédiaires seront analysées de façon à décomposer les différentes étapes de la chaîne de valeur et mesurer ainsi les différences d'adaptation potentielles.

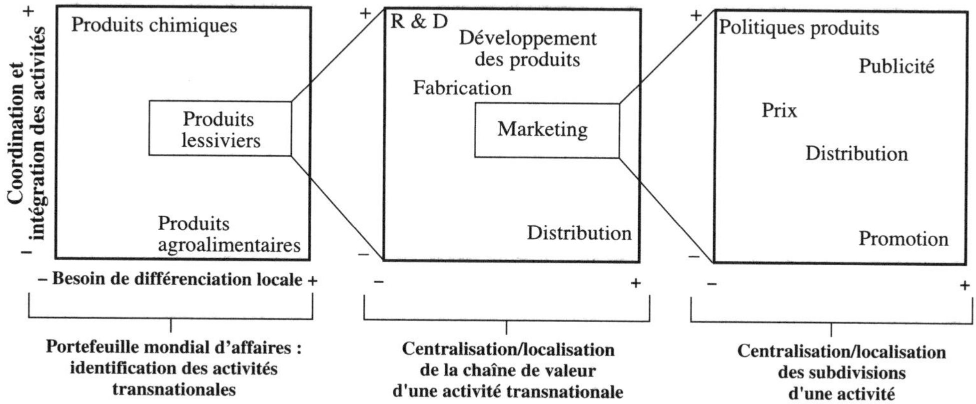

D'après C. Bartlett & S. Ghoshal.

- Ainsi, dans le cas Unilever utilisé par les auteurs, il est possible de constater trois grandes catégories d'activités: les produits chimiques nécessitant une stratégie de globalisation, c'est-à-dire une configuration mondiale de la chaîne de valeur associée à une offre mondiale dont les décisions stratégiques sont centralisées au niveau de la direction générale de la firme; les produits agroalimentaires, au contraire particulièrement spécifiques à chaque marché, dont la gestion des impératifs compétitifs est confiée aux directions locales; et, en position intermédiaire, les produits lessiviers, nécessitant une partie de centralisation et d'adaptation, dont la chaîne de valeur sera décomposée par étapes de compétitivité suivant la dichotomie intégration des décisions et influence de la différenciation locale.

B ~ Une organisation complexe

- Ce n'est pas l'entreprise (entité difficilement identifiable) mais l'organisation qui comprend des caractéristiques transnationales. Plus précisément, l'organisation développe des capacités organisationnelles dont les critères de management diffèrent fondamentalement des firmes multinationales ou globales. Elle cherche plus à se constituer (intégrer) un réseau de ressources (locales), qui seront ensuite distribuées et reliées entre elles.
- **L'organisation transnationale** identifie et met en œuvre : a) les sources d'innovation, idées, savoir-faire et compétences de chaque entité nationale au bénéfice de l'organisation globale ; b) les économies d'échelle réalisées grâce aux apports interdépendants de chaque unité ; c) la direction centrale qui se trouve confrontée à la mise en action d'un système complexe, flexible et qui joue le rôle d'animateur du réseau.

L'entreprise transnationale est plus une façon de développer le portefeuille d'activités et les chaînes de valeur qui caractérisent chaque type d'affaire, qu'une structure organisationnelle. Le management joue alors un rôle fondamental pour construire les capacités nécessaires pour ce type de fonctionnement. Au-delà de la vision managériale de l'organisation, géocentrique ou non, Bartlett et Ghoshal mettent en évidence le rôle de l'héritage organisationnel comme principal écueil à ce type de développement.

Pour aller plus loin

Bartlett, C. & Ghoshal, S. (1989), *Le Management sans frontières*, Paris : Les Éditions d'Organisation (ch. 4 et 5).

FICHE 78

LES RELATIONS DE FILIATIONS INTERNATIONALES

La perception des relations internationales influence les formes de développement. Howard V. Perlmutter met en évidence quatre types d'état d'esprit des dirigeants de firmes dans le cadre des relations qu'ils instaurent avec leurs filiales situées à l'étranger. Ainsi, les facteurs économiques ne sont pas les seuls à agir sur les décisions d'internationalisation, il faut aussi compter avec l'idée que se font les dirigeants des sites d'accueil.

1 LES PRÉDISPOSITIONS D'INTERNATIONALISATION

A ~ Les différentes interprétations de l'internationalisation

- Pour imager les différentes perceptions d'internationalisation, Perlmutter imagine différents descriptifs de la part des dirigeants : a) ceux qui raisonnent à partir de leurs propres pratiques ; b) ceux qui raisonnent en termes de filiales sous la dépendance de la maison mère ; c) les dirigeants qui considèrent que l'emplacement de la maison mère n'est qu'un lieu de localisation comme les autres ; d) les dirigeants d'entreprise dont l'origine nationale se perd, compte tenu de la quantité de nationalités présentes à tous les postes clés de la firme.
- Les perceptions des dirigeants conduisent les firmes à se comporter selon des prédispositions déterminantes pour le type de développement international : le style de direction, les pratiques en vigueur, les traditions locales influencent les interactions entre les filiales et la maison mère.

B ~ Les prédispositions stratégiques

- Perlmutter propose une typologie des approches et perceptions de l'internationalisation par les dirigeants (le modèle EPRG) :
  a) **l'approche ethnocentrique** : les prédispositions de la maison mère sont particulièrement influentes dans les décisions, les référentiels et les standards de contrôle, les systèmes de rémunération et de reconnaissance sont centralisés, l'identité nationale prédomine ;
  b) **l'approche olycentrique** : l'adaptation est plus souple selon les pays d'accueil, plusieurs cultures se côtoient afin de « coller » aux impératifs de chaque pays, la stratégie sera le plus locale possible, parfois même jusqu'à faire oublier son origine, elle cherchera à développer la promotion des collaborateurs locaux ;
  c) **l'approche régiocentrique** : la firme tente de concilier les différents atouts entre maison mère et filiales selon les profits qu'il est possible d'en tirer, afin de concilier les coûts et les différences de chaque zone ;
  d) **l'approche géocentrique** : les standards de raisonnement stratégique sont mondiaux, c'est-à-dire qu'ils s'appliquent avec le même succès quels que soient les lieux d'implantation des filiales, les objectifs sont autant locaux que mondiaux, la promotion dépasse l'appartenance nationale pour mettre aux postes clés les meilleurs, quel que soit le pays de provenance.
- Le modèle EPRG permet d'évaluer les attitudes centrées sur l'identité de la maison mère, ouvertes aux pays d'accueil, ou orientées au stade mondial. La firme candidate à l'inter-

nationalisation peut ou doit évaluer sa « prédisposition stratégique » afin de se préparer à concilier les intérêts de profit d'un côté et les impératifs des pays hôtes de l'autre.

2 Les tensions managériales pour un développement géocentrique

A ~ Les forces favorables au géocentrisme

- À partir d'une étude menée sur plusieurs managers, Perlmutter constitue une liste de facteurs jouant en faveur ou faisant obstacle à une attitude géocentrique, c'est-à-dire ouverte à la forme ultime d'internationalisation.
- **Sur le plan environnemental**: la diffusion et l'uniformisation des technologies et des savoir-faire; la mondialisation des critères de consommation; l'impact de plus en plus faible de la nationalité d'origine comme facteur de différenciation; le besoin d'élargir les marchés; la compétition entre les firmes de plus en plus vive pour s'approprier des ressources humaines (compétences) ou matérielles; la révolution des nouvelles technologies de l'information et de la communication; la vague de concentration des firmes de transport et de logistique internationale; l'uniformisation des politiques économiques.
- **Sur le plan intra-organisationnel**: la volonté d'exploiter les compétences RH en opposition avec l'optimisation des investissements matériels; l'observation de la moindre importance des critères moraux propres à une firme d'origine ethnocentrique; l'accroissement des coûts et des « doublons » dans le cas d'une firme originellement polycentrique; la volonté de mettre en avant les collaborateurs des autres pays; la diversification des risques en possédant une production et distribution mondiales; le besoin d'un système d'information mondial; les appels d'offre mondiaux; la perception d'une évolution des responsabilités mondiales pour le management.

B ~ Les obstacles au géocentrisme

- **Sur le plan environnemental**: le profil de l'économie nationale; le niveau de nationalisme; le niveau de préservation de la recherche scientifique du pays d'origine (fuite des « cerveaux et brevets »); la méfiance que suscite une firme internationale pour les forces politiques locales (mouvement antimondialisation, par exemple); les différences de niveau de vie et de perception des richesses en faveur des firmes internationales au détriment des pays d'accueil; le niveau de contrôles et de barrières instaurés par les gouvernements d'accueil.
- **Sur le plan intra-organisationnel**: l'inexpérience de l'étranger; la centration cognitive sur le pays d'origine; la perception de méfiance entre les collaborateurs et les salariés étrangers; la résistance à nommer des étrangers aux postes clés; l'anticipation des coûts et des risques dus à la forme géocentrique; le nationalisme; la faible mobilité des managers; les problèmes de langues et cultures avec les pays d'accueil; la tendance à centraliser pour gouverner.

Perlmutter met en évidence les différences de perception, de coûts et de gestion des risques d'une configuration à l'autre, au travers des relations, des informations, de la duplication des fonctions (dans le cas du polycentrisme), des temps de coordination et de consensus (en cas de géocentrisme), etc.

Pour aller plus loin

Perlmutter, H. et Chakravarthy, B. S. (1985), *Strategic Planning for Global Business*, États-Unis : Columbia Journal of World Business.

FICHE 79

L'HÉRITAGE ADMINISTRATIF

Au travers du modèle de firme transnationale, C. Bartlett et S. Ghoshal insistent sur le rôle principal occupé par la capacité des managers à gérer un réseau complexe. Ils décentrent la question de l'internationalisation des firmes : il s'agit avant tout d'aborder la problématique du changement dans la façon de concevoir la structure organisationnelle et de modifier les pratiques héritées du passé.

1 Capacité organisationnelle et internationalisation

A ~ Les fondements économiques

- La publication du *Management sans frontière* date de 1989 (1987, première édition aux États-Unis). Les auteurs débutent leur raisonnement à partir des contraintes organisationnelles, voire proposent une théorie de l'organisation internationale dans la lignée de J. Galbraith.
- Les différentes formes d'internationalisation construisent des capacités stratégiques divergentes :

  a) **les firmes multinationales** : présence locale forte par une sensibilisation et une réaction aux différences nationales ;

  b) **les firmes mondiales** : gestion des coûts centralisée et développement des opérations à l'échelle mondiale ;

  c) **les firmes internationales** : exploitent les savoir-faire de la maison mère qu'elles diffusent et adaptent aux différents territoires ;

  d) **les firmes transnationales** : exploitent une configuration des capitaux et des activités à partir d'une répartition des rôles et des responsabilités dans l'organisation, permettant d'expérimenter de multiples innovations.

B ~ Adopter une nouvelle attitude de management

- Les auteurs reviennent sur la relation structure → stratégie, telle qu'elle est abordée soit au niveau économique (le modèle SCP), soit au niveau stratégique (Chandler) : « La transnationale n'est pas une position stratégique particulière, ni une forme spécifique d'organisation. La transnationale est essentiellement une nouvelle mentalité du management. » (Bartlett et Ghoshal)
- La performance est essentiellement due à la capacité de promotion et de combinaison des différentes pratiques gagnantes caractéristiques de chaque type d'industrie internationale : favoriser la flexibilité comme dans le cas des industries multinationales ; rechercher l'efficacité comme pour une industrie mondiale ; exploiter les apprentissages et les transferts de connaissances et de compétences empruntés aux industries internationales. En fonction des changements comportementaux et de consommation au niveau mondial, l'entreprise ne peut plus réussir avec une capacité stratégique « unidimensionnelle » : l'entreprise doit atteindre les trois buts en même temps.
- Dans la lignée évolutionniste, Bartlett et Ghoshal constatent que le défi majeur de l'entreprise consiste à construire et gérer de nouvelles approches stratégiques. Or, celles-ci

dépendent des attributs organisationnels existants. Ces actifs et attributs influencent les managers et ne peuvent être modifiés rapidement : « Cette collection d'attributs façonne ce que nous appelons l'héritage administratif de la firme. » (Bartlett et Ghoshal)

2 Le rôle de l'héritage administratif

A ~ Les forces de façonnage de l'organisation

- Le problème de l'internationalisation n'est pas de savoir ***où*** les firmes veulent s'implanter, mais ***d'où*** elles viennent. Pour faire face aux nouvelles contraintes mondiales, les membres d'une entreprise agissent selon les capacités qu'ils ont su mettre à profit. Cet héritage administratif est à l'origine des performances passées sur le territoire local, mais se comporte à la fois comme un actif et une entrave.
- Plusieurs forces façonnent les actifs productifs et organisationnels (la configuration du capital, la répartition des responsabilités, le style de management, les valeurs et pratiques courantes) : a) **le rôle des leaders** : l'influence des acteurs clés, des dirigeants, des principaux collaborateurs au cœur des compétences clés ; b) **l'impact des cultures nationales** (en plus des travaux de G. Hofstede cités par les auteurs, nous pouvons faire référence à l'ouvrage du français P. D'Iribarne : *La Logique de l'honneur*, Points Seuil, 1989) : ces influences culturelles se retrouvent dans les firmes au travers des décisions et des façons d'agir ; c) **l'histoire de l'organisation elle-même** : les firmes favorisent certaines pratiques plus que d'autres, en relation avec les contraintes temporelles, politiques, sociales...

B ~ De la structure à la capacité organisationnelle

- L'économie industrielle met en avant le paradigme environnement-stratégie-structure afin d'expliquer les différences de performances entre les firmes : la cohérence entre la stratégie de la firme et son environnement d'une part, et, en réponse, la cohérence entre la structure de l'entreprise et la stratégie idoine précédemment détectée. L'impact de la mondialisation influence la formulation de stratégies internationales, à partir desquelles les firmes devront configurer une organisation : identifier son héritage administratif permet à une firme de modifier ses valeurs et ses procédés de management. « Bref, tout changement doit commencer par une compréhension très claire des avantages et des contraintes de l'héritage administratif particulier de l'entreprise. » (Bartlett et Ghoshal)
- Il s'agit finalement de se doter d'aptitudes managériales et stratégiques multidimensionnelles : équilibrer les diversités de pratiques à l'origine des capacités, répartir les pouvoirs, mettre en place des processus de coordination spécifiques pour chaque unité décentralisée, et surtout (voire avant tout) instaurer et diffuser une vision commune de la performance.

Le modèle transnational des firmes nécessite de voir l'organisation selon les capacités spécifiques et propres à chaque localisation des activités. Les valeurs encastrées dans l'organisation sont héritées de la culture nationale, des pratiques des dirigeants, de l'histoire de la firme : C. Bartlett et S. Ghoshal privilégient ainsi la théorie de l'organisation avant les principes économiques pour prescrire une démarche d'internationalisation.

Pour aller plus loin

Bartlett, C. & Ghoshal, S. (1989), *Le Management sans frontières*, Paris : Éditions d'Organisation (ch. 2 et 3).

FICHE 80 LES FACTEURS DE GLOBALISATION

*Le positionnement concurrentiel des activités, conjugué avec l'influence de moteurs favorisant à la globalisation de l'industrie concernée, pousse l'entreprise au-delà de ses limites nationales. Pour traiter et évaluer les facteurs d'environnement, George S. Yip, professeur de l'université de Californie, identifie quatre groupes de facteurs externes (*drivers*) explicatifs de la tendance de globalisation : ceux-ci déterminent et accélèrent la pression et les conditions de compétitivité globale entre les firmes d'une même industrie.*

1 LES FACTEURS DE GLOBALISATION

A ~ Déterminer les facteurs de globalisation

- Une stratégie globale tente d'imposer la standardisation de la production aux différentes zones du marché mondial. Aussi est-il important d'identifier les facteurs caractéristiques et significatifs d'une industrie qui tend à se globaliser, afin d'évaluer la faisabilité d'une telle démarche.
- Yip identifie quatre grandes catégories de facteurs en faveur de la globalisation des activités (*cf.* graphique ci-contre).

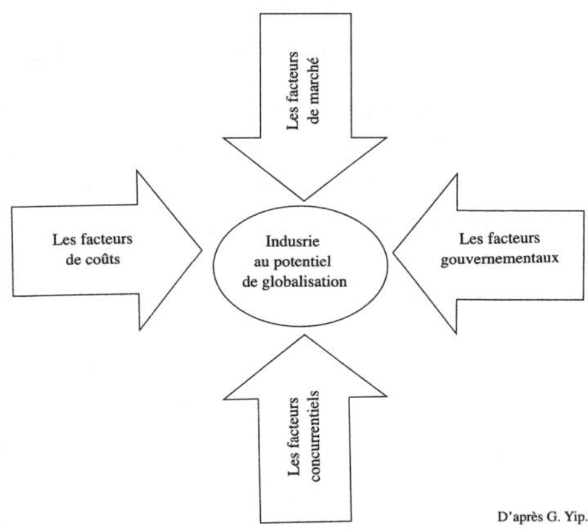

D'après G. Yip.

B ~ Le diagnostic des industries globales

- a) **Les facteurs de marché (l'évaluation de faisabilité d'un marketing global)** : les besoins communs des consommateurs quelles que soient les zones de vente, une demande unique et globale associée à des circuits de distribution uniformes et mondiaux, des pratiques de marketing universelles ou aisément transférables quelles que soient les zones de chalandise, le constat de l'influence globale d'un pays leader qui représente les produits (par exemple, une marque de jeans qui serait numéro 1 aux États-Unis suscitant ainsi un gage de légitimité pour la clientèle mondiale).

b) **Les facteurs de coûts (l'évaluation du potentiel de compétitivité globale)** : la possibilité de bénéficier d'économies d'échelle (de nouveaux territoires permettent d'atteindre un optimum de coûts) ou d'envergure (les gains sont obtenus par l'élargissement des gammes de produits complémentaires de l'activité première), la portée de l'effet d'expérience (plus la pente d'expérience est accentuée, plus son bénéfice sera exploité), l'efficience d'un *sourcing* global permettant de s'entourer des meilleurs fournisseurs aux meilleurs coûts, des conditions de transport acceptables, des avantages comparatifs entre les pays, les coûts de développement des produits de haute technologie associés avec la fréquence de plus en plus rapide du renouvellement des produits incitent à ouvrir des marchés de plus en plus importants en volume et potentiel de ventes.

c) **Les facteurs gouvernementaux (l'évaluation des impératifs politiques)** : des politiques gouvernementales suffisamment favorables (absence de quotas d'importation ou de taxes et barrières douanières, possibilité d'investir directement ou transférer efficacement des technologies), l'existence de standards d'exploitation communs, des règles de communication marketing uniformes, l'influence ou non de grands donneurs d'ordre nationalisés plus favorables à se fournir localement auprès de firmes nationales, les demandes et procédures de relance des activités locales favorisées par les gouvernements d'accueil prêts à favoriser de nouvelles implantations porteuses d'emplois, de développement ou de revenu des taxes.

d) **Les facteurs de compétitivité (l'évaluation de l'intensité concurrentielle mondiale)** : un niveau élevé d'échanges internationaux qui favorise les pratiques concurrentielles en dehors des limites du pays, la présence de firmes provenant de différents pays d'origine qui tend à accélérer la compétition mondiale comme un effet de challenge pour chacune d'elles, l'interdépendance économique des pays.

2 La cohérence entre stratégie et facteurs de globalisation

- **Évaluer le potentiel de globalisation**. G. Yip considère que les seuls facteurs internes à la firme (*cf.* fiches 75 et 76) ne suffisent pas pour poursuivre une stratégie de globalisation. Il est indispensable d'évaluer les facteurs externes internationaux afin de mettre en cohérence les différentes phases d'internationalisation internes et externes, dans le but d'optimiser les coûts de cette internationalisation avec l'accroissement de la position concurrentielle de la firme.
- **Dans ce cadre, deux grandes erreurs stratégiques sont à éviter** : a) les firmes d'envergure stratégiques globales ou transnationales qui agissent sur des marchés multidomestiques ou multinationaux : dans le cas d'une firme de dimension globale, celle-ci serait mal positionnée en termes d'adaptation locale avec les firmes des pays cibles, et dans le cas d'une firme transnationale qui se positionne sur ces mêmes types de marchés, elle supporte des coûts de coordination inutiles comparés à la production locale ; b) les firmes d'envergure stratégiques multidomestiques ou multinationales qui agissent selon les principes d'un marché global ou transnational : les premières sont menacées par les effets de compétitivité qu'elles ne peuvent égaler, les secondes supportent des coûts de coordination trop élevés.

Une stratégie globale (ou transnationale) peut être l'aboutissement d'un processus de développement, comme le résultat d'une démarche intentionnelle clairement mise en œuvre en se basant sur les ressources et l'avantage concurrentiel de la firme. Dans les deux cas, l'identification des facteurs clés de globalisation permet aux dirigeants d'évaluer la faisabilité et de mesurer les impératifs organisationnels nécessaires pour implémenter une telle stratégie.

Pour aller plus loin

Atamer, T. & Calori, R. (2e éd. 2002), *Diagnostic et décisions stratégiques*, Paris : Dunod (ch. 10).
Yip, G. (1995), *Total Global Strategy*, États-Unis : Prentice Hall (ch. 1 et 2).

Partie 9

Création de valeur
et développement interne

FICHE 81

LES DIFFÉRENTS ASPECTS DE LA VALEUR

La notion de création de valeur induit une « financiarisation » excessive des raisonnements stratégiques. Cependant, si certains actifs ne survivent pas aux exigences de rentabilité, d'autres sont plus immatériels et entraînent incontestablement une valeur mais sont difficilement quantifiables sous forme de ratios financiers. La stakeholder theory *(les parties prenantes) démontre les contributions des acteurs internes de l'entreprise ou périphériques à la performance globale : la valeur finale dépend donc de la satisfaction de l'ensemble de ces acteurs et non seulement de la maximisation des profits des actionnaires.*

1 RÉUNIR LES ORIGINES PLURIELLES DE LA PERFORMANCE

A ~ La *stakeholder theory*

- En 1984, R. E. Freeman (*Strategic Management : a Stakeholder Approach*) propose les premières interprétations d'une performance incluant la diversité des groupes et individus qui peuvent être affectés par sa réalisation effective. Cette définition peut être élargie en caractérisant les partenaires de la performance au travers du degré de risques qu'ils encourent avec la firme.
- Plusieurs classifications des partenaires ont été proposées : les *stakeholders* volontaires (les clients, les fournisseurs, les collaborateurs…) et les involontaires (la communauté, l'environnement…) ; ou une classification fondée sur la participation directe (dont les transactions influencent directement la performance) ou indirecte (qui n'engage pas de transactions avec la firme, mais pèse sur la survie de la firme au travers des groupes de pression, des législations…).

B ~ Les composantes de la valeur

- La valeur est facilement caractérisable pour les actionnaires au travers des profits ou bénéfices financiers (distinguons les flux financiers que sont les dividendes, et la valeur de l'action comme conséquence de l'anticipation des décisions stratégiques par les marchés). La notion de bénéfice comporte cependant deux aspects : le sens comptable signifie bien le profit, mais le sens premier du terme correspond à un avantage ou un bienfait perçu et apprécié (valorisé dans le langage actuel). Or, une entreprise produit d'autres bénéfices que le bénéfice financier : les **bénéfices d'information** et les **bénéfices de décision**, respectivement réducteurs d'incertitudes et de vecteurs d'engagement (dans le sens d'une amélioration de la lisibilité/visibilité des intentions avec les actions de l'entreprise).
- Chaque partie prenante attend donc un ensemble de bénéfices de ses interactions ou transactions avec la firme et ses dirigeants. C'est à partir de l'ensemble de ces bénéfices qu'il est possible d'évaluer le succès global d'une entreprise :

Partenaires de la firme (*stakeholders*)	Bénéfices financiers de la relation avec la firme : production de flux financiers	Bénéfices des informations concédées par la firme : réduction des incertitudes	Bénéfices des décisions assumées par la firme : vecteur d'engagement
Salariés	Rémunérations supérieures aux coûts d'opportunité (salaire d'efficience) Participation aux résultats sous forme de distribution d'actions	Plans d'évolution de la firme Anticipation des changements Sécurité des emplois Qualité du management et de l'organisation Sentiment de confiance	Politique de développement des ressources humaines Formation et développement des compétences individuelles et collectives (employabilité) Qualification professionnelle Sentiment d'appartenance
Actionnaires	Dividendes	Plans stratégiques Projections des options stratégiques (OPE, OPA, fusions…) Rapports et comptes annuels	Valorisation boursière
Clients	Ratio prix/coûts d'opportunité	Modalité d'utilisation et documentation Publicité et supports d'information	Sécurité Niveau de service Image de marque de la firme
Banques	Placement financier de trésorerie Transit bancaire du chiffre d'affaires	Budget prévisionnel Solvabilité de la firme	Stratégie de couverture Nantissement des emprunts
Fournisseurs	Ratio prix/coûts d'opportunité	Planification des transactions Solvabilité financière	Délais de règlement Image de marque
Gouvernement	Impôts et taxes sur les sociétés	Fiabilité des états comptables	Structure juridique transparente
Communauté	Perceptions des taxes locales	Rapports de visites obligatoires Rencontres élus/dirigeants	Image de marque de la firme Sécurité Politique d'emploi Politique de réduction des pollutions

2 La perception de la valeur par les clients

- M. Porter énonce clairement la difficulté de percevoir les bénéfices d'un produit ou d'un service par le client : « Les clients ne comprennent pas complètement toutes les voies par lesquelles un fournisseur peut réduire les coûts ou améliorer les résultats : les clients ne savent même pas ce qu'ils *devraient* attendre d'un fournisseur. » De plus, la valeur n'est pas forcément positive, c'est-à-dire une amélioration des résultats du client (comme une fonctionnalité supplémentaire), mais elle peut être soustractive, c'est-à-dire une réduction des coûts destinée à ne pas faire supporter certains effets et certaines fonctionnalités indésirables au client. Il est donc primordial de diffuser des signaux de valeur aux clients : Ikéa expose clairement la valeur apportée au client en lui confiant sa propre livraison sous forme de gain de temps, d'économie sur les coûts, de simplicité d'achat.
- Un constat : les clients ne paieront pas une valeur qu'ils ne perçoivent pas, qu'elle soit mesurable ou non mesurable (par exemple, la disponibilité). Finalement, l'ensemble des bénéfices/clients constitue la valeur du produit et des services de la firme : d'où la notion de facteurs clés de succès externes (FCS).

Quel que soit l'objectif attendu par les actionnaires, l'entreprise ne peut oublier les multiples transactions à partir desquelles se construit la performance finale. Aussi, la maximisation du profit pour l'actionnaire ne semble possible qu'après avoir évalué et distribué une fraction des richesses en fonction des attentes de toutes les parties prenantes de cette performance.

FICHE 82

L'ÉVALUATION DE LA VALEUR ÉCONOMIQUE

L'évaluation globale de la firme et de ses différentes activités passe par une étape de quantification comptable des performances. La chaîne de valeur proposée par M. Porter peut servir de trame pour identifier les étapes fondamentales de l'avantage concurrentiel et, à partir de là, localiser les leviers de performance économique. L'identification des cash-flows d'exploitation le long de la chaîne de valeur oriente les décisions créatrices ou consommatrices de ressources financières. La mesure de la valeur par la méthode EVA© met en évidence les conséquences des choix stratégiques des managers.

1 MESURER LA VALEUR ÉCONOMIQUE

A ~ Localiser les *cash-flows* d'exploitation

- En 1987, Alfred Rappaport propose une démarche d'analyse de la valeur comptable créée le long de la chaîne de valeur portérienne. Il propose d'identifier la progression de la valeur par activités de la firme avec d'un côté les décisions stratégiques des dirigeants, et d'autre part les conséquences financières pour les actionnaires. Son modèle présuppose que la constitution d'un avantage concurrentiel et la création de valeur pour l'actionnaire proviendraient d'une même source : les étapes principales de la production. Cela signifie de plus que les décisions à court terme qui peuvent être prises par opportunisme ne sont pas créatrices de valeur finale car elles ne peuvent s'inscrire dans l'avantage concurrentiel de la firme.
- La notion de *cash-flow* d'exploitation constitue la référence par activités :

<table>
<tr><td colspan="5">Infrastructure de la firme</td><td></td></tr>
<tr><td colspan="5">Gestion des ressources humaines</td><td></td></tr>
<tr><td colspan="5">Recherche et développement technologique</td><td></td></tr>
<tr><td colspan="5">Approvisionnements</td><td></td></tr>
<tr><td>Logistique interne
Stockage
Manutention
Transports administratifs</td><td>Production
Transformation
Assemblage
Emballage</td><td>Logistique externe
Stockage
Manutention
Transports</td><td>Distribution et ventes
Force de vente
Publicité
Promotion</td><td>Services
Installation
Maintenance
Retours</td><td>Ventes
– Dépenses d'exploitation
= Marge opérationnelle
– Impôts
+ amortissements et autres dépenses fictives</td></tr>
<tr><td>Stocks matières
Fournisseurs à payer</td><td>Encours fournisseurs</td><td>Stocks de produits finis</td><td>Clients à recevoir</td><td>Clients à recevoir</td><td>– Augmentation du BFR</td></tr>
<tr><td>Acquisitions d'entrepôts
Flotte de véhicules</td><td>Matériels et installation de production</td><td>Entrepôts de stockage des produits finis
Véhicules</td><td>Matériels informatiques
Équipements d'aide à la vente</td><td>Flotte de véhicules d'intervention</td><td>– Investissements en immobilisation
= Cash-flows d'exploitation</td></tr>
</table>

D'après A. Rappaport.

B ~ L'EVA : une mesure de la profitabilité économique

- Pour déterminer une mesure de la valeur créée par activités indépendamment des opérations comptables, le cabinet Stern, Stewart et Co a conçu au cours des années 1980 une unité d'évaluation (l'EVA©, *Economic Value Added*) fondée sur le résultat d'exploitation après impôts (NOPAT pour *Net Operating Profit After Taxes*) rapporté aux coûts des capitaux engagés pour l'exploitation. L'EVA© permet de mesurer la performance d'une activité en lui imposant un taux de rentabilité individuel, dont la signification influence les décisions des managers qui prendront ainsi en compte leur propre contribution financière.
- Le NOPAT est un indicateur correspondant au résultat d'exploitation net des amortissements et coûts de restructuration de l'activité auquel il est soustrait le montant théorique de l'impôt sur les sociétés. Développée à partir d'une approche financière anglo-saxonne, la notion d'EBIT, *Earning Before Interest and Taxes*, constitue l'étape intermédiaire équivalente au résultat courant d'exploitation avant frais financiers et impôts, auquel il convient de soustraire les coûts engagés dans une éventuelle restructuration de l'activité. Ce résultat d'exploitation après impôts correspond à la valeur générée par l'activité hors décisions financières.

	Résultat d'exploitation
+	Coût net des restructurations de l'activité
+/–	Cessions des actifs d'exploitation de l'activité
+/–	Produits ou charges sociales liés à l'activité
=	EBIT
–	Impôt théorique sur le résultat EBIT en dehors de toute décision financière
=	NOPAT

- À ce résultat, il convient de soustraire le coût (ou la rémunération due) des capitaux engagés dans l'activité : le capital des actionnaires mais aussi l'ensemble des emprunts restant à payer, hors capitaux gratuits comme les dettes fournisseurs ou d'État. Signalons qu'il est indispensable de retraiter le montant des capitaux investis dans l'activité en y ajoutant les dépenses de R & D des dernières périodes comptables (écritures en charges du compte de résultat) si celles-ci contribuent au développement de l'activité sur plusieurs années à venir. Il est également utile de rajouter les pertes qui ont pu être supportées au cours des dernières périodes, car elles viennent réduire artificiellement le capital engagé. Le retraitement du résultat d'exploitation retenu est plus complexe. Signalons entre autres l'impact des impôts différés, l'évaluation des stocks, la répartition des dépenses de notoriété et de publicité, les politiques de formation et de RH qui produisent des conséquences sur plusieurs périodes et dont il faudra évaluer les effets de rémanences au niveau opérationnel.
- La valeur ajoutée économique (l'EVA©) représente un superprofit du résultat d'exploitation obtenu par une activité si celle-ci procure un rendement supérieur aux attentes minimum, des actionnaires (le rendement attendu à partir des capitaux propres). C'est-à-dire la performance intrinsèque de l'activité directement sous l'inluence du management et isolée des effets des décisions financières, qui incombent plutôt au niveau *corporate*. L'usage de cet indicateur pour le management est d'autant plus profitable que son résultat positif prend son origine à partir d'une rente économique et plus particulièrement d'une rente organisationnelle, évitant ainsi des risques d'érosion, comme le contre-coup d'un ajustement du marché sous forme d'entrée de nouveaux concurrents, d'une rupture de collusion tacite sur les prix, etc. (*cf.* fiches 16 et 24).

EVA© = NOPAT – (capitaux engagés x coût moyen pondéré du capital)

- Dans l'exemple ci-dessous, les capitaux engagés dans l'activité représentent une charge retraitée des coûts des capitaux propres de 7, 53 % mais, le résultat d'exploitation net d'impôts rapporte 42, 4 % de plus que le montant de la charge financière globale nécessaire à l'exploitation.

NOPAT de la période annualisée moins le montant théorique d'impôts sur les sociétés :	**9 350 M€**	**NOPAT/ Capitaux engagés 10,72 %**
Capitaux propres engagés dans l'activité :	50 000 M€	
Emprunts restant dus souscrits avec un taux de 5 % engagés dans l'activité :	7 400 M€	
Emprunts restant dus souscrits avec un taux de 4. 75 % engagés dans l'activité :	11 500 M€	
Emprunts restant dus souscrits avec un taux de 3. 75 % engagés dans l'activité :	15 300 M€	
Emprunts du découvert bancaire avec un taux de 7. 75 % engagés dans l'activité :	5 300 M€	
Disponibilités de trésorerie rémunérées avec un taux de 5. 75 % engagés dans l'activité :	– 2 300 M€	
Capitaux engagés dans l'activité :	**87 200 M€**	**Coût moyen des capitaux engagés 7,53 %**
Coûts des Capitaux propres engagés dans l'activité évalué à 10 % :	5 000 M€	
Coûts des emprunts et découverts engagés dans l'activité (éventuellement ajustés de la baisse d'impôt liée aux charges financières) :	1 500 M€	
Rémunération de la trésorerie engagée dans l'activité :	70 M€.	
Total des coûts de capitaux engagés dans l'activité :	**6 570 M€**	
EVA© de l'activité (NOPAT - Coûts des capitaux)	**2 780 M€**	**Indice EVA© 42,4 %**

2 Les moteurs de création de valeur économique

A – Les facteurs de création de valeur EVA©

- L'amélioration des performances de profitabilité dépend alors de quatre leviers :

– **Augmenter le NOPAT à partir des capitaux déjà engagés par activités** : c'est-à-dire réduire les coûts au travers des étapes de la chaîne de valeur (décisions stratégiques) ; mais aussi diminuer les impôts à partir de l'effet de levier de l'endettement (décisions financières ou corporate).

– **Engager des investissements de croissance rentables** : c'est-à-dire investir dans des actions ou des investissements productifs qui aboutiront à un NOPAT supérieur à la charge des capitaux nécessaires pour les réaliser.

– **Réduire les capitaux d'exploitation** : c'est-à-dire évaluer les activités non plus en résultat d'exploitation mais comparées au coût des capitaux engagés. Les décisions de réduction des BFR, d'exploitation interviennent également, comme par exemple la réduction des stocks ou la réduction des créances clients (et naturellement le recours à la dette « gratuite » des délais fournisseurs). Certains actifs de production peu exploités peuvent être cédés à d'autres firmes dont le taux d'utilisation sera plus élevé grâce à l'effet de synergie qu'elles peuvent dégager avec d'autres activités déjà en leur possession.

– **Réduire le coût des capitaux investis** : au travers de l'équilibre d'endettement à long terme, du recours aux marchés boursiers (ouverture ou reprise de capital et influence du montant des dividendes attendus qu'il est nécessaire de prendre en compte dans le coût des capitaux), et le montant des capitaux propres.

B – Les moteurs stratégiques

- Y. Allaire et M. Firsirotu distinguent trois moteurs différents dont les conséquences impactent la création de valeur de la firme : les moteurs stratégiques, les moteurs financiers et les moteurs corporate.

– **Les moteurs stratégiques** comprennent la maîtrise et l'innovation de la structure des coûts (qu'il est possible de localiser au travers de la chaîne de valeur), le positionnement stratégique de chaque activité, la capacité à exploiter les actifs tangibles et intangibles, le degré de mobilisation des acteurs sur la création de valeur (au travers des actions de RH notamment), la protection des ressources stratégiques et la capacité à décider à partir des estimations de cash-flow ou de progression du ratio EVA© associées à chaque scénario stratégique.

– **Les moteurs financiers** à partir des décisions d'investissements et du coût moyen des capitaux investis : l'évaluation des risques exerçant une influence sur les modes de financement comme le recours à la dette ou les marchés…

– **Les moteurs corporate** comprenant notamment les décisions de gouvernement de la firme et des décisions de développement des activités (dont notamment la contrainte d'une mesure EVA© sur les décisions opérationnelles des managers) : identification des stratégies d'activités alternatives, rapprochement de firmes, *spin-off* (cession d'activité)…

La maximisation de la valeur résulte de la formulation stratégique (les opportunités de création de valeur) et de la mise en œuvre des ressources à disposition des dirigeants. Les cash-flows d'exploitation et le taux de profit économique recensent les résultats des firmes par activités mais permettent également de projeter le niveau d'efficacité attendu des investissements productifs ou des projets (comme la R & D) auprès des équipes de management.

Pour aller plus loin

Caby, J. & Hirigoyen, G. (2001), *La Création de valeur de l'entreprise*, Paris : Économica (ch. 2).

Ehrbar, A. (2000), *EVA, Les Défis de la création de valeur*, Paris : Village mondial (ch. 1).

FICHE 83

LA RENTABILITÉ DES CAPITAUX

Il existe plusieurs modèles permettant d'évaluer la création de valeur. Pratiquement chaque cabinet de conseil développe sa propre approche. Cependant, le cadre théorique de la finance d'entreprise édicte des règles de base incontournables, quelles que soient ensuite les variables mises en évidence, et tout particulièrement celle d'effectuer une mesure comparative entre la rentabilité des capitaux engagés et le coût de ces mêmes capitaux.

1 LA STRUCTURE FINANCIÈRE DES ACTIVITÉS

- Le **bilan financier** représente d'un côté un portefeuille d'actifs à disposition de la firme et de l'autre les différents types de financement retenus pour les acquérir et les mettre à disposition des dirigeants de l'entreprise. L'actif économique représente les investissements en actifs de production (les actifs immobilisés) et le besoin en capitaux nécessaires au cycle d'exploitation de l'activité (le BFRE, besoin en fonds de roulement d'exploitation). En contrepartie, les financements nécessaires se répartissent entre les capitaux propres (apportés par les actionnaires, y compris le *capital flottant* provenant d'une introduction en Bourse et les reports de résultats réinvestis dans l'activité) auxquels s'ajoutent les différents types de dettes que le dirigeant peut contracter (emprunts bancaires, découverts, comptes d'actionnaires).
- La croissance interne de l'activité de l'entreprise dépend directement du niveau de son outil de travail (les capitaux engagés) et donc de sa capacité à augmenter cet actif économique. La progression des capitaux engagés suppose une mise à disposition identique de nouvelles ressources, provenant soit d'un accroissement des fonds propres (autofinancement ou augmentation de capital), soit d'une hausse des dettes financières.
- Quelle que soit leur origine (actionnaires ou prêteurs), les capitaux ont un coût supposé (l'espérance de rendement des actionnaires) ou réel (l'intérêt servi aux prêteurs). Quand on regarde le volume total des capitaux engagés et que l'on cherche leur coût moyen, on parle du CMPC : coût moyen pondéré du capital. L'activité est réellement profitable quand le taux de rentabilité est supérieur au CMPC.

2 LA PERFORMANCE COMPTABLE ET FINANCIÈRE

A ~ La performance comptable : la profitabilité

- Le **profit** est synonyme de bénéfices, c'est-à-dire la différence positive (ou négative, et ce sera alors une perte) entre les montants de ventes de produits ou services et leurs coûts de production ou réalisation et de distribution. La **profitabilité** est un indicateur plus large mesurant l'écart de marge obtenu par rapport à un niveau de référence comptable de l'activité (comme le chiffre d'affaires ou l'excédent brut d'exploitation...) : il s'agit alors d'un indicateur d'efficience des capitaux engagés.
- Il est possible de prendre comme référence un taux de profitabilité attendu suivant le niveau de concurrence ou l'attractivité du secteur d'activité de la firme (par exemple,

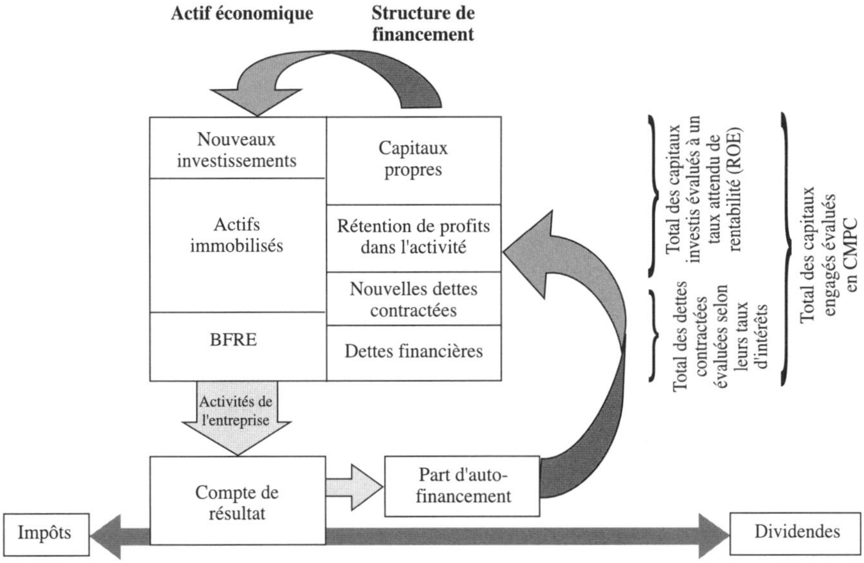

les entreprises de bâtiment visent 3 à 4 % de résultat net, mais le secteur agroalimentaire vise 10 à 12 %).

B ~ La performance financière : la rentabilité

- La prime de risque mesure la différence de rentabilité entre un placement en actions par nature plus risqué qu'un placement en obligations. Signalons que les marchés financiers utilisent plus facilement le synonyme de *rendement*, (le rapport entre le dividende versé par action et le cours de la Bourse) laissant le terme de rentabilité à la sphère comptable et de la finance d'entreprise. Cet indicateur se situe autour de +3, 15 % pour mars 2002 ; c'est-à-dire que la rentabilité d'un capital investi en un portefeuille d'actions devrait être **au moins** supérieure à 3,15 % au taux d'un placement obligataire.
- La **rente** est le surplus de revenu d'un facteur immobilisé (les capitaux propres) dans un emploi donné (l'activité d'une firme) par rapport au coût d'opportunité de ce facteur. Ce coût de référence comporte une part de subjectivité puisqu'il se base sur un placement réputé sans risque (les obligations d'État) sur lequel se greffent plusieurs strates d'appréciation du risque selon le secteur d'activité (le risque de marché ou risque systématique selon un coefficient de sensibilité ß) puis selon la stratégie suivie par une firme (le risque intrinsèque de l'entreprise). Le coefficient ß vient aggraver ou minorer la prime de risque générale en fonction des caractéristiques sectorielles de l'entreprise : cyclicité, endettement, volatilité, etc.

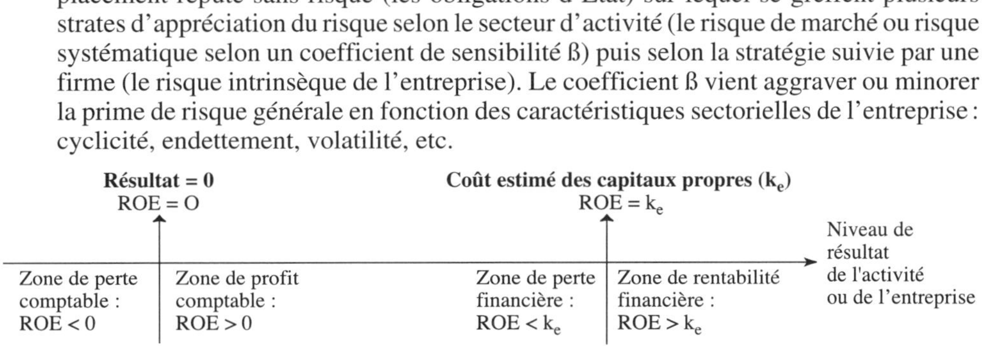

L'entreprise ne crée de valeur comptable que si l'activité produit un résultat positif. Le rapport de ce résultat rapporté aux capitaux propres apportés par les actionnaires et l'autofinancement donne une mesure de sa rentabilité économique (ROE). Finalement, la firme ne créée de valeur économique que lorsque la rentabilité économique est supérieure aux attentes de rendement des investisseurs.

FICHE 84 LES MODÈLES D'ÉVALUATION DE VALEUR

Les modèles d'évaluation, comme celui développé par le cabinet Marakon Associates, apportent une lecture de la rentabilité par activité. Complémentaire des matrices stratégiques, cet outil relie la profitabilité des capitaux investis : les marchés estiment ainsi de plus en plus l'anticipation des stratégies au lieu des performances passées.

1 Les modèles fondés sur la performance financière

A ~ Le modèle M/B

- Deux valeurs entrent dans le raisonnement de la performance stratégique : la valeur de marché de la firme *M* (évaluée au cours de l'action), la valeur bilantielle de la firme *B* (la valeur des fonds propres). Le ratio *M/B* peut être équivalant à 1, auquel cas la firme ne projette pas d'opportunité de profits futurs pour les marchés. Ceux-ci étant supposés efficients, ils évaluent la pertinence des stratégies suivies. Dans le cas où les investisseurs estiment qu'un potentiel de valeur préexiste dans la firme, le ratio favorisera la valeur de marché *M*, qui sera donc supérieure à 1. Mais, dans le cas où les interprétations stratégiques de la firme sont négatives (en fait trop floues ou changeantes), le ratio deviendra inférieur à 1.
- La valeur *M* de la firme correspondra finalement à la valeur du bilan à laquelle s'ajoutera le levier de valeur issu des intentions et des décisions stratégiques des dirigeants. Le cours de l'action est censé refléter la qualité et la pertinence de ces décisions stratégiques, donc la valeur de marché de la firme (*M*) est égale à la valeur de bilan à laquelle s'ajoute l'efficacité des capitaux investis dans la firme. Soit :

$$M = \frac{r_c - g}{K_c - g} \times B$$

r_c correspond à la rentabilité des capitaux propres
g correspond au taux de croissance de l'actif de la firme
K_c évalue le coût des capitaux investis dans l'activité

B ~ L'évaluation des performances futures de la firme

- Le modèle du Strategic Planning Associates s'appuie sur la fonction *M/B* pour évaluer les progressions de valeur générées par les décisions stratégiques de la firme. À partir des performances passées et des performances attendues de la stratégie annoncée, les investisseurs privilégieront une rentabilité attendue (r_a) par anticipation des performances, à la rentabilité passée (r_c). Le ratio d'évaluation *M/B* est équivalent à un ratio d'anticipation : le levier de valeur r_c/r_a.
- Si $r_c/r_a = 1$, alors les performances à venir sont équivalentes au passé : la stratégie dans laquelle s'engage la firme ne comporte pas d'opportunité de création de valeur (attractivité faible de l'industrie et sources d'avantage concurrentiel limitées).
- Comme la rentabilité attendue (r_a) est évaluée par le coût du capital ajusté de la prime de risque des marchés (Kc), alors $M/B = r_c/r_a$. C'est-à-dire que la performance attendue des stratégies futures (le ratio *M/B*) dépend du ratio d'évaluation de rentabilité des performances passées à partir de l'estimation des capitaux engagés sur la rentabilité atten-

due. Dans le schéma suivant, l'entreprise E2 ne bénéficie pas d'une bonne lisibilité de sa stratégie à venir. Elle a connu de bonnes performances, mais semble être à court d'opportunités stratégiques.

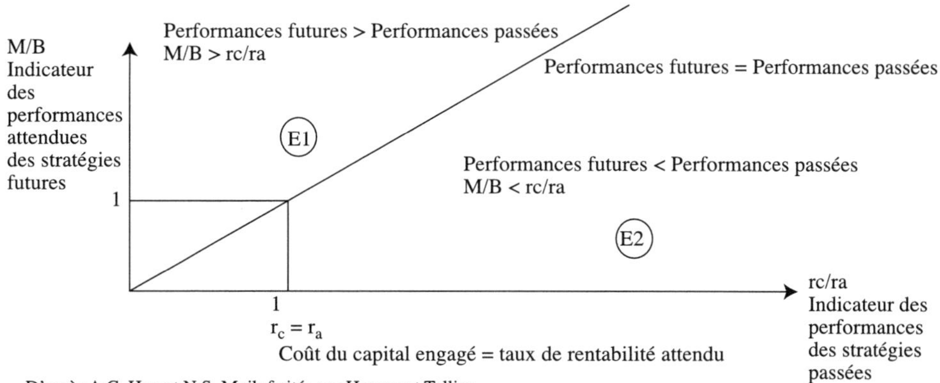

D'après A.C. Hax et N.S. Majluf cités par Hoaran et Tellier.

2 L'ÉVALUATION DE LA PROFITABILITÉ D'UN PORTEFEUILLE D'ACTIVITÉS

- Développée par le cabinet Marakon Associates, cette matrice associe l'écart de profitabilité avec les performances des capitaux propres engagés et celles attendues par les marchés.

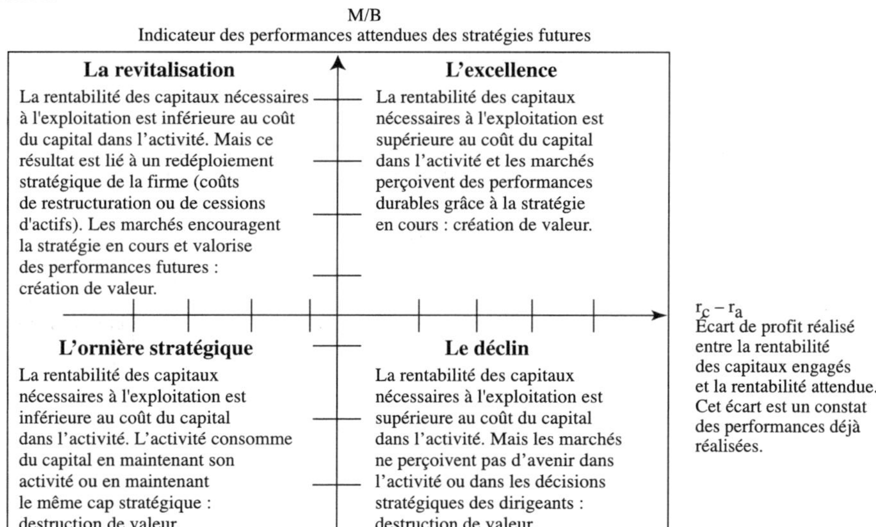

D'après A. Thiétard.

Les modèles d'évaluation du Strategic Planning Associates et du cabinet Marakon Associates apportent une lecture anticipatrice des performances des entreprises qui créent de la valeur pour l'actionnaire de celles qui en détruisent. Ils ne prennent cependant pas en considération la croissance de la firme et la relation avec le secteur.

Pour aller plus loin

Hoarau, C. & Teller, R. (2001), *Création de valeur et management de l'entreprise*, Paris : Vuibert (ch. 1).

FICHE 85

LE TAUX DE CROISSANCE DE L'ACTIVITÉ

L'évaluation de la valeur créée par le portefeuille d'activités doit prendre en compte la croissance de la firme. L'hypothèse retenue consiste à considérer que la croissance de la firme améliore la rentabilité du capital investi. Il est cependant fréquent de constater que les entreprises sont victimes de leur propre taux de croissance dont elles ne peuvent supporter les conséquences au niveau des besoins de fonds d'exploitation. Une évaluation réaliste de création de valeur issue d'un portefeuille d'activités débute par l'identification du taux de croissance maximum supportable par l'entreprise.

1 IDENTIFIER LE SEUIL DE CROISSANCE DE LA FIRME

A ~ Le taux de croissance limite : le taux de croissance interne

- Développé par le BCG, cette évaluation permet d'identifier le taux de croissance d'exploitation supportable par la firme sans dégrader sa trésorerie (et par conséquent sa structure d'endettement pour financer ses activités). De nombreux exemples viennent illustrer régulièrement la rapidité avec laquelle une firme n'est plus à même de financer son expansion (voir par exemple les signaux du groupe Vivendi Universal début 2002 et les conséquences qui ont suivi : alarmés par les ratios d'endettement, les actionnaires ont exigé des dirigeants une décélération de la politique expansive du groupe, faute de ressources de financement internes). Le modèle part du principe que la pérennité de la croissance dépend des profits non distribués en dividendes, ceux-ci venant renforcer les fonds propres.
- ***p* = le taux de rétention des profits**. C'est-à-dire la partie des résultats non distribués sous forme de dividendes et donc réinjectés dans les fonds propres. Ce taux p est exprimé par le pourcentage résiduel après distribution et correspond donc à $(1 - d)$ ou d reprend le taux normatif de dividendes attendus par les actionnaires (objectif de rémunération du capital).
- **R_{fp} identifie la rentabilité financière des fonds propres après impôts**. Il est plus juste de mesurer la rentabilité des fonds propres à partir de la rentabilité économique de la firme (rappelons que la rentabilité économique correspond au ratio R_e = ENE/AEN, c'est-à-dire l'excédent net d'exploitation sur l'actif économique net incluant les immobilisations industrielles d'exploitation et le besoin financier d'exploitation).

Donc $R_{fp} = [R_e + (Re - i)\ D/FP]$ avec i = intérêts des emprunts après impôts
D/FP le ratio d'endettement dettes à long terme sur fonds propres exerçant un effet de levier positif

Le taux de croissance interne TCI correspond au taux de croissance maximum, soit :

$$\mathbf{TCI = p \times R_{fp}} \text{ ou } \mathbf{TCI = (1 - d) \times R_{fp}}$$

- Si, par exemple, une firme réalise une rentabilité des fonds propres de 12 %, cela signifie que sa rentabilité économique (la rentabilité exprimée en excédent net d'exploitation réalisé à l'aide des actifs de production de la firme), à laquelle se rajoutent les bénéfices d'un effet de levier financier du à l'emprunt de capitaux, serait donc de 12 %.

- Mais si le taux de dividendes constants attendus par les actionnaires est de 25 % du résultat (ce qui correspond à un montant de prélèvement), alors le taux de croissance interne ne peut dépasser 9 % de l'activité :

$$TCI = (1 - d)\ R_{fp} \text{ et } TCI = (1 - 0{,}75) \times 0{,}12 \text{ donc } TCI = 0{,}09 \text{ soit } 9\ \%$$

Dans ce cas, l'entreprise ne peut dépasser 9 % de progression de son activité, à moins d'augmenter sa productivité interne ou de recourir à un nouvel endettement. Dans certains cas, la firme laisse « filer » sa croissance de développement (en chiffre d'affaires ou en valeur ajoutée) sans identifier une rentabilité des fonds propres suffisante ou en prélevant un montant de dividendes trop élevé, appauvrissant ainsi la firme. Dans ce cas les variations de besoin en fonds de roulement d'exploitation (les stocks et créances clients) étouffent l'entreprise, cette dernière ne pouvant plus surmonter les charges d'exploitation liées à l'accroissement d'activité.

Le taux de croissance interne identifie la croissance d'exploitation soutenable par l'entreprise.

- Illustrés par l'exemple précédent, la « mécanique » explicative du TCI de croissance soutenable et les postulats qui lui sont liés sont les suivants :

Premier postulat : a) Les capitaux propres vont progresser de 9 %, et b) les prêteurs (banquiers) vont accepter d'augmenter leurs crédits de manière identique (maintien du taux d'endettement). **Second postulat** : c) ce sont donc toutes les ressources du bilan financier qui vont croître de 9 %, et d) les capitaux engagés (immobilisations et BFR), contrepartie de ces ressources, peuvent donc augmenter d'autant dans la mesure où e) l'activité (les ventes) est fortement corrélée au montant des capitaux engagés (on parlera alors du coefficient de rotation des capitaux).

En conséquence, f) la croissance soutenable de l'activité est donc « plafonnée » par la valeur du TCI.

B ~ La matrice d'évolution de la croissance interne de la firme

- **La notion de croissance rentable** est souvent usitée dans les discours des dirigeants. Elle signifie l'adaptation ou la participation de la firme à la croissance de l'industrie dans laquelle elle évolue. Le développement de l'activité sera contrôlé de façon à ne pas dégrader la rentabilité liée à l'équilibre de la structure de financement des capitaux engagés sous l'effet d'un accroissement du besoin de fonds d'exploitation (montant des stocks, des encours, des créances clients ou accumulation de nouvelles étapes de la chaîne de valeur portérienne). Le centre de gravité de l'ensemble du portefeuille (évaluation pondérée des différents domaines d'activité) doit alors se situer à gauche de la limite G afin de ne pas dégrader la structure de la firme.

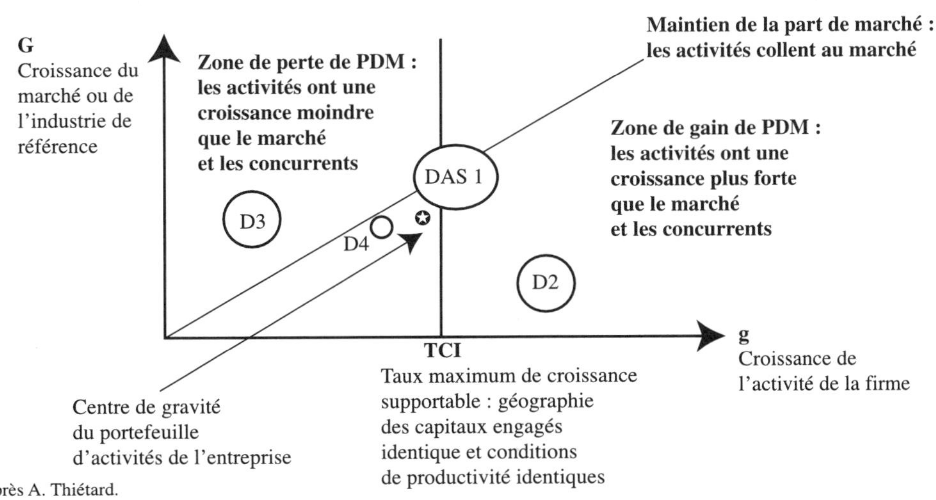

D'après A. Thiétard.

A ~ Associer rentabilité des capitaux et croissance des activités

- Le modèle de croissance de Marakon Associates (*la matrice de profitabilité* développée en 1981) tente de concilier la rentabilité de chaque activité et la croissance de celles-ci (sous contrainte de croissance constante : ce cas exclut par exemple des investissements productifs supplémentaires ou une diversification d'activité). Il correspond au modèle de raisonnement stratégique classique selon lequel la principale préoccupation des dirigeants consiste à élargir leur champ d'influence sur les marchés, au travers des parts de marché détenues et de la rentabilité de celles-ci.

  Dans cette évaluation, le **taux de croissance par activité** g = P (les profits réalisés maintenus dans l'activité) / K (les capitaux propres après distribution).

- Remarquons que *ce taux de croissance correspond au ratio de rentabilité des capitaux propres engagés (ROE, Return On Equity)*, donc g = p x ROE (avec p, le taux de réinvestissement interne ou taux de rétention des profits).

  L'indicateur de profit P est obtenu par la relation P = rc x K. C'est-à-dire le coefficient de rentabilité des capitaux rc multiplié par le volume de capitaux engagés dans l'activité. Donc, après simplification des relations, le taux de croissance g est égal à la rentabilité des capitaux rc :

  $$g = P / K \text{ et } P = r_c \times K, \text{ donc } g = (r_c \times K) / K \text{ soit } g = r_c$$

  Le coût d'acquisition moyen des capitaux engagés r_a influence également la création de valeur par l'activité. Si rc = ra, alors la firme équilibre sa création de valeur. Par contre, si $r_c > r_a$, *elle crée de la valeur* et inversement.

- Le modèle permet d'identifier et projeter le positionnement des domaines d'activité stratégiques en tenant compte des trois seuils critiques des performances : a) **le seuil G de croissance de marché par activité** ; b) **le seuil ra de rentabilité des capitaux engagés** ; c) **la diagonale d'équilibre des performances de l'activité** évaluées par le taux rc comparé à la croissance de l'activité g (cette diagonale correspond finalement à la ligne de séparation entre les activités qui génèrent un flux de liquidités positif et les activités consommant des liquidités pour soutenir leur croissance, à partir de la relation $g = p \times$ ROE).

B ~ L'évaluation de l'impact de la croissance dans le processus de création de valeur

- La matrice met en évidence sept zones de performance. Si la firme obtient un niveau de rentabilité des capitaux engagés supérieur au taux de croissance de l'activité elle-même ($r_c > g$), alors l'entreprise crée des profits supérieurs aux profits provenant de la croissance de l'activité. **La création de richesse de la chaîne de valeur est supérieure à l'effort marketing**.

  Si la firme obtient un niveau de rentabilité des capitaux engagés dans l'activité inférieur à la croissance de l'activité elle-même ($r_c < g$), alors l'entreprise consomme plus de ressources que celles provenant de la croissance de l'activité. **La chaîne de valeur emploie plus de ressources que l'effort marketing ne peut en financer**.

- La matrice prend plus de signification si l'on prend exclusivement la rentabilité du capital engagé dans l'activé concernée (*ROA*, *Return On Assets* : rentabilité des actifs productifs). Cette correction permet d'extraire l'influence de la politique financière qui incombe au niveau corporate.

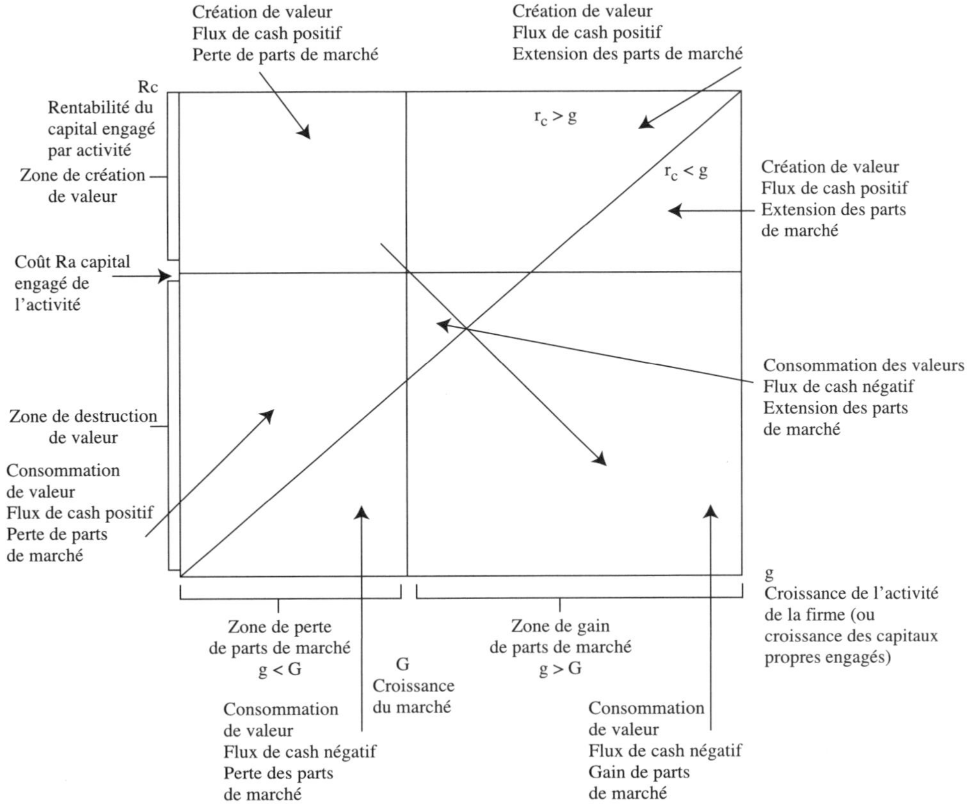

D'après A. Hax & N. Majluf.

Indépendamment des décisions opérationnelles, les décisions de croissance interne ou d'acquisitions influencent la progression de la valeur. L'évolution du taux de croissance de la firme et la qualité de cette croissance sont des leviers de performance liés aux capacités des dirigeants. Au travers des systèmes de rémunération et de récompenses, ceux-ci sont incités à améliorer constamment les performances du portefeuille d'activités de la firme au-delà du seuil attendu : les marchés font donc une distinction fondamentale entre les dirigeants gestionnaires, qui sembleraient alors accompagner et contrôler des performances, et les dirigeants stratèges, dont les actions volontaristes semblent « inventer » de nouvelles façons de créer des profits au-delà de la moyenne sectorielle.

Pour aller plus loin

Hoarau, C. & Teller, R. (2001), *Création de valeur et management de l'entreprise*, Paris : Vuibert (ch. 1).

Hirigoyen, G. (1997), « Stratégie et finance : approche par la création de valeur », in *Encyclopédie de gestion*, Paris : Économica (art. 162).

Thiétard, R. A. (1990, rééd. 1996), *La Stratégie d'entreprise*, Paris : Ediscience (pp. 147-159).

Hax, A. & Majluf, N. (1984), *Strategic Management : an Integrative Perspective*, London : Prentice Hall (pp. 147-151).

FICHE 86

LE MANAGEMENT STRATÉGIQUE DE LA VALEUR

Le rôle du gouvernement de l'entreprise consiste à décider des critères de performance pertinents pour la sauvegarde des intérêts des actionnaires. Les systèmes d'incitation et de rémunération imposent ensuite aux managers de s'aligner sur les critères d'évaluation de la performance. Ce système de management par la valeur financière (ou Value Based Management*) influence la totalité des décisions et des possibilités d'action des décideurs en charge de l'activité.*

1 LES FONDEMENTS DU MANAGEMENT PAR LA VALEUR FINANCIÈRE

A ~ Un processus d'ajustement entre les marchés et les capacités de l'organisation

- La démarche stratégique invite les dirigeants à évaluer l'attractivité des secteurs sur lesquels il leur semble possible de détenir des parts de marché significatives. D'autre part, l'évaluation des atouts de l'entreprise permet de définir le niveau d'engagement de la firme. Le management par la valeur impose aux dirigeants d'établir ce lien direct entre la valeur économique et la stratégie formulée, afin de diffuser ce raisonnement au niveau de l'ensemble des managers dans le but d'influencer les actions et les décisions opérationnelles.
- Il s'agit donc d'un principe d'ajustement en trois étapes entre, d'une part, le diagnostic de la valeur que les dirigeants évaluent à partir des marchés financiers, puis d'autre part, la mise en place d'un ensemble de décisions associées à une communication interne dans le but de provoquer un alignement cognitif des collaborateurs afin de pouvoir engager en dernier lieu les décisions stratégiques.

B ~ Les leviers financiers de la valeur

- Laurent Batsch distingue quatre sources de valeur sur lesquelles s'ajusteront les décisions financières des dirigeants :

  – **La stratégie concurrentielle, dont l'objectif est de maximiser les marges** et dont les moteurs de valeur sont : a) le contrôle et la compression des coûts : la réduction et variabilisation des charges, le niveau de productivité des facteurs ; b) la maximisation des ventes : la croissance intensive des parts de marché des activités, la croissance extensive en entrant dans de nouveaux marchés, en profitant de l'innovation et de l'internationalisation.

  – **La stratégie organisationnelle, dont l'objectif est le rendement des actifs** et dont les moteurs de valeur sont : a) le développement des activités vers l'aval afin de s'approprier la valeur ajoutée et de ne supporter que les capitaux nécessaires à l'assemblage, la sous-traitance et les partenariats potentiels, l'intégration des étapes de distribution ; b) la minimisation des actifs : par leur allègement au travers des externalisations, ou crédit-bail, rotation du BFR, réduction des stocks, réduction des créances.

  – **La stratégie financière, dont l'objectif est la richesse créee pour les actionnaires** et dont les moteurs de valeur sont : a) les effets de levier : liés à l'endettement, liés au contrôle au travers de la structure du groupe ; b) les relations dirigeants-actionnaires :

le gouvernement d'entreprise et le rôle des actionnaires, le niveau de distribution attendu, le rachat d'actions.

– **La stratégie de portefeuille, dont l'objectif est de gérer le couple rentabilité-risque** et dont les moteurs de valeur sont : a) le recentrage industriel : allocation sélective des ressources, exploitation des compétences, volonté de globalisation ; b) le recentrage financier : assumer les risques plutôt que les diversifier, scissions de groupe en activités homogènes et indépendantes.

2 LES ÉTAPES CONSTITUTIVES DE LA VALEUR

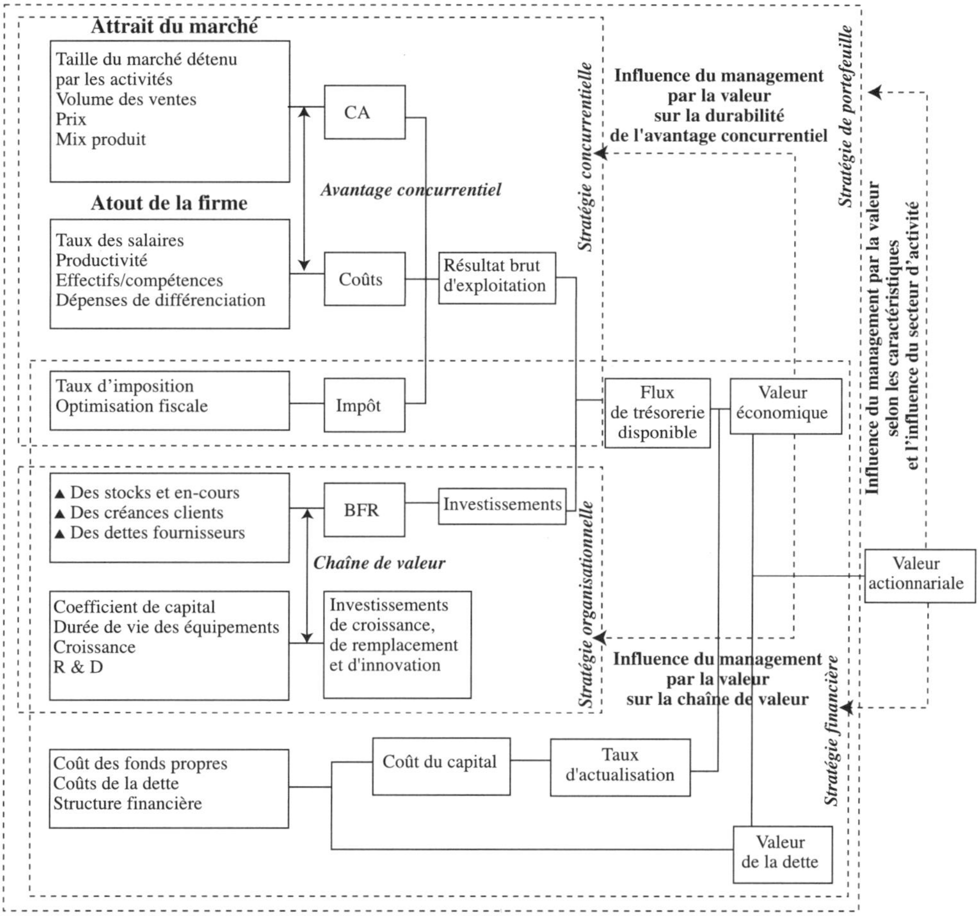

La méthode du management par la valeur financière n'est cependant pas si simple à mettre en application. En premier lieu, les indicateurs financiers ne reflètent pas les actifs intangibles de la firme comme les efforts de R & D, etc. Dans un second temps, une trop grande transparence des informations peut susciter des luttes concurrentielles néfastes pour les projets de la firme.

Pour aller plus loin

Batsch, L. (1999), *Finance et stratégie*, Paris : Économica (ch. 1 et 2).

Hoarau, C. & Teller, R. (2001), *Création de valeur et management de l'entreprise*, Paris : Vuibert (ch. 2).

FICHE 87

L'EXTERNALISATION

*L'externalisation (*outsourcing*) fait partie des décisions stratégiques majeures de cette dernière décennie. À mi-chemin entre la sous-traitance et des pratiques managériales à la mode comme le reengineering, la décision de recourir à un prestataire ou un fournisseur extérieur pour réaliser une partie des activités de la chaîne de valeur revient à redéfinir les interrelations entre les étapes de production.*

1 Les objectifs d'une externalisation

A ~ L'identification de la valeur liée à l'externalisation

- Selon l'activité, les caractéristiques de l'industrie ou les groupes stratégiques, les entreprises optent pour une configuration de leurs chaînes de valeur. Elles décident des étapes à faire par elles-mêmes, des étapes à faire faire. Elles peuvent soit intégrer tous les maillons nécessaires à la réalisation d'un produit ou d'un service, soit décider d'en exclure des étapes jugées peu importantes pour l'avenir stratégique de l'activité.
- L'objectif stratégique consiste à se focaliser exclusivement sur les phases qui comportent des sources d'avantage concurrentiel en termes de coûts ou de différenciation. La performance résulte d'une combinaison avantageuse de l'ensemble des maillons de production internes et externes.

B ~ Les modèles explicatifs

- En raisonnant à partir du modèle des ressources et des compétences (MRC), certaines étapes clés de la chaîne de valeur comportent en elles-mêmes des sources d'avantage concurrentiel suffisamment distinctives des pratiques et savoir-faire des concurrents. Ces compétences centrales procurent des quasi-rentes (*cf.* fiche 16) et, à partir de là, des profits au-dessus de la moyenne du secteur. L'objectif d'externalisation des étapes non stratégiques consiste à accroître les compétences collectives restantes (par une meilleure allocation des ressources à leur disposition) avec comme conséquence espérée l'amélioration qualitative des produits, l'amplification de la maîtrise des tâches clés et finalement l'acquisition d'un avantage concurrentiel. La pratique d'externalisation comporte également une intention de *benchmarking* par l'appropriation de savoirs faire disponibles chez des fournisseurs et inaccessibles autrement : l'impact négatif des déséconomies de temps à supporter pour égaler en interne de telles compétences, parfois ambiguës à reconstituer ou imiter (*path dependance*).
- D'un autre côté, le raisonnement fondé sur les coûts de transaction (CT) considère que des activités suffisamment répétitives peuvent être intégrées ou maintenues avantageusement en évitant les coûts de contrat. Elles seront externalisées si elles ne représentent pas d'enjeu stratégique, sont peu répétitives ou morcelées dans le temps, autorisant les coûts de négociation au moment des besoins. Dans ce cadre, la valeur créée résulte de l'optimisation et de la diminution des coûts de possession d'un actif productif (et de son personnel d'exploitation) trop faiblement exploité. L'ensemble peut donc être confié (vendu) à un partenaire afin de ne conserver que des investissements

exploitables à leurs taux d'utilisation optimums ou bénéficiant de synergies avec d'autres activités sous forme d'économies d'échelle ou d'économies d'envergure.

2 Les formes d'externalisation

A ~ L'évolution des fonction externalisées

- La combinaison à l'extrême de ces deux approches (MRC et CT) donne naissance à une forme d'organisation de moins en moins consistante, l'entreprise réseau ou transactionnelle, comme par exemple Nike aux États-Unis, Benetton en Italie. L'entreprise se « virtualise » et n'intègre que les fonctions stratégiques pour lesquelles le ratio capitaux engagés sur valeur créée est au plus haut. Mais au-delà des biais que comporte cette image, la firme est appréhendée comme une organisation administrative comportant un ensemble d'actifs physiques, humains et intangibles dont la croissance et la performance dépendent de la combinaison, et non de la possession, des actifs.
- L'impact des techniques de communication et d'échange d'information en temps réel est de plus en plus à l'origine des baisses des coûts d'ajustement et de transaction. Les fonctions externalisées de la chaîne de valeur au départ faiblement stratégiques (nettoyage, restauration, sécurité des hommes, distribution, documentation...) s'appliquent également à des tâches clés ou des fonctions clés (systèmes d'information, marketing, finances et contrôle de gestion, et même administration des ressources humaines).

B ~ Les catégories d'externalisation

- Jérôme Barthélemy distingue quatre grandes formes d'externalisation: a) **la pratique traditionnelle** fondée sur la répétitivité d'une tâche jugée peu sensible qui sera confiée à un prestataire externe ; b) **l'externalisation traditionnelle avec désintégration** d'une étape également peu sensible mais jusqu'alors interne à la chaîne de valeur, cette formule s'accompagnant le plus souvent d'un transfert de l'ensemble des ressources vers le prestataire, y compris le personnel, afin d'éviter des coûts irrécupérables de rupture de contrats mais également en vue de transférer l'expérience accumulée ; c) **l'externalisation stratégique avec désintégration** d'une étape clé comporte des risques en cas d'échec, mais permet une meilleure allocation des ressources (y compris avec le partenaire externe censé ne pas réduire la qualité de l'offre, voire apporter surtout une expertise) afin de renforcer les investissements hautement concurrentiels ; d) **l'externalisation stratégique** d'une à plusieurs étapes de la chaîne de valeur, comportant un degré de changement particulièrement élevé de la stratégie de la firme (prenons l'exemple d'Alcatel qui décide d'externaliser ses sites de production à la suite d'une redéfinition de sa stratégie non plus en tant qu'industriel mais en tant que concepteur d'outils de télécommunication).

La pratique de l'externalisation comporte cependant des risques: la firme abandonnant une partie de sa chaîne de valeur n'est pas à l'abri d'attitudes opportunistes de la part du prestataire. À cela s'ajoute le risque de perdre certains savoir-faire ou connaissances qui, s'ils ne sont pas fondamentaux dans le présent, peuvent rapidement devenir des facteurs stratégiques. Enfin, l'externalisation d'activités historiquement ancrées dans la firme comporte des risques sociaux rédhibitoires.

Pour aller plus loin

Barthélemy, J. (2001), *Stratégies d'externalisation*, Paris: Dunod.

Quinn, J.-B. (1994), *L'Entreprise intelligente*, Paris: Dunod (ch. 2).

FICHE 88

LES STRUCTURES D'ENTREPRISE

La structure organisationnelle conforme et se conforme autour de la production des biens ou des services. Le niveau de complexité des activités requiert une subdivision des tâches plus ou moins avancée. La structure de l'organisation, c'est-à-dire l'agencement des différentes activités en plusieurs sous-ensembles, reflète alors deux objectifs : comment exécuter efficacement la division du travail, et en combiner puis coordonner avantageusement les différentes étapes ?

1 Les stratégies organisationnelles

A ~ Le problème de la congruence organisationnelle

- Les firmes structurent avec le temps différentes formes organisationnelles afin d'améliorer la congruence entre la division des tâches et la réalisation effective de la stratégie : « Finalement, il ne peut exister d'avantage soutenable à long terme autrement qu'en étant capable d'en organiser et d'en gérer la faisabilité. » (J. Galbraith)
- Avec la publication de *Stratégies et structures de l'entreprise* en 1962, Alfred Chandler met en évidence l'impact de la forme organisationnelle (la structure de la firme) comme étant une étape clé du développement compétitif : elle permet la réalisation des objectifs stratégiques à partir de sa mise en œuvre organisationnelle. L'auteur met alors en évidence deux transformations majeures des conditions croissantes de production : d'un côté, le recours à la multiplicité des opérations de production et le recours à une direction par fonctions, de l'autre, l'apparition de l'entreprise multiactivité en divisions autonomes. À partir de cette première rupture avec la firme traditionnelle, Chandler identifie l'impact et la distinction entre les décisions opérationnelles (tactiques) et les décisions stratégiques (en particulier la répartition des ressources) revenant à la direction générale.

B ~ La nécessaire adaptation à la complexité

- Dans le cadre de l'économie organisationnelle, la firme existe seulement si les coûts administratifs (ou coûts d'organisation) sont inférieurs aux coûts de transaction des contrats commerciaux sur les marchés. Cependant, une organisation congruente diffère selon le degré de complexité de l'environnement dans lequel elle évolue. En fin de compte, la structure en tant que système reflète le niveau de cette complexité (résultante de la compétitivité) de l'environnement. En intégrant l'impact de cette complexité croissante (hypercompétition, mondialisation, changements sociétaux…), et simultanément la rationalité limitée des dirigeants, l'ordre proposé par Chandler entre stratégie et congruence structurelle s'inverse : la structure détermine la faisabilité stratégique (Stratégor) :

  a) en conditionnant la perception des dirigeants en jouant un rôle de filtre avec l'environnement ;

  b) en conditionnant les choix selon le degré de fluidité de transfert des informations ;

  c) en limitant les conditions d'adaptation et les modifications envisageables en fonction des décisions antérieures ;

d) en comportant en elle-même des sources d'avantage concurrentiel selon son potentiel d'accumulation des connaissances et de capitalisation des expériences.

2 Les modèles d'organisation

A ~ Les modèles classiques d'organisation

- F. Taylor, M. Weber, H. Fayol ont posé les bases de *l'organisation mécaniste*. De la fin du XIXe siècle à nos jours, cette forme organisationnelle repose sur plusieurs postulats qui, s'ils ne peuvent être vérifiables, influencent effectivement la mise en œuvre des actions : le postulat rationaliste d'un comportement raisonné des hommes ; le principe de centralisation de la supervision et de définition étroite des tâches ; d'une organisation en tant que système clos et de « la paresse naturelle des hommes ». L'organisation mécaniste aboutit à des décisions centralisées par les dirigeants et le transfert de mise en œuvre du haut vers le bas selon le principe de répartition du pouvoir de contrôle. La congruence entre la réalisation et son environnement tient à la stabilité des conditions concurrentielles : les innovations et le niveau de changement sont relativement lents et progressifs (ou, en tous les cas, perçus et considérés comme tels).
- Le besoin de spécialisation favorise l'adoption de la *structure fonctionnelle* : celle-ci apporte une meilleure répartition des fonctions et délégation des responsabilités par métier. Quelle que soit sa forme évolutive, ce modèle d'organisation englobe les mêmes fondements que la forme précédente, avec une progression de la spécialisation des procédures de coordination et de décision.
- La *structure divisionnelle* apparaît après le recours à une holding avec le besoin de juxtaposer différentes entités de production (sortes de petites entreprises). La recherche de synergies communes permet de centraliser la rationalité décisionnelle. Parallèlement, la mise en œuvre d'une stratégie spécifique pour chaque entité accentue leurs performances en coûts et en volume mis à disposition sur les marchés : la forte croissance d'une société occidentale en pleine expansion favorise l'offre sur la demande.

B ~ Les facteurs de contingence de H. Mintzberg

- Publiés aux États-Unis en 1979 et en 1982 en France, les travaux de Henry Mintzberg intègrent à la fois :

  a) l'hypothèse de congruence, c'est-à-dire une adéquation étroite entre les facteurs de contingence et la conception de la structure où la priorité est alors donnée aux évènements résultant de la situation dans laquelle se trouve la firme (la conception des choix structurels dépend de la taille et de l'âge de l'entreprise, des systèmes techniques disponibles, de l'exercice du pouvoir et de l'environnement) ;

  b) l'hypothèse de configuration, où l'hypothèse d'efficacité résulte de la cohérence interne entre les paramètres de conception, et dans ce cas la priorité est donnée à la logique de conception de la production (la cohérence de la conception structurelle est alors à définir selon l'activité productive de la firme).
- La conception de la structure tient ici un rôle fondamental. Mintzberg s'appuie sur des propositions de Herbert Simon en sciences de l'artificiel : la conception est une activité intellectuelle (créer ou utiliser un concept) qui permet d'élaborer un projet dont le but est de changer la situation existante en une situation préférable. Ces paramètres de conception d'une structure reposent sur :

  a) la conception des postes (spécialisation du travail, formalisation des comportements, formation et socialisation) ;

b) la conception de la superstructure (le regroupement et la taille des unités de la firme) ;

c) la conception des liens entre unités (planification et contrôle, systèmes de liaisons) ;

d) la conception du système décisionnel (décentralisation verticale ou horizontale).

- L'auteur distingue six éléments de base, composantes de la structure organisationnelle :

  – **le sommet stratégique**, dont la fonction est d'influencer l'organisation pour atteindre sa mission ;

  – **la ligne hiérarchique** (*middle management*), comprenant les cadres intermédiaires dont le rôle consiste à exercer une supervision directe ;

  – **les fonctions logistiques** qui exercent une fonction de support à la performance collective ;

  – **la technostructure**, comprenant les activités de standardisation dans l'organisation et agissant ainsi sur le travail des autres membres de la firme ;

  – **le centre opérationnel** composé de membres de l'organisation dont le travail est directement lié au produit.

  La structure organisationnelle comporte elle-même six mécanismes de coordination internes dont les deux premiers dépendent des individus et les quatre suivants des processus de standardisation :

  – **l'ajustement mutuel**, caractérisé par des échanges d'informations peu formalisés, comportant des processus simples et permettant de rapides interactions entre les individus ;

  – **la supervision directe**, qui diffère du mode précédent de coordination, dans la mesure où c'est une personne précise qui prend en charge la coordination entre les individus ;

  – **la standardisation des processus** de travail, incluant les spécificités des tâches ;

  – **la standardisation des produits**, permettant de coordonner non plus la façon dont les tâches doivent être réalisées mais les résultats attendus ;

  – **la standardisation des savoir-faire** (dont les connaissances) qui permet de coordonner les façons d'agir ;

  – **la standardisation des normes** qui permet de coordonner les façons d'appréhender les évènements au travers d'une vision partagée ou de croyances.

- L'auteur propose alors une approche combinant la cohérence entre l'organisation interne de la firme et les facteurs de contingence : les configurations structurelles comprenant la structure simple répondant à un contexte entrepreneurial, c'est-à-dire simple et dynamique ; la bureaucratie mécaniste que l'on trouve dans les industries matures et dont on peut constater la prééminence de l'administration, voire de la planification ; la bureaucratie professionnelle centrée sur les métiers et les compétences centrales ; la structure divisionnalisée en réponse à un contexte fortement diversifié ; et la structure *ad hoc* (adhocratie), qui correspond à un environnement innovant.

C ~ Les nouvelles formes organisationnelles

- La prééminence de la stratégie de différenciation sur les volumes/coûts, associée à la multiplicité des critères de mise en œuvre selon les produits ou les zones géographiques influence l'apparition de la *structure matricielle*. Le découpage des responsabilités comprend non seulement une meilleure allocation des connaissances métier, mais surtout la juxtaposition de la coordination verticale et horizontale. Cette forme de répartition associe l'économie des ressources humaines (compétences spécifiques) nécessaires et communes entre les différentes activités tout en associant de meilleures coordination et cohérence d'ensemble des activités.

- La diversité croissante des sources de différenciation et le recours à des ressources et compétences externes (externalisation) met en évidence l'avantage d'une structure plus flexible et mobile ne supportant pas le poids de capitaux engagés exclusifs à la firme : *la structure en réseau* ; ou centrée sur l'atteinte d'un objectif stratégique particulièrement spécifique : *la structure par projets*. L'individualisation croissante des responsabilités peut aboutir à une vision de l'organisation individualisée (Bartlett et Ghoshal), dans laquelle chaque manager de terrain dirige et oriente chacune des sous-unités en fonction des opportunités : une large place est alors accordée à l'émergence et à la mobilité structurelle.

La structure organisationnelle reflète, influence et met en œuvre l'intention stratégique : la recherche de synergies, de paliers de traitement des informations, de coordination entre étapes productives, de dématérialisation des interactions... D'autre part, une approche complète des relations entre structure et stratégie comprend des implications sociologiques comme la répartition du pouvoir (March et Simon, Crozier et Friedberg...), l'élaboration des règles, la perception de justice organisationnelle...

Pour aller plus loin

Mintzberg, H. (1981), *Structure et dynamique des organisations*, Paris : Les Éditions d'Organisation.

Stratégor (1997), *Politique générale de l'entreprise*, Paris : Dunod (ch. 13 et 14).

Desreumeux, A. (1991), *Structures d'entreprises*, Paris : Vuibert (ch. 2, 3 et 4).

Ghoshal, S. & Bartlett, C. (1998), *L'Entreprise individualisée*, Paris : Maxima (ch. 8).

FICHE 89

RECENTRAGES ET RESTRUCTURATIONS STRATÉGIQUES

Dans le cadre d'un plan de développement, les entreprises réévaluent régulièrement la portée de leurs choix stratégiques en comparant les attentes avec les résultats obtenus : certaines diversifications ont pu répondre aux espérances, d'autres non. Se pose la question de réorienter ou non la politique de portefeuille soit au travers d'un recentrage sur certaines activités prometteuses, soit en recourant à la restructuration des conditions d'exploitation des activités du portefeuille.

1 UNE ÉTAPE DU DÉVELOPPEMENT : LE RECENTRAGE

A ~ L'amélioration des liens entre activités

- Pour évaluer les hypothèses d'un développement par diversification ou pour valider le maintien d'une activité dans le portefeuille de la firme, les dirigeants cherchent à identifier en quoi leurs décisions améliorent la valeur selon trois critères : a) l'attractivité de l'industrie ; b) les conditions d'un positionnement performant ; c) les interrelations entre les activités.
- Le recentrage ne peut être considéré comme une stratégie à part entière, mais comme une exigence de cohérence au travers de l'amélioration des liens et des interactions créateurs de valeur. Cela nécessite d'opérer des choix d'exploitation. **Les concepts de métier et de compétences centrales** permettent de redéfinir la cohérence entre les activités des grands groupes fortement diversifiés afin de maintenir ou non certaines activités ou étapes de production, mais sans perdre pour autant les sources d'avantage concurrentiel.

B ~ Le recentrage

- La transition entre le modèle de l'analyse structurelle et le modèle des ressources et compétences a provoqué plusieurs types de recentrage : a) Dans une interprétation défensive, **le recentrage métier** est centré sur une ou plusieurs étapes de l'activité parmi les plus prometteuses en valeur, notamment si elles comportent des compétences clés ou des capacités organisationnelles. Ce recentrage peut viser un retour aux activités historiques ; b) Dans une interprétation offensive, **le recentrage marché** consiste en un repositionnement de la firme le long du système de valeur (ou filière) afin de s'approprier le pouvoir de négociation et de valeur comme, par exemple, en visant des activités de distribution afin d'approcher au plus près les décisions d'achat des clients et profiter de la maîtrise d'influence.
- Des opérations de recentrages successifs permettent à l'entreprise d'engager des changements par paliers afin de modifier progressivement ses orientations stratégiques. Cette pratique permet un changement stratégique important sans supporter une rupture brutale aux conséquences hasardeuses. Le plus souvent, chaque opération de recentrage s'accompagne de la cession ou de l'externalisation des activités jugées éloignées de l'intention stratégique finale de la firme.

2 Recréer de la valeur : la restructuration

A ~ La restructuration stratégique

- La restructuration implique la volonté de réaliser un potentiel de profit identifié mais encore non exploitable, en raison d'un sous-développement ou en raison du changement significatif des conditions de compétition. La restructuration peut être considérée comme une nouvelle mise en œuvre de la stratégie concurrentielle : elle est liée à la perspicacité des décideurs à détecter les conditions d'attractivité d'une activité, et en second lieu à la faculté à identifier un positionnement favorable. Par exemple, l'entrée d'un nouvel actionnaire permettra de mettre à disposition de la firme des synergies de ressources, des volumes d'activité permettant d'atteindre une masse critique ou toute autre source d'avantage concurrentiel qu'il s'agira d'atteindre.
- Dans ce cadre, la restructuration implique une nouvelle organisation destinée à l'exploitation des actifs (donc de la structure de la firme) et de la production afin d'en faire émerger de nouvelles sources de profit d'améliorer ainsi la valeur créée. Cela peut aller jusqu'à une nouvelle segmentation et finalement la séparation d'activités ne bénéficiant pas d'atouts satisfaisants. La conséquence espérée de telles décisions consiste en un accroissement de la rentabilité des capitaux engagés.

B ~ La restructuration financière

- Mc Kinsey propose une démarche inverse destinée à anticiper un risque d'offre publique d'achat (OPA) et donc de partir de l'amélioration de la rentabilité des capitaux engagés pour s'engager dans une restructuration. En effet, dans l'éventualité d'une sous-valorisation de la capitalisation boursière d'une firme, celle-ci reste une proie idéale pour une firme « prédatrice » dans le but d'acquérir de nouvelles parts de marché, de s'offrir des économies d'échelle décisives ou des sources de synergies d'achat et de vente.
- Afin d'éviter de tels risques, Mc Kinsey propose une démarche de restructuration défensive en cinq étapes : le « pentagone ». La méthode consiste à évaluer et mettre en œuvre toutes les possibilités d'amélioration de la rentabilité de la firme afin d'éradiquer les risques d'OPA : a) **évaluer la valeur de marché actuelle (la capitalisation boursière)**, c'est-à-dire la perception du marché en termes de potentiels de profit liés au secteur d'activité : l'écart de performances avec le secteur permet d'évaluer une éventuelle sous-performance stratégique et sert de référentiel aux risques d'OPA ; b) **l'évaluation de la firme telle qu'elle est**, c'est-à-dire sans modifier l'organisation de l'entreprise, ni les conséquences financières des modifications stratégiques ; c) **la valeur potentielle de la firme en tenant compte des modifications internes** des conditions d'exploitation des activités : amélioration du CA, des marges, baisse des capitaux engagés, notamment par l'intermédiaire d'une diminution du BFRE, mais aussi repositionnement des activités avec ses clients ou ses compétiteurs, et bien sûr recours à des externalisations ; d) **la valeur potentielle de la firme en tenant compte des modifications externes** de redéploiement des activités : cessions d'actifs non stratégiques ou acquisitions créatrices de sources d'économies ou de valeur ; e) **la valeur après restructuration financière**, c'est-à-dire notamment la revalorisation des capitaux engagés.

Les recentrages et restructurations ont pour but d'exploiter des profits jusqu'alors délaissés ou inaccessibles, ou de se protéger d'une action de prédation. Lors d'un recentrage, la firme modifie son cadre stratégique, mais une restructuration consiste à modifier les conditions d'exploitation des activités sans changer fondamentalement de stratégie.

FICHE 90 LE CHANGEMENT STRATÉGIQUE

Le changement est un credo du management pour renouer avec les performances économiques. Le modèle du fit *entre l'entreprise et la structure de l'industrie reporte les conditions du changement à l'extérieur de la firme : chaque modification de l'environnement implique un changement de stratégie pour la firme… à condition que les dirigeants puissent recevoir et interpréter les signaux faibles de modification du contexte. L'approche par les ressources inverse les nécessités : le changement permet de se construire des forces de compétition.*

1 Les formes de changement

A ~ L'inertie organisationnelle

- Le **changement stratégique** signifie une modification profonde des conditions de compétitivité, liée soit à l'environnement, soit à la disponibilité de ressources pour la firme. Le changement opérationnel implique une modification de la mise en œuvre des moyens de la firme. Une nouvelle stratégie nécessite cependant une **stratégie de changement des conditions opérationnelles** : un nouveau positionnement de la firme entraîne des modifications organisationnelles.
- Ces modifications internes sont destinées à intégrer les nouvelles caractéristiques de l'environnement dans les actions collectives ou individuelles : l'intérieur et l'extérieur sont indissociables. Il peut s'agir de modifier les critères de rentabilité, les technologies nécessaires induisant un partage des ressources mais aussi la répartition du pouvoir, l'instantanéité des moyens de communication électroniques modifiant les règles de comportement des acteurs comme l'accroissement de la flexibilité et l'adaptation à la complexité et à cela s'ajoutent des changements identitaires (ou de paradigme dominant).
- Cependant, les firmes changent avec difficulté. Les dirigeants peuvent reculer devant les risques à prendre, les coûts et les difficultés de gestion des périodes de transition. L'ensemble conduit à une forme d'inertie nécessitant à terme une rupture radicale avec les anciennes pratiques.

B ~ La nature du changement stratégique

- Le **changement incrémental** signifie une adaptation progressive des actions aux conditions de l'environnement. Les dirigeants se font une idée de leurs intentions stratégiques et tentent de modifier les actions et décisions collectives à l'aide de microchangements. L'*incrémentalisme logique* repose sur cette hypothèse que la somme des microchangements internes permet d'accompagner les modifications environnementales : il évite les traumatismes liés aux situations d'incertitude ou à la remise en cause des individus. Cette perception du changement n'exclut pas des déviances et des interprétations erronées nécessitant alors, de loin en loin, des étapes de transformations radicales.
- Le **changement radical** part du constat que la stratégie et ses conséquences organisationnelles jusqu'ici poursuivies ne peuvent l'être sans danger pour la survie concurrentielle de la firme.

- La perception et les qualités des dirigeants à anticiper ou non les conditions concurrentielles permettent d'identifier quatre formes de changement stratégique :

  a) **l'ajustement stratégique**, au cours duquel les dirigeants *proactifs* imaginent et se construisent une démarche continuelle des conditions d'exploitation de l'environnement concurrentiel : les pratiques sont constamment ajustées au contexte stratégique, nécessitant alors une structure souple et des processus maîtrisés dans le temps. Par exemple, le groupe France Télécom s'est engagé dans une telle démarche : les fonctions et les mutations internes sont nombreuses, les réorganisations des processus s'enchaînent et l'objectif du groupe consiste à coller « au jour le jour » au contexte concurrentiel des nouvelles technologies de la communication, secteur particulièrement complexe et instable sur lequel chaque décision d'une entreprise concurrente modifie les conditions générales de la performance ;

  b) **l'adaptation** signifie une réponse *réactive* des dirigeants aux signaux qu'ils subissent et identifient après en avoir supporté les risques de non-réponse : l'écart devenant sensible entre l'environnement et les pratiques de la firme, les dirigeants constatent un besoin rapide de changement des conditions d'exploitation de la firme ; il s'agit alors d'adapter le paradigme dominant de l'entreprise afin de réduire les incohérences concurrentielles. Par exemple, l'entreprise Damart de vente par correspondance a largement modifié son positionnement concurrentiel pour se rapprocher de concurrents comme Les 3 Suisses. La modernisation de l'offre, des pratiques de sélection des collections et de mise en pages des produits traduisent l'adaptation de la formulation stratégique avec un contexte dont les principes sociaux de choix vestimentaires ont largement changé ;

  c) **la transformation planifiée**, la proactivité des dirigeants associée à une mutation radicale de l'environnement, ou à l'identification de ressources décisives encore inaccessibles, provoquent des décisions selon une échéance temporelle : l'écart est identifié mais l'inertie du changement organisationnel gêne la mutation, et il faut alors concilier le présent avec la perception de l'environnement. Par exemple, Renault et ses deux derniers dirigeants ont saisi l'enjeu pour la firme de se constituer des conditions favorables pour une internationalisation des véhicules. Après une première alliance avec Volvo, le groupe a dû continuer d'exploiter selon son positionnement historique avant de conclure un partenariat avec Nissan, et aborde une mutation profonde ciblant le leadership en conception de monospaces, l'industrie de l'automobile subissant de profondes transformations : concentration, spécialisation et intensité concurrentielle plus élevée ;

  d) **la conversion** est le résultat d'une transformation forcée incontournable. Les dirigeants sont devant un fait : poursuivre et disparaître ou changer radicalement de positionnement ou d'intention stratégique. Les grands producteurs de cigarettes testent toutes les voies du changement : beaucoup s'aventurent dans le textile (décontracté comme Marlboro, ou d'outdoor comme Camel), d'autres essayent les voyages, certains tentent la voie de l'agroalimentaire.

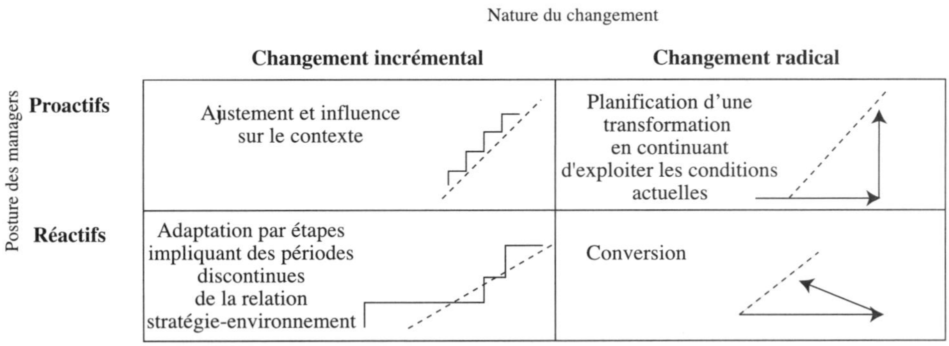

Les types de changement stratégique d'après Johnson et Scholès

C ~ La nature du changement organisationnel

- Le changement stratégique est le produit d'un changement de contenu, d'un changement de contexte (interne et externe) et d'un changement de processus (Andrew Pettigrew et R. Whipp, *Managing Change for Competive Success*, Blackwell, 1991).

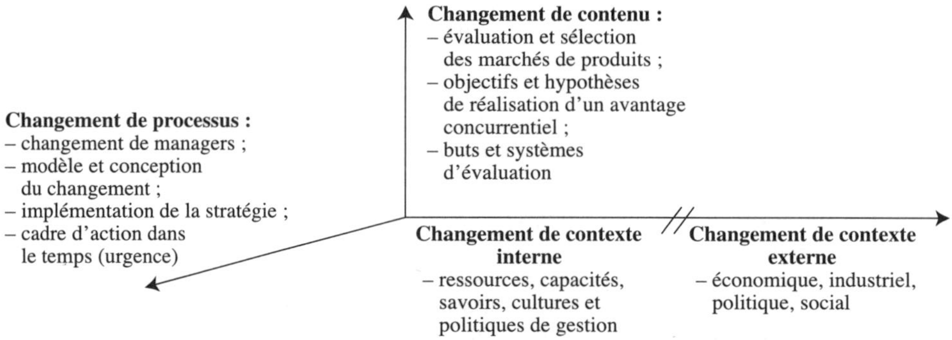

- Le changement des contextes répond à la question « pourquoi changer ? » alors que le changement de contenu correspond au questionnement sur « qu'est-ce qui va changer ? ». Enfin, le changement des processus reprend à son compte la problématique centrale du management stratégique liée au « comment engager le changement ? ».

2 La dynamique du changement

A ~ L'émergence du changement

- Les occasions d'identifier un changement favorable à la firme ne sont pas forcément explicites ou réellement observables en pratique. En premier lieu, les processus de formalisation de la stratégie peuvent très bien survenir après les actions, auquel cas les dirigeants identifient la stratégie qu'ils désirent poursuivre après que celle-ci soit déjà implantée dans les actions collectives (K. Weick). Cette approche n'est pas très éloignée de la conception émergente de la stratégie proposée par Henry Mintzberg.
- Mintzberg distingue les intentions clairement identifiées par les dirigeants et leur mise en œuvre délibérée. Cette hypothèse implique qu'un choix reste possible entre les stratégies réalisées et réalisables. Cependant, les actions des acteurs peuvent ne pas suivre les intentions de la direction générale et pour autant garder une certaine cohérence avec des sources de profit (sous forme d'adaptation aux contraintes environnementales ou du développement de compétences spécifiques). Cette efficience émergente constituera rapidement une base pour la formalisation stratégique.

B ~ La stratégie d'exploration du changement

- La démarche stratégique est un processus continuel de changement des conditions d'exploitation de ressources dont la conséquence sera financière. Chakravarthy et White identifient une typologie de quatre dynamiques stratégiques. À partir de la distinction faite par James March entre exploitation et exploration, les auteurs font remarquer qu'il ne suffit pas d'**exploiter** des opportunités externes ou des compétences internes, mais que la firme doit s'efforcer de s'engager dans une **démarche d'exploration** des nouvelles opportunités et de nouvelles compétences.
- À partir de deux démarches stratégiques identifiées par les dirigeants (S1 et S2) et potentiellement réalisables, ceux-ci peuvent changer de stratégie le long de la frontière de faisabilité qu'ils perçoivent. Les auteurs font remarquer le processus dynamique et

construit du changement stratégique : alors que la plupart des modèles utilisent une formulation langagière statique laissant percevoir qu'un changement de stratégie est indépendant du processus cognitif dans lequel s'engagent les décideurs (l'innovation, l'imitation, la consolidation…), ils préfèrent l'utilisation d'une verbalisation, traduisant le mouvement du changement : « Parce que par nature le processus de formulation de la stratégie est dynamique, […] un vocabulaire actif est alors nécessaire pour décrire ce processus. » (Chakravarthy et White) *Innover* est donc préférable à l'innovation, améliorer ou imiter, migrer et enfin consolider.

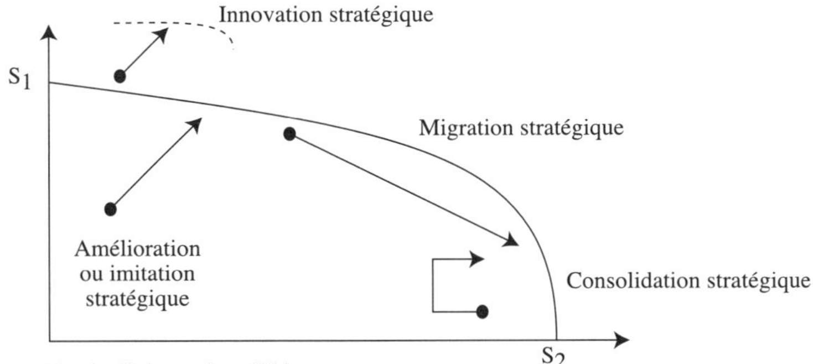

D'après Chakravarthy et White.

Toute démarche efficace de changement organisationnel débute par le changement de la formulation stratégique. C'est en effet l'identification et la perception des enjeux par les acteurs qui produisent des actions individuelles et collectives pour la performance. Dans le cas contraire, ne pas identifier les causes de dysfonctionnement revient à négliger les incohérences stratégiques.

Pour aller plus loin

Johnson, G. & Scholès, K. (2000), *Stratégique*, Paris : Publi-Union (ch. 11).

Mintzberg, H. *et al.* (1999), *Safari en pays stratégique*, Paris : Village Mondial (pp. 329-348).

Chakravarthy, B. & White, R. (2000), « Strategy Process : Forming, Implementing and Changing Strategies » in A. Pettigrew (dir.) *Handbook of Strategy and Management*, Londres : Sage (ch. 9).

Partie 10

Mode de développement externe : alliances stratégiques, acquisitions et fusions

FICHE 91

LES DÉVELOPPEMENTS EXTERNES

L'entreprise peut opter pour deux grandes logiques de développement. D'une part, la croissance interne, solution dans laquelle les ressources disponibles permettent d'engager une politique de spécialisation ou de diversification. D'autre part, la croissance externe en procédant à des acquisitions ou des fusions, mais également en recherchant des formes de coopération, comme des alliances et joint-ventures.

1 LES FORMES DE DÉVELOPPEMENT

A ~ Le développement des marchés, des produits et des compétences

- Le développement en taille, en envergure de marché et en produits est une question incontournable dans la mesure où l'entreprise est vue comme un lieu de flux et de transformations : rompre avec la dynamique de croissance signifie abandonner les options stratégiques aux concurrents et, en conséquence, leur donner la priorité des actions de transformation.
- À partir de la matrice produits/marché, Johnson et Scholès proposent trois grands axes de raisonnement : a) la croissance à partir des produits ; b) la croissance à partir des marchés (comprenant les différentes alternatives géographiques mais aussi les segments connexes ou les nouvelles applications qu'il est possible de réaliser) ; c) la croissance à partir des compétences dont dispose la firme.

B ~ La croissance externe

- La croissance externe, contrairement au développement organique (la croissance interne), offre l'avantage d'avoir plus rapidement accès à de nouveaux marchés, produits ou ressources. Elle se divise en deux grands types de mouvements stratégiques : les fusions ou acquisitions et les formes d'alliance.
- L'intensité concurrentielle sur une industrie accélère les mouvements de fusion et acquisition : a) si les positions concurrentielles sont stabilisées, une firme qui opte pour un mode de croissance interne, par exemple en augmentant ses capacités de production, entraîne une guerre des prix due aux excédents en production qu'elle impose et, à terme, le secteur subit un déséquilibre se soldant par la sortie d'un ou plusieurs compétiteurs. Pour maintenir une situation d'équilibre, il est alors possible de tenter de ravir des parts de marché aux concurrents, en rachetant une firme ou une partie de son portefeuille d'activités ; b) une firme peut également se lancer dans une acquisition ou une fusion, en vue d'accéder à ces ressources indispensables pour maintenir son avantage concurrentiel ; c) dans la perspective de l'hypercompétition, le changement des sources d'avantage concurrentiel devient une condition de survie et motive des mouvements de fusion et acquisition, destinés dans ce cas à se protéger d'éventuels prédateurs.
- La multiplicité des positionnements concurrentiels accélère les mouvements d'alliance et coopération : a) si la technologie est principalement à l'origine de la performance, les entreprises privilégient l'axe moteur du marché d'origine pour se développer en interne ; b) l'approche industrielle de la stratégie tend à une concentration des firmes sur des posi-

tions stratégiques, l'approche par les ressources autorise une plus grande diversité des formes de développement à partir des compétences spécifiques et, finalement, aboutit à une complémentarité des caractéristiques concurrentielles : les alliances ou les partenariats visent alors à conjuguer des ressources et compétences complémentaires sur un projet qui resterait inaccessible pour une seule entreprise.

2 Les types de développement externe

A ~ Les fusions et acquisitions

- Le principe de la fusion suppose l'accord mutuel des deux firmes concernées : les complémentarités de ressources ou d'activités permettent de constituer une seule entité plus puissante. Dans ce cadre, il faut distinguer les **fusions égalitaires** des **fusions-absorptions**, situation dans laquelle une des firmes est plus importante en taille ou, comme cela se produit de plus en plus souvent, dispose de ressources vitales (comme, par exemple, l'accès à un réseau de distribution).
- Les acquisitions se distinguent des fusions : d'une part, en raison de la forme « hostile » qu'elles peuvent prendre, notamment lors d'OPA (offres publiques d'achat : situation où un concurrent tente de s'imposer comme actionnaire majoritaire en s'appropriant un nombre suffisant d'actions sur le marché) ; d'autre part, les acquisitions permettent d'acquérir des parts de marché (éventuellement en éliminant l'identité de l'entreprise rachetée), des ressources ou des compétences plus rapidement.

B ~ Les alliances et partenariats

- Les alliances permettent de mettre en commun les ressources et les activités afin d'aboutir à une réalisation qu'il aurait été impossible de lancer seul. On peut distinguer : a) **les alliances de complémentarité** dans lesquelles les entreprises mettent en commun des ressources et compétences (le moteur développé par Peugeot, Renault et Volvo au cours des années 1990 permettra de tripler les débouchés immédiats) ; b) **les alliances d'investissement**, dans lesquelles les entreprises mutualisent leurs ressources financières ou les pôles R & D, afin de se lancer sur une stratégie d'innovation ou de lancement dont les risques ou les montants de capitaux nécessaires auraient rendu le projet inaccessible (Renault et Général Motors pour le projet de véhicule utilitaire New Traffic) ; c) **les alliances de consortium** permettant de réunir un groupe de firmes afin d'atteindre la taille critique nécessaire pour s'imposer sur l'industrie (Airbus).
- Les partenariats rapprochent deux entreprises non concurrentes sur un projet commun. Michelin et Bosch ont ainsi développé ensemble de nombreuses applications destinées à la sécurité des automobilistes. Les deux firmes se sont donné un même objectif identitaire (la sécurité et l'accompagnement de l'automobiliste) mais ne sont pas sur les mêmes industries : la mise en commun des compétences de chacune donnera naissance à de nouvelles technologies de stabilisation des véhicules.

La complexité des projets de développement, la mondialisation, l'impact du temps sur la réalisation des stratégies concurrentielles incitent les firmes à rechercher d'autres modes de développement. Les fusions et acquisitions, comme les partenariats et collaborations conjointes, supposent de reconsidérer les limites et frontières de l'entreprise, mais surtout il s'agit de considérer autrement la démarche concurrentielle et d'introduire la notion de « coopération stratégique ».

Pour aller plus loin

Johnson G. & Scholès, K. (2000), *Stratégique*, Paris : Publi-Union (ch. 7).

FICHE 92

LES COLLUSIONS TACITES

Les stratégies de coopération nécessitent de reconsidérer le problème de la compétition. Les alliances ne peuvent aboutir que si les entreprises mettent en commun les objectifs et s'accordent sur les buts à réaliser: quelles sont les règles économiques propices à la coopération ?

1 Les stratégies d'entente concurrentielle

A ~ Les différentes formes de collusion

- Une collusion, c'est-à-dire une entente explicite entre deux firmes, est répréhensible si elle entraîne une forme de monopole, contraignant de la sorte la formation des prix (hypothèse d'équilibre des prix) et la libre circulation des concurrents sur l'industrie (hypothèse des marchés contestables dans lesquels l'entrée et la sortie des firmes garantissent la formation de l'équilibre des prix). Par contre, l'observation des **groupes stratégiques** (*cf.* fiche 39) révèle des formes de collusion tacites où les compétiteurs acceptent la présence d'autres entreprises sur un positionnement similaire afin d'entraîner des effets de barrières, jusqu'au moment où l'absence de croissance enclenchera des tentatives de prédation.
- Il existe également des formes de coopération tacite le long du **système de valeur** entraînant des formes de coopération très caractéristiques: les **districts italiens** réunissent des groupes de petites entreprises solidaires et complémentaires les unes des autres pour répondre aux variations de la demande (ce même type de groupement solidaire peut se constater en France dans la région d'Oyonnax dans les applications du plastique ou dans la vallée de Larve en Savoie, spécialisée dans le décolletage, (c'est-à-dire la découpe et le polissage des pièces métalliques dont la conception, la précision ou la taille interdit l'utilisation de moules ou de presses); les ***keiretsus* japonais** se constituent à partir des participations croisées en capital garantissant une protection mutuelle de non-agression, permettant de renforcer la stabilité des contrats commerciaux et de minimiser les coûts de contrôle.

B ~ La contractualisation des accords entre firmes

- Il y a collusion lorsque le groupe s'entend de façon tacite (et parfois explicite): a) sur une production totale inférieure à la demande en quantité, entraînant ainsi une pénurie partielle et un déséquilibre des prix; b) sur la constitution des prix, en acceptant une stabilisation de la concurrence profitable à toutes les parties. Il y a alliance stratégique lorsque la coopération entre les entreprises n'entraîne pas de déséquilibre en volume total sur le secteur: les stratégies de coopération peuvent se contractualiser sous forme de licences, agréments d'exploitation, de contrats de distribution ou de *joint-ventures*.

2 Les fondements économiques des stratégies collusoires

A ~ Le dilemme du prisonnier

- Le problème des ententes et des coopérations tacites peut se comprendre au travers des options se présentant entre deux joueurs sous contrainte de décider sans connaître les intentions adverses. L'économie classique formalisera ce cadre en imageant le raisonnement à partir de deux prisonniers dont les options consisteraient à dénoncer ou non l'autre malfaiteur, pour obtenir une réduction de peine.
- Le dilemme du prisonnier démontre clairement les différences d'espérance de gain en cas de compétition entre des firmes selon les informations disponibles sur les options de la partie adverse. Une stratégie comportant un avantage compétitif durable et tenable, difficilement imitable par l'autre partie, entraîne un gain maximum. Par contre, si la stratégie peut être facilement suivie par l'autre compétiteur, le gain maximum est moindre : les firmes ont donc intérêt à coopérer afin de convenir d'un comportement intermédiaire pour se partager les gains au lieu de courir les risques d'un affrontement.

B ~ Les environnements propices aux accords tacites

- Le contexte concurrentiel d'une industrie peut inciter aux ententes et collusions afin de bénéficier de revenus supérieurs à la moyenne d'équilibre concurrentiel : a) un faible nombre de compétiteurs autorise les observations réciproques et les échanges de signaux significatifs au détriment des firmes les plus éloignées des centres d'action ou des réseaux ; b) une production homogène, entraînant de faibles différenciations encourage une entente tacite sur les prix, mais si certaines entreprises possèdent des sources de différenciation, elles seront incitées à coopérer entre elles pour maintenir leur avantage ; c) des coûts homogènes entre compétiteurs favorisent les ententes destinées à stabiliser les profits ; d) la présence d'un leader incontesté instaurant ses prix de vente (et donc ses profits) comme une « norme acceptable » qui sera suivie par les autres compétiteurs ; e) les normes sectorielles et les groupements de branches industrielles influencent une culture et des pratiques communes qu'il deviendra difficile de transgresser par une entreprise, sous peine d'être étiquetée par les autres membres entraînant finalement une entente forcée ; f) les marchés subissant de faibles fréquences de commandes sont des secteurs où les firmes en présence s'entendent tacitement sur des pratiques de prix (par exemple, les chantiers navals n'ont pas intérêt à s'engager dans une compétition, dans la mesure où toute commande occupera les ateliers pour une période suffisante pour qu'un concurrent puisse répondre à une nouvelle demande) ; g) la possibilité de stocker la production permet aux entreprises de se constituer des réserves disponibles selon la demande et, en conséquence, de ne pas subir les variations de l'environnement en baissant les prix mais pas les volumes stockés ; h) l'accessibilité de barrières à l'entrée restreint l'intrusion d'un nouveau compétiteur qui pourrait transformer les conditions de prix car bénéficiant de sources d'économie liées à ses autres activités.

Les collusions tacites sont souvent à l'origine de sources d'avantage concurrentiel sectorielles (groupes stratégiques). Les ententes se réalisent sur les prix, les profits, les volumes, les différences, les conditions de concurrence. Cependant, cette forme de stratégie reste aléatoire et difficile à maintenir, mais surtout dépend principalement des caractéristiques de l'industrie.

Pour aller plus loin

Barney, J.-B. (1997), *Gaining and Sustaining Competitive Advantage*, États-Unis : Addison-Wesley (ch. 8).

FICHE 93

LES TYPES D'ALLIANCES

Une alliance permet de réunir deux ou plusieurs entreprises autour d'un projet commun sous forme d'une relation évitant les rapports de compétition. La constitution d'un contrat garantit la pérennité ou les risques de comportement adverse. La firme, vue comme un système ouvert, bénéficie de l'apport et de la participation des autres entreprises pour réaliser une performance à long terme.

1 Les formes contractuelles d'alliances

A ~ Les *joint-ventures*

- Les alliances peuvent être réalisées dans le but de mettre en commun des moyens ou de réaliser des actions en collaboration. Les *joint-ventures* se cristallisent à partir de la création d'une organisation légale spécifique : a) destinée à réaliser un projet à l'aide de ressources communes et selon une échéance temporelle ; b) nécessitant des investissements en capitaux et/ou en ressources humaines.
- Les *joint-ventures* (JV) peuvent prendre plusieurs formes : a) les **groupements d'intérêt économiques** sont spécifiques aux marchés français ; ils réunissent des firmes obligatoirement complémentaires entre elles, dont l'entité créée à l'occasion de cette collaboration ne pourra pas réaliser de bénéfice et donc ne nécessitera pas de capital immobilisé. Plus proche du réseau de moyens, cette forme de JV permet de faciliter et développer l'activité de chacune des entreprises ; b) les **consortiums** se caractérisent par la présence d'un nombre élevé de partenaires dont il faudra réguler les rapports de pouvoir ou les risques de comportements opportunistes en centralisant la gestion auprès d'un des partenaires ; c) les **filiales communes** sont plus souvent utilisées afin de partager les ressources apportées par chacune des parties et dont le contrôle et les retours de bénéfices seront proportionnels aux participations.

B ~ Les alliances

- **Les alliances équitables** se concrétisent sous forme de contrats d'échanges coopératifs permettant d'équilibrer les intérêts entre les deux parties. Elles peuvent se constituer à partir : a) d'**un échange de licences d'exploitation** permettant à chacune des parties de bénéficier de la technologie ou de la marque conjointe. Ce mode d'alliance est largement exploité au niveau marketing et distribution de la chaîne de valeur, pour obtenir une coexploitation réciproque du pouvoir d'attractivité de deux marques (comme par exemple Mc Donald's et Crunch de Nestlé pour élaborer des desserts ou Renault et Décathlon pour lancer une série fun-sport de Kangoo) ; b) les **participations réciproques** entre deux firmes ou les participations croisées entre plusieurs firmes permettent d'équilibrer des ressources financières complémentaires destinées à faciliter des opérations concurrentielles (les mouvements de rapprochement entre concurrents débutent souvent de la sorte avant d'envisager une fusion) ; c) les **conventions de coopération** permettent à chacune des parties d'exploiter des moyens existants, de développer des moyens ou de mettre en œuvre des actions spécifiques pour un objectif spécifique ; elles permettent le plus souvent d'accéder à des marchés plus larges ou plus complexes qui seraient inaccessibles seul.

- **Les alliances non équitables** dépendent des contenus de contrats et ne nécessitent pas pour autant des efforts identiques entre les firmes.

2 Les formes d'alliances stratégiques

A ~ Les stratégies d'alliances

- B. Garette et P. Dussauge proposent une typologie des alliances fondée sur les intérêts stratégiques de chacune des parties. Ils distinguent : a) les **alliances complémentaires** permettant de combiner des compétences et facteurs de natures différentes, où chacune des firmes accède à des ressources indispensables dans la réalisation du produit ou dans la constitution de l'avantage concurrentiel commun permettant ainsi de s'approprier des parts de marché (Danone, en finalisant une alliance en avril 2002 avec Coca-Cola, s'octroie l'accès au plus important réseau de distribution de boissons aux États-Unis pour diffuser sa marque d'eau minérale Évian, complémentaire du portefeuille de boissons gazeuses diffusé par le géant américain ; l'accord permet de supplanter son concurrent Nestlé, initialement mieux implanté sur ce marché) ; les **alliances de cointégration** assurent des économies d'échelle sur une partie ou la totalité d'une production ou de la chaîne de valeur (le groupement des centrales d'achat réunissant Casino et Cora sous la plate-forme LUCIE permet à chaque entité de bénéficier d'économies d'échelle conséquentes) ; les **alliances de pseudoconcentration** se caractérisent par une association autour d'un produit commun (Peugeot et Toyota associent leurs moyens pour la conception d'une future voiture d'entrée de gamme).

B ~ Les conséquences concurrentielles

- Les conséquences des alliances s'observent au niveau de la réalisation effective d'un produit ou de la constitution d'une structure de coûts permettant sa commercialisation. Cependant, d'autres effets impactent le jeu concurrentiel. Dans le cas d'une alliance de complémentarité, le partenaire ne possèdera pas dans son portefeuille d'activités un produit similaire à celui de son coéquipier dont il assure le portage et le jeu concurrentiel ne sera pas modifié. Dans le cas d'une alliance de cointégration, la concurrence se réalise toujours sur le marché mais les effets des deux concurrents se conjuguent en une seule entité dont la puissance de négociation sera plus importante sur les coûts, diminuant ainsi le seuil de formation des prix. Les alliances de pseudoconcentration aboutissent évidemment à une réduction de l'intensité concurrentielle sur le marché dans la mesure où les deux firmes se confondent en une seule.

Les formes de coopération modifient les limites de la compétition : les enjeux stratégiques quittent l'espace concurrentiel interfirmes mais en retour se complexifient à l'intérieur des limites de coopération. De nouvelles contraintes concurrentielles seront à gérer comme les problèmes du contrôle et de la symétrie de répartition des effets attendus, de la confiance mutuelle confrontée à d'éventuels comportements opportunistes, des divergences culturelles et des incompatibilités de pratiques collectives qui en découlent… La réussite des alliances nécessite de prime abord une parfaite coordination des structures de décision et de réelles compétences de management des ressources humaines en milieux complexes !

Pour aller plus loin

Garette, B. & Dussauge, P. (1995), *Les Stratégies d'alliances*, Paris : Éditions d'Organisation.

Jolly, D. (2001), *Alliances interentreprises*, Paris : Vuibert (pp. 27-46).

FICHE 94

LES MOTIFS DES ALLIANCES

Le nombre d'alliances engagées depuis une dizaine d'années ne cesse de croître. Les incitations économiques sont rapides à discerner : la valeur des ressources des deux firmes conjuguées est supérieure à la valeur des ressources exploitées isolément. L'objectif final des coopérations se concentre autour de cette complémentarité et des synergies qu'elle fait émerger.

1 LES MOTIVATIONS GÉNÉRIQUES

A ~ Les motifs de coopération externes

- Dès 1988, alors que les formes d'alliances se constituaient essentiellement entre partenaires internationaux, Contractor et Lorange identifient une typologie de sept motifs de coopération (*Cooperative Strategies in International Business*, Lexington Books, New York). Cette typologie s'est élargie à six objectifs externes et trois internes pour motiver toutes les opportunités d'alliances : a) **réduire les risques et partager les coûts** : les marchés deviennent de véritables enjeux technologiques dans lesquels la prime de rentabilité au premier entrant constitue la seule source d'avantage concurrentiel mais devant supporter des risques considérables : les marchés des télécommunications, des semi-conducteurs, les industries de la santé, de l'espace… b) **atteindre et exploiter des économies d'échelle ou des économies d'envergure** : la complémentarité des ressources permet de mettre en commun des activités de développement, de production et de distribution accordant à chacune des parties des coûts inférieurs à une réalisation isolée : l'industrie des métaux, de l'automobile, de la grande distribution… c) **faciliter des collusions tacites** : les échanges d'informations et de signaux directeurs sont évidemment facilités au moment d'une alliance sur un projet, même annexe à l'activité principale des firmes, ces complaisances tacites engageant chacune des parties pour s'accorder sur les pratiques concurrentielles qu'il faut observer de façon à maintenir un seuil de prix : l'industrie de l'informatique et des logiciels… d) **réduire les coûts d'entrée sur de nouveaux marchés** : l'internationalisation des activités engendre des coûts d'adaptation aux contraintes locales et notamment des coûts liés aux pratiques et aux législations locales. Ces coûts d'adaptation sont particulièrement élevés si les impératifs de différenciation sont élevés sur le marché visé et nécessitent des transformations du produit pour l'adapter aux conditions locales. Les alliances autorisent l'accès aux sources d'information locales : la presse, la restauration collective et hors foyer, la grande distribution alimentaire… e) **réduire les coûts d'entrée sur de nouvelles industries** : un nouvel entrant potentiel peut être tenté par une alliance avec un acteur mineur de l'industrie visée afin de bénéficier de ressources en connaissances et de capacités indispensables à réunir pour garantir le succès : la chimie et la pétrochimie, l'entrée des firmes spécialisées dans le traitement numérique de l'image sur le marché du cinéma et des effets spéciaux… f) **appréhender les turbulences et les changements** à l'origine des ruptures d'équilibre à long terme, imposant une constante réadaptation des sources d'avantage concurrentiel, notamment lorsque l'industrie subit l'impact d'une accélération des cycles de vie économiques ou technologiques : les services bancaires et les assurances, l'automobile, les grands travaux publics…

B ~ Les motifs de coopération internes

- a) **Les échanges technologiques** entre firmes permettent d'envisager des innovations radicales : la sécurité des transports, l'industrie de transformation des matières, l'agro-alimentaire… b) **les échanges de connaissances entre les firmes** : les alliances permettent de remettre à niveau ou d'élargir des connaissances et des capacités organisationnelles, de changer les comportements organisationnels, d'accéder aux innovations. c) **faciliter les liens de complémentarité entre les chaînes de valeur des deux firmes** : les liens et interrelations qu'il est possible d'instaurer le long de la chaîne de valeur permettent d'exploiter d'éventuelles synergies, lesquelles peuvent s'avérer absentes sur une firme mais se révéler entre deux firmes complémentaires l'une de l'autre.

2 Les conditions de réalisation des alliances

A ~ L'influence des structures d'industrie

- Les industries matures ou fragmentées avec de fortes concentrations de groupes stratégiques privilégient les alliances équitables entre firmes : en effet, soit les motivations des parties s'orienteront vers des objectifs d'économies d'échelle, soit, dans le cas de la présence de groupes stratégiques, il est possible d'observer des tentatives de consolidation des barrières à l'entrée ou à la mobilité en profitant des collusions tacites qu'engendre une coopération.
- Les industries émergentes, fragmentées mais ne comportant pas de groupes stratégiques, les industries sur le déclin et les secteurs particulièrement globalisés incitent à la formation d'alliances non équitables : les opportunités nombreuses et complexes nécessitent de minimiser les coûts d'entrée en collaboration avec un partenaire déjà en place.

B ~ Les risques de la collaboration

- Instaurer une coopération reste une tentative risquée. Les motifs initiateurs peuvent ne pas se réaliser non seulement en raison d'une erreur stratégique (le besoin de coopération s'avère plus coûteux qu'utile) mais aussi en raison des risques de comportement de fraude d'un des partenaires.
- Les risques de fraudes se résument à trois formes de comportements opportunistes négatifs : a) **la sélection adverse** : un des partenaires surestime ou sur-représente la valeur des ressources qu'il apporte ; b) **le hasard moral** : l'absence de volonté ou d'envie de contribuer de la part des partenaires ; c) **les hold-up** au cours desquels une des parties s'approprie des ressources ou des opportunités qui sont contractuellement libres et transforme ainsi une alliance équitable sur le plan juridique en alliance non équitable sur le plan des retombées stratégiques.

Les motifs de coopération et d'alliance sont nombreux mais nécessitent un apprentissage : les alliances conjuguent collaboration et compétition, une formalisation contractuelle stricte et l'accompagnement des sources d'opportunité émergentes, une confiance mutuelle mais aussi un dispositif de protection contre les risques.

Pour aller plus loin

Doz, Y. & Hamel, G. (2000), *L'Avantage des alliances*, Paris : Dunod.

FICHE 95

LA SÉLECTION DES PARTENAIRES

Deux perspectives théoriques sont essentielles pour expliquer les mouvements d'alliances et de joint-ventures *: le courant des ressources et la théorie des coûts de transactions. Chaque approche comporte ses propres limites, mais en considérant la complémentarité des deux approches, il devient possible d'élargir le cadre d'interprétation des conditions de réussite de tels mouvements stratégiques.*

1 DEUX APPROCHES THÉORIQUES

A ~ L'entreprise en tant que réseau de ressources

- Le courant RBV perçoit les limites de l'entreprise à partir des stocks de ressources dont elle dispose pour réaliser des services spécifiques. Ces ressources et capacités engendrent les synergies nécessaires et la durabilité des rentes dépendent de leurs caractéristiques (ressources durables, non imitables, suffisamment ambiguës et non échangeables sur les marchés). Le modèle RBV insiste sur la difficulté d'accumulation des ressources : « Parce que l'organisation ne contrôle pas les ressources dont elle a besoin, l'acquisition des ressources reste problématique et incertaine. » (Pfeffer et Salancik, 1978)
- Les entreprises ne peuvent posséder la totalité des ressources et capacités nécessaires à temps et aux coûts de formation compatibles avec les caractéristiques du marché. D'autre part, les ressources peuvent être disponibles sur les marchés car, certaines étant tacites, il devient impossible de se les approprier. Le courant RBV met en évidence la complémentarité des ressources au cours des alliances ou *joint-ventures*, avec cependant une limite au transfert des compétences, notamment lorsque celles-ci sont fortement encastrées dans un milieu social.

B ~ L'entreprise en tant que réseau de contrats

- L'origine de la théorie des coûts de transactions consiste à identifier les conditions de formation des firmes sur les marchés : faire ou faire faire. Selon le nombre de transactions entre partenaires, les coûts de négociation des accords seront plus ou moins supportables pour l'entreprise. Olivier Williamson constituera les bases de cette approche théorique : il considère l'entreprise non plus en termes de moyens productifs (approche industrielle) mais en termes de « structure de gouvernance », c'est-à-dire « un cadre conceptuel explicite ou implicite dans lequel se situe une transaction (les marchés, les firmes et les modes intermédiaires) » (Williamson). Dans ce cadre, les alliances correspondent à une situation intermédiaire entre le recours aux marchés et la structure hiérarchique.
- Selon le mode de gouvernance, trois vecteurs diffèrent en intensité influençant les performances et les coûts des transactions : a) l'intensité des incitations (les coûts d'accès aux opportunités de marché) ; b) l'adaptabilité (les coûts de contraintes) ; c) le mode de contrôle (les coûts de contrôles : *ex ante* et *ex post*).

A ~ La complémentarité des approches théoriques

- La théorie des coûts de transactions apporte une lecture efficace pour interpréter les modes d'alliances selon les similitudes internes des firmes : identification des caractéristiques communes et des modes de contrôle. Par contre, l'approche par les ressources met en évidence les différences d'accès aux ressources : les alliances visent alors à la complémentarité des deux firmes.
- À partir d'une revue de littérature, Dominique Jolly constitue une typologie des critères d'endogamie ou d'exogamie des alliances : a) endogamie : coopération de similitude des firmes, alliances d'échelle, d'accumulation des ressources, alliances additives et d'intégration conjointe, de partage des coûts ; b) exogamie : coopération de différence, alliances de liaison, de complémentarité des ressources et de partage de compétences. La première notion réunit des entreprises concurrentes et s'appuie sur des fondements économiques issus de la théorie des coûts de transactions, la seconde réunit des firmes non concurrentes et se fonde sur le courant RBV.

B ~ La sélection des partenaires

- Au travers de la complémentarité quantitative, les alliances endogames tentent de résoudre des problèmes de taille et de pouvoir sur les marchés. Les chaînes de valeur sont souvent identiques et les positionnements concurrentiels aussi. L'objectif de l'alliance vise la réduction des coûts obtenue par la mise en commun de ressources identiques : a) économies d'échelle par le cumul de capacité de production (Volkswagen et Ford ont uni leurs efforts pour construire une usine de monospaces Sharan/Galaxy en Espagne) ; b) économies d'envergure par la conjonction des deux fonctions en une seule (exemple des groupements d'achats en grande distribution) ; c) atteinte d'une masse critique au moyen de la conjonction des deux entités (alliance Philips et Sony pour imposer le standard du Compact-Disc) ; d) partage des risques (les alliances de recherche dans l'industrie pharmaceutique).
- Les alliances exogames reposent essentiellement sur la formation de synergies en mutualisant des ressources complémentaires. Les deux firmes ne sont pas forcément concurrentes et, dans certains cas, ne se situent pas sur les mêmes industries (cas des mouvements de diversification d'une des deux entreprises). L'objectif des alliances vise : a) des collaborations verticales dans une même filière (Arcelor et Renault pour la production d'un acier spécifique aux véhicules Laguna) ; b) des investissements sur des marchés émergents (le groupement de firmes visant à mettre sur pied le projet Galilée, concurrent du GPS en repérage par satellite) ; c) des rapprochements technologiques intersectoriels (comme les développements sur la sécurité menés conjointement par Bosch et Michelin) ; d) dans le cas de deux concurrents fortement différenciés (donc ne touchant pas les mêmes clients), il peut se produire des échanges de ressources dont l'importance stratégique diffère d'un allié à l'autre (cas des alliances entre les compagnies d'aviation pour accéder à des créneaux horaires sur les aéroports les plus fréquentés).

La théorie des coûts de transactions comme l'approche par les ressources permettent de mieux comprendre les motivations profondes et les limites de faisabilité d'une alliance. Elles permettent de clarifier les attentes et de sélectionner les caractéristiques du partenaire. La limite d'une telle démarche se trouve dans les problèmes de compatibilité culturelle, principale cause des échecs.

Pour aller plus loin

Jolly, D. (2001), *Alliances interentreprises*, Paris : Vuibert.

FICHE 96

RÉSEAUX ET CONGLOMÉRATS D'ENTREPRISES

L'émergence puis le succès de la démarche par projets, réunissant plusieurs firmes partenaires, dévoile de nouvelles formes organisationnelles par réseaux destinées à exploiter au mieux des relations de coopération comme les alliances par projets, les associations d'entreprises ou les conglomérats d'entreprises.

1 La conception des réseaux

A ~ Deux types de réseaux : intra et interorganisationnels

- **Les réseaux intra-organisationnels**. L'entreprise en réseau se constitue et se définit comme un système ouvert (une « entreprise sans frontières »). Elle comporte un ensemble de connectiques permettant de faire émerger l'innovation et la différenciation locale : chaque étape de la chaîne de valeur se constitue sa propre problématique concurrentielle en tenant compte : a) **d'un environnement complexe** : l'instabilité du secteur, les incertitudes d'avenir et l'hétérogénéité des ressources ; b) **d'une structure réticulaire** : la flexibilité, la mobilité et la perception proactive de la compétitivité. Pour fonctionner et coordonner ses actions, l'entreprise en réseau associe trois axes plus ou moins souples (Stratégor) : a) **l'intensité de la cohésion** autour des échanges entre les différents pôles de l'organisation (exploitation *vs* exploration) ; b) **le potentiel combinatoire** des connexions entre les différents pôles (interactions bipolaires *vs* multipolaires) ; c) **le mode d'activation** : c'est-à-dire comment libérer et exploiter les actions de tous les pôles identifiés de l'organisation (rectitude *vs* initiative).
- **Les réseaux interorganisationnels**. Les réseaux interfirmes visent deux types de combinaison des ressources : a) **l'interdépendance des ressources** détenues par chacune des firmes afin de réaliser un objectif spécifique ; b) **la stabilité de la complémentarité** pour construire une combinaison durable de ressources.

B ~ La répartition des enjeux concurrentiels

- L'efficacité concurrentielle du réseau interentreprises dépend du degré d'ouverture des frontières de la firme : l'enjeu consiste tout autant à installer de nouvelles pratiques entre dirigeants que d'instaurer de nouvelles formes sociales d'organisation. Le rôle d'instigateur et de coordinateur de la firme pivot à l'origine du réseau est donc primordial.
- La dématérialisation conjointe des limites des différentes firmes s'accompagne donc d'une politique de répartition stratégique des enjeux, le tout étant constitutif du projet ou de l'acquisition du positionnement concurrentiel : l'interdépendance mutuelle permettant de créer conjointement de la valeur sur l'industrie de référence. L'extension de cette dématérialisation se construit à partir des différentes décisions de sous-traitance et de dé-intégration (séparation) d'étapes de la chaîne de valeur (scission, *spin-off*). Elle aboutit finalement à ne conserver que le ou les maillons clés dans la création de valeur et fera apparaître une organisation soit en « étoile » (l'entreprise pivot centralise les relations avec l'environnement et répartit les interactions : exemple Nike), soit en « rayon » (chaque firme possède son expertise et la répartition des interactions internes

et externes suit la logique des compétences clés selon les ressources de chacune des firmes : exemple les réseaux bancaires Carte Bleu ou Mastercard), soit en « hub » (une structure centralisatrice ne se charge que de la mise sur marché des produits, laissant chaque firme responsable de ses interactions externes et internes : exemple Ariane Espace).

2 LES ORGANISATIONS CONGLOMÉRALES

- Les entreprises conglomérales sont des structures essentiellement financières en possession d'un portefeuille de firmes offrant des produits ou des services totalement différents. Le retour d'une telle forme de réseau se justifie par l'importance fondamentale qu'occupent les synergies dans la réalisation des performances économiques. General Electric est sûrement une des structures conglomérales les plus connues, mais aussi le pôle financier constitué par Richard Branson (créateur de Virgin) en Angleterre, ou le groupe français Fimalac (cotations financières, outillage et meubles de prestige).
- La notion de synergie s'est élargie depuis l'adoption du modèle évolutionniste de la stratégie (*Ressource-Based View*) et notamment à partir de la distinction proposée par Robert Grant entre : a) **les synergies opérationnelles** : les liens en production, marketing et activités de distribution ; b) **les synergies stratégiques** : les similitudes de gestion stratégique de la performance.

Les partages d'interactions	Les sources de similitudes stratégiques
L'allocation de ressource	La similarité du niveau d'engagement en capital entraîne un partage de la visibilité financière : a) en interne, grâce à une construction budgétaire plus réaliste ; b) en externe, en identifiant le projet en cours avec un précédent projet mené à terme avec succès. *Idem* précédemment avec les effets de la gestion du temps. *Idem* précédemment avec les effets de la gestion des risques. La similitude des compétences de management.
La formulation stratégique	Similarité des facteurs clés de succès. Similarité des différentes étapes du cycle de vie des différentes industries. Similitude des positions stratégiques des entreprises du portefeuille sur leurs industries respectives permettant d'imaginer les scénarios stratégiques potentiels.
Les critères de management et de contrôle	Les objectifs peuvent se décliner selon les mêmes variables explicatives ou intermédiaires de la performance, assurant une plus grande cohésion du management à la réalisation de la stratégie identifiée. Similitude des horizons temporels pour atteindre les objectifs garantissant l'homogénéité du cadre d'interaction entre les firmes.

D'après R. Grant : « On dominant Logic, Relatedness and the Link between Diversity and Performance », *Strategic Management Journal*, 1988.

Les réseaux intrafirmes se constituent à partir d'un raisonnement d'adaptation à la complexité en adoptant une structure de délégation et de flexibilité. Les conglomérats constituent une catégorie hybride centrée sur les opportunités de synergie entre les différentes activités.

Pour aller plus loin

Stratégor (1997), *Politique générale de l'entreprise*, Paris : Dunod (pp. 352-368).

Whittington, R. (2000), « Apologie du conglomérat » in *L'Art de la stratégie*, Paris : Village Mondial.

FICHE 97

LES FUSIONS-ACQUISITIONS

Les options de croissance se distinguent selon trois grandes catégories : la croissance organique (la croissance de l'entreprise à partir de la somme des développements d'activités intrinsèques), la croissance liée aux relations externes et alliances, et enfin les engagements formels sous forme de fusions et acquisitions. La démarche stratégique consiste à définir le taux et la forme de croissance appropriés à la stratégie déjà en œuvre et aux objectifs de création de valeur.

1 Les formes d'acquisition et de fusion

A ~ Les niveaux de collaboration entre firmes

- Les contraintes et formes de collaboration diffèrent le long d'un continuum : d'un côté, l'entreprise peut opter pour un développement interne, évitant toute contrainte de collaboration mais nécessitant le temps en plus des ressources nécessaires pour sa réalisation ; à l'autre extrême, les dirigeants peuvent opter pour une acquisition ou une fusion (en cas d'accord mutuel entre les parties). Cette solution permet de réduire les échéances temporelles mais comporte des impératifs de mise en œuvre.
- Les niveaux de collaboration entre firmes s'échelonnent en quatre grandes catégories : a) **les relations souples** comprenant notamment les réseaux d'entreprises : elles permettent de mettre en commun un certain nombre d'actifs (comme des informations ou l'accès à des connaissances) ; ces réseaux permettent de juger ainsi du niveau de confiance mutuel à l'origine d'une collusion tacite profitable pour tous ; b) **les relations contractuelles** de sous-traitance, de licences et franchises permettent de mettre en relation et de n'utiliser qu'une partie des actifs de chaque firme partenaire ; c) **les relations formalisées** de sous-traitance et d'alliance, comportant une interpénétration des deux entreprises, offrent la possibilité d'exploiter conjointement des actifs complémentaires ; d) **l'intégration par acquisition et fusion** permet de s'approprier à moindre risque des actifs complémentaires mais indissociables (non transférables) de l'entreprise partenaire.

B ~ Les catégories d'acquisition et fusion

- Différentes motivations peuvent être identifiées selon une typologie de cinq grandes catégories : a) **les intentions d'intégration verticale** : la firme cherche à acquérir un fournisseur ou un client dans le but d'internaliser une activité clé de sa chaîne de valeur (soit l'économie des coûts de gestion si les relations contractuelles sont trop nombreuses, soit les économies liées à la disponibilité des matières premières en cas d'intégrations amont ou liées à l'accès au contrôle de la valeur ajoutée négociée avec les clients en cas d'intégration aval) ; b) **les intentions d'intégration horizontale** sont destinées à acquérir un concurrent proche de la position concurrentielle actuelle de la firme, dans le but de renforcer le pouvoir de marché (en veillant à éviter toute situation monopolistique ou dominante et la contestabilité du marché) ; c) **les intentions d'extension des moyens de production** ont pour but d'accéder à des économies d'échelle (taille des séries de production et donc économies sur les temps de lancement, sans pour autant imposer de nouvelles capacités productives sur le marché, solution qui entraînerait une baisse du prix d'équilibre et par conséquent des profits) ; d) **les intentions d'extension des marchés**: permettant d'accéder à des marchés complémentaires pour maintenir, renforcer ou exploiter la compétitivité de la structure des coûts internes ou pour profiter d'économies d'envergure.

2 LES AUTRES SOURCES DE MOTIVATION

A ~ Les motivations financières

- **Les intentions d'acquisitions conglomérales** permettent à une structure financière de réaliser des synergies à partir d'un ensemble de firmes non liées par leurs activités. Dans ce cas spécifique, il n'est pas possible de procéder à des manœuvres de fusion, car les entreprises se situent dans des champs d'activité trop éloignés. Par contre, le regroupement sous forme d'un conglomérat financier permet néanmoins de transférer l'exploitation de ressources spécifiques d'une firme à l'autre et de bénéficier: a) **des compétences de gestion** détenues par la holding financière (se traduisant concrètement par l'élimination de l'ancienne équipe de management jugée inefficiente mais détentrice du pouvoir de décision) ; b) **de l'accès à des taxes et impôts** particulièrement favorables ; c) **de la prévention des coûts de faillite** car, en reprenant une firme en difficulté mais détentrice d'un potentiel d'activités ou d'une ressource intangible difficilement valorisables par les pratiques comptables et bancaires, les représentants du conglomérat financier apportent les garanties nécessaires pour relancer l'activité sous condition de restructuration ou réorganisation.

B ~ Les autres motivations

- Les démarches d'acquisition et de fusion comportent des risques. En effet, de nombreuses tentatives ne bénéficient pas du même enjeu entre l'entreprise cible et l'entreprise acquéreuse. D'autres motivations plus spécifiques et porteuses de risques sont également à l'origine de mouvements d'acquisition : a) le rapprochement ne produit pas de valeur supplémentaire ni ne renforce l'avantage concurrentiel mais permet à la firme acheteuse de garantir sa propre survie ; b) certaines cibles ont un potentiel de flux nets de liquidités permettant aux firmes initiatrices d'en profiter pour financer leurs projets d'avenir ; c) les comportements opportunistes de dirigeants consistant à accélérer la croissance de l'entreprise dont ils ont la charge afin de bénéficier d'une rémunération plus attractive ; d) enfin, la passion spécifique d'un dirigeant peut l'inciter à acquérir la firme représentative de ses rêves !

Lancer une opération d'acquisition ou de fusion nécessite trois étapes: une évaluation financière de la cible pour repérer les critères de performance, une approche stratégique afin d'en mesurer l'intérêt en termes de positionnement concurrentiel. La troisième étape décisive se situe au niveau des conséquences organisationnelles et sociales, afin d'apprécier les risques d'incompatibilités culturelles, organisationnelles et psychologiques.

Pour aller plus loin

Stratégor (1997), *Politique générale de l'entreprise*, Paris: Dunod (ch. 9).

Barney, J.-B. (1997), *Gaining and Sustaining Competitive Advantage*, États-Unis: Addison-Wesley (ch. 13).

FICHE 98

LES CONTRAINTES POSTFUSIONNELLES

Dans le cadre d'une fusion stratégique, la motivation initiale repose sur la réalisation de synergies, et notamment sur la combinaison des différentes étapes des deux chaînes de valeur : 1 + 1 = 3. Cependant, les dirigeants sont rapidement confrontés à des contraintes organisationnelles : les échanges de ressources dépendent de la cohérence du processus mis en œuvre par les décideurs.

1 FUSION ET CHANGEMENT ORGANISATIONNEL

A ~ Fusion et changement stratégique

- Cinq leviers fondamentaux des rapprochements sont mis en évidence par les spécialistes de la mise en œuvre d'une fusion : a) définir une vision globale (quantitative, qualitative, culturelle, organisationnelle...) ; b) mettre en place une nouvelle organisation structurant les ressources et les compétences dans le sens de l'objectif stratégique visé ; c) énoncer de nouveaux modes de fonctionnement pour chaque partenaire qui autorisent une harmonisation cohérente ; d) mobiliser les hommes clés par une communication portant plus spécifiquement sur les décisions prises, et par des initiatives de formation pour les cadres supérieurs ; e) clarifier l'horizon temporel le plus court possible dans lequel une équipe projet pilotera l'avancement des actions.
- Ces cinq leviers comprennent quatre dimensions : a) économique (les synergies : croissance, économies d'échelle et complémentarité de compétences) ; b) organisationnelle (définition du processus de décision, rôles et responsabilités) ; c) politique (nomination effective des managers de la nouvelle entité) ; d) culturelle (évaluation de l'écart culturel entre les deux entités et définition d'une cible culturelle en adéquation avec les objectifs économiques, organisationnels et politiques).

B ~ Les conditions de faisabilité de la fusion

- Le principe même d'un processus est d'établir de façon explicite une méthode permettant à une organisation de réaliser les actions collectives voulues. Cependant, il faut constater que les motivations poussant aux fusions peuvent diverger : a) la recherche de parts de marché ou d'un positionnement concurrentiel ; b) neutraliser par intégrations horizontales ou verticales des concurrents plus fragiles (Nouvelles Frontières-Preussag) ; c) viser l'acquisition de compétences spécifiques (Carrefour-Promodès), d'innovations et de technologies (Merck-Rhône Meyrieux) ; ou encore d) tenter une extension mondiale en s'appuyant sur les réseaux du partenaire (Renault-Nissan) ou en comptant sur la complémentarité des marchés d'origine afin d'atteindre une dimension globale (Daimler-Chrysler).
- En tenant compte des différentes motivations à l'origine de la fusion, les conditions de faisabilité sont : a) retenir les talents critiques ; b) réussir la fusion des deux cultures ; c) retenir les cadres supérieurs clés ; d) résoudre les problèmes de différences de rémunérations et avantages sociaux ; e) reformer et recréer des équipes opérationnelles ; f) réduire les effets de résistance aux changements par les salariés ; g) réduire les effectifs dus aux « doublons ».

2 Le changement postfusionnel fondé sur l'approche RVB

A ~ L'approche dynamique des changements organisationnels

- En s'appuyant sur la théorie des ressources, C. Baden-Fuller et C. Boschetti tentent une interprétation mettant en évidence comment « les managers peuvent construire de nouvelles routines, compétences, capacités et stocks de connaissances aboutissant à l'exploitation d'avantages invisibles et sous-exploités ». À la suite de travaux fondés sur le renouvellement organisationnel suite aux fusions-acquisitions, les auteurs s'appuient sur trois types d'intégration organisationnelle : a) la préservation des deux organisations dans le cas de la complémentarité des structures ; b) l'absorption d'une organisation par une autre ; c) la symbiose entre les deux formes organisationnelles.
- Cependant, pour Baden-Fuller et Boschetti, ces trois types d'intégration ne seraient pas distincts. Ils mettent en évidence un séquencement (*loop-like sequencing*) à partir d'une première étape au cours de laquelle les caractéristiques de chacune des firmes seraient préservées, suivie d'une phase d'absorption par l'organisation la plus dominante des deux, pour enfin parvenir à symbiose organisationnelle.

B ~ L'impact du *knowledge management*

- Dans l'optique *Ressource-Based View* (RBV), l'évaluation des ressources des firmes permet d'envisager les profits de la fusion en dépassant un simple listing des actifs matériels. Le cadre plus spécifique du *knowledge management* propose une lecture créative et apprenante des organisations : « La vraie organisation apprenante ne se contente pas d'éviter ou de répéter les erreurs passées, ou de s'ajuster aux changements constants mais répétitifs de l'environnement, mais est capable de découvrir de nouvelles routines et de créer des ressources et capacités pour s'attaquer à ces difficultés » (Baden-Fuller & Boschetti). Ainsi, les firmes ne se contentent pas de subir ou d'imposer les capacités spécifiques, mais il doit se produire un transfert bilatéral des ressources cognitives entre la firme la plus forte et la seconde. À partir de ce constat, il est possible d'envisager le succès d'une fusion sur la vitesse et la capacité à créer un nouvel avantage commun destiné à faire émerger une valeur compétitive spécifique. Donc, il ne s'agit plus de considérer alternativement les phases de préservation, d'absorption et de symbiose, mais de considérer qu'une intégration réussie consiste à « préserver ce qui est compétitif, absorber les meilleures pratiques de l'autre organisation et par conjonction créer de nouvelles capacités et ressources ».
- Le contexte de fusion devient un moment privilégié où les managers évaluent et identifient les capacités et les ressources de leurs firmes, ainsi que les actifs en leur possession. Ils découvrent l'autre organisation, comment sont exploitées les ressources. Dans cette perspective, l'intégration ne doit pas être synonyme d'une homogénéisation, mais renvoie à une « activité créatrice » constituée de trois étapes : a) le transfert des capacités manquantes à l'autre firme ; b) la séparation des ressources et routines trop récentes pour être solides ; c) la construction de nouvelles capacités en cohérence avec le nouveau contexte de compétition.

Le succès d'une fusion dépend de l'intégration spécifique de chaque service, indépendamment d'une intégration globale. Il s'agit de préserver les pratiques spécifiques et d'engager les transferts des capacités clés d'une firme à l'autre : la fusion est réussie si elle préserve les spécificités concurrentielles de chacune des entités tout en sachant cumuler les sources d'avantages compétitifs.

FICHE 99

LES ASPECTS PSYCHOLOGIQUES DES FUSIONS

Les processus de fusion sont souvent présentés dans le cadre rationnel d'une réallocation efficiente des ressources en vue d'obtenir une synergie entre les deux entités concernées. D'autres recherches mettent en évidence son aspect politique : les cadres décideurs s'affrontent afin d'obtenir les rôles clés dans la nouvelle organisation. Les notions de justice organisationnelle et d'équité dans la procédure du changement vont influencer la réussite du projet.

1 LA PERCEPTION DE JUSTICE ORGANISATIONNELLE

A ~ Les règles du changement

- Les processus d'allocation des ressources et leurs conséquences sont à l'origine des travaux fondés sur la perception de justice distributive. À l'origine de ce courant, notons les travaux de J.-S. Adams, *Inequity in Social Exchange* (1965). L'auteur identifie le besoin d'instaurer des règles équitables (un référentiel) de distribution des rétributions en fonction des contributions de chacun : au niveau des règles de rémunération mais aussi au niveau de la nouvelle distribution des rôles et des statuts lors de la création d'une nouvelle entité (fusion).
- Des processus psychologiques entraînent chacun à se comparer en prenant comme référence un pair ou un groupe professionnel, ou à évaluer les bénéfices personnels de la situation actuelle avec des bénéfices passés d'une situation similaire ou idéalisée. Plus le niveau d'intégration est élevé (fusion à l'inverse d'une participation croisée), plus les changements sont violents et substantiels et nécessitent une clarification sur la manière dont seront définies les modifications de fonctions, rôles, positions dans l'organigramme… notamment en veillant aux attentes de chacun. La **perception d'injustice** entraîne soit un inconfort psychologique de l'individu (rééquilibration cognitive), soit une menace pour son identité (rééquilibration comportementale).

B ~ Les règles d'équité

- Déterminer des procédures psychologiques de jugement dans les préférences d'allocation des ressources est au centre des travaux de G. S. Leventhal, *Théorie des préférences d'allocation*. Il propose six règles procédurales d'équité : a) **les règles fondées sur la cohérence** : les procédures d'allocation doivent être cohérentes entre les individus, y compris en référence aux différentes périodes de l'histoire de l'entreprise ; b) **les règles d'impartialité** : les intérêts personnels et les convenances personnelles se doivent d'être réduites ; c) **l'exactitude des informations à l'origine des règles** : les décisions seront prises en accumulant le plus d'informations possible ; d) **des règles suffisamment convenables** pour laisser libre cours aux opportunités qui peuvent émerger et permettre pour autant à chacun d'émettre ses réserves sur les décisions en cours ; e) **des règles de représentativité** : le processus d'allocation peut représenter le sous-groupe ou les individus les plus caractéristiques ; f) **des règles d'éthique** : le processus d'allocation doit alors être compatible avec les critères moraux en vigueur.

- Les facteurs influençant la perception de justice procédurale en situation de fusion sont : a) une communication bilatérale et la prise en compte des avis ; b) l'application systématique des procédures ; c) la familiarité de chaque unité avec le contexte spécifique ; d) la possibilité de discuter ou de réfuter les décisions ; e) la diffusion des décisions auprès de chaque sous-unité.

2 La justice procédurale au centre de la coopération

A ~ L'influence de la justice procédurale sur les performances

- Kim et Mauborgne élargissent l'application de cette notion de justice procédurale à l'ensemble des décisions stratégiques telles que les joint-ventures, les intégrations interfonctionnelles, les réingénieries de process, les transformations d'entreprises, les innovations, les alliances stratégiques et les relations entreprises-fournisseurs.
- Elles mettent en évidence l'influence de la justice procédurale sur les résultats à partir de trois critères à considérer collectivement : a) **permettre l'engagement des individus** dans les processus de décision qui les concernent directement et qui affectent particulièrement leur propre contribution ; b) **apporter les explications** par lesquelles chacun peut comprendre le pourquoi des décisions finales et pourquoi les idées individuelles peuvent être prépondérantes dans certains cas contrairement à d'autres idées ; c) **clarifier les attentes nécessaires** de telle sorte qu'avant, pendant et après les décisions prises, les managers puissent avoir une compréhension de ce que le top-management attend de chacun et de ce que sont les nouvelles règles du jeu.

B ~ Les implications collectives

- Les auteurs proposent l'assertion suivante : « L'exercice d'une justice procédurale [telle que définie précédemment] lors de décisions stratégiques réalisées en équipe peut avoir un effet positif sur la volonté de coopération entre les membres au travers d'attitudes de confiance et d'engagement. » En se plaçant dans le cadre du management des connaissances (*knowledge management*), elles ajoutent que « la mise en œuvre d'une justice procédurale au cours d'une décision stratégique affectant une équipe peut avoir un effet positif sur les échanges d'idées et partages de connaissances entre les membres au travers des effets positifs d'une coopération volontaire et d'un processus d'échange efficace d'informations » (Kim & Mauborgne).
- Dans cette perspective, prendre en compte la notion de justice procédurale en situation de changements critiques est à l'origine de la performance : a) par l'effet du partage des connaissances dû à une formulation manifeste des décisions stratégiques ; b) par une amplification de la coopération due à la connaissance des conditions d'exécution des décisions stratégiques.

Les arguments et motivations à l'origine des fusions et des autres rapprochements entre deux organisations sont généralement fondés sur l'acquisition, le maintien ou le développement d'un avantage concurrentiel. Écourter la phase de transition en cas de fusion permet de rassurer les marchés financiers mais peut s'opposer et transgresser la perception de justice procédurale des équipes de management.

Pour aller plus loin

Kim, W. C. & Mauborgne, R. (1998), « A Procedural Justice Model of Strategic Decision Making : Strategy Content Implications in the Multinational », *Organizational Science*, vol. 6 (pp. 44-61).

Kim, W. C. & Mauborgne, R. (1998), « Procedural Justice, Strategic Decision Making, and the Knowledge Economy », *Strategic Management Journal*, vol. 19 (pp. 323-338).

FICHE 100

LES LIMITES DE L'ENTREPRISE

La fin des années 1990 et le début du XXIe siècle sont marqués par une intense mutation du système économique à partir duquel les entreprises évoluent. La nouvelle économie, la mondialisation, l'accélération de la complexité, les logiques de « coopération concurrentielle » modifient la conception classique de l'entreprise.

1 L'ÉVOLUTION DES RELATIONS CONCURRENTIELLES

A – L'évolution des formes organisationnelles

- Miles et Snow sont à l'origine de travaux portant sur les formes organisationnelles, et notamment sur la forme en réseau. Ils dressent une typologie et font le lien entre le développement de la firme en externe et les conséquences internes des nouvelles pratiques stratégiques au niveau des ressources humaines. Finalement, la question du développement externe de la firme reboucle sur l'interne au travers des problématiques de gestion des hommes et des carrières.
- Les auteurs partent du principe que chaque étape d'évolution des organisations met en avant des compétences clés spécifiques et adaptées aux logiques interne et externe. Les étapes d'externalisation poussent de plus en plus à l'entreprise réseau, à partir de laquelle de nouvelles pratiques inédites de ressources humaines sont à mettre en œuvre.

Périodes	1860-1970	1975-1995	Depuis 2000
Les prescriptions managériales	– tout faire soi-même ; – la croissance comme modèle de performance ; – management par des mécanismes administratifs.	– faire en interne ce que l'organisation fait le mieux et externaliser le reste ; – développement par partenariats et alliances ; – management à partir des mécanismes de marchés.	– être en mesure de tout faire selon les situations, n'importe où et n'importe quand ; – être à la fois partenaire et concurrent ; – création continu de savoir.
Les organisations	pyramidales	sphériques	cellulaires/réseau
Les carrières	– employeur unique et stable ; – promotion hiérarchique ; – l'employeur gère la carrière des collaborateurs.	– employeurs multiples et développement de l'expertise ; – mobilité de projets ; – carrière définie avec l'employeur	– professionnel en auto-emploi ; – extension de la notion d'expertise à tous les niveaux de l'entreprise ; – gestion de la carrière par soi-même.
Les compétences attendues	techniques ou commerciales.	techniques, commerciales et de coopération.	techniques, commerciales, de coopération et de gestion de soi.

D'après Miles & Snow repris par L. Cadin.

B ~ L'émergence d'un nouveau modèle de management concurrentiel

- Relier l'extérieur à l'intérieur (et inversement) nécessite de nouvelles compétences de management. Le rôle des dirigeants consiste alors à proposer et construire une vision partagée sur les compétences à développer et de les détecter en interne comme à l'extérieur de la firme.
- Les partenaires de la firme, son réseau, participent à l'élaboration de la stratégie en commun, partagent les informations et les connaissances afin de la réaliser. Finalement, audelà de l'extension ou de la déconstruction des limites de la firme à partir d'une forme en réseau, c'est le champ de conception et de réflexion stratégique qui transcende les limites traditionnelles du management pour devenir multidimensionnel : chaque partenaire apporte ses compétences pour répondre aux exigences de compétition.

2 Le renouvellement des pratiques de management

- Les mutations concurrentielles engendrent des transformations dans les pratiques de management : le recul de la répartition hiérarchique et de contrôle au profit d'une logique de support aux étapes d'activités internes (activités stratégiques) et externes (les partenaires) ; la dématérialisation des systèmes d'actions séquentiels et l'instauration des logiques d'interaction informelles ; la « déterritorialisation » des décisions stratégiques vers les divisions mais aussi le transfert de certaines décisions auprès de partenaires clés ; l'influence de la culture comme ciment et l'importance des dialogues pour l'accompagnement du changement stratégique.
- Les compétences nécessaires à la compétitivité ne sont plus exclusives des individus mais proviennent des interactions internes et externes entre des collaborateurs clés. Manager signifie de plus en plus intervenir en situations floues, selon des limites d'action en mouvement, en associant plusieurs sensibilités et façons de « voir le monde », en faisant cohabiter des compétences le plus souvent imperceptibles pour certains, surtout si celles-ci participent à la formation d'une capacité organisationnelle.

L'entreprise a subi de nombreuses transformations successives et profondes à partir desquelles les managers devront apprendre à associer plusieurs couples jusqu'alors perçus comme contradictoires : le court terme et le long terme, la réduction des coûts et l'innovation différenciatrice, l'individuel et le collectif, le global et le local, la logique de marché et la logique sociale, le développement financier et le développement des hommes en situation de travail… Le concept même d'entreprise se déplace vers de nouvelles formes organisationnelles, dont notamment la forme réseau, bousculant les limites même de l'entreprise.

Pour aller plus loin

Besson, P. *et al.* (1997), *Dedans, dehors : les nouvelles frontières de l'organisation*, Paris : Vuibert (ch. 4 et 8).

Laroche, H. & Nioche, J.-P. (1998), *Repenser la stratégie*, Paris : Vuibert (ch. 13).

Imprimé en France par I.F.C. 18390 Saint-Germain-du-Puy
Dépôt légal : août 2002 - N° d'éditeur : 8700002
N° d'imprimeur : 02/812